Política monetária, bancos centrais e metas de inflação

Teoria e experiência brasileira

Política monetária, bancos centrais e metas de inflação

Teoria e experiência brasileira

José Luís Oreiro
Luiz Fernando de Paula
Rogério Sobreira
orgs.

FGV
EDITORA

ISBN — 978-85-225-0724-5

Direitos desta edição reservados à EDITORA FGV
Rua Jornalista Orlando Dantas, 37
22231-010 — Rio de Janeiro, RJ — Brasil
Tels.: 0800-021-7777 — 21-3799-4427
Fax: 21-3799-4430
e-mail: editora@fgv.br — pedidoseditora@fgv.br
web site: www.fgv.br/editora

Impresso no Brasil | *Printed in Brazil*

Este livro foi editado segundo as normas do Acordo Ortográfico da Língua Portuguesa, aprovado pelo Decreto Legislativo nº 54, de 18 de abril de 1995, e promulgado pelo Decreto nº 6.583, de 29 de setembro de 2008.

1ª edição — 2009
1ª e 2ª reimpressões — 2010

PREPARAÇÃO DE ORIGINAIS: Maria Lucia Leão Velloso de Magalhães

EDITORAÇÃO ELETRÔNICA: FA Editoração

REVISÃO: Sandra Maciel Frank e Luciana Nogueira Duarte

CAPA: Álvaro Magalhães

Ficha catalográfica elaborada pela
Biblioteca Mario Henrique Simonsen / FGV

Política monetária, bancos centrais e metas de inflação: teoria e experiência brasileira / Organizadores: José Luís Oreiro, Luiz Fernando de Paula e Rogério Sobreira. — Rio de Janeiro : Editora FGV, 2009.
389 p.

Inclui bibliografia.

1. Política monetária — Brasil. 2. Inflação — Brasil. 3. Taxas de juros — Brasil. 4. Bancos centrais — Brasil. I. Oreiro, José Luís. II. Paula, Luiz Fernando de, 1959- . III. Sobreira, Rogério. IV. Fundação Getulio Vargas.

CDD – 332.4981

Sumário

Prefácio

A boa prática precisa de uma boa teoria como guia, pois o que é verdadeiro em teoria é também na prática. Modelos abstratos, mesmo apresentados com o rigor lógico da matemática só se tornam uma boa teoria e adquirem status de ciência se forem devidamente contextualizados e passarem por algum tipo de verificação empírica. Teoria, em última análise, não é mais do que um conjunto organizado de fatos racionalizados. Política monetária, em geral, e política de meta de inflação, em particular, temas deste livro, são práticas que precisam de boa teoria, aquela devidamente contextualizada incorporando as particularidades institucionais de um país e que tenha passado pela análise crítica e confrontação com os dados empíricos. Daí o porquê do subtítulo do livro – Teoria e experiência brasileira.

No presente trabalho, economistas de variadas posições ideológicas, de algumas das mais importantes instituições de ensino e pesquisa econômica no Brasil, aplicam exatamente estes princípios. São apresentados ensaios de reflexão teórica e adequação empírica e crítica de mais de 20 economistas brasileiros de primeiro time.

A política de metas de inflação, que se originou na Nova Zelândia no final da década de 1980, era simples aplicação de um princípio mais geral de uma ampla e profunda reforma do Estado. Implantou-se nessa reforma o princípio de gestão por resultado com transparência, fixando-se metas de cada uma das unidades do Estado, inclusive do banco de reserva federal, num contrato de gestão em que eram obrigados a publicar periodicamente relatórios de cumprimento de metas, que sofriam uma auditoria externa independente. A fixação de metas, os relatórios de desempenho e de auditoria eram obrigatoriamente publicados para que a sociedade pudesse cobrar e responsabilizar os dirigentes.

Esta experiência difundiu-se rapidamente em países que já tinham passado por um processo de reforma do Estado de natureza similar como a Inglaterra e o Canadá. Simultaneamente, houve um amplo debate entre os economistas e formularam-se princípios teóricos – ainda que com controvérsias e inúmeros problemas, inclusive de natureza lógica –, estabeleceram também as condições necessárias, particularmente, de natureza fiscal e institucional para o bom funcionamento da política de meta de inflação.

Para estes princípios funcionarem na prática em um país eles precisam levar em consideração as características econômico-financeiras específicas e o ambiente institucional. Os requisitos de informações de competência técnica exigidos dos bancos centrais também não são triviais, apenas para dar um exemplo, como o instrumento de política de meta de inflação, a taxa nominal de juros de curto prazo, repercute através de diversos canais de transmissão e com defasagens variadas. Para surtir efeitos é necessário conhecer como funciona cada um dos canais e com que temporalidade, além de ser essencial ter um modelo de previsão de inflação bastante acurado com horizonte temporal de cerca dois anos para poder fixar a própria meta, que é uma certa taxa de inflação futura em função das defasagens mencionadas.

Além disso, é preciso mencionar que a política de meta de inflação é consistente pela regra de Mundell se, com um instrumento único, a taxa nominal de juros de curto prazo também tiver uma meta única – a taxa de inflação; mas quase sempre existem outras metas implícitas, como a taxa de desemprego e a de estabilidade financeira, ou as circunstâncias podem impor outras metas, como acontece hoje com a crise financeira. A rigor, esta política com meta explícita de inflação funcionou num período em que havia fortes forças desinflacionárias na economia mundial. De fato, ao longo da década de 1990, com a integração da China, Índia e países do leste europeu ao mercado global, o poder de barganha dos sindicatos declinou em todo o mundo, pois abriu a possibilidade de deslocamento de fábricas para países com mão de obra abundante e muito mais barata. Na prática, é como se centenas de milhões de novos trabalhadores tivessem sido incorporados ao mercado de trabalho. Em países com rápido crescimento como a China, a produtividade dos produtos manufaturados também aumentou muito rapidamente, exercendo forte competição global e pressionando seus preços para baixo. Neste contexto, a política de metas de inflação era uma política de sintonia fina e funcionou sem problemas, mesmo ignorando o comportamento dos agregados monetários e de crédito. Aliás, a expansão excessiva de crédito e multiplicação de liquidez, a partir dos Estados Unidos, foi um dos mecanismos que desencadearam a atual crise financeira. Se no futuro houver pressões inflacionárias, como aquelas eliminadas pela atual crise financeira e recessão global, a política de metas como instrumento único terá que ser repensada totalmente.

Este livro é mais do que oportuno, pois entre outros pontos avalia o desempenho da política de metas de inflação no Brasil, analisa os seus canais de transmissão, levanta seus diversos problemas de natureza teórica e discute como a seleção de instrumento único e metas estritas limitam o crescimento potencial da economia brasileira. O livro apresenta também proposições alternativas, inclusive de governança, para política de metas de inflação no Brasil. Todo aquele que pretende entender ou propor o aprimoramento desta política, passará obrigatoriamente por esta obra. É uma contribuição fundamental para a literatura econômica brasileira sobre política monetária, por combinar teoria e experiência brasileiras, qualidade infelizmente tão escassa no Brasil.

Yoshiaki Nakano

Diretor e professor da Escola de Economia
da Fundação Getulio Vargas em São Paulo.

Apresentação

Este livro conta com a participação de professores e pesquisadores brasileiros que vêm desenvolvendo há algum tempo pesquisas no campo de teoria e política monetária em diferentes instituições de ensino superior e de pesquisa do Brasil, entre as quais FGV (EPGE, Eesp e Ebape), UnB, Uerj, UFPR, UFF, Ipea e Ucam. O livro visa preencher uma lacuna na literatura nacional, tanto de graduação quanto de pós-graduação, relacionada aos desenvolvimentos teóricos e à prática da política monetária no Brasil, notadamente num contexto em que prevalece um regime de metas inflacionárias, implementado no país em 1999, e que completa 10 anos de funcionamento em 2009. No entanto, cabe ressaltar que este livro não trata apenas de questões teóricas e empíricas relacionadas diretamente ao regime de metas de inflação, uma vez que procura analisar também a condução da política monetária numa perspectiva mais geral. Dessa forma, serão tratados temas como os canais de transmissão da política monetária, a inércia da taxa de juros e a forma de atuação dos bancos centrais, com ênfase na experiência brasileira.

No que se refere ao referencial teórico, optou-se por uma abordagem eclética e plural. Embora a "visão de mundo" dos organizadores deste livro esteja mais próxima do pensamento de John Maynard Keynes, para quem a moeda é um elemento essencial da dinâmica das economias capitalistas, este livro não pode ser rotulado de "keynesiano", "monetarista" ou "novo-clássico". O leitor encontrará um pouco de cada uma dessas escolas de pensamento nos capítulos apresentados a seguir. Essa escolha revela um crescente consenso, no mundo acadêmico de economia, de que a política monetária deve ser pautada pelo pragmatismo e não somente pela ideologia, e sobretudo pela necessidade de se fomentar o debate sobre assuntos atuais da economia brasileira, o que infelizmente nem sempre tem sido a prática no Brasil. No entanto, vale ressaltar que um ponto em comum de todos os capítulos deste livro é a ideia de que a política monetária importa. Em outras palavras, a adequada condução da política monetária é um fator extremamente importante, seja para os propósitos de estabilidade de preços (privilegiada pela visão monetarista), seja para o crescimento econômico de longo prazo (privilegiada pela perspectiva keynesiana).

O livro está organizado em três partes e 14 capítulos. A parte I — "Avaliando o regime de metas de inflação" — avalia o funcionamento do regime de metas de inflação a partir de uma perspectiva teórica e de uma avaliação do caso brasileiro.

No capítulo 1, "O regime de metas de inflação no Brasil e a armadilha dos juros e do câmbio", Luiz Carlos Bresser-Pereira e Cleomar Gomes argumentam que, durante muitos anos, o Brasil enfrentou uma armadilha de alta taxa de juros e taxa valorizada de câmbio. Tais fatos exigiam uma mudança no rumo da política monetária do país, o que veio a ocorrer com a flutuação cambial de janeiro de 1999. Entretanto, esse novo arcabouço monetário deveria ter sido complementado por reformas específicas — fim da indexação dos serviços públicos e dos próprios juros básicos —, assim como por um aprofundamento do ajuste fiscal. Somente então o país estaria apto para pôr em prática um sistema formal de metas inflacionárias. Mas a realidade foi outra. Sem se dar a devida atenção aos itens citados, implementou-se a política de metas de inflação e, assim, escapar da armadilha da taxa de juros tornou-se uma forte limitação para a economia brasileira.

O capítulo 2, "Uma contribuição ao debate sobre a eficácia da política monetária", de Fernando Cardim de Carvalho, contribui para o referido debate, enfatizando algumas implicações para o Brasil. O ponto de partida do capítulo é que a principal oposição entre as teorias monetárias keynesiana e clássica é definida pela proposição defendida pela primeira de não neutralidade da moeda no longo prazo, uma vez que não é possível descrever a posição de longo prazo da economia sem primeiro especificar a política monetária adotada. Desse modo, a política monetária é descrita pela escolha da taxa de juros de curto prazo, que exerce importante influência sobre a taxa de longo prazo e, portanto, sobre as decisões de investimento. Com base nessa abordagem, critica-se o regime de metas de inflação, em particular o regime adotado no Brasil a partir de 1999, em função de seu impacto deletério sobre o investimento e o crescimento.

No capítulo 3, "Metas de inflação e política monetária: uma abordagem considerando o processo de formação de preços em economias monetárias", Gabriel Caldas Montes e Carmem Aparecida Feijó argumentam que, sob o regime de metas de inflação, a insistência no uso exclusivo da taxa de juros como principal instrumento de controle da inflação traz consequências adversas para o potencial de crescimento da economia. Destarte, o capítulo mostra alguns benefícios e também desvantagens dos arranjos operacionais para o regime de metas de inflação (*strict* e *flexible*), para em seguida fazer uma abordagem crítica a respeito da condução da política monetária orientada por regras e/ou estratégias estritas. Para se avançar nessa discussão, foi elaborada uma abordagem pós-keynesiana, relacionando a não neutralidade da política monetária com as decisões empresariais. Essa abordagem considera que o processo de formação dos preços embute uma decisão das firmas quanto a sua estratégia de crescimento, levando em conta aspectos relacionados à percepção dos empresários sobre o comportamento futuro dos custos de produção e financiamento, da demanda, da concorrência e também das ações adotadas pelo banco central. Nesse sentido, faz-se necessária uma análise do processo de formação de preços em economias de mercado para que se possa entender que a política monetária, orientada por estratégias estritas, é capaz de atuar de maneira relativamente satisfatória sobre o comportamento da inflação, mas de maneira nociva sobre o crescimento do produto no longo prazo. O capítulo enfatiza, ainda, a inexistência no Brasil de uma curva de rendimentos com projeção temporal adequada — uma vez que há diminuição da taxa de juros para papéis de mais longo prazo —, o que contribui para reduzir a eficácia da política monetária.

O capítulo 4, "Metas inflacionárias, fragilidade financeira e ciclo de negócios: uma abordagem pós-Keynesiana", de Rogério Sobreira e José Luís Oreiro, discute a eficácia do regime de metas inflacionárias enquanto um aparato capaz de garantir a estabilidade da economia. Sob o ponto de vista pós-keynesiano, as economias capitalistas são inerentemente instáveis, uma vez que a determinação do nível de produto e emprego depende das decisões de investir dos agentes privados. Como tais escolhas são contaminadas pelo futuro incerto, não se pode afirmar que as economias capitalistas sejam instáveis por conta de ações discricionárias dos *policy makers* em suas tentativas de se apropriar de um hipotético *trade-off* entre inflação e desemprego. Nessas circunstâncias, torna-se inútil a aplicação de regras de política econômica como forma de garantir o comportamento ordeiro dos mercados. Ao contrário, para garantir o pleno emprego dos recursos, os *policy makers* devem conformar a política econômica de modo a estimular a demanda de acordo com "circunstâncias históricas". Isso implica a existência de pouco espaço para regras sistemáticas de política. De acordo com essa abordagem, os autores procuram mostrar neste capítulo que, dada uma reação psicológica perversa dos agentes, se um banco central insistir na manutenção do regime de metas inflacionárias (ou qualquer outro regime de regras), vai aprofundar o desequilíbrio da economia, recessivo ou inflacionário.

O capítulo 5, "Regime de metas de inflação para a condução da política monetária brasileira: uma aplicação do modelo VAR", de Lucas Lautert Dezordi, Luciano Luiz Manarin D'Agostini, Maurício Vaz Lobo Bittencourt e Marcelo Luiz Curado, analisa, através do modelo VAR (vetores autorregressivos), o comportamento da política monetária no Brasil, desde a adoção do regime de metas até o terceiro trimestre de 2006, com relação à inflação observada e ao hiato do produto. Foi utilizada a regra de Taylor como referencial teórico para discutir o regime de metas de inflação. Com base na função impulso-resposta acumulada foi possível mensurar que a política monetária se preocupa muito mais com a inflação do que com as flutuações do produto.

A parte II deste livro, "Taxa de juros e canais de transmissão da política monetária", analisa os determinantes da taxa de juros no Brasil, assim como os canais de transmissão da política monetária, como o crédito e o efeito riqueza.

No capítulo 6, "A inércia da taxa de juros na política monetária", Fernando de Holanda Barbosa argumenta que os bancos centrais de todo o mundo conduzem a política monetária por meio de ajustes graduais na taxa nominal de juros de curto prazo. Esse fenômeno é conhecido como "inércia da taxa de juros". Tomando esse fenômeno como um dado do mundo real, o autor analisa suas implicações para a estabilidade da regra de política monetária. A conclusão fundamental desse capítulo é que, se existir "inércia inflacionária", haverá um limite superior para a velocidade de ajuste da taxa nominal de juros por parte do banco central, sob pena de tornar o regime monetário instável.

No capítulo 7, "A determinação da taxa de juros em uma economia sob metas para a inflação: o caso brasileiro", de Helder Ferreira de Mendonça, Lucas Dezordi e Marcelo Curado, mostra-se que a resposta da taxa de juros ao processo inflacionário e ao hiato do produto é o principal desafio para a condução da política monetária sob um regime de metas de inflação. Com o objetivo de avaliar a adequabilidade da adoção da regra de Taylor original para a determinação da taxa de juros básica da economia brasileira, calculou-se a taxa de juros, com base nessa regra, para o período posterior à introdução do regime monetário supracitado no Brasil. Ademais, foi estimada a influência do desvio da inflação em relação à meta, do hiato do produto, da Selic defasada e do risco-país sobre a taxa Selic. Os resultados obtidos sugerem que a taxa Selic nem se encontra em um patamar capaz de levar ao atingimento das metas de inflação determinadas, nem é capaz de obter uma taxa de desemprego compatível com o produto potencial.

Já no capítulo 8, "Armadilha do regime monetário brasileiro: a existência de equilíbrios múltiplos", de Rafael Quevedo do Amaral, analisa-se os fatores explicativos das altas taxas de juros observadas na economia brasileira. Sustenta-se que a autoridade monetária atua em um contexto de equilíbrios múltiplos, no qual elevações da taxa Selic podem ter efeito inverso ao esperado com base na teoria econômica convencional. Tal anomalia deriva da estrutura do mercado de dívida pública brasileira e do perverso sistema monetário, em que a taxa Selic remunera tanto a dívida de longo prazo quanto o mercado de moeda de curto prazo.

No capítulo 9, "A transmissão da política monetária pelo canal do efeito riqueza no Brasil", de Joaquim Pinto de Andrade e Manoel Carlos de Castro Pires, objetiva-se entender por que a taxa de juros no Brasil é elevadíssima para os padrões internacionais, analisando o mecanismo de transmissão da política monetária no Brasil por meio do efeito riqueza. Esse efeito é um canal clássico de transmissão da política monetária que mede como esta afeta o consumo das famílias a partir de seus impactos sobre a riqueza privada. O canal pode ser descrito da seguinte forma: elevações na taxa de juros produzem reduções na riqueza privada, reduzindo o consumo. Esse canal de transmissão é importante no Brasil porque uma parcela significativa da riqueza privada não é afetada pela política monetária. Isso ocorre porque uma fração elevada da dívida pública é indexada à taxa de juros de curto prazo e, portanto, elevações da taxa de juros não geram perdas de capital e, consequentemente, não afetam a riqueza privada. Para confirmar essa hipótese, o capítulo avalia, por meio da metodologia de vetores autorregressivos, como a taxa de juros afeta o consumo em um modelo que inclui a riqueza e em um modelo no qual esse efeito é nulo. A comparação entre os dois resultados indica que o efeito riqueza pode explicar, pelo menos em parte, a ineficácia da política monetária, o que ajuda a compreender por que a taxa de juros é tão alta no Brasil.

No capítulo 10, "Política monetária e o canal do crédito no Brasil: uma revisão da literatura", Marcos Wagner da Fonseca faz uma revisão da literatura sobre o canal do crédito como mecanismo de transmissão da política monetária e sua presença na economia brasileira. Inicialmente, define os principais canais de transmissão da política monetária. O canal do crédito está presente nas economias industrializadas, principalmente nos Estados Unidos e na Europa. Nos países de economia emergente, o canal do crédito vem ganhando importância e sendo cada vez mais estudado. No caso do Brasil, vários trabalhos se dedicaram a estudar a presença do canal do crédito na transmissão da política monetária, e grande parte da literatura indica sua relevância para a economia brasileira.

A parte III avalia algumas alternativas de política econômica no Brasil, incluindo proposições de uma nova governança da política monetária, uma coordenação mais articulada entre política monetária e política fiscal, e de flexibilização do regime de metas de inflação.

O capítulo 11, "Metas de inflação, independência do Banco Central e a governança da política monetária no Brasil: análise e proposta de mudança", de José Luís Oreiro, Marcelo Passos, Breno Lemos e Rodrigo Padilha, apresenta inicialmente uma discussão sobre a teoria e a experiência brasileira e internacional do sistema de metas de inflação. A partir dessa discussão, faz-se uma avaliação crítica da atual estrutura de governança da política monetária brasileira, constatando-se que a referida estrutura de governança é inadequada para o funcionamento do sistema de metas de inflação. Isso porque (i) não há uma clara separação entre a autoridade responsável pela fixação das metas da política monetária e a autoridade responsável por sua obtenção; (ii) as metas de inflação não refletem adequadamente as "preferências sociais" no que se refere ao "grau de aversão à inflação" e ao grau de aversão social ao *trade-off* entre inflação e desemprego; (iii) o índice de preço adotado e/ou os prazos de cumprimento das metas não são apropriados. Nesse contexto, apresenta-se uma proposta de mudança da estrutura de governança da política monetária brasileira que, sem comprometer a autonomia operacional do Banco Central, pode contribuir para eliminar o "problema dos juros" no Brasil.

No capítulo 12, "Flexibilização do regime de metas de inflação em países emergentes: uma abordagem pós-keynesiana", Gabriel Coelho Squeff, José Luís Oreiro e Luiz Fernando de Paula destacam que alguns economistas pós-keynesianos argumentam que o regime de metas de inflação (ITR, em inglês) não é compatível com a teoria pós-keynesiana, enquanto outros, também pós-keynesianos, sustentam que, sob certas condições, o ITR pode ser compatível com tal teoria. Isso coloca a questão de qual arranjo institucional do ITR seria mais adequado para alcançar o objetivo de aumentar o crescimento econômico e, ao mesmo tempo, manter a inflação baixa e estável. Há ainda a questão de se o ITR é suficiente ou não. Nesse capítulo, avaliam-se outros instrumentos de política monetária, como o controle prudencial do crédito para gerenciar a demanda agregada quando a economia está sobreaquecida de modo a evitar os efeitos da taxa de juros sobre as variáveis reais. Os países emergentes devem adotar um ITR mais flexível, que permita ao banco central perseguir o duplo mandato com o uso de maior meta numérica, núcleo de inflação, maior horizonte de convergência etc. Mas isso não basta, sustentam os autores; outros instrumentos complementares podem ser usados, como o controle dos fluxos de capitais.

O capítulo 13, "Política de metas de inflação: análise retrospectiva e desafios para o futuro", de Rubens Penha Cysne, provê uma análise retrospectiva dos nove anos do programa de metas de inflação no Brasil, concentrando-se também nos desafios para os próximos anos. Para tanto, aborda a questão da consistência fiscal, bem como particularidades brasileiras que dificultam a condução da política monetária no país, como as implicações do fato de mais de 35% da dívida pública serem, ainda, atrelados à Selic. Para o autor, o orçamento fiscal deveria ser a peça-chave a gerir a política fiscal, de modo a possibilitar que as metas de inflação não impliquem uma nociva troca de demanda externa por demanda interna na composição do PIB. Igualmente importante é a definição de papéis claros para o Banco Central e o Ministério da Fazenda: o primeiro não deveria participar da decisão quanto às metas, cabendo ao segundo adotar uma política fiscal condizente com as metas e com a saúde dos investimentos. O autor conclui, assim, que o desafio principal a ser vencido nos próximos anos será manter a inflação sob controle, com saldo razoável na conta corrente do balanço de pagamentos (como requer a teoria de otimização intertemporal do consumo em períodos de choques positivos nos termos de troca), e não com o elevado déficit previsto.

Por fim, o capítulo 14, "Autonomia do banco central: estabilidade de preços ou estabilidade macroeconômica?", de autoria de Luiz Fernando de Paula, discute, a partir de uma perspectiva crítica, a questão da autonomia do banco central, assim como a pertinência de sua adoção no Brasil. Para tanto, desenvolve argumentos teóricos favoráveis e contrários à adoção da autonomia do banco central, além de apresentar uma alternativa de política econômica para o Brasil que busca compatibilizar equilíbrio externo (redução da vulnerabilidade externa e equilíbrio no balanço de pagamentos) e equilíbrio interno (nível de preços sob controle, dívida pública sustentável etc.), baseada no conceito de estabilidade macroeconômica e não no de estabilidade de preços. Nessa visão, a estabilidade de preços e o aumento do produto e do emprego podem ser compatíveis. Para tanto, o governo não deve ficar restrito à política monetária, mas fazer uso de um instrumental de política econômica mais amplo.

Parte I

Avaliando o regime de metas de inflação

1

O regime de metas de inflação no Brasil e a armadilha da taxa de juros/taxa de câmbio*

Luiz Carlos Bresser-Pereira e Cleomar Gomes

O sistema de metas de inflação foi implementado no Brasil em 1999 para ser a nova âncora nominal da economia, em substituição à taxa de câmbio, que passou a flutuar no início do mesmo ano. Geralmente vista como uma política bem-sucedida, na medida em que a taxa de inflação tem sido mantida sob controle, tal sistema vem apresentando problemas relacionados ao alcance de seus objetivos e, principalmente, aos elevados custos de cunho social e de desenvolvimento econômico. Esses problemas são de duas naturezas principais. Por um lado, a regra de Taylor, que é a base do sistema e relaciona a meta de inflação com a taxa de juros e com o hiato do produto potencial, só pode ser aceita se for combinada com outras importantes variáveis, como a taxa de câmbio e/ou a taxa de desemprego. O argumento de que o Banco Central só pode ter uma meta, dado que há apenas um instrumento disponível, parece não ser razoável nem tampouco realista, pois, na prática, os bancos centrais não funcionam dessa maneira. A segunda razão está relacionada a um grave problema de inconsistência. Uma política de metas de inflação destina-se a uma administração e, não, a uma mudança da política monetária: ela orienta a definição da taxa de juros em um intervalo limitado, não sendo adequada para

* Uma versão em inglês deste texto, intitulada "Inflation targeting in Brazil: a Keynesian approach", foi publicada no *Post-Keynesian Conference*, volume de 2007, referente ao evento de 2006.

enfrentar a armadilha da taxa de juros/taxa de câmbio que prevalece no Brasil há muitos anos.

As metas inflacionárias implicam por si só um regime monetário e, portanto, também poderiam ser vistas como um “regime”. Todavia, esse termo será reservado para designar padrões de inflação, de taxa de juros e de taxa de câmbio, assim como as políticas utilizadas para controlar tais variáveis, que têm certa consistência interna. Os regimes de política monetária persistem durante certo tempo, mas, em determinados momentos, devem ser mudados, seja porque contêm falhas internas, seja porque fatos estruturais novos impõem tal mudança. As metas inflacionárias foram adotadas no Brasil ignorando a necessidade de mudança prévia do regime de política monetária, mudança essa que envolvia reformas, tais como o fim da indexação dos serviços públicos e da própria taxa de juros básica da economia. Na verdade, embora administrando um sistema de metas de inflação, o governo não tem qualquer estratégia clara de redução da taxa de juros. Isso faz com que o desempenho de tal sistema fique comprometido, pois ele não dispõe das ferramentas necessárias para suplantar as armadilhas monetárias, cuja superação é realmente difícil mas não impossível, como veremos ao longo deste capítulo.

Vários trabalhos analisam a política de metas de inflação no Brasil. Por exemplo, Bogdanski, Tombini e Werlang (2000) escrevem sobre a fase anterior à implantação do plano em si e seus primeiros passos. Figueiredo, Fachada e Goldestein (2002) examinam a condução da política monetária no Brasil e a relação entre três importantes elementos: metas inflacionárias, administração da dívida pública e operações do mercado aberto. Minella e outros (2003) argumentam que as economias de mercado emergentes podem mostrar alta volatilidade em suas principais variáveis econômicas (taxas de câmbio e de juros, taxa de crescimento da produção e taxa de inflação), o que cria problemas para o sistema de metas inflacionárias. Como resultado, a condução da política monetária nesses países está intimamente relacionada a desafios como: construção de credibilidade, redução do nível de inflação, solução das dominâncias fiscal, externa e financeira.

Uma vez que a inflação em 1999, depois da flutuação cambial, foi menor do que a prevista, a conclusão geral dos autores é a de que a experiência brasileira das metas inflacionárias tem sido bem-sucedida. Ao dizer isso, eles se apressaram a creditar à política de metas de inflação um resultado que não lhe era devido, pois esta foi adotada em julho de 1999, quando os efeitos inflacionários da depreciação cambial já tinham desaparecido. Essa prática de sobrevalorizar os resultados positivos da política de metas de inflação tem sido adotada insistentemente por economistas ortodoxo-convencionais. Resultados de baixos índices inflacionários são comemorados sem que se perceba que eles estão muito dependentes da valorização cambial. Na verdade, os países que adotaram o sistema de metas de inflação não obtiveram resultados melhores nem piores do que aqueles que não adotaram o sistema.[1]

O objetivo deste capítulo é trazer mais uma contribuição para esse debate. Primeiro, faremos uma breve revisão da condução da política monetária no Brasil sob o sistema de metas inflacionárias, desde sua implementação até o final de 2006. Além disso, mostraremos que o sistema foi implementado em um momento inadequado. Segundo, criticaremos o sistema de metas de inflação brasileiro, principalmente o fato de ele ser parte de uma política macroeconômica que tem mantido a economia do país num processo de quase estagnação. Em outras palavras, argumentaremos que as metas inflacionárias têm sido mal utilizadas pelas autoridades econômicas brasileiras. Não é nosso objetivo promover uma discussão teórica do assunto. Sobre isso, temos a dizer apenas que, do ponto de vista keynesiano, o sistema de metas de inflação será aceitável se encararmos a taxa de juros de equilíbrio apenas como uma "convenção variável", isto é, se encararmos a teoria acerca das metas como uma generalização empírica do modo de trabalhar dos bancos centrais. Em termos práticos, se combinarmos a meta definida para a inflação com uma meta cambial, ou com uma meta para o desemprego.[2] Isso significa ainda que, em um arcabouço de uma política pragmática de metas de inflação, o Banco Central deveria ter um duplo mandato.[3]

[1] Ball e Sheridan, 2003; Arestis, Paula e Ferrari Filho, 2006.

[2] O parâmetro cambial seria preferível no caso de um país pequeno, como o Brasil. Logicamente, pequeno na medida em que representa cerca de 1% do PIB mundial.

[3] Estamos falando de um "parâmetro", não de uma meta, porque não seria explícito, mas convencionalmente acompanhado pelo Banco Central e reconhecido pelo mercado financeiro. Não basta apenas incluir explicitamente a taxa de câmbio no modelo e optar por uma meta de inflação de longo prazo, como propõe Ball (2000), apostando em possíveis compensações dos movimentos da taxa de câmbio.

Embora a política de metas de inflação tenha mantido a inflação relativamente baixa, isso foi feito com elevados custos fiscais e de oportunidades de desenvolvimento.[4] Atualmente, a inflação poderia ser menor e as taxas de crescimento maiores se o governo não tivesse se apressado em importar uma instituição de política monetária antes que as condições apropriadas tivessem se materializado. Assim, não vamos discutir o que geralmente se discute em relação às metas inflacionárias: o quão ambiciosas devem ser as metas, que índice de inflação utilizar, ou que período levar em consideração. Estas são questões relacionadas com a administração do sistema. Também não é nosso objetivo debater o acréscimo ou não de algum tipo de meta cambial, apesar de a resposta para tal indagação ser positiva. Nosso intuito é criticar o período e a forma pela qual as metas inflacionárias foram adotadas no país. Além disso, ofereceremos algumas indicações de possíveis saídas da armadilha da alta taxa de juros e da baixa taxa de câmbio em que a economia brasileira continua imersa. A próxima seção analisa a abordagem teórica relacionada ao arcabouço das metas de inflação. A seção subsequente apresenta uma visão geral das metas de inflação no Brasil. A terceira seção discute as razões para as altas taxas de juros de curto prazo no Brasil. Já a quarta seção trata das causas da armadilha juros/câmbio enfrentada pelas autoridades monetárias. A quinta seção trata do regime de política monetária e a seção seguinte conclui o capítulo.

A política de metas de inflação

Depois de uma década de tentativas frustradas de adoção de uma regra monetária para controlar a inflação, os bancos centrais perceberam que uma política mais pragmática passaria pelo controle direto da taxa básica de juros, a fim de alcançar baixos níveis inflacionários. Esse pragmatismo era representado pelas metas de inflação, que começaram a ser adotadas pela Nova Zelândia, em 1990, seguida pelo Canadá (1991), Reino Unido (1992), Suécia e Finlândia (1993), Austrália e Espanha (1994). Na sequência, muitos outros países implementaram tal política, inclusive o Brasil, em 1999. Assim, a adoção das metas inflacionárias decorreu de uma decisão pragmática e

[4] O crescimento do PIB brasileiro entre 1999 e 2006 foi de apenas 2,3%, em média — uma taxa substancialmente menor que aquela observada em países com renda similar.

como uma consequência do fracasso do modelo monetarista para justificar a teoria da credibilidade novo-clássica.[5] Segundo essa teoria, se as autoridades monetárias negligenciarem as regras estabelecidas, haverá falta de credibilidade em suas decisões e, consequentemente, maiores taxas de inflação. Por conseguinte, a credibilidade do Banco Central faz-se necessária para eliminar o "viés inflacionário" existente na condução da política monetária. Essa teoria, entretanto, não corresponde à prática dos bancos centrais. Adotando uma abordagem histórica em vez de hipotética, Le Heron (2003) vê no caso canadense a criação de um novo consenso (keynesiano) sobre política monetária. Para o autor, o sistema de metas de inflação está em conflito com a literatura sobre credibilidade porque se baseia na "confiança". A abordagem da credibilidade exige total independência do Banco Central, ao passo que as metas de inflação exigem apenas independência operacional, sendo os objetivos determinados pelos políticos eleitos. Em lugar de dar ênfase às "normas *versus* discricionariedade", a confiança destaca as expectativas dos agentes econômicos, o comportamento dos mercados financeiros e o preço dos ativos. Em um segundo trabalho, Le Heron e Carré (2006) enfatizam que os banqueiros centrais não seguem simplesmente as regras, assumindo que eles próprios e os agentes econômicos conhecem o verdadeiro modelo. Em vez disso, as autoridades monetárias ganham a confiança dos entes econômicos na medida em que agem de forma razoável, ora simplesmente seguindo a regra, ora modificando-a e oferecendo justificativas plausíveis de compreensão por parte dos agentes econômicos. Mas sempre considerando que choques estruturais podem exigir essas mudanças. Em todo o processo, comunicação e compreensão são a chave para se obter confiança. Alan Greenspan foi o exemplo de um responsável por um banco central que pensava em termos de "confiança" e, não, de "credibilidade".[6]

Alguns dos arranjos institucionais adjacentes ao sistema são: (a) uma meta de inflação explícita, bem como intervalos de tolerância estabelecidos com base em um índice de preços amplamente conhecido e decidido pelo Conselho Monetário Nacional; (b) um procedimento operacional claro, implementado pelo Banco Central; (c) um alto grau de transparência e prestação

---

[5] Kydland e Prescott, 1977; Barro e Gordon, 1983.
[6] Blinder e Reis, 2005; Aglietta e Borgy, 2005.

de contas (relatórios de inflação, discursos e atas);[7] (d) compromissos institucionais com a estabilidade de preços, em linha com os objetivos primários de uma política monetária de longo prazo. Para o Brasil, especificamente, em caso de não cumprimento de metas, uma carta aberta deve ser emitida pelo Banco Central explicando as causas do descumprimento, as medidas a serem adotadas para garantir que a inflação volte aos níveis tolerados, e o período de tempo necessário para que tais medidas tenham efeito. Mas uma simples meta de inflação não é uma solução para as ações de política monetária. Necessita-se de um conjunto de normas para que haja a definição das principais diretrizes para alcançar o objetivo. Tais normas devem usar as taxas de juros como principal instrumento de política monetária, garantir que a taxa de câmbio seja flexível e considerar quaisquer alterações significativas na produção ou na inflação.

Com relação à inflação ideal e às taxas de juros ideais, é comum atualmente analisar um banco central segundo a equação pragmática conhecida como regra de Taylor, formulada originariamente por Taylor (1993):

$$r = p + 0,5y + 0,5(p - 2) + 2 \tag{1}$$

onde r é a taxa de juros de curto prazo, p é a taxa de inflação e y é o hiato do produto.

De um modo mais geral, a regra de Taylor pode ser expressa da seguinte forma:

$$i_t - \pi_t = \overline{r} + b(\pi_t - \pi^*) + c(\ln Y_t - \ln \overline{Y}_t) \tag{2}$$

onde i_t é a taxa de juros nominal, π_t é a inflação, $\ln Y_t - \ln \overline{Y}_t$ é o hiato do produto e π^* é a meta de inflação. Nesse caso, $\overline{r}_t$ é a taxa de juros real que prevalece quando $Y_t = \overline{Y}_t$, sendo portanto a taxa de juros de equilíbrio (considerada constante no modelo). Assim, essa regra diz que o banco central deve elevar a taxa de juros acima de seu nível de equilíbrio de longo prazo quando a inflação exceder sua meta e quando a produção exceder sua taxa natural.[8]

[7] Svensson, 1998.
[8] Romer, 2001.

A teoria das metas de inflação não foi o resultado de uma preocupação com a credibilidade, nem de um raciocínio hipotético-dedutivo neoclássico sobre a inflação. Ela é a generalização de uma experiência histórica: de como os bancos centrais passaram a se comportar para controlar a inflação depois que abandonaram as metas monetárias. A boa macroeconomia adota um método dominantemente histórico. A regra de Taylor, central para as metas inflacionárias, tem claramente essa abordagem histórica e pragmática. O comportamento dos bancos centrais, por sua vez, também está pragmaticamente baseado em uma combinação de várias teorias e resultados sobre inflação, entre as quais a curva de Philips e uma óbvia exigência de confiança ou credibilidade.[9] As teorias neoclássicas de credibilidade foram acrescentadas à intuição dos banqueiros centrais e à percepção de Taylor para tornar o sistema de metas inflacionárias consistente com a visão neoclássica. Mas nada impede que se acrescentem outras considerações para torná-la consistente com a macroeconomia keynesiana.

O regime de metas de inflação

A economia brasileira mudou abruptamente quando, em 1994, a implementação do Plano Real conseguiu neutralizar o mecanismo de inércia inflacionária e, como resultado, controlou as altas taxas de inflação que vinham prejudicando o desenvolvimento do país desde o início da década de 1980. No entanto, a manutenção de uma taxa cambial quase fixa, de meados de 1994 até o início de 1999, fez com que o país incorresse em elevados déficits em conta corrente e, por consequência, ficasse altamente dependente do ingresso de capital internacional e vulnerável a choques externos. Essa fraqueza foi confirmada quando várias crises atingiram o país, provocando uma rápida saída de capital, em razão da mudança no mercado financeiro internacional. A contínua perda de reservas forçou o governo brasileiro a provocar uma desvalorização cambial em janeiro de 1999.

[9] A teoria da credibilidade é óbvia ou errada. Ela se torna errada quando os formuladores de políticas oferecem a "credibilidade" de suas políticas como um substituto dos fundamentos econômicos. Foi isso que aconteceu, por exemplo, nos clássicos experimentos de estabilização latino-americanos do final dos anos 1970 (Diaz-Alejandro, 1981), ou no programa de estabilização de 1992 no Brasil, patrocinado pelo FMI.

A flutuação do real levou o governo, acostumado a ver a taxa de câmbio como uma âncora monetária da economia brasileira desde 1994, a temer a volta da inflação. Houve, assim, um forte aumento da taxa de juros, apesar de esta já estar alta.[10] O medo da inflação não foi confirmado pelos fatos e o realinhamento de preços observado foi muito menor do que o esperado por muitos economistas. Apesar disso, as autoridades monetárias começaram a trabalhar para atingir dois objetivos principais: (a) um severo controle inflacionário, a fim de acalmar as expectativas do mercado financeiro e construir credibilidade; e (b) a implementação de um sistema de metas inflacionárias como uma nova âncora nominal para a política econômica.

Gráfico 1

Taxa de inflação efetiva, metas, intervalos de tolerância e PIB (1999-2006)

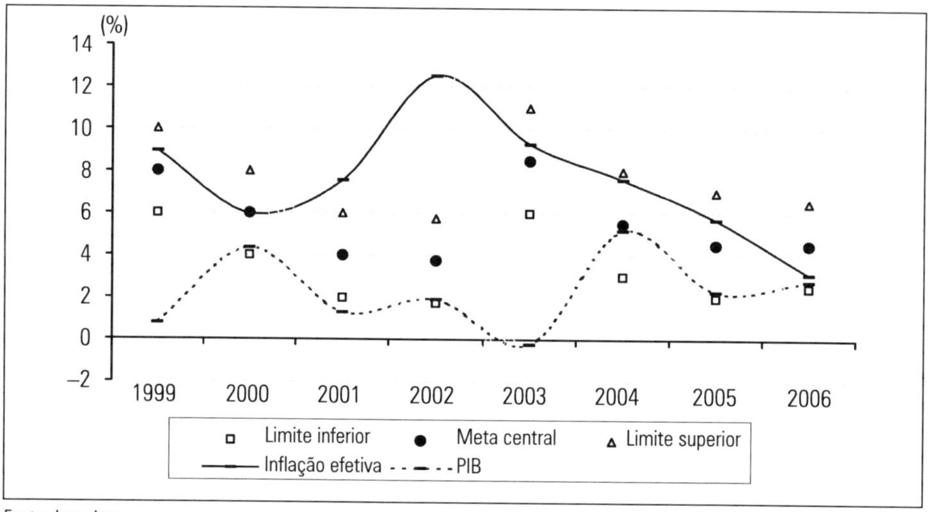

Fonte: Ipeadata.

Assim, seis meses após a adoção de uma taxa de câmbio flexível, o Banco Central pôs em operação um arcabouço formal de metas de inflação e estabeleceu as metas para 1999 (8%), 2000 (6%) e 2001 (4%) (gráfico 1). O Índice de

[10] Depois da implementação do regime de metas inflacionárias houve uma redução da taxa de juros real, mas, já em 2001, quando seu nível real continuava muito alto, ela foi aumentada novamente.

Preços ao Consumidor Amplo (IPCA)[11] foi escolhido como medida de referência para as metas devido a sua característica de ser afetado por fatores sazonais e por choques temporários. Além disso, a taxa Selic foi escolhida como o instrumento de política monetária. Foram estabelecidos intervalos de tolerância de dois pontos percentuais[12] para levar em conta a incerteza sobre nosso processo inflacionário, bem como choques temporários inesperados e/ou fatores sazonais. Desse modo, o controle inflacionário continuou a ser encarado como objetivo principal, deixando de reconhecer que a taxa básica de juros extremamente elevada era também um grande obstáculo para uma verdadeira estabilização macroeconômica. Em outras palavras, tratava-se de uma agenda política equivocada, uma vez que o principal problema da economia brasileira tinha deixado de ser a inflação para se tornar a perversa combinação de taxa de juros elevada e baixa taxa de câmbio.[13] Mas a política foi mantida, e o baixo crescimento da inflação em 1999 lhe foi atribuído, embora ela estivesse apenas começando a ser adotada.

Gráfico 2

Taxa de inflação (IPCA) e taxa de juros (Selic) nominal

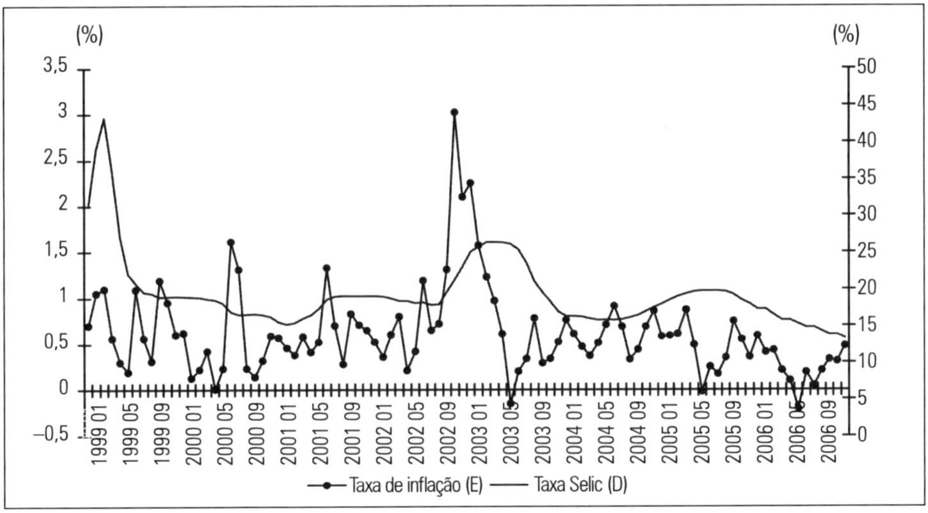

Fonte: Ipeadata.

[11] O índice de preços escolhido — o IPCA — abrange uma amostra de famílias com renda pessoal entre um e 40 salários mínimos e tem uma ampla base geográfica.

[12] Os intervalos de tolerância foram ampliados para 2,5 pontos percentuais após 2003.

[13] Bresser-Pereira e Nakano, 2003; Bresser-Pereira, 2002.

A desvalorização cambial coincidiu com um período de lento crescimento econômico, o que explica em parte o comportamento da inflação (gráfico 1). A eliminação da indexação em 1994 é a principal explicação para o fato. Por outro lado, um razoável controle de gastos do governo e um aumento dos tributos levaram a um rápido crescimento do superávit primário, que alcançou 3,2% do PIB em 1999. Isso se associou a uma rígida condução da política monetária. Esses fatos, juntamente com outros importantes indicadores, resultaram em uma taxa de inflação de apenas 8,9% em 1999.[14] Discutiremos essas questões com mais detalhes nas próximas seções.

O ano de 2000 foi mais favorável para a economia brasileira, apesar das preocupações relativas a fatores externos. Como consequência, a meta de 6% foi alcançada com sucesso, embora tenha havido um contínuo realinhamento dos preços monitorados pelo governo (gráfico 5) e algum crescimento econômico (gráfico 1). Tal expansão deveu-se à melhora da confiança dos consumidores e das empresas e à expansão do crédito. Esta última tornou-se possível com a queda na tributação do crédito familiar e reduções nas taxas de empréstimos e *spreads* bancários. A relação dívida pública/PIB (gráfico 4) melhorou em comparação com 1999, mas, mesmo assim, atingiu 49,43%, o que ainda era um valor considerável.[15]

Gráfico 3

Taxa de inflação (IPCA) e taxa de câmbio nominal (R$/US$)

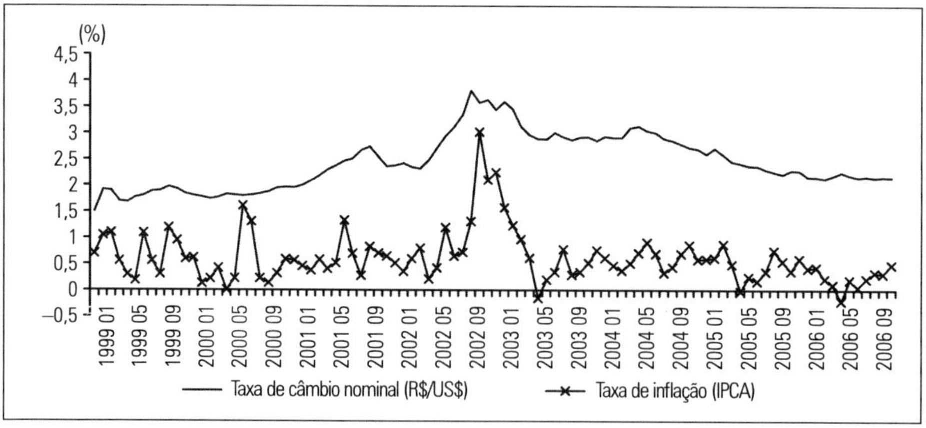

Fonte: Ipeadata.

[14] Pinheiro, Giambiagi e Moreira, 2001.

[15] Figueiredo, Fachada e Goldestein, 2002.

Em 2001, a economia brasileira foi atingida por uma série de choques desfavoráveis, como, por exemplo, o fim da bolha especulativa no mercado de ações em todo o mundo, a crise da Argentina e os ataques terroristas nos EUA. Essas perturbações tiveram grande impacto nas expectativas do mercado financeiro internacional e, apesar das altas taxas de juros, causaram dificuldades para a atração de capital estrangeiro. Por outro lado, o déficit público foi incrementado pela saída de capital, que foi maior do que o investimento externo direto. Diante desse cenário, o Banco Central limitou-se a conter a propagação de perturbações enfrentadas pela economia, relacionadas sobretudo à depreciação cambial e à elevação dos preços monitorados. Nesse momento, o Banco Central, que vinha diminuindo a Selic desde 1999, cometeu o erro de aumentá-la (gráfico 2), apesar de esta estar por volta de 9% ao ano em termos reais. Foi, certamente, um momento de fraqueza das autoridades monetárias, pois deu-se mais atenção à vulnerabilidade externa brasileira do que se deveria. Consequentemente, esse fato chamou a atenção dos credores externos, o que culminou com a crise do balanço de pagamentos de 2001. Além de suas ações no próprio mercado, por meio da taxa de juros, o Banco Central começou a trabalhar com uma condução mais restritiva da política monetária, tentando manter a inflação anual dentro do intervalo de tolerância estabelecido. Tal esforço, no entanto, foi em vão, e a taxa de inflação chegou a 7,7% anuais (gráfico 1), significando o descumprimento da meta. Esse aumento do IPCA não foi resultado do excesso de demanda, mas, diretamente, do repasse da taxa de câmbio para os preços e, indiretamente, do aumento dos preços administrados. Por fim, o lado fiscal da economia deteriorou-se em 2001, apesar do superávit primário do governo (3,75% do PIB).

A clara percepção de que Luiz Inácio "Lula" da Silva seria eleito presidente em 2002 gerou incertezas. Primeiro, o mercado não conhecia suas verdadeiras intenções. Segundo, havia o problema da dominância fiscal relacionado ao novo aumento da taxa de juros. Terceiro, havia o problema da persistência de uma alta vulnerabilidade externa expressa em termos de uma alta razão dívida/exportações. Todos esses fatores, juntos, levaram a uma elevação da probabilidade de *default* na dívida externa.[16] Como resultado, houve um acentuado

[16] Nesse ano, o grande aumento das exportações brasileiras e a consequente melhoria de nossas contas externas já estavam começando, mas os credores só se aperceberam do fato em 2003.

aumento na taxa de juros sobre a dívida do governo brasileiro denominada em dólares. O real depreciou-se fortemente contra o dólar, o que gerou mais inflação (gráfico 3).

Gráfico 4
Taxa de inflação (IPCA) e razão dívida/PIB

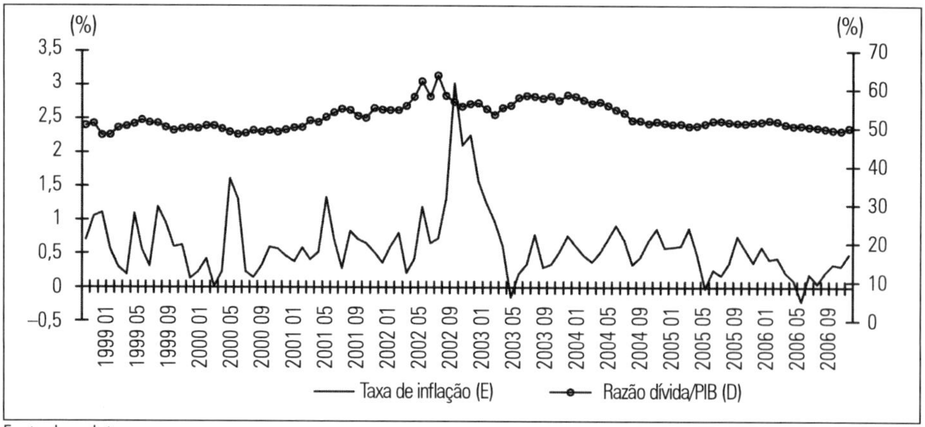

Fonte: Ipeadata.

Quanto ao fenômeno da dominância fiscal, ele foi resultado de nossa grande dependência de capital estrangeiro, que tende a fluir para as economias de mercado emergentes em tempos de altas taxas de juros. Apesar disso, como as taxas de juros reais continuam se elevando, mesmo aqueles investidores que confiam nos fundamentos do país começam a pensar duas vezes e, assim, pode haver uma nova desvalorização cambial. Por essa razão, tentativas de valorizar a taxa de câmbio têm efeito contrário, caracterizando a chamada dominância fiscal.[17] De acordo com Favero e Giavazzi (2005), a experiência brasileira gerou um risco de *default* que poderia ter um efeito deletério sobre o arcabouço das metas de inflação, dado que a economia passaria de um regime de dominância monetária para um regime de dominância fiscal. Sob essa condição, responder ao aumento de preços com elevações reais da taxa de juros levaria a uma depreciação real da taxa de câmbio e, por conseguinte, a mais

[17] Bresser-Pereira e Nakano, 2002; Gomes e Aidar, 2004.

inflação. Quando esse é o caso, o instrumento correto para reduzir a inflação é a política fiscal e, não, a monetária.

Após a eleição de Lula, em outubro de 2002, as autoridades monetárias decidiram manter e aprofundar as políticas monetária e fiscal anteriores, e também dar continuidade às reformas institucionais microeconômicas. Os planos da nova administração incluíam um claro objetivo para o superávit primário e anúncios de uma reforma da previdência social. Como o mercado avaliou que não haveria qualquer mudança importante de política, houve uma diminuição da probabilidade de *default*, uma valorização do real e uma redução da inflação.[18]

Em 2003, com o novo governo no poder e conduta similar da política monetária, os credores do Brasil começaram a se acalmar. Naquele momento, em meados do ano, a melhora das contas externas do país e a recuperação da confiança nas atitudes do governo abriram uma oportunidade para que a nova administração se engajasse numa estratégia de queda da taxa de juros. Todavia, a decisão tomada foi na direção oposta. A única preocupação foi sinalizar ao mercado financeiro que a prioridade continuaria sendo o controle da inflação. De acordo com Favero e Giavazzi (2005), o anúncio feito por Lula depois de assumir o posto, no início de 2003, foi relacionado a uma política fiscal restritiva. Tal atitude foi suficiente para trazer a economia brasileira de volta às "condições normais", com uma rápida redução do risco-país, estabilização cambial e, consequentemente, estabilização das expectativas inflacionárias, da própria inflação e da dinâmica da dívida pública. A taxa de juros, porém, continuou em seu nível absurdamente elevado, e a economia estagnou, apesar das condições internacionais extremamente favoráveis.

No ano de 2003, as metas para a inflação foram alteradas de 4% para 8,5% e, em 2004, de 3,75% para 5,5%. Além disso, os intervalos de tolerância foram modificados de 2% para 2,5% (gráfico 1). O horizonte de metas foi também estendido para dois anos, a fim de suavizar possíveis choques de oferta. Para o Banco Central, esses ajustes seriam mais adequados

[18] Blanchard, 2005.

para a economia brasileira pois ajudariam a reduzir as taxas de juros, tendo em vista que o custo relacionado às metas anteriores era bastante elevado em termos de dívida pública e crescimento econômico. Contudo, a redução na taxa Selic (gráfico 2) não foi suficiente para fazer a economia crescer tanto quanto era necessário.

Em 2004, a economia brasileira cresceu consideravelmente (gráfico 1), o que levou as autoridades econômicas a atribuir o fato às "corretas" políticas econômicas. Na verdade, foi o resultado de um grande ajuste externo que a economia sofreu entre 1998 e 2004, em razão dos efeitos conjuntos da desvalorização da moeda, das crises do balanço de pagamentos de 1998 e 2002, e de um grande aumento nos preços dos bens exportados do Brasil. A economia passou de um déficit em conta corrente de 5% do PIB em 1998 para um superávit de 1% em 2004, enquanto a taxa de investimento foi mantida constante, em torno de 19%. Assim, houve uma extraordinária substituição de poupança externa por poupança interna.[19] Mas, como era de se esperar, a manutenção, pelo Banco Central, da taxa de juros em seu nível elevado, somada ao aumento das exportações, provocou uma valorização cambial (gráfico 3), o que contribuiu para a queda da taxa de inflação e o alcance da meta (gráfico 1).

O Banco Central iniciou o ano de 2005 com uma política monetária bem similar à do ano anterior. A promessa do governo era de que o país continuaria crescendo com regularidade, mas isso não aconteceu e o crescimento do PIB caiu novamente para 2,3%. No início do ano, tendo em vista algumas indicações de pressões de demanda, o Banco Central aumentou mais uma vez a taxa básica de juros, que foi em média 12% em termos reais durante o ano. Dado esse cenário, a meta de inflação para o ano foi atingida com sucesso (gráfico 1).

A meta também foi atingida em 2006 (gráfico 1) e, no final do ano, a inflação ficou em torno de 3%, sendo esse valor comemorado pela ortodo-

[19] Quando um país segue a estratégia de crescimento com poupança externa ocorrem grandes entradas de capitais estrangeiros, a taxa de câmbio se valoriza e (se as oportunidades de investimento não forem particularmente favoráveis) a taxa de substituição de poupança interna por poupança externa será elevada (Bresser-Pereira e Gala, 2005; Bresser-Pereira, 2006b). Nesse caso, dada a desvalorização do real, ocorreu o contrário.

xia convencional como uma vitória contra a inflação. Na verdade, essa taxa baixa foi resultado de um populismo cambial, pois foi alcançada graças a uma substancial apreciação do real. Dada a queda inflacionária, a taxa de juros nominal também diminuiu, mas a taxa real ficou acima de 10% no início de 2007. Sem causar surpresas, o PIB cresceu apenas 4% em 2006. Isso é certamente uma taxa que pode ser considerada irrisória para a economia brasileira, dado o crescimento populacional de 1,5% ao ano.

As metas de inflação continuam definidas: 4,5% ao ano. A possibilidade de cumprimento deste objetivo é grande. O país possui algum problema inflacionário interno que o difere de outros países com renda similar. Contudo, a diferença é pequena e pode ser atribuída à indexação de tarifas públicas, aos salários decididos pela Justiça do Trabalho, à política de aumento do salário mínimo, e à característica fechada da economia brasileira.[20] Entre esses fatores, os preços administrados são os principais responsáveis pelo aumento da inflação acima de níveis internacionais. De acordo com o gráfico 5, entre 1999 e 2003 esses preços elevaram-se mais que a inflação (IPCA), estabilizando-se nos anos subsequentes.[21]

A alta taxa de juros

A visão geral da política de metas de inflação feita anteriormente agora nos dá as ferramentas necessárias para fazer uma análise da economia brasileira no período. Discutiremos duas questões principais: (a) por que a taxa de juros é tão alta; e (b) a armadilha da taxa de juros/taxa de câmbio. Alguns outros pontos também serão analisados: (i) a inconsistência enfrentada pelo sistema de metas de inflação; (ii) a indexação dos serviços públicos; (iii) a indexação da taxa Selic; (iv) a política fiscal no Brasil; (v) os preços monitorados; (vi) o crescimento econômico e o desemprego. Além disso, proporemos algumas soluções para as armadilhas.

[20] Werlang, 2006.

[21] A elevação maior em um primeiro período e menor no segundo deveu-se à indexação dos contratos pelo IGP, ao invés do IPCA. O IGP contém preços do atacado, que refletem as mudanças diretas da taxa de câmbio.

Tabela 1
Taxa de juros (Selic) em termos reais (a.a.)

Anos	Taxa Selic nominal (%)	Taxa de inflação (IPCA)	Taxa Selic real
1999	19,00	8,94	10,06
2000	15,76	5,97	9,79
2001	19,05	7,67	11,38
2002	24,90	12,53	12,37
2003	16,32	9,30	7,02
2004	17,74	7,60	10,14
2005	18,00	5,69	12,31
2006	13,25	3,14	10,11

Fonte: Banco Central do Brasil.

Antes de discutirmos a taxa de juros no Brasil, precisamos definir a "armadilha da taxa de juros/taxa de câmbio" que nossa economia vem enfrentando desde a implementação do Plano Real. Em termos muito simples, significa que a taxa de juros básica de curto prazo não fica abaixo de 9% ao ano em termos reais (tabela 1).[22] Adicionalmente, significa que os juros de longo prazo sobre os títulos federais pagam uma taxa Selic similar àquela paga pelas LTNs, e são geralmente mais altas que os juros pagos pelos títulos brasileiros no exterior.[23] Em terceiro lugar, significa que as entradas de capital, estimuladas pela Selic elevada, pressionam para baixo a taxa de câmbio, sobrevalorizando o real: sempre que há uma desvalorização cambial, como aconteceu nas crises do balanço de pagamentos de 1998 e 2002, há uma valorização logo em seguida. É uma armadilha, porque as autoridades monetárias temem reduzir a taxa de juros abaixo de determinado limite. As metas de inflação reforçaram a armadilha no momento em que a taxa de juros de equilíbrio foi definida no modelo

[22] A taxa só decresceu em 2003 (7,02%). Esse foi um ano recessivo, que se seguiu à crise do balanço de pagamentos de 2002. Assim, a taxa de juros caiu não por conta, mas apesar, da condução da política monetária.

[23] Em outras palavras, é com frequência maior do que a taxa dos títulos do Tesouro americano mais o risco-Brasil, mais a diferença entre a taxa de inflação brasileira e a norte-americana.

como de cerca de 9% ao ano em termos reais, formalizando o limite. Quando as autoridades monetárias começam a reduzir a taxa de juros, ocorre uma depreciação cambial e crescimento inflacionário. Os preços sobem muito antes que as taxas de juros mais baixas possam causar pressões de demanda. Mas, apesar disso, o Banco Central para de reduzir a taxa de juros.

Por que a taxa de juros é tão alta no Brasil? Essencialmente porque a armadilha juros/câmbio impede que ela seja reduzida. Uma causa secundária é o alto nível de gastos públicos comparado ao patamar de renda *per capita* do país. Em terceiro lugar, porque as autoridades monetárias aumentam a taxa Selic, tentando (sem sucesso) alongar o vencimento da dívida (para construir um mercado de crédito doméstico de longo prazo). Em quarto lugar, e esta provavelmente seja a razão principal, porque a Selic indexa a maior parte da dívida pública.[24] Essa é uma herança da época dos altos índices inflacionários e que leva os formuladores de políticas a manterem elevada a taxa de juros de curto prazo, por medo de não serem capazes de rolar a dívida. Agindo assim, eles ignoram que os agentes de mercado — particularmente os bancos — não têm outra alternativa senão aplicar seus recursos de curto prazo em títulos do governo. Como Keynes mostrou no volume 2 de seu *Treatise on money*, uma política monetária só funciona apropriadamente se houver uma *yield curve* para que as decisões de política relacionadas às taxas de juros de curto prazo sejam transmitidas às taxas de juros que efetivamente influenciam o comportamento dos agentes privados. Em vez disso, a Selic define diretamente a taxa de juros de longo prazo no Brasil, isto é, a taxa paga pelos títulos do Tesouro brasileiro. Significa dizer que não há uma taxa de juros de longo prazo no país. Contudo, há uma *proxy* para tal: a taxa de juros paga no exterior pelas corporações brasileiras de primeira linha é igual ao risco-Brasil mais a taxa de juros paga aos títulos do Tesouro americano. Em quinto lugar, a taxa Selic é alta porque o Banco Central a usa como ferramenta para resolver outros tipos de problemas, além de controlar a inflação. Por exemplo, ela é usada para: (a) atrair capital estrangeiro; (b) reduzir o déficit em conta corrente quando este cresce continuamente; (c) aumentar a poupança pública. O sexto ponto está relacionado a uma causa de economia política. Por esse prisma, a taxa Selic

[24] Barbosa, 2006.

é alta porque, desde o final da década de 1980, o Banco Central tem sido "capturado" pelos rentistas, que sempre ganham com as altas taxas de juros, pelo setor financeiro, que vive de comissões/bônus provenientes de rentistas, e pelas multinacionais, que aumentam suas remessas de lucros com um real sobrevalorizado. O sétimo ponto está relacionado a uma causa de hegemonia ideológica: Washington, e especificamente o FMI, apoia fortemente a política monetária brasileira em vigor — o que não é de surpreender: a ortodoxia convencional que esse organismo e os mercados financeiros internacionais usam para pressionar os países em desenvolvimento de renda média é essencialmente uma ferramenta para neutralizar seus crescimentos.[25]

No entanto, a atuação das autoridades governamentais deveria fazer com que a estrutura a termo da taxa de juros fosse a consequência de fluxos de crédito devidos a políticas macroeconômicas responsáveis. Entre elas, estão as seguintes: (a) um rígido controle da inflação (como estão fazendo); (b) uma taxa de câmbio mais competitiva; (c) ausência de déficit em conta corrente; (d) redução da relação dívida-exportações; (e) corte da taxa de juros; (f) redução do déficit público, com a consequente redução da relação dívida pública/PIB. Essas questões serão discutidas com mais profundidade adiante.

Há outras explicações. Economistas, geralmente os ligados a mercados financeiros, oferecem uma série de argumentos para a taxa de juros elevada, e que lembram a fábula do lobo e do cordeiro. A explicação clássica era de que o risco-país do Brasil era alto demais. No entanto, desde 2002, Bresser-Pereira e Nakano (2002) mostraram a falsidade desse argumento: países com a mesma, ou pior, classificação de risco têm taxas de juros muito menores. Depois da queda de nosso risco-país, que vem ocorrendo desde o início de 2003, a taxa de juros de curto prazo paga pelo Banco Central, e que indexa toda a dívida pública, vem sendo maior do que a taxa de juros de longo prazo paga pelas empresas brasileiras. Um segundo argumento para a alta taxa de juros seria a elevada dívida pública do país. Todavia, esta não é particularmente alta segundo os padrões internacionais. Ela é extremamente alta se calcularmos a dívida dos outros países descontando seu valor nominal pela taxa de juros brasileira e, nesse caso, caímos novamente na armadilha da taxa de juros. Um terceiro

[25] Bresser-Pereira, 2006a.

argumento é que a taxa de juros é alta em razão do elevado déficit orçamentário. Novamente, o déficit não é elevado segundo os padrões internacionais. Outra explicação está relacionada ao combate da inflação. Não há dúvida de que a taxa de juros é o instrumento certo para fazer isso. Entretanto, a taxa Selic não flutua entre 0 e 3% em termos reais no Brasil, como acontece em países ricos, e nem mesmo entre 2 e 5%, como acontece em países com classificações de risco similares. A tabela 1 mostra a taxa Selic real para o Brasil, e a tabela 2 mostra algumas taxas básicas de juros de países selecionados, confirmando nossa argumentação.

Uma quinta explicação foi dada por Arida, Bacha e Resende (2005). Eles apresentaram como justificativa para a alta taxa de juros "natural", ou para esse "equilíbrio ruim", a inexistência de crédito doméstico de longo prazo no país. Essa falha seria explicada pela chamada "incerteza jurisdicional", isto é, não haveria uma proteção judicial efetiva dos credores, o que levaria a consequências negativas para a poupança e o investimento privados. Essa falha é também interpretada erroneamente como consequência de restrições à conversibilidade da moeda, alongamento artificial da dívida pública, fundos de poupança compulsórios e poupança forçada por meio da inflação. Assim, o país teria que conviver com uma taxa de juros real de curto prazo acima de 9% ao ano até o momento em que uma série de reformas institucionais resolvesse esses problemas e criasse a "certeza jurisdicional".

Certamente, há necessidade de reformas. Mas a ausência delas não pode ser responsabilizada por erros na política macroeconômica do país e, principalmente, por nossa taxa de juros extremamente elevada. No passado, as instituições eram menos desenvolvidas no Brasil e, mesmo assim, a taxa de juros era muito menor. Além disso, as instituições do país, quando não melhores, são bastante semelhantes àquelas encontradas em países com classificação de risco equivalente (ou pior), mas com taxas de juros muito mais baixas. Na verdade, o argumento da "incerteza jurisdicional" não faz sentido, nem é sustentado empiricamente. Holland, Gonçalves e Spacov (2007) formularam uma metodologia baseada na proposta de Arida, Bacha e Resende, e seus resultados são altamente desfavoráveis ao argumento da incerteza jurisdicional. As indicações são que "fatores monetários e fiscais tradicionais são muito mais relevantes para explicar o nível das taxas de juros reais de curto prazo do que o binômio incerteza jurisdicional e inconversibilidade da moeda".

Tabela 2
Taxas de juros básica em países selecionados (2005)

País	Taxa de juros real (%)	País	Taxa de juros real (%)
Brasil	11,53	Índia	1,07
África do Sul	3,55	Indonésia	-3,03
Arábia Saudita	4,22	Israel	2,51
Argentina	-3,36	Malásia	-0,22
Chile	1,22	México	4,42
China	0,29	Peru	1,66
Cingapura	2,01	Polônia	3,64
Colômbia	1,49	República Tcheca	-0,16
Coreia do Sul	1,40	Rússia	1,10
Egito	5,00	Tailândia	-1,30
Filipinas	0,71	Taiwan	-0,55
Hong Kong	2,13	Turquia	7,01
Hungria	2,86	Venezuela	-1,77

Fonte: *The Economist* (Emerging market indicators), Feb. 2006.
Taxa de juros real = taxa de juros nominal de curto prazo menos índice de preços ao consumidor.

A armadilha da taxa de juros/taxa de câmbio

Apesar de seu nível elevado, os movimentos na taxa básica de juros no Brasil são bastante similares aos observados em outros países. Ela aumenta em expansões e diminui em recessões. No entanto, o Banco Central não tem sido capaz de reduzir consistentemente essa taxa, pois sempre há algum motivo para interromper um processo de queda. O resultado é a armadilha da taxa de juros. Nosso argumento é que o país não possuía as condições necessárias para a implementação de um sistema de metas inflacionárias. O correto teria sido a tentativa de escape da armadilha, mas, como isso foi ignorado, ela se fortaleceu.

A armadilha da taxa de juros pode ser observada de muitas maneiras. Primeiro, sempre que o Banco Central inicia um processo de redução da taxa de juros, há uma depreciação cambial, e as consequentes alterações nos preços relativos provocam um aumento da inflação. Isso certamente é uma ameaça para o sistema de metas inflacionárias, e as autoridades monetárias reagem com um novo aumento da taxa de juros. Assim, paradoxalmente, uma inflação advinda do lado da oferta é combatida com uma política que objetiva a contração da demanda. Sempre que a taxa de juros é reduzida e há algum sinal de crescimento econômico, e como o déficit em conta corrente aumenta,[26] o governo tenta evitar uma depreciação cambial elevando a taxa Selic e, consequentemente, provocando um aumento do desemprego (gráfico 6). A elevação das taxas de juros provoca efeito similar no déficit público e na relação dívida pública/PIB (gráfico 4). Consequentemente, há uma redução do crédito internacional do país, a não ser que o superávit primário seja aumentado na mesma medida, geralmente por meio de um acréscimo na carga tributária.

A armadilha coloca a economia do país em um círculo vicioso de curto prazo. No início de 2003, por exemplo, o governo decidiu dar seguimento à mesma política macroeconômica dos antecessores. Essa atitude foi bem recebida pelas autoridades monetárias em Washington e pelo mercado financeiro. Como consequência, o crédito voltou a fluir, o risco-país caiu e a taxa de câmbio apreciou-se novamente. Mas, ao mesmo tempo, o mercado financeiro começou a perceber que não havia crescimento econômico e, sim, algumas perturbações sociais e políticas, e que o superávit primário tinha começado a decrescer outra vez, ou seja, havia um claro sinal de que os resultados oriundos da política econômica não eram os melhores. Como ninguém ousava discutir a ortodoxia convencional por trás da política monetária brasileira, a solução que o mercado encontrou naquele ano foi reduzir o crédito do país, com consequências em termos de aumento do risco-país, bem como das taxas básicas de juros.[27]

A taxa de câmbio é particularmente um preço macroeconômico estratégico e a outra face da armadilha da taxa de juros. Depreciações cambiais podem ter um impacto deletério sobre a inflação, ao passo que apreciações

[26] Desde 1994, o déficit em conta corrente esteve perto de zero em apenas uma ocasião — em 2002. Isso aconteceu em razão da depreciação da taxa de câmbio e de uma forte recessão econômica. No entanto, tal depreciação não ocorreu em razão de políticas econômicas, mas da crise de confiança. Na primeira metade de 2003, a taxa de câmbio começou a se valorizar novamente, o que poderia fazer com que o déficit em conta corrente aparecesse mais uma vez.

[27] Bresser-Pereira, 2005.

podem afetar negativamente as contas nacionais via níveis de exportações e importações. Uma apreciação real torna menos competitiva a indústria e, consequentemente, provoca déficit na conta corrente. De acordo com a teoria convencional das metas inflacionárias, a adoção de metas cambiais pode prejudicar o desempenho da política monetária. Mas isso não significa que os bancos centrais possam negligenciar os efeitos dos movimentos da taxa de câmbio sobre a inflação e a demanda agregada. Nesse caso, a melhor solução é uma clara explicação sobre uma possível intervenção na taxa de câmbio como forma de limitar efeitos potencialmente desestabilizadores das alterações abruptas dos preços.[28]

Uma taxa de juros elevada faz com que a taxa de câmbio decresça em termos de dólar (ou faz com que a taxa de câmbio real se valorize), porque a primeira é uma função inversa da segunda, via teoria da paridade descoberta dos juros. Foram necessárias duas crises do balanço de pagamentos para tirar o país dessa armadilha. A primeira foi em 1999 e a segunda em 2002, como discutido em páginas anteriores. Em ambos os casos, o aumento da inflação foi moderado e muito menor do que se esperava. E o mais importante, ela se reduziu assim que houve uma estabilização cambial. Em 2003, esse fenômeno foi observado mais uma vez. Embora o governo tenha atribuído a queda da inflação a um aumento da taxa Selic, a redução acontecida foi, na verdade, fruto de uma apreciação cambial. Mas isso não durou muito. O gráfico 3 mostra que a taxa de câmbio vem sofrendo apreciações desde 2004, o que pode ser prejudicial para a economia do país, em termos de exportações. Quando as autoridades monetárias decidiram intervir no mercado do dólar e comprar reservas, outra faceta da armadilha juros/câmbio tornou-se aparente: dada a taxa de juros real extremamente alta (cerca de 10%), essa política foi severamente limitada por seu alto custo fiscal.

O regime de política monetária

Apesar dos baixos índices inflacionários observados no Brasil atualmente, nossa opinião é que o sistema de metas de inflação pode até ter tido êxito no

[28] Mishkin e Schmidt-Hebbel, 2001.

controle da inflação, mas a contrapartida tem sido perversa: a quase estagnação da economia. Desemprego e taxa de juros continuam altos, e a taxa de câmbio continua muito apreciada. Isso fica bem claro no gráfico 3, onde se nota como a taxa de inflação acompanha a taxa de câmbio no caso da economia brasileira. Além disso, as baixas taxas de crescimento observadas estão diretamente relacionadas com o fato de haver uma diferença entre estabilidade de preços e estabilidade macroeconômica. Assim, as metas inflacionárias não conseguiram ter o sucesso esperado no país porque elas coexistem com uma alta taxa de juros e mantêm a taxa de câmbio sem competitividade externa. A doença holandesa e o crescimento com poupança externa pressionam a taxa de câmbio para cima, apreciando-a. E essa sobrevalorização cambial advém da política econômica que a ortodoxia convencional propõe aos países de renda média, e que o Banco Central brasileiro adota. Da maneira que a estabilidade macroeconômica está definida atualmente no Brasil, o controle da inflação é, de certa forma, feito via apreciação cambial. Mas uma taxa de câmbio competitiva deveria também ser um dos objetivos de uma política macroeconômica competente. Em suma, em vez de perceber o sistema de metas inflacionárias como um sucesso ou um fracasso, deveríamos vê-lo como uma ferramenta central que a ortodoxia convencional usa para manter a economia brasileira nessa armadilha de altas taxas de juros e não competitividade de mercado.

A economia brasileira realmente não estava preparada para uma política de metas de inflação, pois, como já dito, tal arcabouço destina-se à administração da política monetária e, não, à mudança da mesma. Um sistema de metas inflacionárias não se aplica caso um país necessite mudar o regime de política monetária, por exemplo, em razão de sua inflação elevada e inercial, como era o caso do Brasil entre 1980 e 1994, ou em razão de uma taxa de juros real básica absurdamente elevada, como o país vem experimentando desde 1994.[29] O resultado, como já dito, é a presença de uma armadilha de alta taxa de juros/ baixa taxa de câmbio, desde 1994, que tem colocado o país fora do equilíbrio macroeconômico. Se o governo acreditava que uma política de metas de inflação era um bom caminho a ser seguido, ele teria que, primeiro, ter enfrentado a armadilha aqui descrita.

[29] Na verdade, a taxa de juros real era alta antes de 1994, mas instável, dependendo das variações da inflação. Por outro lado, como a inflação era incrivelmente elevada, toda a atenção estava dirigida para ela.

Para que o país volte a trilhar um caminho de crescimento e de baixas taxas de juros, várias mudanças precisam ser feitas, de forma a colocar uma estratégia completa em ação. O objetivo é reduzir a taxa Selic para que ela oscile entre 1% e 3% em termos reais e, consequentemente, se separe da taxa de juros de longo prazo, que ficaria mais ou menos perto de 5% em termos reais.[30] Essa redução só será possível com o fim da indexação dos títulos federais pela Selic, isto é, da indexação pela mesma taxa de juros usada pelo Banco Central em sua política monetária. Essa prática é uma peculiaridade do Brasil (uma herança da inflação alta) e a principal explicação institucional para a alta taxa de juros usada para pagar o serviço da dívida pública. Logo, como aconteceu no Plano Real, há necessidade de uma mudança no regime de política monetária.

Juntamente com a redução da taxa Selic, o governo brasileiro terá de começar um sério ajuste fiscal. Sabemos que o país vem obtendo consideráveis superávits primários via aumentos de impostos — e não via cortes nos gastos públicos. Mas isso não basta. Enquanto a taxa de juros estiver saindo da armadilha, as autoridades terão que reduzir os gastos e, talvez, gerar um superávit. Com esse ajuste, o governo não apenas sinalizará sua rejeição a qualquer tipo de populismo, mas também controlará possíveis processos inflacionários oriundos de um possível choque de demanda resultante da menor taxa de juros. Com a demanda controlada, não há razão para se esperar qualquer aumento da inflação, exceto o aumento transitório resultante da depreciação da taxa de câmbio. Poderia haver um *default* da dívida pública por conta da inconformidade dos credores internos com as taxas de juros menores? Tal perigo inexiste, uma vez que a taxa de juros que está sendo reduzida é aquela relacionada às reservas bancárias, cujo único retorno possível sobre o capital é a taxa básica de juros.

A redução da taxa de juros de seu nível mínimo de 9%, e da inflação de seu nível de 5-6%, só será alcançada com outra importante reforma: o fim da indexação dos serviços públicos e, mais amplamente, o fim de qualquer indexação de contratos e preços administrados em que o governo esteja envolvido como prestador de serviços ou como regulador.[31] Como já mencionado, o IPCA é uti-

---

[30] Essa taxa deveria ser de 5% (ainda uma taxa elevada) em razão do risco-país. O valor de 5% vem do risco-país igual a 3%, da taxa de longo prazo do Tesouro norte-americano igual a 4% e da inflação dos EUA (2%).

[31] Preços administrados (monitorados) são aqueles determinados ou influenciados pelo governo, diretamente ou por meio de uma agência governamental, independentemente das forças de mercado. Alguns produtos que fazem parte da cesta de preços administrados são: taxas de água, esgoto e eletricidade, trans-

lizado na definição da inflação, e a cesta de preços administrados compreende cerca de 30% do índice. Em termos de política econômica, o que se observa claramente é que as ações dos formuladores de políticas afetam consideravelmente a variabilidade do índice de preços em virtude dos preços monitorados. Como consequência, as metas podem ser alcançadas, mas há elevados custos sociais, baixo crescimento econômico e altas taxas de juros. Os preços monitorados variam independentemente dos fatores de demanda e, como mostra o gráfico 5, a inflação acumulada relacionada a tais preços aumentou muito mais do que os outros dois índices. Os preços administrados no Brasil trazem, portanto, uma série de problemas para a nossa economia. Primeiro, as ações do Banco Central, através de seu instrumento de política monetária, só podem afetar os preços livres, o que faz com que as autoridades monetárias trabalhem sobre choques de demanda que poderão não existir. Segundo, as expectativas de inflação geram um ciclo vicioso nas taxas de juros e as tornam extremamente altas. O resultado é uma condução de política monetária muito restritiva e severa.[32]

Gráfico 5
Taxa de inflação acumulada (jan. 1999 = 100)

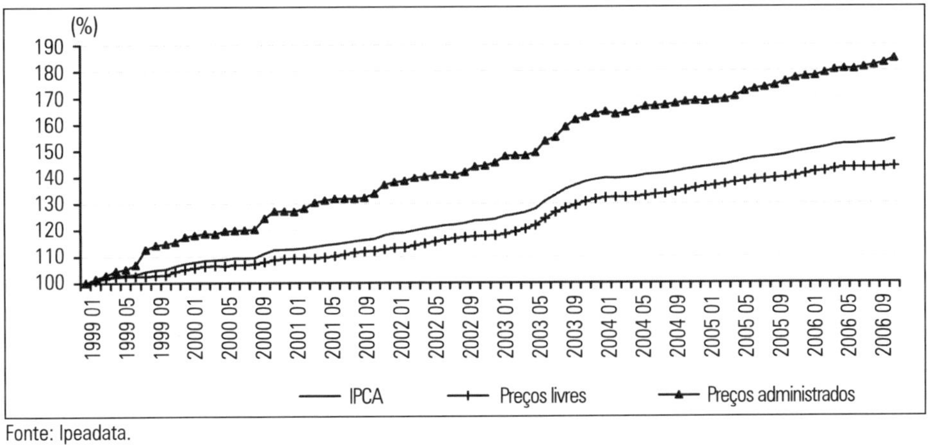

Fonte: Ipeadata.

Evidentemente, quando dizemos que os preços administrados não deveriam ser indexados, não significa que as agências reguladoras deveriam negli-

porte público, chamadas telefônicas, combustível, licenciamento e registro de veículos, planos de saúde, correios.

[32] Gomes e Aidar, 2004.

genciar o processo de inflação em suas revisões de preços. Como seus congêneres em outros países, as agências brasileiras levarão a inflação em conta, mas sem fazer referência a um índice de preços predeterminado. Também não significa que o governo deva quebrar contratos existentes: ele apenas estaria fortemente motivado a renegociá-los e ficaria institucionalmente proibido de celebrar novos contratos indexados.

Finalmente, as autoridades governamentais devem sempre ter em mente que tais políticas visam trazer crescimento econômico e, como consequência, menor desemprego e menores disparidades sociais. As regras de política monetária devem ser vistas como uma diretriz para a tomada de decisões, e não como algo rígido. Na questão do desemprego especificamente, o relacionamento entre essa variável e a política monetária é muito importante. Contrariamente ao que argumentam alguns teóricos convencionais, a política monetária geralmente tem efeitos positivos e duradouros sobre as taxas de juros reais e, consequentemente, sobre a atividade econômica e o desemprego. O gráfico 6 compara as taxas de juros e de desemprego em São Paulo, maior região metropolitana do país. Mostra que a taxa de desemprego no Brasil é extremamente elevada, tal como a taxa de juros, e que qualquer aumento da taxa de juros causa mais desemprego, significando que a atual política monetária no Brasil acarreta um custo social realmente elevado.[33]

Gráfico 6
Taxa de juros e taxa de desemprego total (RMSP)

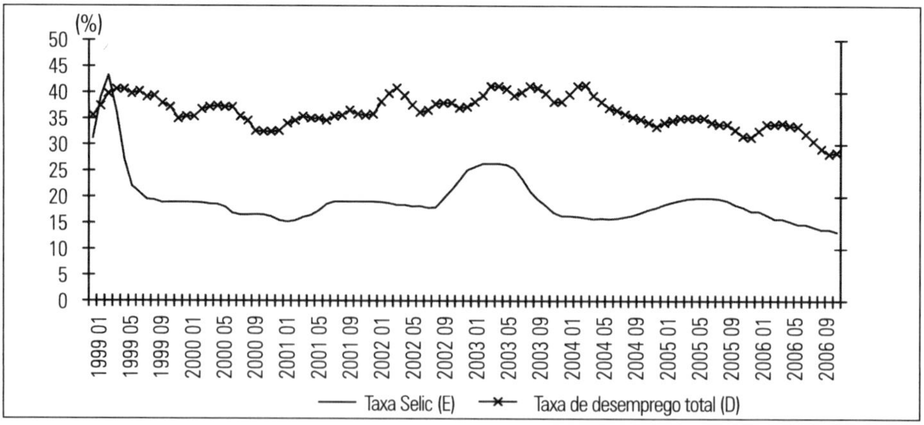

Fonte: Ipeadata.
RMSP = Região Metropolitana de São Paulo.

[33] Gomes e Aidar, 2005.

Conclusão

Este capítulo discutiu o atual sistema de metas inflacionárias adotado no Brasil e a armadilha da taxa de juros/taxa de câmbio que o país está enfrentando em razão de sua elevada taxa básica de juros. Primeiro, fizemos uma rápida revisão da política monetária no Brasil a partir da data de implementação do sistema até o final de 2006. Segundo, analisamos os problemas advindos da condução da política monetária, argumentando que o regime de metas de inflação enfrenta importantes problemas teóricos e, mais importante, enfrenta um dilema de inconsistência, uma vez que foi planejado para ser usado na administração da política monetária e não para mudá-la.

O Plano Real foi uma reforma bem-sucedida, pois desindexou a economia brasileira e neutralizou a inércia inflacionária. Mas ficou incompleto, na medida em que os preços administrados e a dívida pública continuaram indexados. No entanto, em lugar de trabalhar em direção a esse objetivo, as autoridades monetárias brasileiras aceitaram a recomendação do FMI de adotar uma âncora cambial entre 1995 e 1998. O resultado foi catastrófico. Mesmo assim, a política de metas de inflação foi introduzida no Brasil em 1999, como um substituto da âncora cambial. Esse novo arcabouço monetário deveria ter sido precedido por reformas que eliminassem todas as formas de indexação. No entanto, em vez de desenvolver uma estratégia para reduzir a taxa de juros, envolvendo tais reformas e o aprofundamento do ajuste fiscal, o governo continuou a definir a inflação como o principal problema a ser enfrentado, e adotou uma política formal de metas inflacionárias. A consequência foi que, desde 1999, a taxa de juros real permaneceu incrivelmente alta, e a economia brasileira não conseguiu escapar de tal armadilha.

Talvez uma melhor estratégia tivesse sido a busca de uma convergência de longo prazo da inflação. Por exemplo, o Chile e o México agiram desse modo antes de dar início a suas respectivas políticas de metas de inflação. Eles primeiro buscaram o equilíbrio de suas economias e começaram a liberar projeções de inflação com objetivos de longo prazo. Em outras palavras, eles permitiram à inflação convergir suavemente, e o resultado foi um custo social muito menor, se comparado ao do Brasil. No caso do Chile, que é um modelo de política macroeconômica competente, a estratégia começou a ser analisada em 1991. No entanto, a adoção total de uma forma leve de política de metas de inflação ocorreu somente em 2000, quando eles começaram a liberar seus relatórios de inflação. No caso mexicano, a estratégia foi semelhante, mas em períodos diferentes.

No Brasil, não houve uma preparação adequada da economia antes da implementação do sistema. Para adotar a política de metas de inflação, as autoridades deveriam ter preparado as variáveis-chave da economia, a fim de que pudessem convergir mais suavemente. Se tivessem se concentrado, primeiramente, em livrar o país da armadilha da taxa de juros/taxa de câmbio, as metas inflacionárias poderiam ter sido adotadas num segundo momento. Em vez disso, excessivamente preocupadas com a inflação, as autoridades se apressaram em adotar uma nova âncora nominal. Como consequência, a taxa de câmbio permaneceu altamente instável e a economia não conseguiu atingir os objetivos de inflação em alguns anos. Pior, a taxa de juros real em relação à dívida pública continuou anormalmente elevada — o que envolveu elevados custos fiscais e de desenvolvimento. Por conseguinte, o Brasil necessita de uma urgente mudança em suas prioridades no que se refere à política monetária. A alta taxa de juros é o principal problema a ser enfrentado, não a inflação. Somente resolvendo esse problema, e somente baixando a taxa de juros para níveis compatíveis com seu risco-país, o Brasil conseguirá ter níveis internacionais de inflação. Porém, o sucesso dessa ação dependerá do envolvimento de toda a sociedade e do governo.

Bibliografia

AGLIETTA, M.; BORGY, V. L'heritage de Greenspan: le triomphe de la politique discritionnaire. *Bulletin du Cepii*, n. 251, déc. 2005.

ARESTIS, P.; PAULA, L. F. de; FERRARI FILHO, F. Inflation targeting in emerging countries: the case of Brazil. In: ENCONTRO BRASILEIRO DE ECONOMIA, 34., 2006, Salvador. *Anais*... Salvador, BA: Anpec, 2006.

ARIDA, P.; BACHA, E. L.; RESENDE, A. Lara. Credit, interest, and jurisdictional uncertainty: conjectures on the case of Brazil. In: GIAVAZZI, F.; GOLDFJAN, I.; HERRERA, S. (Eds.). *Inflation targeting, debt, and the Brazilian experience, 1999 to 2003*. Cambridge, MA: MIT Press, 2005.

BALL, L. *Policy rules and external shocks*. Cambridge, MA: NBER, Sept. 2000. (NBER Working Paper, 7.910).

________; SHERIDAN, N. *Does inflation target matter?* Cambridge, MA: NBER, Mar. 2003. (NBER Working Paper, 9.577).

BARBOSA, F. H. The contagion effect of public debt on monetary policy: the Brazilian experience. *Revista de Economia Política*, v. 26, n. 2, p. 231-238, 2006.

BARRO, R. J.; GORDON, D. B. Rules, discretion and reputation in a model of monetary policy. *Journal of Monetary Economics*, v. 12, p. 101-121, 1983.

BLANCHARD, O. Fiscal dominance and inflation targeting: lessons from Brazil. In: GIAVAZZI, F.; GOLDFJAN, I.; HERRERA, S. (Eds.) *Inflation targeting, debt, and the Brazilian experience, 1999 to 2003*. Cambridge, MA: MIT Press, 2005.

BLINDER, A.; REIS, R. Understanding the Greenspan standard. In: FRB of Kansas City Symposium. *Proceedings*... Jackson Hole: [s. n.], Aug. 2005.

BOGDANSKI, J.; TOMBINI, A. A.; WERLANG, S. R. *Implementing inflation target in Brazil*. Brasília, DF: Banco Central do Brasil, 2000. (Texto para Discussão, 1.)

BRESSER-PEREIRA, L. C. O segundo Consenso de Washington e a quase-estagnação da economia brasileira. *Revista de Economia Política*, v. 23, n. 3, p. 3-34, jul. 2002.

________. Macroeconomia pós-Plano Real: as relações básicas. In: SICSÚ, J.; PAULA, L. F. de; MICHEL, R. (Orgs.). *Novo desenvolvimentismo — um projeto nacional de crescimento com eqüidade social*. Barueri: Manole; Rio de Janeiro: Fundação Konrad Adenauer, 2005. p. 3-47.

________. O novo desenvolvimentismo e a ortodoxia convencional. *São Paulo em Perspectiva*, v. 20, n. 1, jan./mar. 2006a.

________. *Substituição perversa de poupança interna pela externa e seu inverso: o caso do Brasil*. São Paulo: Eesp, 2006b. (Texto para Discussão).

________; GALA, P. *Crítica do crescimento com poupança externa*. São Paulo: Eesp, nov. 2005. (Trabalho de Discussão, 146).

________; NAKANO, Y. Uma estratégia de desenvolvimento com estabilidade. *Revista de Economia Política*, v. 21, n. 3, p. 146-177, jul. 2002.

________; ________. Crescimento econômico com poupança externa? *Revista de Economia Política*, v. 22, n. 2, p. 3-27, abr. 2003.

DIAZ-ALEJANDRO, C. Southern Cone stabilization plans. In: CLINE, W.; WEIN-

TRAUB, S. (Eds.). *Economic stabilization in developing countries*. Washington: Brookings Institution, 1981.

FAVERO, C. A.; GIAVAZZI, F. Inflation targeting and debt: lessons from Brazil. In: GIAVAZZI, F.; GOLDFJAN, I.; HERRERA, S. (Eds.). *Inflation targeting, debt, and the Brazilian experience, 1999 to 2003*. Cambridge, MA: MIT Press, 2005.

FIGUEIREDO, L. F.; FACHADA, P.; GOLDESTEIN, S. *Monetary policy in Brazil: remarks on the inflation targeting regime, public debt management and open market operations*. Brasília, DF: Banco Central do Brasil, 2002. (Texto para Discussão, 37).

GOMES, C.; AIDAR, O. Metas inflacionárias: preços livres e administrados no Brasil: uma análise econométrica. In: ENCONTRO BRASILEIRO DE ECONOMIA, 32., 2004, João Pessoa. *Anais*... João Pessoa, PB: Anpec, 2004.

________; ________. Cinco anos de metas de inflação no Brasil: sucesso ou fracasso? In: ENCONTRO BRASILEIRO DA SOCIEDADE DE ECONOMIA POLÍTICA, 10., 2005, Campinas. *Anais*... Campinas, SP: Sociedade de Economia Política, 2005.

HOLLAND, M.; GONÇALVES, F. M.; SPACOV, A. D. Can jurisdictional uncertainty and capital control explain the high level of real interest rates in Brazil? Evidence from panel data. *Revista Brasileira de Economia*, v. 61, n. 1, p. 49-75, mar. 2007.

KYDLAND, F. E.; PRESCOTT, E. C. Rules rather than discretion: the inconsistency of optimal plans. *Journal of Political Economy*, v. 85, p. 473-492, June 1977.

LE HERON, E. A new consensus on monetary policy? *Revista de Economia Política*, v. 23, n. 4, p. 3-27, 2003.

________; CARRÉ, E. Credibility versus confidence in monetary policy. In: WRAY, R.; FORSTATER, M. (Eds.). *Money, financial instability and stabilization policy*. Cheltenham: Elgar Press, 2006.

MINELLA, A. et al. Inflation targeting in Brazil: constructing credibility under exchange rate volatility. *Journal of International Money and Finance*, v. 22, p. 1015-1040, 2003.

MISHKIN, F. S.; SCHMIDT-HEBBEL, K. *One decade of inflation targeting in the world:* what do we know and what do we need to know? Cambridge, MA: NBER, 2001. (NBER Working Paper Series, 8.397).

PINHEIRO, A. C.; GIAMBIAGI, F.; MOREIRA, M. M. *O Brasil na década de 90:* uma transição bem-sucedida? Brasília, DF: BNDES, nov. 2001. (BNDES Working Paper Series, 91).

ROMER, D. *Advanced macroeconomics*. 2. ed. New York: McGraw-Hill, Irwin, 2001.

SVENSSON, L. O. *Inflation targeting as a monetary policy rule*. Cambridge, MA: NBER, 1998. (NBER Working Paper Series, 6.790).

TAYLOR, J. B. Discretion versus policy rules in practice. *Carnegie-Rochester Conference Series on Public Policy*, v. 39, p. 195-214, 1993.

_________. *Using monetary policy rules in emerging market economies*. Disponível em: <www.standford.edu/~johntayl/papers/BankofMexicoPaper.pdf>. Acesso em: 2000.

WERLANG, S. A meta para a inflação de 2008 e a taxa de juros. *Valor Econômico*, 10, jul. 2006.

Uma contribuição ao debate sobre a eficácia da política monetária e algumas implicações para o caso do Brasil

*Fernando J. Cardim de Carvalho**

> A teoria que eu desejo lidaria com uma economia em que a moeda desempenha um papel próprio e afeta motivos e decisões, sendo, em resumo, um dos fatores que influenciam a situação, de modo que o curso de eventos não possa ser predito, seja a longo ou a curto prazo, sem que se saiba qual o comportamento da moeda entre o estado inicial e o final. É a isso que deveríamos estar nos referindo quando falamos de *economia monetária*.
>
> *John Maynard Keynes*

O traço distintivo mais importante da teoria monetária de Keynes, e da visão de política monetária que dela se segue, é certamente a suposição da não-neutralidade da moeda, isto é, o postulado de que a política monetária exerce um impacto *real* e *duradouro* sobre a economia. Parte da ortodoxia, na verdade, aceita a não neutralidade da moeda, desde que confinada ao curto prazo. Reconhecendo na moeda apenas sua função de meio de pagamento, a teoria econômica convencional tende a encarar a política monetária como consistindo apenas na variação do estoque de meios de pagamento. Além disso, as decisões de política monetária são concebidas como similares a reformas

* Agradeço o estímulo de Luiz Carlos Bresser-Pereira à preparação deste capítulo, e também o apoio do CNPq e do Pronex/CNPq/Faperj. Este texto foi publicado originariamente na *Revista de Economia Política*, v. 25, n. 4, 2005.

monetárias.[1] Nessas condições, a não neutralidade só pode resultar de uma ilusão monetária (por parte dos que confundem um acréscimo no estoque de moeda com um aumento de riqueza real), ou da rigidez de preços (pela existência de defasagens de informação ou impostas por obrigações contratuais, por exemplo, que impediriam o ajuste imediato de preços). No longo prazo, a ilusão monetária desapareceria, por ser irracional, e a rigidez daria lugar a uma gradual correção dos preços. Como escreveu Friedman (1973:82, grifo no original) a respeito da teoria quantitativa da moeda, base comum da abordagem convencional:

> Nós aceitamos a hipótese da teoria quantitativa, e a julgamos confirmada pela evidência que examinamos de que variações na quantidade de moeda em si, *no longo prazo*, têm um efeito negligível sobre a renda real, de modo que forças não monetárias são "tudo o que importa" para variações da renda real através das décadas, "não importando" a moeda.

Para a economia de Keynes, como resumido na epígrafe deste capítulo, a política monetária exerce impacto duradouro sobre a economia, e isso não se deve apenas aos dois fatores reconhecidos pela teoria convencional. Para o autor, a moeda não é neutra, e a política monetária tem efeitos reais duradouros porque a moeda numa economia empresarial moderna é mais que um mero meio de pagamento; ela é uma forma de riqueza, com atributos que se tornam particularmente atraentes em certas conjunturas. A não neutralidade da moeda, na verdade, é colocada como um aspecto da proposição mais ampla de que a *liquidez* é um atributo essencial dos ativos, aos olhos de seus detentores efetivos e potenciais. Mais do que uma *conveniência temporária*, como na teoria de Marshall e na reconstrução da teoria quantitativa feita por Friedman, a moeda, por seu atributo de liquidez, é uma forma relativamente segura de riqueza, uma "máquina do tempo" para o transporte de poder de compra, na feliz imagem de Paul Davidson. Sua principal característica, nesse particular, não é a de ser apenas um veículo conveniente para transportar poder de liquidação

[1] Cf. Lucas Jr., 1981:561: "a base do argumento Phelps/Friedman é a ideia de que a política monetária é basicamente um problema de mudança de unidades de medida, e mudanças de unidade de medida não deveriam ter consequências reais". Na mesma página, Lucas Jr. acrescenta que esse tratamento é compartilhado também por sua própria escola, que Tobin chamou de monetarismo tipo II.

de obrigações entre datas de recebimento e datas de pagamento,[2] mas a de *se constituir em direito sobre a renda social que pode ser exercido a qualquer momento no tempo, sem que esse momento tenha de ser pré-especificado por seu detentor*. Assim, a posse de moeda torna-se um excelente *hedge* contra as incertezas do futuro. Mas se a moeda é uma forma de riqueza, com atributos próprios, sua retenção deve se dar à custa do espaço ocupado por outras formas de riqueza. É nesses termos que a não neutralidade da moeda prevista por Keynes e keynesianos se define: não em termos da função meio de pagamento, mas da função *forma de riqueza* (ou, na linguagem dos manuais, *reserva de valor*).

A eficácia da política monetária e do regime de metas inflacionárias tem sido tema de intenso debate recentemente no Brasil. As intervenções nesse debate, em sua maioria, compartilham uma mesma visão fundamental, dada pela teoria convencional, mencionada acima. Seus autores buscam, por isso, aperfeiçoar ou dar mais elasticidade ao regime de política monetária em prática, porque acreditam que fatores reais, em última análise, estão *além* da influência dessa política. Neste breve capítulo quero apresentar uma visão alternativa do processo de política monetária, baseada na economia de Keynes e, portanto, na suposição da não neutralidade da moeda *mesmo no longo prazo*. Para tanto, na seção a seguir, apresentarei, da forma mais concisa possível, o conceito de não neutralidade proposto na economia de Keynes e suas implicações para a operação da política monetária. A literatura publicada sobre esse ponto já é vasta, o que permitirá que passemos rapidamente por ele. A terceira seção discutirá os mecanismos de transmissão das ações da autoridade monetária. A quarta tratará do caso brasileiro, discutindo a política monetária seguida nos últimos anos à luz da discussão precedente. A quinta seção apresenta algumas propostas para a reorientação da política monetária.

A não neutralidade da moeda e a política monetária

Já existe uma ampla literatura a respeito desse ponto, sem contar as obras do próprio Keynes, que se tornaram conhecidas após a publicação de seus

[2] Desde Marshall, a justificativa para a retenção de moeda para a realização de transações é a conveniência de ter em mãos o meio de pagamento que se necessitará utilizar no momento da liquidação, em vez de algum outro ativo que teria primeiro que ser vendido (isto é, trocado por meios de pagamento) antes da transação original poder se completar. A utilidade da moeda, portanto, na visão de Marshall, Friedman e outros seguidores da teoria quantitativa da moeda, reside em reduzir o "custo" de transação.

escritos econômicos e políticos. Por isso, farei aqui apenas um breve sumário do argumento.[3] Nessa linha de pensamento, entende-se por economia de mercado moderna aquela em que *empresas* assumem a responsabilidade pela produção e pela acumulação de capital produtivo, com vistas à obtenção de lucro em moeda corrente. Em contraste com a economia de produtores independentes retratada nos modelos de equilíbrio geral, onde reinam os consumidores que maximizam sua satisfação individual,[4] numa economia empresarial as decisões de produção e investimento são orientadas pela busca de lucros, e os processos "produtivos" consistem na aplicação de dinheiro com a intenção de obter mais dinheiro ao final do processo. Valores monetários estão presentes, portanto, na função objetivo do agente mais importante dessa economia, que é a empresa (no sentido de que de suas decisões dependem o nível de atividade e, portanto, a renda do restante dos agentes econômicos).[5] Nessa economia, a moeda é insumo *e* produto, e nada mais importa para a decisão do empresário senão a expectativa de obtenção de *lucro monetário* (e não um simples excedente de produto) em resultado da ação que escolher.

A incerteza que cerca esse processo de decisão leva ao surgimento de instrumentos e instituições de atenuação e/ou socialização de riscos. Entre eles, o mais importante para a abordagem de Keynes é a emergência de contratos futuros em moeda, que permitem a empresários controlar seus custos durante o período de produção e reduzir as incertezas quanto à demanda no caso de bens de maior valor. Na visão dessa escola, a instituição dos contratos em moeda para liquidação futura é a característica fundamental de uma economia empresarial e responde por grande parte de seu excepcional dinamismo, quando comparada a outras formas de organização social.

Numa economia desse tipo, a moeda exerce, primordialmente, os papéis de medida de valor para a elaboração de contratos e de meio de pagamento para sua liquidação. Esse duplo papel, de moeda de conta e meio de pagamen-

[3] O leitor interessado em aprofundar esse ponto pode se valer de Davidson (1994), Minsky (1980), Kregel (1980) e Carvalho (1992), nos quais podem ser encontradas referências relevantes aos trabalhos de Keynes.

[4] Hyman Minsky qualificava a visão da teoria convencional de *paradigma da feira da aldeia*.

[5] E também no sentido de que as escolhas da empresa não se resumem a formas alternativas de maximizar a satisfação dos consumidores que as possuem. A empresa é um *indivíduo* no sistema, tendo suas próprias preferências e objetivos. Keynes, ao apresentar essa visão, comparava-a à de Marx com relação ao *capital*, que não se confunde com capitalistas enquanto pessoas ou com seus interesses pessoais.

to, *implica* tornar a moeda uma forma de riqueza, isto é, de transporte intertemporal de direitos ao produto social (criando o que, em teoria monetária, é usualmente chamado de função reserva de valor).

Deve-se observar que tomar a moeda como riqueza no contexto aqui descrito nada tem de ilusão monetária. O agente está perfeitamente consciente de que a moeda não oferece "rendimentos", mas está igualmente consciente de que outras formas de riqueza oferecem riscos superiores aos da moeda em virtude de sua iliquidez relativa, quando comparadas com ela. Na abordagem de Keynes, o rendimento dessas outras formas de capital nada mais é do que a compensação pela sua iliquidez relativa à moeda que é tomada como referência. Essa é a *teoria da preferência pela liquidez*, segundo a qual a taxa de juros mede exatamente o apego que os detentores de riqueza têm, a cada momento, pela segurança oferecida pela posse de um ativo com a liquidez que a moeda tem. A taxa de juros mede, assim, o custo de oportunidade da moeda, o valor de sua liquidez relativa.

Nessas condições, a política monetária impacta o mercado de formas de riqueza (ativos) ao fazer variar a quantidade de ativos líquidos disponíveis para acumulação e/ou os termos em que esses ativos podem ser adquiridos. Dada a diferença de atributos de liquidez que caracterizam as diversas classes de ativos, estas não são substitutas perfeitas entre si, o que faz com que a alteração na disponibilidade de moeda (e dos termos em que ela se torna disponível) leve o preço dos outros ativos a variar. A mudança no preço dos outros ativos, por sua vez, induz a modificações na composição desejada da riqueza não apenas financeira, mas também de ativos reais, já que todos os ativos compartilham a função comum de servir de veículos para a acumulação de riqueza. *Assim, a política monetária, na abordagem de Keynes, não influencia a economia exclusivamente (e talvez nem principalmente) aumentando ou diminuindo a oferta de meios de pagamento, mas, sim, aumentando ou diminuindo a disponibilidade de ativos líquidos ante as outras classes de ativos.*[6] Com

[6] Minsky (1982:212-213) resume a relação através da seguinte cadeia de argumentos: "Um conjunto de razões pode ser dado em apoio à visão de que o preço do capital real é uma função crescente da quantidade de moeda. 1. A moeda é um ativo cujo valor para a liquidação de dívidas contratuais é fixo. (...) 2. A natureza monetária também caracteriza aqueles ativos cujas receitas em moeda são virtualmente certas e que contam com bons mercados secundários. A dívida pública é um ativo desse tipo. (...) 3. Além disso, quanto maior a quantidade de moeda em uma carteira de ativos representativa, menor será a chance de que um declínio das

isso, a política monetária afeta não só a produção corrente, mas também as decisões de investimento e, portanto, as possibilidades *reais* da economia, *mesmo no longo termo*.

Ao contrário da visão convencional, que focaliza apenas a disponibilidade de meios de pagamento e que, por isso mesmo, julga que um banco central deve voltar-se apenas para o comportamento dos preços de bens e serviços — já que sua influência sobre variáveis reais é, no máximo, temporária —, os economistas keynesianos ressaltam os efeitos da política monetária sobre os preços dos ativos e, desse modo, os efeitos reais duradouros dessas políticas sobre o investimento real e o produto. Em resultado, dois quase consensos correntes são recusados: (a) um banco central não pode se "especializar" em perseguir metas nominais, como as metas inflacionárias, porque sua política impactará também variáveis reais, e não apenas no curto prazo; e (b) como a ação da autoridade monetária tem impactos potencialmente divergentes sobre a taxa de inflação e o produto (e sobre o investimento real), a decisão de fixação da taxa de juros não é puramente "técnica", mas também intrínseca e inevitavelmente *política*, porque envolve um julgamento tanto de meios quanto de fins (favorecendo, por exemplo, mais a estabilidade de preços do que o crescimento econômico). Por essa razão, o banco central não deve ser independente, mesmo na versão atenuada que propõe a "autonomia de instrumentos". É exatamente o "instrumento" que importa, a determinação da taxa de juros, pois esta é que poderá afetar preços e, também, investimento e produto. Em economias abertas e com livre movimentação de capitais, como a brasileira, esse dilema político passa a ser um "trilema", já que a política monetária torna-se também política cambial, posto que diferenciais internacionais de taxas de juros tornam-se um dos principais determinantes da taxa de câmbio.[7] O

receitas force a unidade representativa a vender seus ativos por dinheiro. (...) 4. Mesmo que os setores que detêm capital real e que têm compromissos de pagamento em seus balanços não retenham reservas de moeda, quanto maior a quantidade de moeda em existência, mais fácil será para tais unidades levantar dinheiro pela venda de ativos ou de passivos adicionais. (...) 5. Note-se que um decréscimo na taxa de aumento da oferta de moeda é um sinal imediato para as unidades com dívida de que, em alguma data futura, o crédito de curto prazo, 'ponte' 1 ou de emergência será mais difícil de ser obtido e a custo maior".

[7] Bresser-Pereira e Nakano (2002) mostraram que esse "trilema" não se manifesta apenas através da chamada teoria da paridade das taxas de juros, segundo a qual, numa pequena economia com conta de capitais liberalizada, a taxa de câmbio passa a depender diretamente dos diferenciais de taxas de juros entre a economia doméstica e a internacional (no caso de regime de câmbio flutuante, a determinação se altera para incluir no cálculo também a variação cambial esperada), mais um elemento que mede o "risco" do país con-

impacto real da política monetária agora se dará também através do efeito que induzirá nas exportações líquidas do país como resultado de variações na taxa de câmbio corrente (ao qual se soma, naturalmente, o efeito sobre o investimento na produção de bens exportáveis ou substituidores de importações, induzido pela variação na rentabilidade das operações de comércio exterior).

Mecanismos de transmissão

A percepção de que a moeda, numa economia empresarial, se torna uma forma de riqueza, um ativo, permite à economia de Keynes explorar a influência da política monetária sobre a decisão de investir, já que a autoridade monetária adquire o poder de induzir mudanças nos portfólios do público, incluindo-se entre eles ativos reais, como bens de capital, imóveis etc. Apontar a existência desse papel para a moeda, no entanto, não implica nem requer ignorar que ela é também meio de pagamento, ou ainda que meios de pagamento não se resumem à moeda legal criada pelo banco central, mas incluem também depósitos à vista nos bancos comerciais, que são, em sua maioria, criados em resultado do processo de concessão de crédito bancário a empresas e famílias. A política monetária age sobre a economia, por consequência, através de múltiplos canais ou mecanismos de transmissão.

O primeiro desses canais é precisamente o de ajuste de portfólio. Tipicamente, o banco central age sobre a circulação financeira através de operações de mercado aberto, pelas quais se opera uma troca de reservas bancárias por títulos, em geral públicos.[8] O primeiro estágio do mecanismo de transmissão se dá pelo ajuste de portfólio do setor bancário, que se supõe operar normal-

---

siderado destino de aplicações financeiras. Em seu trabalho, os autores mostram que a política monetária doméstica pode ser um determinante essencial do próprio coeficiente de risco-país, ao fixar taxas de juros tão elevadas que despertam nos aplicadores o temor de um provável *default*.

[8] A teoria keynesiana distingue dois circuitos monetários: a circulação financeira (moeda usada "para propósitos financeiros") e a circulação industrial (moeda usada "para os propósitos da indústria"). Como explicado por Keynes (1971:217): "Por indústria entendemos os negócios de manutenção do processo normal de produção do produto corrente, distribuição e intercâmbio e o pagamento, aos fatores de produção, de seu rendimento pelos diversos serviços que desempenham desde o início do processo produtivo até a satisfação final do consumidor. Por financiamento, por outro lado, entendemos a retenção e o intercâmbio de títulos sobre a riqueza (para além do intercâmbio resultante da especialização da atividade produtiva), incluindo as transações em bolsas de valores e mercado monetário, a especulação e o processo de transporte da poupança corrente e dos lucros para as mãos dos empresários".

mente nos segmentos de maturidade mais curta do espectro de ativos. Os bancos comerciais têm, na criação de depósitos, sua mais importante conta passiva, e mesmo depósitos a prazo tendem a ter maturidade relativamente curta quando comparados a outras formas de captação de recursos. Em consequência, os ativos que o setor bancário detém dificilmente poderão ter maturidade mais longa sem afetar negativamente sua segurança patrimonial, a não ser, como no caso de papéis para os quais existam mercados secundários organizados e ativos, que esses ativos tenham um atributo de liquidez mais forte. Os empréstimos feitos pelo setor, em particular, devem ter maturidades compatíveis com as maturidades do seu passivo. Isso tudo implica que, para que a política monetária possa ter o efeito descrito na seção anterior, é preciso que exista na economia um sistema financeiro suficientemente diversificado (em termos de mercados e instituições) para que o ajuste de portfólio no setor bancário, induzido pela operação do mercado aberto, se transmita para o segmento de maturidade mais longa e não seja exaurido na simples substituição de ativos de curto termo. Em outras palavras, requer-se a existência de uma *curva de rendimentos*[9] que defina relações estáveis entre as taxas de juros (e preços, portanto) de títulos de variadas maturidades, de modo a que o ajuste iniciado no segmento curto do mercado acabe por se transmitir ao segmento de maior maturidade, influenciando os preços dos bônus e, com eles, dos ativos reais de investimento com os quais estes últimos guardam uma relação de substitutibilidade mais significativa.

Uma variante do canal de portfólio seria menos exigente com relação à existência de uma curva de rendimentos relativamente estável e bem definida, levando em conta que o setor bancário exerce um papel importante como financiador do restante do sistema financeiro de uma economia. Assim, uma variação nos retornos de ativos mantidos alternativamente a reservas poderia ser transmitido "à frente" através do efeito que a operação no mercado aberto tivesse sobre os termos pelos quais os bancos financiam instituições como, por exemplo, bancos de investimento, que, por sua vez, repassariam o sinal para o

[9] Tomo aqui a expressão *curva de rendimentos* no sentido teórico de que existe uma relação entre taxas de juros de diversas maturidades sem que seja necessário, para meu propósito aqui, definir que teoria seria essa. No sentido empírico, naturalmente, sempre é possível traçar uma curva de rendimentos, que, no entanto, não pressuponha ou descreva necessariamente qualquer conteúdo comportamental.

preço dos títulos que estivessem colocando no mercado. Alternativamente, se o preço dos títulos de longo prazo depende da ação de aplicadores individuais cujas operações sejam financiadas com crédito bancário, efeito semelhante teria lugar quando a taxa de juros sobre as reservas bancárias fosse alterada. Tanto no caso da intermediação financeira, quanto no da atuação direta do aplicador em mercado de títulos, a política monetária afetaria os retornos sobre papéis de prazos mais longos (concorrentes de investimentos em capital real ou utilizados para financiar a aquisição de capital real), através do efeito sobre a demanda desses papéis quando esta fosse financiada por crédito bancário. Esse mecanismo, contudo, deveria ser menos eficaz, *prima facie*, que o anterior, pelo menos no primeiro caso, já que o financiamento bancário concedido a outras instituições financeiras tem normalmente o caráter de financiamento-ponte, destinado a cobrir suas demandas por recursos de curto prazo, enquanto essas instituições buscam estabelecer formas mais permanentes de financiamento.

Devem ser considerados também outros dois canais pelos quais a política monetária afetaria diretamente a circulação industrial, através da oferta de crédito. Os efeitos aqui se dariam principalmente no curto prazo, já que tenderiam a afetar o nível de atividade e, não necessariamente, os investimentos. O impacto da política em ambos os casos se dá através de um mecanismo simples: ao alterar as reservas bancárias (e, assim, a proporção de ativos rentáveis detidos pelos bancos), a autoridade monetária induz o banco a substituir reservas por empréstimos (no caso da política expansiva) ou a recompor suas reservas (no caso da política contracionista). No primeiro caso, a variação do volume de crédito resulta de variações de seu preço, a taxa de juros ativa cobrada pelo banco, que deve mudar em função da variação do custo das reservas induzida pela operação de mercado aberto. No segundo, mesmo que a taxa ativa de juros varie pouco ou que os tomadores sejam pouco sensíveis a ela, supõe a teoria keynesiana a ocorrência normal de situações de racionamento de crédito, que são aliviadas ou agravadas pela variação das reservas bancárias. O argumento keynesiano não é necessariamente idêntico aos de modelos correntes de racionamento de crédito, como os de Stiligtz e outros, baseados na assimetria de informações. A economia de Keynes prevê a possibilidade de racionamento de crédito como resultado da preferência pela liquidez do setor bancário: os bancos devem planejar suas operações ativas combinando rentabilidade com segurança, isto é, retornos e liquidez. Se a disponibilidade de reservas diminui (e, portanto, a liquidez se torna relativamente mais valiosa porque escassa), a oferta de crédito tende a diminuir, mesmo que não haja mudança nas taxas de juros ativas ou que o perfil de risco dos tomadores permaneça o mesmo.[10]

A previsão do efeito da política monetária sobre a economia através desses dois canais requer primeiramente saber que proporção dos empréstimos afetados se dirigia à circulação financeira (sendo absorvida, portanto, nas transações com ativos financeiros) em vez de à circulação industrial. Além disso, com relação a esta última, como já observado, o impacto da política deve se concentrar no nível de atividade, já que o crédito bancário, na circulação industrial, é absorvido principalmente pelo financiamento ao capital de giro das empresas e ao gasto de consumidores com bens duráveis, tendo impacto mais reduzido sobre os investimentos, se tiver algum.

Na abordagem apresentada aqui, o impacto da política monetária (e, assim, sua eficácia) depende crucialmente de como o setor bancário repassa para o resto da economia as variações de reservas operadas pela autoridade monetária em suas operações de mercado aberto. Em particular, ressalta-se o que passa normalmente despercebido pela teoria convencional, que são as consequências da eventual destinação de recursos, pelo sistema bancário, à circulação financeira. A variação do nível de liquidez na circulação financeira não tem qualquer efeito óbvio sobre a inflação, dado que esse circuito não está ligado à realização de transações com bens e serviços. O impacto da política aqui se dá sobre o preço dos ativos financeiros (e, portanto, sobre as taxas de juros) e, daí, sobre o investimento em ativos reais. Apenas parte da variação de reservas induzida pelo banco central afeta a circulação industrial. Vale lembrar que, da variação que se consegue obter da circulação industrial, os resultados a serem obtidos com relação ao comportamento dos níveis de preços de bens e serviços dependerão da não neutralidade da moeda no curto prazo. A não neutralidade da moeda no curto período, contudo, como visto anteriormente, é aceita mesmo por monetaristas como Milton Friedman; apenas os chamados novos clássicos, corrente de influência declinante em macroeconomia desde

[10] Cf. Carvalho, 1999.

os anos 1990, parecem recusá-la, e, ainda assim, apenas nos casos em que a variação da oferta de moeda pode ser prevista.

Implicações para o Brasil

A economia brasileira exibe uma série de peculiaridades que modificam e condicionam o modo pelo qual a política monetária opera no país. Por um lado, três décadas de alta inflação tornaram impossível a constituição de uma curva de rendimentos que se estendesse para além do curto prazo. A estabilidade de preços alcançada com o Plano Real não permitiu, por outro lado, que se construísse uma situação de normalidade financeira, já que ela foi conseguida em um ambiente definido pela existência de um mercado financeiro dominado por papéis públicos de curta maturidade efetiva, remunerados por taxas de juros excepcionalmente elevadas. Além disso, no contexto de abertura da conta de capitais, promovida desde meados da década de 1990, sabe-se que a taxa de juros de curto prazo é o principal instrumento de contenção de crises cambiais causadas por fuga de capitais. A adoção do regime de câmbio flutuante não mudou esse quadro, como ficou patente durante a turbulência de 2002.

A inexistência de uma curva de rendimentos com projeção temporal adequada e as elevadíssimas taxas de juros de curto prazo deveriam contribuir para reduzir a eficácia da política monetária, já que a circulação financeira absorveria, de modo permanente, uma elevada proporção das variações de reservas criadas no processo de política monetária. Os vazamentos da circulação financeira para a circulação industrial seriam relativamente reduzidos (além de se darem em uma economia na qual os agentes privados, por conta da experiência inflacionária, estariam habituados a recorrer relativamente pouco ao crédito bancário, financiando seus gastos, principalmente, com recursos próprios ou recorrendo a fontes extramercado, do agiota financiador de pequenas empresas ao BNDES, no outro extremo). Além disso, os estímulos gerados pela política monetária não se transmitiriam aos segmentos mais longos, onde poderiam influenciar as escolhas de investimento real, pela inexistência daqueles segmentos.[11]

---

[11] A perplexidade com a aparente ausência de canais de transmissão de política monetária no Brasil é manifestada em Kregel, 2004.

A instabilidade persistente, que inviabilizou a construção de uma curva de rendimentos no sistema financeiro, contudo, atua no mesmo sentido com relação à decisão de investir em ativos reais. O encurtamento de horizontes temporais causado pela incerteza inflacionária, e depois pelas incertezas com relação ao comportamento futuro das taxas de juros ante as vulnerabilidades da economia brasileira, atinge todas as escolhas de ativos, não apenas os financeiros. Os empresários dos setores produtivos no Brasil tendem a ser muito mais sensíveis a eventos de curto prazo, inclusive, notadamente, a flutuações da taxa de juros nas operações de mercado aberto (taxa Selic) do que seria de se esperar em uma economia que funcionasse de modo mais regular. As razões para a focalização em taxas de curto prazo podem ser múltiplas. Por um lado, a estabilização de preços, se efetivamente reduziu os temores de um colapso da economia em um episódio hiperinflacionário, acabou por manter uma acentuada incerteza com relação ao futuro, ao gerar, explicitar ou simplesmente permitir trazer à baila desequilíbrios remanescentes importantes para as perspectivas futuras da economia, como a vulnerabilidade externa, os desequilíbrios fiscais, a obsolescência de estruturas institucionais, a pouca eficiência e confiabilidade dos poderes de Estado etc. O resultado seria a incapacidade de se antecipar o futuro, o que aumenta o peso de valores correntes nas tomadas de decisão. É possível, assim, que as incertezas que cercam o futuro da economia brasileira, aprisionada por tanto tempo em um ciclo de *stop-and-go*, sejam ainda muito grandes para justificar horizontes maiores de expectativas para esses empresários.

Por outro lado, o foco nas taxas de juros de curto prazo pode se dever simplesmente ao alto rendimento que as aplicações financeiras oferecem em comparação com a rentabilidade esperada de investimentos produtivos, que tornam relevante a escolha entre uma aplicação de curto prazo e o investimento, já que a aplicação pode render em poucos períodos o que o investimento real levaria muito mais tempo para oferecer, mesmo desprezando-se os riscos muito maiores, de todos os tipos, que cercam a aquisição de bens de capital. Em qualquer circunstância, a sensibilidade de investidores brasileiros a movimentos da taxa Selic é, por exemplo, incomparavelmente maior que a de investidores norte-americanos à taxa sobre fundos federais, de que se vale o Federal Reserve Board para operar sua política monetária.

As peculiaridades da economia brasileira não se resumem às elevadas incertezas com relação ao futuro mais distante. É provável que as distorções acumuladas da economia brasileira tenham criado um quadro também peculiar no que diz respeito aos canais de crédito. Por um lado, a excepcional rentabilidade da aplicação em títulos públicos, simultaneamente à sua alta liquidez, tem servido para sustentar a rentabilidade do setor bancário brasileiro em patamar bastante elevado. Com isso, o setor bancário tem podido se dar ao luxo de escolher os termos em que oferece crédito a tomadores privados, acostumados de longa data a um contexto de racionamento.[12] A "franja de tomadores insatisfeitos", na expressão de Keynes, no Brasil sempre foi extremamente elevada. Muitos desses tomadores são pouco sensíveis a variações moderadas de taxas de juros, fazendo com que qualquer política contracionista tenha que impor elevações agudas de juros para que a redução de demanda na circulação industrial possa efetivamente se verificar. Se os aumentos da taxa de juros têm que ser relativamente agudos para que se possa obter o impacto desejado pelo canal de crédito, o efeito dessa política sobre os investimentos pelo canal de portfólio pode ser letal.

Esse quadro perverso tende a se agravar quando fatores conjunturais agem para reduzir ainda mais a eficácia da política monetária, como tem sido o caso no Brasil, em que choques de custos têm sido os principais, e mais persistentes, geradores de pressões inflacionárias.[13] Mesmo defensores do regime de metas inflacionárias sugerem que inflações de custos não são eficazmente combatidas pela política de juros.[14] Usar política monetária nesses casos implica contração econômica, porque é esta última que, em tese, força os vendedores a recuar nos aumentos desejados de preços. Mas, com aumentos de custos, o vendedor não apenas resiste mais à pressão de demanda, como também,

[12] A reduzida competição em um sistema financeiro dominado por bancos contribui para o mesmo resultado, já que não há pressões significativas para o atendimento das demandas de segmentos de tomadores privados.

[13] Esses choques de custos são particularmente perversos quando aliados à sobrevivência da indexação de contratos, no caso de tarifas sobre serviços públicos oferecidos por empresas de setores privatizados nos anos 1990. Embora a privatização em si não tenha sido necessariamente uma decisão inadequada, as garantias oferecidas aos compradores potenciais, incluindo-se a indexação de contratos ao dólar americano ou a índices de preços por atacado, acabaram por agravar os problemas recentes da economia brasileira, e por criar dificuldades em um ambiente onde apenas a política monetária é utilizada para controlar a inflação.

[14] Ver, por exemplo, Clarida, Gali e Gertler (1999).

caso derrotado, tende a reduzir sua escala de produção em razão de menor incentivo a produzir. Na realidade, a política monetária não tem praticamente qualquer efeito sobre os preços desses bens, limitando-se a fazer cair os preços de outros bens até que o nível *médio* de preços alcance o ponto desejado pela autoridade monetária.[15]

Mais genericamente, na perspectiva da economia de Keynes, não é surpreendente que tais problemas ocorram, porque tradicionalmente a teoria monetária ignora a distinção entre circulação financeira e circulação industrial, sendo incapaz de explicar o impacto da política monetária sobre os mercados de ativos. Essa distinção (para a qual Keynes chamava a atenção já em 1930!) tornou-se impossível de desprezar na década de 1990, nos Estados Unidos, por exemplo, onde a política monetária afetou a tal ponto o preço de ativos financeiros (muito mais, aliás, que os preços de bens e serviços), que defensores do regime de metas inflacionárias passaram a questionar se os bancos centrais não deveriam ter metas também para uma até então ignorada "inflação de ativos".[16] Esses mesmos economistas, no entanto, não foram capazes de ir além dessa percepção tardia, deixando de explorar as implicações do fato para a hipótese de não neutralidade da moeda no longo prazo.

O regime de metas inflacionárias se apoia na proposição de que o impacto real da política monetária é efêmero, na melhor das hipóteses. Como argumentado aqui, isso é um erro, decorrente da visão limitada que se tem da moeda apenas como meio de pagamento, e da política monetária como um simples regulador da quantidade de moeda em circulação. No caso brasileiro, dadas as peculiaridades do contexto institucional gerado por três décadas de alta inflação, às quais se seguiu uma década e meia de vulnerabilidade externa, os impactos reais da política monetária sobre a decisão de investir são ainda mais evidentes, assim como é também evidente o papel da circulação financeira nesse processo. O quadro é ainda agravado pela abertura da conta de capitais, que fez com que, como ocorre em qualquer lugar, a política de juros se tornasse também um importante determinante do comportamento da taxa

---

[15] Os impactos contracionistas da política monetária restritiva também podem se dar no contexto da curva de Phillips, no caso de inflação de demanda. Ver, por exemplo, Ball (1994) e Carvalho (2004) e a discussão desse texto no mesmo número da revista *Econômica*.

[16] Ver, por exemplo, Kregel (2004).

de câmbio. Também nesse aspecto a política adotada no país tem sido perversa do ponto de vista do nível de atividade e dos investimentos reais, pondo em risco o único setor a apresentar crescimento consistente e seguro nos últimos anos.[17]

Conclusões

A principal moral da história apresentada aqui é que a política monetária não deve ser feita com vistas apenas à regulação das variáveis "nominais" da economia. Além disso, a consideração dos impactos reais da política monetária deve ser ampla e rigorosa, e não apenas uma qualificação *a posteriori* para amenizar consequências de decisões já tomadas sem considerá-los.

A política monetária, como as outras políticas de administração de demanda agregada, afeta tanto os níveis de preços quanto o nível de atividade e a taxa de crescimento da economia (ao afetar a decisão de investir). Pelas razões apresentadas, é provável que a política monetária seja mais importante para influenciar o crescimento da economia do que a política fiscal.[18] Por isso, uma primeira conclusão importante é que *a política monetária é uma política de governo, a ser decidida juntamente com as outras políticas de governo*. O banco central não é um poder à parte, nem é capaz de isolar sua área de influência das outras áreas da economia. Desse modo, não se justifica sua independência, nem mesmo nas formas mais atenuadas, que consistem em dar ao banco central poder para determinar livremente a taxa de juros com vistas a alcançar uma meta de inflação fixada pelo governo. *É exatamente a determinação da taxa de juros que é o fulcro da questão*. A fixação da taxa de juros não é uma questão puramente técnica, porque ela envolve *trade-offs* entre objetivos, como a estabilidade de preços e a aceleração do crescimento. Fomentar inflação não estimula o crescimento, mas elevar juros para conter pressões inflacionárias por certo o estrangula.

[17] Em contraste, por exemplo, com o crescimento do consumo de duráveis, baseado mais no crescimento do endividamento de famílias junto ao setor bancário do que na expansão da renda dessas famílias.

[18] Já nos anos 1950, Richard Kahn chamava a atenção para os resultados perversos de uma política macroeconômica que expandia o produto através de gastos públicos, mas contraía esse produto pela elevação dos juros. Kahn (1972) argumentava que, pelo multiplicador, a expansão dos gastos públicos incentivava o consumo, mas a alta de juros reprimia o investimento, numa combinação perversa a longo prazo.

As pressões inflacionárias resultam ou de pressões de custos, ou de excesso de demanda agregada. No caso das primeiras, se há políticas que possam combatê-las, apesar de todas as suas limitações (que são grosseiramente exageradas na literatura corrente), é a política de rendas que tem chances de eficácia. Das políticas de rendas automáticas acopladas ao sistema de impostos (como as *tax-based incomes policies* — TIPs) às negociações amplas de preços e salários, como no antigo modelo escandinavo ou na negociação política na Itália do início dos anos 1990,[19] são as formas de combate a pressões de custo que envolvem o menor custo real possível. No caso de excesso de demanda agregada, a política fiscal pode assumir maiores responsabilidades, desde que, naturalmente, a caótica estrutura fiscal prevalecente no momento seja, enfim, racionalizada. O uso da taxa de juros, em qualquer circunstância, deve ser parcimonioso, sendo ela mantida dentro de certos intervalos limitados, centrados em níveis muito inferiores aos correntes no Brasil desde o Plano Real. Certamente, a conjugação de taxa de juros elevada e volátil com câmbio valorizado (para atenuar pressões de custo) praticada no Brasil é a mais destrutiva das combinações, equivalente a conter pressões inflacionárias correntes com uma bomba-relógio datada para um futuro incerto.

Bibliografia

BALL, L. What determines the sacrifice ratio? In: MANKIW, N. G. (Ed.). *Monetary policy*. Chicago: University of Chicago Press, 1994.

BRESSER-PEREIRA, L. C.; NAKANO, Y. Uma estratégia de desenvolvimento com estabilidade. *Revista de Economia Política*, v. 22, n. 3, jul./set. 2002.

CARVALHO, F. J. C. *Mr. Keynes and the post Keynesians*. Aldershot: Edward Elgar, 1992.

———. On banks' liquidity preference. In: DAVIDSON, P.; KREGEL, J. (Eds.). *Full employment and price stability in a global economy*. Cheltenham: Edward Elgar, 1999.

———. Teoria e política monetárias: uma visão pessoal sobre uma relação difícil. *Econômica*, v. 6, n. 2, dez. 2004.

[19] As políticas de rendas aplicadas na Itália nos anos 1990 são descritas por Modigliani (2001).

CLARIDA, R.; GALI, J.; GERTLER, M. The science of monetary policy: a new Keynesian perspective. *Journal of Economic Literature*, v. 37, n. 4, Dec. 1999.

DAVIDSON, P. *Post Keynesian macroeconomic theory.* Aldershot: Edward Elgar, 1994.

FRIEDMAN, M. A theoretical framework for monetary analysis. [1970] In: WALTERS, A. A. (Ed.). *Money and banking.* Harmondsworth: Penguin, 1973.

KAHN, R. Memorandum of evidence submitted to the Radcliffe Committee (1958). In: KAHN, R. F. *Selected essays on employment and growth.* Cambridge: Cambridge University Press, 1972.

KEYNES, J. M. *The collected writings of John Maynard Keynes.* London: Macmillan, 1971. 5v. v. 1, The pure theory of money; cap. A treatise on money.

KREGEL, J. Markets and institutions as features of a capitalistic production system. *Journal of Post Keynesian Economics*, v. 3, n. 1, Autumn 1980.

———. Monetary policy, monetary theory and financial structure. *Econômica*, v. 6, n. 2, dez. 2004.

LUCAS JR., R. Tobin and monetarism: a review article. *Journal of Economic Literature*, v. 19, n. 2, June 1981.

MINSKY, H. Money, financial markets, and the coherence of a market economy. *Journal of Post Keynesian Economics*, v. 3, n. 1, Autumn 1980.

———. *Can "it" happen again?* Armonk: M. E. Sharpe, 1982.

MODIGLIANI, F. *Adventures of an economist.* New York: Texere, 2001.

3

Metas de inflação e política monetária: uma abordagem considerando o processo de formação de preços em economias monetárias

Gabriel Caldas Montes e *Carmem Aparecida Feijó*

Norteado por hipóteses convencionais que estabelecem que a estabilidade dos preços deve ser o único e principal objetivo de longo prazo a ser perseguido pelas autoridades monetárias, um "novo consenso" macroeconômico vem estabelecendo novas diretrizes para a atuação dos bancos centrais por meio de suas políticas monetárias. Com base nesse "novo consenso", o regime de metas de inflação e a utilização de regras que limitem o discricionarismo dos bancos centrais vêm se fortalecendo, ganhando evidência e novos adeptos.[1]

Atualmente, um número considerável de países adota explicitamente o regime de metas para a inflação como uma referência para a condução da política monetária e como forma de afetar as expectativas do público, dado que uma meta numérica representa uma boa estratégia para ancorar expectativas de inflação, o que, por sua vez, pode provocar efeitos favoráveis nos mercados financeiros e, consequentemente, na economia. O regime também é capaz de reduzir um tipo específico de incerteza que ronda a economia, denominado

[1] Como Bernanke (2003) mencionou em seu discurso na Annual Washington Policy Conference of the National Association of Business Economists: "Um dos desenvolvimentos mais interessantes em *central banking* nos últimos 12 anos ou mais tem sido o amplo crescimento da adoção do arcabouço de política monetária conhecido como metas de inflação".

incerteza estratégica,[2] pois requer comprometimento, transparência e *accountability* dos bancos centrais.

A política monetária sob o regime de metas de inflação é conduzida, fundamentalmente, manipulando-se um único instrumento de controle da inflação — a taxa básica de juros —, sob o argumento de que é necessário persistir em regras fixas para que a autoridade monetária conquiste reputação, a política ganhe credibilidade e seja transparente e, assim, consiga fazer a taxa de inflação convergir para a meta.[3] Contudo, a insistência no uso exclusivo desse instrumento traz consequências adversas para a formação de expectativas sobre o potencial de crescimento econômico.[4]

Este capítulo põe em evidência o processo de formação de preços em economias de mercado e discute como a política monetária, sob o regime de metas de inflação, atua de maneira satisfatória sobre a formação de expectativas para a inflação, mas de maneira nociva sobre a formação das expectativas de crescimento do produto no longo prazo. *Policymakers* e acadêmicos especialistas em metas de inflação — como, por exemplo, Svensson (1997 e 1999), Bernanke e outros (1999) e Mishkin (2007) — distinguem, de modo geral, pelo menos dois tipos de arcabouço institucional para o regime de metas de inflação: um regime de metas mais flexíveis — *flexible inflation forecast targeting* — e um mais estrito — *strict inflation targeting*. Ambos apresentam em comum a ênfase na manipulação de um único instrumento de política econômica — a taxa de juros — para combater a inflação. Nesse sentido, o regime de metas de inflação (tanto o flexível quanto o estrito) tende a subutilizar outros instrumentos de política econômica no combate à inflação que podem ser mais

---

[2] Para maiores detalhes acerca desse e de outros tipos de incerteza, ver Batini, Martin e Salmon (1999); Dequech (1999a e 1999b); ECB (2001); Dow (2004).

[3] Para um estudo comparativo das evidências empíricas sobre o sucesso do regime de metas de inflação, ver Angeriz e Arestis (2006). Nesse artigo, os autores levantam a seguinte questão: Teria o regime de metas de inflação alguma influência sobre a inflação? O trabalho mostra que os resultados empíricos são controversos.

[4] Um dilema recente da economia brasileira foi e continua sendo como conciliar crescimento com estabilidade de preços. O sucesso do controle da inflação a partir de 1994, depois de anos de convívio com elevadas taxas de crescimento dos preços e vários planos de estabilização malsucedidos, não trouxe o tão esperado ciclo de prosperidade. Verificou-se, entretanto, uma contrapartida negativa ao processo de estabilização da inflação: a estimativa de taxa de crescimento do produto potencial decresceu drasticamente e passou a girar em torno de 3,5%, acompanhada de taxas de desemprego relativamente elevadas, com alta informalidade no mercado de trabalho.

adequados quando se considera explicitamente o processo de formação de preços na economia e quando o objetivo da política monetária privilegia, além da estabilização de preços, a construção de contextos econômicos favoráveis à expansão do produto ao longo do tempo.

Na prática, a adoção de uma estratégia de metas de inflação mais estrita implica maior ônus em termos de estabilização do produto no curto prazo, se comparada a uma política mais flexível. Sua adoção pode ser justificada quando o intuito da autoridade monetária e de suas políticas é conquistar maior credibilidade. Considerando que as autoridades monetárias de países com histórico de inflação alta e persistente têm maior dificuldade de impor uma política monetária crível, a opção pelo arcabouço de metas de inflação estrita pode ser uma estratégia a ser seguida, embora possam emergir problemas de controlabilidade e volatilidade do instrumento, assim como uma maior volatilidade no hiato do produto. Nesse sentido, o capítulo destaca que as expectativas que orientam as decisões das firmas consideram cenários que também incorporam os possíveis resultados da política macroeconômica como um todo. Ou seja, quando prevalece uma disciplina monetária mais rígida, maior é o impacto negativo sobre a formação de expectativas acerca do potencial de crescimento da economia ao longo do tempo. Uma disciplina monetária flexível, ainda que possa afetar menos negativamente o produto no curto prazo, pode consolidar um cenário de política macroeconômica que não estimule contextos mais favoráveis à expansão do produto, na medida em que o arcabouço institucional de política econômica desenvolvido não privilegie outros instrumentos de política.[5]

Assim, a seção a seguir discute a política monetária sob o regime de metas; a terceira seção apresenta o processo de formação de preços segundo a abordagem pós-keynesiana, em que o *mark-up* é entendido como uma variável estratégica para a firma; e a última traz nossas considerações finais, destacando que o entendimento do processo de formação de preços pela firma é fundamental para se avaliar a eficácia da política monetária.

[5] Para uma referência sobre políticas de combate à inflação de cunho keynesiano, ver Carvalho (1999); e Sicsú (2003).

Política monetária sob o regime de metas de inflação

Considerando a influência exercida pelas expectativas de inflação sobre a inflação efetiva, e a influência da política monetária sobre essas expectativas, é possível argumentar, em termos práticos, a favor da utilização do regime de metas de inflação como forma de manter a inflação sob controle. Seu propósito é disciplinar monetariamente a execução da política monetária, fazendo com que o próprio regime de metas de inflação se traduza em um arcabouço que restrinja (ou amenize) o grau de discricionarismo da política adotada pela autoridade monetária.[6] Na prática, como apontam Bernanke e outros (1999), todos os regimes de política monetária são discricionários, sendo a discrição apenas uma questão de grau.

Um dos principais atributos do regime é a fixação e o anúncio de uma meta quantitativa para a taxa de inflação dos períodos subsequentes, com a finalidade de servir de principal referência para o processo de formação de expectativas para a inflação e de principal guia para a condução da política monetária. Caracteriza-se pelo anúncio oficial de uma meta pontual para a taxa de inflação ou de um intervalo (banda) para a flutuação da taxa de inflação, e pelo explícito reconhecimento de que o principal objetivo da política monetária é a manutenção de uma taxa de inflação baixa e estável.[7]

Alguns dos benefícios mencionados em favor da adoção do regime de metas de inflação estão relacionados aos seus impactos sobre as expectativas de inflação e aos custos do produto, do emprego e da renda atribuídos às políticas de desinflação. Sob esse regime, a autoridade monetária conduz a política

---

[6] Como aponta de Mendonça (2001:65), esse regime pode contemplar alguma discricionariedade: "Uma das principais características do regime de metas para a inflação é que essa estrutura não pode ser entendida como um caso de regra rígida. Diferentemente de simples regras políticas, as metas para a inflação permitem ao BCB o uso de modelos de estrutura e decisão, em conjunto com todas as informações relevantes, para determinar a ação política mais adequada para obter a meta anunciada. Além disso, há a vantagem de que o regime em consideração possibilita o uso de políticas discricionárias sem levar à perda de credibilidade".

[7] Segundo Mishkin (2004), o regime de metas de inflação compreende cinco elementos fundamentais: "1) o anúncio público de uma meta numérica de médio termo para a inflação; 2) um compromisso institucional com a estabilidade dos preços, que passa a ser o principal objetivo de política monetária, ao qual os outros objetivos se encontram subordinados; 3) uma estratégia de informação inclusiva, na qual muitas variáveis, e não somente os agregados monetários ou a taxa de câmbio, são usadas para decidirem a escolha e o ajuste dos instrumentos de política; 4) uma crescente transparência da estratégia de política monetária, por meio de comunicados ao público e aos mercados acerca dos planos, objetivos e decisões das autoridades monetárias; e 5) crescente *accountability* do banco central para atingir seu objetivo de inflação".

monetária de maneira *forward-looking*, isto é, reagindo fortemente a mudanças nas expectativas de inflação e às pressões inflacionárias. Ou seja, a autoridade monetária busca constantemente influenciar as expectativas de inflação do público, de modo a fazer com que estas sejam levadas em conta e induzam a inflação observada a convergir para a meta predeterminada.

Os que defendem esse regime argumentam que, com sua adoção, a autoridade monetária terá maior capacidade de influenciar as expectativas de inflação, desde que atue por meio de políticas críveis.[8] Assim, a condução da política monetária deve estar associada à perseguição de um único objetivo de longo prazo: atingir a meta de inflação, pois, por hipótese, no longo prazo, produto e emprego encontrar-se-ão em suas taxas naturais. Vale ressaltar que, embora a política monetária tenha a meta pontual de inflação como principal objetivo, a estratégia mais utilizada, de fato, para a prática do regime de metas de inflação tem sido o anúncio de uma meta pontual com bandas de tolerância, o que confere certo grau de flexibilidade à política monetária.

No regime de metas de inflação, a autoridade monetária busca manter o controle da inflação por meio, basicamente, de manipulações da taxa básica de juros, não importando muito a origem da pressão inflacionária. A decisão de fixar a taxa básica de juros em determinado nível é fortemente influenciada pelas expectativas formadas para a inflação e pelo comportamento observado da trajetória de inflação. Destarte, a autoridade monetária se utiliza do seguinte procedimento: manipula a taxa básica de juros em resposta a desvios das expectativas de inflação e da própria inflação observada em relação à meta de inflação, e também em resposta a oscilações no hiato do produto (que se traduzem em pressões inflacionárias), com o intuito de fazer tanto a inflação efetiva quanto as expectativas de inflação convergirem novamente para a meta.

Quanto às condições que antecedem a adoção de estratégias de política monetária, de acordo com Mishkin (2000 e 2007), existe um amplo consenso entre *policymakers* e *central bankers* acerca de alguns princípios básicos que devem servir como guias úteis para os bancos centrais conduzirem suas po-

---

[8] Na ótica do arcabouço teórico que sustenta esse regime, uma política crível é resultado de dois tipos de credibilidade: (a) a operacional, referente à habilidade de o banco central utilizar a política monetária de modo a fazer com que a meta de inflação anunciada seja cumprida; e (b) a política, que reflete o temor dos investidores quanto à probabilidade de o regime monetário mudar e, por conseguinte, a busca da estabilidade de preços deixar de ser prioridade para a condução da política monetária.

líticas de modo a melhor alcançarem seus objetivos. Esses princípios são os seguintes: (a) a estabilidade dos preços propicia substanciais benefícios; (b) a política fiscal deve ser conduzida de maneira coordenada com a política monetária; (c) o problema de inconsistência temporal deve ser evitado; (d) a política monetária deve ser *forward-looking*; (e) a *accountability* é um princípio democrático básico; (f) a política monetária deve preocupar-se com flutuações tanto no produto quanto nos preços; e (g) as reversões de ciclos mais sérias na economia estão associadas a instabilidades (ou mesmo crises) financeiras.

Regime de "flexible inflation forecast targeting"

Na prática, e de forma generalizada, o regime de metas de inflação pode ser descrito como um regime de *flexible inflation forecast targeting*. Esse tipo de estratégia é caracterizado pela adoção de uma política mais gradualista, na qual os bancos centrais alongam seus horizontes e buscam atingir a meta de inflação mais à frente, no futuro. O gradualismo adotado, ou a flexibilidade implícita, pode ser explicado pelo pragmatismo dos bancos centrais, ou seja, por suas preocupações tanto com a inflação quanto com a estabilidade do produto e do emprego, com a volatilidade da taxa de câmbio, com a trajetória da taxa de juros e com as incertezas acerca do real estado da economia e dos modelos que orientam as decisões de políticas econômicas.

O *flexible inflation forecast targeting* pode ser entendido como um regime que combina compromisso com flexibilidade, isto é, um regime de *constrained discretion*. Num regime de *flexible inflation forecast targeting*, os bancos centrais não seguem simples instruções mecânicas operacionais. Nas palavras de Bernanke (2003):

> Sob *constrained discretion*, o banco central tem liberdade para fazer o seu melhor de modo a estabilizar o produto e o emprego diante de perturbações de curto prazo, e com a apropriada cautela, devido ao nosso conhecimento imperfeito da economia e dos efeitos da política (essa é a parte relacionada à discrição do *constrained discretion*). Entretanto, uma condição crucial é que, ao conduzir políticas de estabilização, o banco central também mantenha um forte compromisso em preservar a inflação — e, portanto, as expectativas de inflação do público — firmemente sob controle (a parte restritiva do *constrained discretion*).

Ainda assim, deve ser ressaltado que, mesmo sob o arcabouço de *flexible inflation forecast targeting*, a principal estratégia de condução da política monetária se baseia em manipulações da taxa básica de juros. Nesse sentido, vale observar que, de modo geral, manipulações da taxa básica de juros implicam mudanças no grau de liquidez da economia, com efeitos importantes sobre o financiamento de planos de investimento em ativos fixos e sobre o grau de preferência pela liquidez, que também produz impactos nas decisões de investimento. Taxas de juros elevadas competem com as diferentes taxas de retorno dos investimentos em ativos fixos, induzindo as firmas a alocarem seus recursos em ativos mais líquidos. Assim, a despeito de uma taxa de inflação baixa, o comprometimento de recursos por longos períodos de tempo pode ser inibido por um patamar de taxa de juros relativamente muito elevado. Baixos níveis de investimento, por longos períodos de tempo — resultado de uma alta preferência pela liquidez, influenciada em parte por elevadas taxas de juros —, levam a uma redução no potencial de crescimento da economia. Essa redução faz com que breves períodos de aquecimento reduzam rapidamente o hiato do produto, provocando uma reação da política monetária que compromete ainda mais o potencial de crescimento.

Políticas sob "strict inflation targeting"

É importante ressaltar que os bancos centrais que adotaram metas para a inflação não fizeram isso, necessariamente, da mesma maneira, ou seja, utilizando-se do mesmo desenho institucional e operacional, da mesma estrutura de governança e da mesma forma de conduzir a política monetária. Como Mishkin e Schmidt-Hebbel (2002:175) apontam: "*inflation targeters* se distinguem consideravelmente quanto às características de implementação do regime, incluindo índice de preço alvo, amplitude da meta, horizonte de tempo, cláusula de escape, *accountability* para perda de metas, independência de objetivo, e transparência e *accountability* na condução da política".

Características como a urgência em fazer tanto a inflação observada quanto a expectativa de inflação convergirem para a meta, bem como os pesos conferidos às flutuações do emprego e do produto e à volatilidade da taxa de câmbio e da taxa de juros, em grande medida definem se o regime de metas de inflação é mais flexível ou mais estrito. Assim, a literatura de metas de inflação identifica um arcabouço institucional de combate à inflação denominado *strict inflation targeting*. Nesse esquema, os bancos centrais só se preocupam em atingir a meta de inflação, atribuindo peso zero a qualquer variabilidade do produto ou do emprego. Assim, quando a inflação ou as expectativas de inflação se desviam da meta, o banco central tenta fazê-las convergir de volta para a meta o mais rapidamente possível, o que requer, por vezes, mudanças abruptas no principal instrumento de política monetária: a taxa de juros.

Fazemos uma ressalva quanto à forma de condução da política monetária sob o arcabouço de metas para a inflação, que subutiliza seu principal instrumento e outros instrumentos de política econômica. Nesse sentido, a política de metas de inflação, sob um enfoque mais estrito, busca a obtenção de um único resultado: a manutenção da inflação em um patamar baixo e estável, conferindo pouca ou quase nenhuma atenção aos resultados reais da economia. À medida que o arcabouço institucional e de condução da política monetária mais se aproxima do desenho institucional e de orientação compatível com os de regras estritas ou, especificamente, com o de *strict inflation targeting*, mais o potencial de crescimento da economia e o desemprego são afetados no longo prazo.[9]

Política de metas de inflação e a visão pós-keynesiana

Segundo a hipótese da não neutralidade da política monetária, os bancos centrais — por meio de suas políticas — são capazes de afetar tanto variáveis

[9] Além da crítica específica elaborada neste capítulo e apresentada nas seções seguintes, o regime de metas de inflação, embora apresente uma série de vantagens — como já mencionado —, apresenta também uma série de desvantagens, como aponta Mishkin (2007:273): "Críticos do regime de metas de inflação apontaram sete principais desvantagens dessa estratégia de política monetária. Quatro dessas desvantagens (que o regime é muito rígido, que permite muita discrição, que tem o potencial de aumentar a instabilidade do produto, e que reduzirá o crescimento econômico) foram discutidas em Mishkin (1999) Bernanke et al. (1999) e não representam na realidade sérias objeções a um arranjo estratégico apropriado de metas de inflação (...). A quinta desvantagem — que o regime de metas de inflação produz uma fraca *accountability* do banco central, pois a inflação é difícil de controlar porque existem longas defasagens entre a manipulação dos instrumentos de política monetária e os resultados da inflação — é uma desvantagem séria, especialmente no caso de países emergentes. A sexta e a sétima desvantagens — que o regime de metas de inflação não pode impedir a dominância fiscal, e que a flexibilidade da taxa de câmbio requerida pelo regime pode causar instabilidade financeira — são também altamente relevantes num contexto de países emergentes".

nominais quanto variáveis reais.[10] Nesse sentido, entende-se que a política monetária desempenha o papel de estabilização de variáveis nominais e estimula emprego e produto, criando um ambiente propício para as decisões de investimento na economia.

De forma semelhante à visão convencional, o canal de expectativas é tido como um dos mais importantes para a atuação da política monetária,[11] ou seja, na visão pós-keynesiana, a política monetária também exerce o papel de orientar as expectativas. Conforme apontam Carvalho e outros (2000:171) "a eficácia da política monetária não depende exclusivamente da utilização de seus instrumentos, mas é função, fundamentalmente, das avaliações sobre contextos futuros feitas pelos agentes econômicos". Assim, essas avaliações devem levar em consideração o crescimento potencial futuro da economia — variável determinante na alocação de recursos reais e financeiros de longo prazo pelos agentes econômicos.

Quanto mais rapidamente a autoridade monetária for bem-sucedida em instaurar um ambiente estável de preços, reduzindo tanto a variabilidade da inflação quanto a própria taxa, supõe-se que estarão criadas as condições ideais que levarão ao processo de crescimento econômico desejado e sustentável, com reduzida variabilidade do produto. Contudo, pode-se argumentar que, na hipótese de existir capacidade ociosa, a utilização de uma regra de manipulação da taxa de juros — como, por exemplo, a de Taylor (1993) — sob o arcabouço de *strict inflation targeting*, embora seja capaz de proporcionar a convergência das expectativas de inflação e da própria inflação para a meta, pode ser responsável pela geração de uma enorme volatilidade no instrumento de política monetária e, com isso, induzir a economia a conviver com constantes taxas de crescimento abaixo daquelas desejadas pela sociedade, devido ao ambiente desfavorável criado para as decisões de investimento em ativos fixos. Ou seja, a política de metas de inflação estrita compromete o crescimento potencial da economia ao disciplinar — em prol do aumento da credibilidade — os agentes econômicos a uma política de combate a qualquer tipo de inflação por meio de manipulações da taxa básica de juros orientada pelas

[10] A política monetária que tem como objetivo estimular o crescimento econômico deve induzir os agentes a trocarem liquidez por iliquidez, assim como a trocarem rendimentos de juros por lucros.

[11] Para maiores detalhes sobre os mecanismos de transmissão monetária, ver Mendonça (2001); Berk (1998); Mishkin (1995); e Taylor (1995).

oscilações do hiato do produto e pelos desvios da inflação e das expectativas de inflação em relação à meta. Mesmo o regime de metas de inflação flexível, que apresenta menor volatilidade no instrumento de política monetária, pode ter o efeito de deprimir o potencial de crescimento da economia ao limitar os instrumentos de combate à inflação à manipulação da taxa de juros.

Uma consequência da adoção do *strict inflation targeting* a ser destacada é a estratégia se transformar em potencial ameaça à própria autoridade monetária, criando o que se pode chamar de uma "armadilha de credibilidade".[12] Como destacou Truman (2003:3):

> estruturas rígidas podem prometer rápidos resultados, mas envolvem maiores riscos, especialmente no contexto de uma economia e um ambiente financeiro globalmente volátil, como aqueles apresentados por Argentina, Brasil e Turquia recentemente.

Uma contribuição do pensamento pós-keynesiano ao debate sobre a eficácia da política monetária é buscar entender por que mecanismos a política de manipulação da taxa de juros e, consequentemente, de controle da demanda agregada afeta o comportamento dos preços em uma economia monetária. A recomendação de uma estratégia de conduta como a abordagem de *strict inflation targeting*, ou, por exemplo, como a regra de Taylor, pode ser considerada limitada, sendo sua confiança questionável,[13] pois não leva em conta os elementos determinantes e as estratégias estabelecidas pelas firmas para o processo de formação de preços.

Assim, para avançar nessa discussão, é importante entender como os preços se formam em economias de mercado. Para ser considerada eficaz, a política monetária deveria também operar como coordenadora de expectativas sobre o crescimento da economia, ou seja, deveria influir positivamente na formação de expectativas de longo prazo, que, por sua vez, afetam de maneira significativa a taxa de investimento produtivo.

[12] A credibilidade da política monetária não deve ser analisada apenas como algo capaz de promover a estabilidade da inflação. Por ser capaz também de afetar o lado real, o pragmatismo revela que, quando a inflação já está baixa e estável, sua constante utilização pode levar a perda de credibilidade no momento em que esta se faz necessária para estimular a economia por meio do canal das expectativas.

[13] Kozicki (1999) sustenta essa afirmação no caso da regra de Taylor.

Formação dos preços em economias monetárias

Na abordagem pós-keynesiana, o papel que os preços exercem em economias de mercado e as alterações que nele se verificam vão além do mecanismo de ajuste entre oferta e demanda. Os movimentos nos preços resultam "de um processo de arbitragem coletiva sobre a distribuição de uma produção dada, onde o elemento dinâmico básico é a mutabilidade dos desejos dos consumidores individuais no gozo de sua liberdade".[14] E Kandir (1989:87) ainda ressalta que "o processo de formação dos preços constitui, antes de mais nada, uma dimensão do processo de valorização dos capitais".

Autores pós-keynesianos[15] entendem que o processo de formação dos preços embute uma decisão das firmas quanto a sua estratégia de crescer, considerando aspectos relacionados à percepção dos empresários sobre o comportamento futuro dos custos de produção e financiamento, da demanda e da concorrência.[16] Conforme aponta Kandir (1989:88):

> Os processos de decisão de preços, *mark-ups* desejados, quantidades produzidas, investimento e padrão de financiamento não são isolados. Ao contrário, constituem várias dimensões de um único processo de definição da estratégia de acumulação dos capitais particulares.

Assim, as decisões de formação de preços não podem ser separadas nem do planejamento do investimento nem do conflito distributivo entre trabalhadores e capitalistas, como também sugere Eichner (1976).

Preços e economias de mercado

Os objetivos de crescimento estabelecidos pelas firmas nos vários mercados em que operam são determinantes para explicar os movimentos que se observam nos preços, isto é, as firmas determinam os preços levando em

---

[14] Kandir, 1989:26, 87.

[15] Por exemplo, Minsky (1986); Eichner (1973, 1976 e 1985); Davidson (1978); Shapiro (1981); Shapiro e Sawyer (2003); Kenyon (1979); Harcourt e Kenyon (1976); Wood (1975); Kandir (1989); Arestis e Milberg (1993/1994); Feijó (1993a e 1993b); Nell (1992), entre outros.

[16] A abordagem pós-keynesiana segue as considerações apresentadas por Penrose (1980) acerca dos objetivos estabelecidos pela firma e sua influência sobre a dinâmica das economias capitalistas. As firmas, ao estabelecerem como principal objetivo a busca do crescimento contínuo e acelerado de sua estrutura de capital, estariam atuando de forma determinante para o processo dinâmico de crescimento e desenvolvimento de uma economia capitalista.

conta as estratégias que estabeleceram para alcançar seus objetivos de longo prazo. Nesse sentido, são enfatizados tanto o poder da firma de formar preço quanto o uso desse poder, de modo a atender aos interesses de crescimento e sobrevivência no longo prazo. O *mark-up*, nesse caso, desempenha o papel de variável estratégica, que se modifica não só por influência do mercado, mas também por decisões tomadas pelas firmas para atingirem seus objetivos, considerando as expectativas de evolução do contexto macroeconômico.

Em alguns momentos, por exemplo, por mais que a firma se encontre em uma situação com grau de liberdade suficiente para promover aumentos de preços, legitimados por pressões da demanda, ela pode tomar a decisão de não aumentá-los caso os resultados não sejam compatíveis com seus objetivos de longo prazo.[17] A firma, com essa atitude, poderia estar aumentando lucros em um primeiro instante, mas, dependendo do grau de concorrência, perdendo fatias de mercado para firmas concorrentes em um curto espaço de tempo.

Nesse sentido, as firmas, por meio de suas estratégias de formação de preços, são capazes de desenvolver, expandir e proteger seus mercados, alterando assim sua lucratividade e seu grau de competitividade. O processo de crescimento da firma encontra-se subordinado tanto à sua lucratividade quanto ao seu nível de competitividade. Como as políticas de preços adotadas pelas firmas são capazes de afetar sua lucratividade e sua competitividade, os preços acabam por refletir seus interesses, em vez de apenas as condições das indústrias ou dos mercados em que estão inseridas. A política monetária, ao influir no ritmo de expansão da economia, também afeta os prognósticos da firma quanto às suas estratégias de crescimento.

Como a política de determinação dos preços é um dos componentes na geração dos fundos necessários ao financiamento das despesas planejadas de investimento das firmas, existe uma forte relação entre preços, lucros e investimentos. Eichner (1985), assim como Kalecki,[18] se dão conta de que os lucros

---

[17] Shapiro e Sawyer (2003:358) afirmam que: "Os preços não se alteram necessariamente com a demanda por produtos como também não se alteram necessariamente com os custos, e não se comportam assim por uma mesma razão: mudar preços pode não ser do interesse das firmas".

[18] De acordo com Kalecki (1952), o consumo dos capitalistas em um determinado instante é resultado de suas decisões baseadas nos lucros do passado. Ele estabeleceu uma relação biunívoca entre lucros e investimento. Por um lado, atribuiu aos lucros a importância de ser a fonte principal dos fundos utilizados para

representam a fonte principal de fundos utilizados para financiar investimentos e para alavancar recursos no mercado financeiro. Portanto, os preços estabelecidos pelas firmas desempenham um papel fundamental no seu processo de crescimento.[19]

Em decorrência desse raciocínio, o processo de determinação do *mark-up* não pode ser simplesmente explicado por condições de curto prazo associadas à demanda, como sugerem os modelos de formação de preços tradicionais, mas sim (e também) pelas necessidades de financiamento dos empreendimentos de longo prazo. Essas necessidades são definidas em função da percepção dos empresários quanto a condições e oportunidades de crescimento, fazendo com que cada firma escolha uma trajetória própria a ser seguida, ou seja, as expectativas de ganhos de longo prazo são determinantes para a fixação do *mark-up* no curto prazo.

Assim, para os pós-keynesianos, seguindo Penrose (1980), a firma busca maximizar o crescimento no longo prazo e não o lucro no curto prazo. Como apontam Shapiro e Sawyer (2003:264):

> Embora o lucro seja o principal objetivo da firma — pois, sem ele, ela não poderia nem sobreviver nem crescer —, seu preço cobrado não maximiza necessariamente o lucro. E isso não acontece apenas porque a firma não pode prever todas as consequências de suas ações e, portanto, não é capaz de saber o preço que irá maximizar o lucro. Acontece também porque a maximização do lucro assume como dadas as condições de custos e de demanda, embora nem o custo dos produtos nem a demanda por eles sejam tomados como dados no processo de formação de preço do produto da firma.

---

financiar os investimentos. Nesse sentido, nada seria mais importante nesse processo de determinação dos lucros do que os preços que as firmas são capazes de cobrar. Sendo assim, os preços estabelecidos pelas firmas desempenham papel central no processo de crescimento e distribuição do produto e da riqueza. Por outro lado, seu modelo mostra que os lucros são determinados pelo investimento, mais precisamente pelas decisões passadas de investir.

[19] Eichner (1985:123) sugere o seguinte: "O necessário é que, por meio de alguma combinação de poder de mercado e níveis correntes de demanda, as firmas sejam capazes de estabelecer as margens acima dos custos às quais irão gerar o fluxo de caixa suficiente, ou poupanças, que financiarão seus planos de investimento". Contudo, ele atenta para o fato da impossibilidade da total geração de fundos internamente e, nesse sentido, para o papel do sistema bancário no fomento dos planos de investimento: "Mesmo que todos os fundos necessários não possam ser gerados internamente, na medida em que o sistema bancário possua ou almeje ampliar o crédito, os resultados serão os mesmos: as firmas de negócios conseguirão obter os recursos de que necessitam para executar seus planos de investimento".

Em resumo, os fins específicos do empreendimento capitalista afetam fortemente o processo de formação de preços das firmas, tanto quanto afetam as dimensões temporais da estrutura desse processo. Embora a firma necessite gerar internamente fundos suficientes para abastecer seu processo de crescimento, deve estar atenta também à necessidade de assegurar mercados suficientemente extensos que absorvam o potencial produtivo de seu aparato instalado. As margens de lucro, portanto, podem se alterar ao longo do tempo, de acordo com as necessidades de assegurar mercados, assim como de acelerar as taxas de crescimento da firma. Por exemplo, a demanda por fundos que financiem o processo de acumulação exerce pressão altista sobre a margem de lucro da firma e sobre o *mark-up*, ao passo que um acirramento no grau de competitividade entre as firmas em um mesmo mercado pressiona a margem de lucro para baixo, de modo a manter a participação da firma no mercado.

Preços e financiamento

Segundo Minsky (1986), a teoria dos preços neoclássica é limitada para explicar como os preços relativos se ajustam de modo a fazer com que os mercados se equilibrem, pois ignora as relações legítimas entre preços de ativos financeiros e de capital, que devem ser satisfeitas a fim de tornar mais coerente o funcionamento da economia. Adverte que, de acordo com a abordagem neoclássica, a única função dos preços é servir como mecanismo determinante para o processo de alocação de recursos e de regulação da produção. Nesse sentido, Minsky (1986:141) argumenta que:

> Os preços devem não só atuar nas funções de referencial no processo de alocação de recursos e racionamento de produto, mas também assegurar que (1) um excedente seja gerado, (2) rendas sejam revertidas em ativos de capital (i.e., lucros), (3) os preços de mercado dos ativos de capital sejam consistentes com os custos de produção correntes do produto, e (4) as obrigações em termos de dívidas de negócios possam ser cumpridas.

O esquema acerca dos determinantes do processo de formação de preços apresentado por Minsky considera que o sistema de preços deve estar voltado para a geração de lucros (ou *cash flows*) suficientes para liberar recursos para o processo de financiamento dos investimentos. As firmas devem, portanto, inserir em seus preços de oferta um montante que, além de exceder os seus custos, possa também gerar os fundos necessários à manutenção ou à valorização de seus ativos de capital. Os preços, nesse sentido, não podem ser tratados apenas como funções do processo de alocação de recursos e distribuição de renda; devem estar relacionados também à necessidade de geração de fundos que possibilitem o processo de acumulação de capital, além de viabilizarem o pagamento de dívidas, induzirem e parcialmente financiarem os investimentos e possibilitarem a aceitação de novas obrigações financeiras.[20]

O processo de formação de preços encontra-se, portanto, associado à habilidade, à capacidade e à possibilidade do empreendedor de aumentar sua participação no processo de formação, distribuição e acumulação da riqueza. Ou seja, o processo está vinculado ao desejo de obter lucros cada vez maiores, pois estes traduziriam a busca pela acumulação crescente e acelerada da riqueza. A ideia do empreendedor que busca auferir lucros cada vez maiores é, portanto, que estes, quando gerados, sejam suficientes para, basicamente: (a) auxiliar no processo de geração dos fundos necessários à continuidade do processo de acumulação de capital e geração de riqueza; e (b) manter ou aumentar a participação da firma no processo de produção e absorção das riquezas geradas.

Comportamento do mark-up *e variações nos custos de produção*

Considerando que os preços são formados de maneira estratégica por meio de uma regra de *mark-up* sobre os custos, dado um nível de produção considerado padrão,[21] Kenyon (1979) propõe uma sequência lógica para a determinação do *mark-up*. Primeiro, a firma traça seus planos futuros de investimento[22] com base na relação entre a taxa observada de utilização da capacidade instalada e alguma taxa desejada de utilização — essa taxa desejada deverá permitir que a firma esteja apta a atender a um aumento repentino da

[20] Minsky, 1986:142.

[21] Davidson, 1978.

[22] Os planos de investimento devem levar em conta as projeções que a firma faz para o futuro crescimento da demanda de mercado e as estimativas quanto à lucratividade de outros projetos de investimento alternativos (Kenyon, 1979).

demanda por seu produto; em seguida, a firma escolhe o *mark-up* que lhe possibilitará reter os lucros necessários ao cumprimento de suas obrigações e ao atendimento de seus objetivos. A firma manterá ou alterará seu preço de acordo com as condições de demanda indicadas pela utilização da capacidade instalada e de acordo com as oscilações observadas nos custos em torno de um nível considerado normal.

Por esse raciocínio, os preços não são determinados exclusivamente pelos custos — embora os considerem. Não existe um mecanismo de transmissão automática de variações nos custos para os preços, ou seja, os preços dependem fundamentalmente do *mark-up* (uma variável decidida estrategicamente e que considera uma série de fatores, incluindo alterações nos custos). Com isso, quando os custos se alteram, os preços não se alteram necessariamente; o *mark-up* sobre os custos é que pode se alterar em vez dos preços.

Os preços sofrerão alterações se estas servirem, ou se esperar que sirvam, aos interesses da firma. Embora um aumento nos custos — mantido o preço fixo — reduza a margem de lucro, um aumento do preço para compensar essa perda talvez não seja um negócio rentável, pois pode vir a afetar as vendas do produto. O aumento do preço pode reduzir a competitividade do produto da firma, sendo verificada uma alteração nos preços relativos, segundo Kandir (1989:88): "a concorrência, através das estruturas de mercado, estabelece o espaço de realização das arbitragens particulares dos preços".

A manutenção do *mark-up* por meio do aumento do preço, quando há uma elevação dos custos, pode configurar uma estratégia equivocada, caso as firmas concorrentes possuam estruturas de custos diferenciadas e não tenham sido afetadas de maneira semelhante. Uma firma que opere em uma estrutura com oferta de produtos diferenciados, mesmo sendo substitutos próximos, ao adotar a estratégia de elevação do preço, no caso de seus custos terem aumentado, pode acabar experimentando uma queda acentuada na receita de vendas e, portanto, uma queda na geração de fundos para financiar novos investimentos. Ou seja, essa decisão de curto prazo sobre o preço pode, de fato, afetar o atingimento dos objetivos de longo prazo estabelecidos pela firma. Nesse sentido, a manutenção do preço do produto pode ser necessária para que sejam preservadas as vendas (ou o *market-share*).

Por outro lado, se a pressão do custo é acompanhada por uma retração da demanda devido a uma política monetária recessiva, obviamente os efeitos sobre a acumulação interna de fundos e sobre o produto serão adversos tanto na primeira situação, quando as firmas reduzem o *mark-up*, quanto na segunda, quando as firmas mantêm o *mark-up* ante um aumento dos custos de produção. No primeiro caso, os prognósticos de receita devem se reduzir pela contração da demanda. Assim, no contexto de uma inflação de custos, devem ser utilizados outros instrumentos de combate à inflação, a fim de não comprometer o crescimento econômico ao longo do tempo.

Sob um regime flexível de metas de inflação, as pressões de custos podem ser consideradas no arcabouço do regime, por exemplo, controlando-se o núcleo da inflação ou o tempo de obtenção da meta. A opção pelo arranjo institucional mais flexível deve implicar menor ônus sobre o produto no processo de combate à alta de preços. Deve-se observar que, quanto mais homogênea e mais competitiva for a estrutura produtiva, menor deverá ser o custo do produto no combate à inflação, mesmo não se considerando instrumentos alternativos de política econômica que atuem especificamente sobre a causa da inflação. No entanto, como já enfatizado, o uso da manipulação da taxa de juros como único instrumento de combate à inflação traz consequências para a formação das expectativas dos agentes produtivos em relação aos cenários futuros de crescimento da economia, reduzindo o potencial de crescimento econômico no longo prazo.

Por outro lado, sob uma estratégia de metas de inflação estrita, quanto maior o ônus da busca de estabilidade de preços sobre o produto, maior será, consequentemente, o ônus sobre o potencial de crescimento futuro da economia.

Em suma, com base em uma abordagem pós-keynesiana, o processo inflacionário resulta de um conflito distributivo. Nesse sentido, os agentes econômicos formam suas expectativas e adotam suas estratégias de preço buscando manter ou ampliar seus interesses participativos na geração de riqueza econômica.

Comportamento dos preços e variações na demanda

Da mesma forma que variações no custo de produção não afetam a determinação de preços diretamente, aumentos na demanda afetam os preços, dependendo do grau de utilização dos fatores e do grau de concorrência dos mercados. Em mercados onde a firma tem vantagens competitivas, aumentos de demanda podem significar aumentos de preços, mesmo com capacidade de produção disponível. Mas em mercados competitivos, mesmo com reduzido nível de recursos ociosos, podem ocorrer aumentos de demanda e, ainda assim, os preços, de modo geral, permanecerem estáveis.

Como vimos, as empresas decidem o quanto produzir e o quanto cobrar pelo produto em função de suas expectativas de curto prazo e de seus objetivos de longo prazo. Nesse contexto, a política monetária de controle da inflação deve considerar que o uso de apenas um instrumento, como a taxa de juros, pode ter consequências adversas sobre a produção, o emprego, os planos de financiamento e a alocação de recursos acumulados. Considerando que o objetivo das firmas é crescer, uma política monetária continuamente recessiva, com manutenção de elevadas taxas de juros, pode limitar seu potencial de crescimento. Em tal circunstância, considerando que a política de preços das firmas faz parte de sua estratégia de acumulação de fundos, a melhor política a ser seguida pode ser a alocação de recursos acumulados em ativos mais líquidos do que o investimento em ampliação de capacidade. A longo prazo, o crescimento da economia é comprometido pelo baixo investimento em formação de capital. Defende-se, portanto, a existência de uma relação biunívoca entre a percepção do contexto macroeconômico e as decisões das firmas, isto é, tanto o ambiente macroeconômico afeta as decisões das firmas, quanto as decisões das firmas são capazes de afetar o contexto macroeconômico.

Três situações podem ser discutidas, como mostra o quadro a seguir, para se avaliar a influência do produto demandado sobre o comportamento dos preços, considerando a análise do grau de utilização da capacidade instalada para explicar os impactos das pressões de demanda sobre a inflação.

Se a economia estiver em uma situação na qual o produto observado é menor do que o produto crítico[23] (primeiro caso), então uma elevação da demanda agregada não se traduzirá em elevação da inflação. Se a economia estiver em uma situação em que o produto observado se encontra num nível entre o produto crítico e o produto de pleno emprego (segundo caso), então

---

[23] Produto crítico é uma situação em que o nível do produto na economia é resultado de uma elevada utilização da capacidade instalada, ou seja, um nível de produto que se encontra muito próximo do produto de pleno emprego. Uma economia que opera no nível do produto crítico, ou além desse, pode vir a apresentar aumento generalizado de preços, caso a demanda da economia esteja se elevando.

uma elevação da demanda agregada, embora estimule o produto, pode também elevar a inflação. Se o produto observado equivale ao produto de pleno emprego (terceiro caso), isto é, se existe plena utilização da capacidade instalada, então um aumento da demanda agregada também provocará um aumento da inflação.

Pressão inflacionária de demanda e efeito sobre a formação de expectativas de preço e de produto

Situação da demanda agregada em relação ao produto de pleno emprego	Regime de metas de inflação	Efeito sobre a formação de expectativas de inflação e produto
Produto observado menor do que o produto de pleno emprego e menor do que o produto crítico	Mais flexível	A economia pode iniciar um ciclo de crescimento com inflação sob controle. A sustentabilidade do crescimento dependerá do grau de confiança nas expectativas favoráveis de crescimento para induzir as firmas a alocarem cada vez mais recursos a ativos fixos.
	Mais estrito	A rigidez no controle da inflação retarda/inibe a retomada do crescimento.
Produto observado próximo do produto de pleno emprego e maior do que o produto crítico	Mais flexível	A economia pode manter o crescimento, porém com ligeira aceleração da inflação. Outros instrumentos de política econômica devem ser utilizados para controlar a pressão sobre preços (apresenta menor volatilidade da taxa de juros).
	Mais estrito	O crescimento da economia é interrompido em prol da estabilidade das expectativas de inflação e da própria inflação (apresenta maior volatilidade da taxa de juros).
Produto de pleno emprego	Mais flexível	Após uma aceleração da inflação e das expectativas de inflação, essas convergem mais lentamente para a meta, prejudicando menos o produto e o emprego (ainda assim, apresenta menor volatilidade da taxa de juros).
	Mais estrito	Eficaz no combate à inflação e com sérias consequências sobre o produto e o emprego, devido à urgência em fazer a inflação e suas expectativas convergirem para a meta (fortes modificações na taxa de juros).

O primeiro caso indica que, numa situação em que o nível de produto da economia é menor do que o nível de produto crítico, uma variação positiva do produto demandado não irá se converter em aumento da inflação, mas uma variação negativa do produto demandado resultará em uma redução da inflação, ou levará a uma deflação. Esse comportamento assimétrico pode ser explicado pelo fato de as firmas estarem preocupadas em conquistar maiores fatias de mercado. Assim, quando estimuladas a produzir mais devido a um aumento da demanda, se operam com elevada capacidade ociosa, não repassarão as pressões de demanda para os preços por uma questão estratégica. Por outro lado, quando a demanda da economia se reduz e a produção já se encontra realizada, uma maneira de as firmas reduzirem os estoques que se formam indesejavelmente é a redução dos preços, o que se traduz em uma diminuição da inflação. A persistência de um baixo nível de demanda agregada pode levar à deflação, ou seja, a uma situação em que a queda continuada nos preços desestimula a produção. Nesse caso, a política monetária deve ser expansiva, em combinação com outras políticas de incentivo ao aumento da demanda agregada.

O segundo caso pode ser entendido como uma situação em que pressões de demanda podem ou não redundar em aumentos da inflação. Nesse caso, as firmas, quando observam aumentos da demanda, podem optar por não aumentarem seus preços, tanto por uma questão estratégica quanto por acreditarem que os *policymakers* adotarão políticas econômicas de retração da demanda. No entanto, as firmas podem promover aumentos de preços se estes não atrapalharem seus objetivos de longo prazo e/ou se acreditarem em seu poder de mercado. Nesse caso, a política monetária recessiva afetará de forma diferenciada os setores da economia, atingindo duramente aqueles mais competitivos. Outro aspecto negativo é a influência que tal política exerce sobre a percepção das firmas quanto ao potencial de crescimento. A política monetária com adoção de regra de conduta desconsidera sua influência sobre a capacidade de alavancar o potencial de crescimento da economia, ou seja, de ampliar a distância entre o produto crítico e o produto observado, por meio do deslocamento para cima do nível de produto de pleno emprego.

O terceiro caso representa uma situação em que o produto da economia equivale ao produto de pleno emprego. Sendo assim, enquanto o produto demandado estiver se elevando, as firmas, de maneira geral, por se encontrarem operando no potencial de sua capacidade instalada, responderão com elevações de preços. Nesse caso, deve-se aplicar uma política de contenção de demanda para desacelerar a inflação.

Considerações finais

A política monetária é eficiente em controlar a inflação por meio de manipulações da taxa básica de juros, produzindo efeitos sobre a demanda agregada. Porém, o processo inflacionário nem sempre tem origem em um excesso de demanda agregada. Nesse sentido, o capítulo mostrou que, ao se reduzir a forma de combate à inflação a um único instrumento e de maneira estrita — como o caso de *strict inflation targeting* —, atingem-se outros aspectos da vida econômica que podem comprometer o potencial de crescimento da economia a longo prazo. Mesmo com uma política de metas de inflação flexível, o potencial de crescimento da economia pode ser reduzido, na medida em que a política monetária reduz as expectativas dos agentes quanto ao crescimento futuro.

Aqueles que defendem que os bancos centrais devem ser orientados a conduzir suas políticas monetárias de modo a promover, única e exclusivamente, a estabilidade dos preços por meio do mecanismo proposto pela estratégia de *strict inflation targeting* avaliam o sucesso dessa estratégia com base apenas nos desvios da taxa de inflação e das expectativas de inflação em relação à meta. Atribuem, assim, pequeno ou nenhum peso aos impactos sobre fatores reais ou outros objetivos de política econômica, não estando estes associados aos parâmetros que medem o sucesso da estratégia. O argumento favorável à aplicação dessa alternativa estrita é o efeito que pode causar sobre as expectativas de estabilização da inflação. Porém, o aumento da previsibilidade da evolução dos preços não basta para alavancar ou até mesmo acelerar o processo de crescimento. As constantes e abruptas manipulações da taxa de juros — características da estratégia de *strict inflation targeting* — levam a um aumento das incertezas, que acabam afetando a preferência pela liquidez dos agentes econômicos. Num contexto em que a manutenção da meta implica manter a taxa de juros elevada e em constante alteração, a preferência pela liquidez (preferência por ativos mais líquidos) também será elevada, inibindo a alocação de recursos em ativos fixos com taxas de retorno não competitivas com as taxas de juros praticadas.

Reconhecer que a causa da inflação nem sempre tem origem no excesso de demanda implica dizer que as economias que estejam operando abaixo do pleno emprego — com baixa utilização da capacidade instalada —, quando convivem com uma inflação indesejada, esta última seria explicada pelo lado da oferta. Nesse sentido, fez-se necessário investigar o processo de formação de preços em uma perspectiva pós-keynesiana, de modo a justificar como uma estratégia de política monetária rígida, mesmo sendo capaz de atingir certo objetivo (inflação baixa e estável), torna-se nociva em termos do desempenho econômico como um todo (dados os resultados gerados para o produto e o emprego). A relação entre a decisão de preço da firma e o contexto macroeconômico pode ser entendida da seguinte maneira: a política de fixação do *mark-up* encontra-se associada ao processo de geração de fundos internos que viabilizarão os planos de investimento e a alavancagem dos recursos financeiros necessários à realização dos planos que serão executados, conforme o estado das expectativas em relação ao futuro desempenho da economia. Como o contexto macroeconômico reflete o desempenho corrente da economia e esse é afetado pela política monetária, trazendo consequências para o estado das expectativas, isso implica que, em última instância, a autoridade monetária afeta, por meio de suas políticas, o estado das expectativas dos agentes e, assim, suas decisões de curto e longo prazos — como as decisões de preços e a alocação dos recursos acumulados.[24]

Assim, a abordagem pós-keynesiana mostra que as decisões individuais tomadas pelas firmas sobre seus preços, volume de produção, alocação de recursos nas esferas financeira e produtiva refletem, em última instância, sua percepção sobre uma trajetória de crescimento, que depende da avaliação do contexto corrente e futuro.

Como há uma diversidade de fatores responsáveis pelo desencadeamento do processo inflacionário, deve haver diferentes classificações para as suas causas e, de acordo com o diagnóstico emitido acerca do processo inflacionário, devem ser escolhidos os instrumentos ou uma combinação de instrumentos adequados a serem utilizados no seu combate.

[24] Para maiores detalhes acerca da influência da autoridade monetária sobre o estado de expectativas e sobre as decisões dos agentes econômicos, ver Montes e Feijó (2007); Montes (2008).

A política monetária, ao atuar por meio de uma estratégia rígida, desconsidera: (a) o processo de formação de preços como resultado do conflito distributivo entre grupos de agentes econômicos com interesses específicos, o que equivale a dizer que as regras afetam de forma diferente grupos econômicos com distintas inserções na estrutura produtiva; (b) os impactos diferenciados da política de juros conforme a estrutura de custos das empresas, o que provoca diferentes reações das firmas; e (c) as consequências para o processo de acumulação de fundos das empresas. Logo, a adoção de uma estratégia do tipo *strict inflation targeting* cria, de fato, uma armadilha de credibilidade para a política monetária futura, pois, para manter uma dada reputação, a autoridade monetária deve manter suas regras de conduta que não priorizam o crescimento.

Embora o processo inflacionário seja comumente tratado como um problema passível de explicação teórica no nível estritamente macroeconômico, sua compreensão requer um entendimento muito mais abrangente sobre o processo de formação de preços por parte das firmas, pois o nível geral de preços não passa de uma abstração que agrega os mais diversos preços. Nesse sentido, faz-se necessária uma abordagem preliminar microeconômica, embora não seja condição suficiente para a elaboração de uma análise teórica acerca do processo inflacionário e de como esse processo deve ser combatido quando situado em um patamar indesejável. Isto é, compreender teoricamente o processo inflacionário e sua dinâmica, assim como propor políticas de combate à inflação requerem uma análise integrada das esferas micro e macroeconômica.

Bibliografia

ANGERIZ, A.; ARESTIS, P. Has inflation targeting had any impact on inflation? *Journal of Post Keynesian Economics*, v. 28, n. 4, Summer 2006.

ARESTIS, P.; MILBERG, W. Degree of monopoly, pricing, and flexible exchange rates. *Journal of Post Keynesian Economics*, v. 16, n. 2, Winter 1993/1994.

BATINI, N.; MARTIN, B.; SALMON, C. Monetary policy and uncertainty. *Bank of England Quarterly Bulletin*, May 1999.

BERK, J. M. Monetary transmission: what do we know and how can we use it? *BNL Quarterly Review*, n. 205, 1998.

BERNANKE, B. S. A perspective on inflation targeting. In: ANNUAL WASHINGTON POLICY CONFERENCE OF THE NATIONAL ASSOCIATION OF BUSINESS ECONOMISTS. *Proceedings...* Washington, DC: National Association of Bussiness Economists, Mar. 25, 2003.

——— et al. *Inflation targeting: lessons from the international experience*. Princeton: Princeton University Press, 1999.

CARVALHO, F. C. Políticas econômicas para economias monetárias. In: LIMA, G. T.; SICSÚ, J.; PAULA, L. F. de (Orgs.). *Macroeconomia moderna:* Keynes e a economia contemporânea. Rio de Janeiro: Campus, 1999.

——— et al. *Economia monetária e financeira; teoria e prática*. Rio de Janeiro: Campus, 2000.

DAVIDSON, P. *Money and the real world*. 2. ed. New York: Macmillan, 1978.

DEQUECH, D. Expectations and confidence under uncertainty. *Journal of Post Keynesian Economics*, v. 21, n. 3, Spring 1999a.

———. Uncertainty, conventions and short-term expectations. *Brazilian Journal of Political Economy (REP)*, v. 19, n. 3, July/Sept. 1999b.

DOW, S. C. Uncertainty and monetary policy. *Oxford Economic Papers*, v. 56, n. 3, p. 539-561, July 2004.

ECB (EUROPEAN CENTRAL BANK). Monetary policy-making under uncertainty. *ECB Monthly Bulletin*, Nov. 2001.

EICHNER, A. S. A theory of determination of the mark-up under oligopoly. *The Economic Journal*, London, v. 83, n. 332, p. 1184-1200, 1973.

———. *The megacorp and oligopoly* — micro foundations of macro dynamics. Cambridge: Cambridge University Press, 1976.

———. *Toward a new economics:* essays in post-Keynesian and intuitionalist theory. New York: M. E. Sharpe, 1985.

FEIJÓ, C. A. A firma em um ambiente inflacionário. *Análise Econômica*, v. 11, n. 19, p. 122-135, 1993a.

———. Decisões empresariais em uma economia monetária de produção: notas para uma teoria pós-keynesiana da firma. *Revista de Economia Política*, v. 13, n. 1, p. 82-100, 1993b.

HARCOURT, G. C.; KENYON, P. Pricing and the investment decision. *Kyklos*, v. 3, n. 3, p. 33-50, 1976.

KALECKI, M. *Teoria da dinâmica econômica:* ensaios sobre as mudanças cíclicas e a longo prazo da economia capitalista. São Paulo: Abril Cultural, 1952. (Os Pensadores).

KANDIR, A. *A dinâmica da inflação*. São Paulo: Nobel, 1989.

KENYON, P. Pricing. In: EICHNER, A. S. (Ed.). *A guide to post-Keynesian theory*. White Plains, NY: M. E. Sharpe, 1979.

KOZICKI, S. How useful are Taylor rules for monetary policy? *Economic Review*, Federal Reserve Bank of Kansas City, 2nd quarter 1999.

MENDONÇA, H. F. de. Mecanismos de transmissão monetária e a determinação da taxa de juros: uma aplicação da regra de Taylor ao caso brasileiro. *Economia e Sociedade*, Campinas, n. 16, p. 65-81, 2001.

MINSKY, H. P. *Stabilizing an unstable economy*. New Haven: Yale University Press, 1986.

———. *Induced investment and business cycles*. New York: Edward Elgar, 2004.

MISHKIN, F. S. Symposium on the monetary transmission mechanism. *Journal of Economic Perspectives*, v. 9, n. 4, Fall 1995.

———. International experiences with different monetary regimes. *Journal of Monetary Economics*, v. 43, n. 3, jun. 1999.

———. What should central banks do? *Federal Reserve Bank of St. Louis Review*, Nov./Dec. 2000.

———. *Can inflation targeting work in emerging market countries?* (NBER Working Papers Series, 10.646). Disponível em: www.nber.org/papers/w10646>. Acesso em: 2004.

———. *Monetary policy strategy*. Cambridge, MA: MIT Press, 2007.

———; SCHMIDT-HEBBEL, K. A decade of inflation targeting in the world: what do we know and what do we need to know. In: LOAYZA, N.; SOTO, R. (Eds.). *Inflation targeting:* design, performance, challenges. Santiago: Central Bank of Chile, 2002.

MONTES, G. C. Metas de inflação em perspectiva: a influência do trinômio reputação-credibilidade-transparência sobre a economia. *Revista de Economia Política*, v. 28, n. 4, out./dez. 2008.

———; FEIJÓ, C. A. Reputação, credibilidade e transparência da autoridade monetária. *Economia e Sociedade*, v. 16, n. 2, p. 151-170, 2007.

NELL, E. J. Demand, pricing and investment. In: MILBERG, W. (Ed.). *The megacorp & macrodynamics:* essays in memory of Alfred Eichner. White Plains, NY: M. E. Sharpe, 1992.

OREIRO, J. L. C.; PASSOS, M. O. A governança da política monetária brasileira: análise e proposta de mudança. *Indicadores Econômicos*, Porto Alegre, FEE, v. 33, n. 1, p. 157-168, 2005.

PENROSE, E. *The theory of the growth of the firm*. [1959] 2. ed. Oxford: Basil Blackwell, 1980.

SHAPIRO, N. Pricing and the growth of the firm. *Journal of Post Keynesian Economics*, v. 4, n. 1, Fall 1981.

———; SAWYER, M. Post Keynesian price theory. *Journal of Post Keynesian Economics*, v. 25, n. 3, Spring 2003.

SICSÚ, J. Políticas não-monetárias de controle da inflação: uma proposta pós-keynesiana. *Revista Análise Econômica*, v. 21, n. 39, jan./mar. 2003.

SVENSSON, L. Monetary policy and inflation targeting. *NBER Reporter*, Winter 1997/1998.

———. *How should monetary policy be conducted in an era of price stability?* Cambridge, MA: NBER, Oct. 1999. (Working Paper).

TAYLOR, J. Discretion versus policy rules in practice. *Carneige-Rochester Conference Series on Public Policy*, v. 39, n. 1, p. 195-214, 1993.

———. The monetary transmission mechanism: an empirical framework. *Journal of Economic Perspectives*, v. 9, n. 4, Fall 1995.

TRUMAN, E. M. *Inflation targeting in the world economy*. Washington, DC: Institute for International Economics, 2003.

WOOD, A. *A theory of profits*. Cambridge: Cambridge University Press, 1975.

4

Metas inflacionárias, fragilidade financeira e ciclo de negócios: uma abordagem pós-keynesiana

Rogério Sobreira e *José Luís da Costa Oreiro*

> Na teoria econômica convencional, comumente conhecida como síntese neoclássica, a pergunta "Por que nossa economia é tão instável?" não tem sentido. A teoria econômica convencional não só não leva a uma explicação da instabilidade como um atributo do sistema, como também não reconhece que a instabilidade endógena é um problema explicável por uma teoria satisfatória.
>
> *H. P. Minsky* (1986)

A adoção de regimes de metas inflacionárias tem sido saudada em todo o mundo como uma saída praticamente definitiva para problemas envolvendo a condução da política monetária. Por problemas leia-se, fundamentalmente, a "insistência" de bancos centrais em tentar se apropriar de *trade-offs* entre inflação e desemprego,[1] quando a teoria convencional já estabelece de longa data[2] que tais tentativas são incapazes de legar um nível de equilíbrio de produto e emprego de longo prazo distinto daqueles determinados por variáveis reais como produtividade e preferências.

Associada implícita e, por vezes, explicitamente a tais argumentos está a ideia de que o sistema econômico é inerentemente estável, ou seja, as forças de mercado, se deixadas a sua conta e risco, são capazes de levar a economia ao

[1] O *inflationary bias*, nas palavras de Kydland e Prescott, 1977.
[2] Friedman, 1968; e Phelps, 1967.

pleno emprego, pelo menos no longo prazo. É a velha doutrina do *laissez-faire* tão criticada por Keynes.[3]

Keynes, assim como os pós-keynesianos, não partilhava dessa concepção de mundo. Entendia, ao contrário, que nas economias capitalistas não existem mecanismos automáticos que assegurem uma tendência ao pleno emprego dos recursos na economia. Para os pós-keynesianos, as economias capitalistas são essencialmente o que Keynes (1971, v. 13) denominou *economias monetárias de produção*. Tais economias são definidas por Keynes (1971, v. 13, p. 408-409, grifos nossos) como aquelas nas quais:

> a moeda tem um papel e afeta os motivos e decisões, sendo, em suma, um dos fatores operativos na situação, de modo que *o curso dos eventos não pode ser previsto, seja no longo período, seja no curto,* sem um conhecimento do comportamento da moeda no primeiro estado e no último.

Como se sabe, ao distinguir seu modelo daquele proposto pelos clássicos, Keynes (1964, cap. 3) atribuiu ao gasto de investimento o papel crucial de determinante dos níveis de produto e emprego na economia. Em um mundo onde não há pré-conciliação entre oferta e demanda por bens e serviços, onde a produção leva tempo, a irreversibilidade de determinadas decisões é impossível ou muito custosa, onde o tempo é unidirecional, onde, portanto, muitas decisões tomadas hoje só produzirão resultados em um futuro incerto, a decisão de investir reveste-se de incerteza e, consequentemente, assume um comportamento pouco estável. A instabilidade desse gasto essencial, portanto, reflete nada menos que as infinitas avaliações que os agentes podem fazer dos níveis futuros de demanda e custos da economia e das decisões associadas a essas avaliações. Dessa forma, a instabilidade econômica pode ser explicada por flutuações súbitas e violentas na eficiência marginal do capital.

Nessas circunstâncias, a ação dos *policy-makers* é bem-vinda e vista como essencial para tirar a economia de estados de depressão profunda, bem como para contribuir para a expansão da demanda efetiva necessária à manutenção do emprego. Como observa o próprio Keynes (1971, v. 29, p. 55):

---

[3] Ver, por exemplo, Keynes, 1964, cap. 2; 1971, v. 9, p. 272-294.

> Em minha visão, não existe uma posição única de longo período igualmente válida independentemente do caráter da política da autoridade monetária. Ao contrário, existe um sem-número de posições correspondentes às diferentes políticas.

Contudo, em especial no que se refere à política monetária, Keynes e os pós-keynesianos concordam em que sua eficácia depende, em grande medida, das expectativas dos empresários. Em outras palavras, a implementação de determinada política monetária não garante que seus resultados sejam alcançados, posto que mudanças nas expectativas dos agentes podem neutralizar inteiramente seus efeitos. Além disso, mesmo supondo que as expectativas não se alterem por conta das ações conduzidas pelo banco central, sua eficácia vai depender da existência de uma significativa elasticidade-juros da demanda de moeda.[4]

Outro aspecto importante relacionado aos efeitos da política monetária para Keynes e os pós-keynesianos é o fato de que a criação imediata de liquidez resultante de uma política monetária expansionista não resulta, imediata e diretamente, em expansão dos gastos e, consequentemente, em expansão da renda. Mesmo assim, caberia a essa política um importante papel na estabilização do emprego.

Nesse sentido, a condução da política econômica em geral — e da política monetária em particular — em Keynes e pós-keynesianos não deve assumir a forma de uma regra imutável, já que as expectativas dos agentes não se comportam segundo esse padrão de estabilidade, como bem observa Carvalho (1994:53): "O mero reconhecimento da incerteza é suficiente para que se conclua pela impossibilidade de traçar *a priori* regras de validade geral para a conduta das autoridades tanto quanto para qualquer agente privado".

---

[4] Chick, 1983:328. Essa observação é importante para desfazer um mal-entendido que perdurou durante anos, envolvendo a discussão sobre a eficácia da política monetária entre keynesianos (não pós-keynesianos) que ficaram conhecidos como keynesianos fiscalistas (ver Carvalho, 1994). Esse grupo argumentava que a política monetária era virtualmente ineficaz na determinação das posições de equilíbrio de curto período porque, para eles, a demanda especulativa de moeda exibia uma alta elasticidade-juros. No entanto, como bem observa Chick (1983), a função demanda por moeda não tem que exibir uma elasticidade-juros infinita, pois "o que é importante é que mesmo uma função de elasticidade constante seja achatada a baixos níveis de *r*. Isto é, tudo o que é necessário para a posição de Keynes é que seja improvável que a política monetária venha a ser bem-sucedida em uma queda no produto". Com base nessa argumentação, a política monetária será tão menos eficaz quanto mais baixas forem as taxas de juros da economia.

Pelo mesmo motivo, Keynes e os pós-keynesianos defendem a utilização da política monetária *coordenada* com outras políticas, como também observa Carvalho (1994:54, grifo no original):

> Para a visão keynesiana, a política monetária é elemento das políticas de governo desenhadas com o objetivo de estabilizar a economia, entendendo-se estabilizar como a manutenção simultânea dos grandes equilíbrios macroeconômicos, com pleno emprego, orçamento público e balanço de pagamentos equilibrados e controle de pressões inflacionárias. A estabilidade resultando do ataque simultâneo nas diversas frentes, através de políticas *coordenadas*. Isso significa que a política monetária não é independente nem subordinada às outras políticas em geral, ou à fiscal em particular (...).

Vale notar ainda que, em economias capitalistas, a instabilidade também decorre em grande medida das posturas financeiras assumidas por firmas e bancos.[5] Nessas circunstâncias, a política monetária deve atuar mais no sentido de garantir o valor dos ativos dos bancos e menos na tentativa de induzi-los a compor seu balanço em uma direção ou outra. A razão de ser dessa política decorre, como já observado, da constatação de que as expectativas dos agentes são decisivas na determinação dos resultados de determinada política, e de que as posturas financeiras atuam como um potencializador da instabilidade característica das economias capitalistas. Assim, um banco central que atue como uma interface entre as antecipações de lucros futuros das firmas e as antecipações dos bancos quanto à sua capacidade de pagar os compromissos financeiros contribuiria para manter estáveis não só os preços dos ativos financeiros como o gasto de investimento.

Nesse contexto, apresentaremos, neste capítulo, as razões pelas quais, para Keynes e os pós-keynesianos, a política monetária não deve ser conduzida sob a forma de regra, seja uma regra *a la* Friedman, de expansão constante do volume de meios de pagamento, ou uma regra de *inflation targeting*. Para tanto, apresentaremos inicialmente a contribuição de Minsky (1975 e 1986), que mostra que a instabilidade inerente às economias capitalistas possui uma dimensão financei-

[5] Minsky, 1986.

ra, representada pelas posturas financeiras adotadas por investidores e banqueiros. Nessas circunstâncias, políticas de regra — mesmo apoiadas em arcabouços legais que supostamente minimizem a fragilidade financeira das economias — não são capazes de sustentar o emprego, e podem até mesmo produzir a exacerbação das crises se a autoridade monetária insistir na obediência à regra. Em seguida, as intuições originais de Minsky serão confirmadas por meio de um modelo macroeconômico pós-keynesiano — baseado em Taylor e O'Connell (1985) — que demonstra que, sob certas condições, a adoção de uma regra de metas inflacionárias pode conduzir a economia a uma espiral depressiva em função de uma redução exógena do *estado de confiança*.

Fragilidade financeira e política monetária

Minsky (1986:197) deixa claro o papel dos compromissos financeiros assumidos pelos agentes na explicação da instabilidade inerente ao sistema econômico: "A principal razão pela qual nossa economia se comporta de modo distinto em distintas etapas do tempo é que as práticas financeiras e a estrutura dos compromissos financeiros se alteram". Algumas linhas mais adiante mas explica como se dá a passagem para o estado de fragilidade financeira que antecede os momentos de crise:

> A evolução de um estado de robustez financeira para um estado de fragilidade financeira não ocorre no vácuo. As fontes da mudança podem ser encontradas nas oportunidades de lucro abertas aos inovadores financeiros dentro de um dado conjunto de instituições e regras; na tendência a práticas financeiras inovadoras das famílias, negócios e banqueiros que buscam o lucro; e em intervenções legislativas e administrativas feitas por governos e bancos centrais.

Como indica a citação, a fragilidade financeira decorre da disposição de tomadores e emprestadores de assumir posturas financeiras mais arriscadas, por dependerem quase que exclusivamente das rendas futuras esperadas dos bens de investimento. Nessas circunstâncias, as margens de segurança são reduzidas ao máximo, diminuindo assim o "colchão" contra o desapontamento das expectativas. Essa maior disposição para o risco decorre do sucesso sistemático dos empreendimentos que acompanha o movimento cíclico da economia. Dessa forma, na fase de depressão do ciclo econômico, os adiantamentos aos tomadores são caracteristicamente *hedge*, transformando-se em adiantamentos de caráter mais especulativo à medida que a expansão evolui.

Como bem observa Kregel (1997:545), a fragilidade financeira — isto é, a aceitação de estruturas financeiras mais arriscadas por tomadores e emprestadores — está diretamente relacionada à redução das margens de segurança requeridas pelos bancos. Assim, à medida que os adiantamentos *hedge* são bem-sucedidos, os bancos reduzem gradativamente as margens de segurança requeridas.[6] Com isso, os bancos elevam a oferta de crédito, ao mesmo tempo que aceitam um grau maior de comprometimento das receitas esperadas dos empreendimentos dos tomadores para o pagamento dos empréstimos.[7]

Com a expansão endógena da oferta de crédito pelos bancos, aumenta o preço dos ativos de capital relativamente ao preço da moeda e do produto corrente. Isso faz aumentar o diferencial entre o preço dos ativos de capital e dos bens de investimento.[8] Como o preço dos ativos de capital entra na determinação do preço de demanda do investimento, esse maior diferencial eleva a demanda por investimento, que é, no entanto, atendida em condições financeiras mais arriscadas.

O atendimento das demandas financeiras das firmas, à medida que a expansão ocorre, obriga os bancos a obter (criar) volumes cada vez maiores de fundos, o que implica a elevação das taxas de juros.[9] Como resultado, a margem entre o valor presente dos ativos de capital e o preço de oferta dos bens de investimento se reduz. No limite, ocorre uma reversão do valor presente dos ativos de capital, que acaba ficando abaixo do preço de oferta dos bens de investimento. A elevação das taxas de juros também diminui ou elimina as margens de segurança que possibilitam o investimento. Isso tende a fazer com que as unidades diminuam seus investimentos ou vendam posições. Nessas circunstâncias, o preço dos ativos de capital declina substantivamente, e a oferta

---

[6] Vale notar que a redução nas margens de segurança não é entendida como uma redução *per se*, já que, à medida que a expansão evolui, "a margem de segurança não é declinante desde que o peso que o banqueiro associe à história de pagamento do tomador se eleve com o contínuo pagamento dos empréstimos." (Kregel, 1997:545-546).

[7] Cf. Sobreira, 1998:9-11.

[8] Cf. Minsky, 1986:212.

[9] "À medida que os mercados financeiro e de produto reagem às oportunidades no *boom* dos investimentos, a demanda por financiamento eleva as taxas de juros" (Minsky, 1986:214). Ver também Sobreira (1998).

de crédito diminui. "A instabilidade dos preços dos ativos pode levar a uma espiral declinante do investimento, dos lucros e dos preços dos ativos".[10]

É importante ressaltar o papel do sistema bancário nesse processo, de modo a entender melhor o papel estabilizador que a autoridade monetária deve desempenhar. Diante de expectativas cada vez mais otimistas dos empresários, os bancos tendem a relaxar cada vez mais os termos de concessão do crédito.[11] Como quanto maior o volume de crédito concedido maior o compromisso com juros das firmas, a capacidade destas de honrar tais compromissos dependerá da confirmação das expectativas de retornos futuros crescentes. Caso isso não ocorra, o preço de demanda dos bens de capital cairá e, se essa queda for suficientemente acentuada, provocará um impacto adverso no valor das obrigações dos bancos, criando incerteza quanto à capacidade destes de honrar seus compromissos. De qualquer maneira, mesmo que não seja instaurado o pânico quanto à solvência dos bancos, diante das dificuldades dos tomadores os bancos elevam as exigências para a concessão do crédito, elevando assim a taxa de juros, o que acaba por precipitar uma crise, uma deflação de dívidas. O papel do banco central — *big bank* nas palavras de Kregel (1986) —, então, é fundamental para estabilizar o valor das obrigações dos bancos. Com base nessa argumentação, Kregel (1992:88, grifo nosso) defende um banco central atuando discricionariamente com vistas a sustentar o preço dos ativos encontrados no balanço dos bancos:

> Se o banco central vai apoiar o preço dos ativos e a estabilidade do sistema financeiro em geral, então deve ficar claro que terá que ser *discricionário na sua ação e atuar como um participante direto no mercado financeiro* onde os preços dos ativos financeiros encontrados nos balanços dos bancos são determinados.

Como bem observa Minsky (1986), a intensidade da crise será tanto maior quanto mais frágeis forem as posturas financeiras assumidas pelos bancos e firmas. Nesse sentido, a ação de política usualmente proposta para

---

[10] Minsky, 1986:215.

[11] Como bem observa Kregel (1992:87) referindo-se ao comportamento das firmas e dos bancos: "Uma vez que ambos estão diante da mesma incerteza acerca do valor presente dos retornos futuros incertos derivados da posse de ativos de capital fixo, ambos tenderão a 'viver no mesmo ambiente expectacional' e o comportamento de um reforçará o comportamento do outro".

atender ao objetivo de "entidade estabilizadora" atribuído ao banco central é a política de redesconto.

Kregel (1992:91-92), com base nas "equações fundamentais" desenvolvidas por Keynes em seu *A treatise on money* (1931, cap. 10), mostra que, para esse autor, as decisões dos bancos — ainda o centro dinâmico das mudanças nos preços e produtos — têm que ser confrontadas com as decisões de composição de portfólio do público (famílias) e das firmas. Estas são determinadas, respectivamente, pelas expectativas quanto ao preço das obrigações emitidas pelos bancos — que aumentam a preferência do público pela liquidez — e pelas antecipações empresariais, que determinam o preço de demanda dos bens de capital. Quando tais expectativas se alteram muito rapidamente, mudanças na taxa de juros tornam-se incapazes de modificá-las, e a política monetária passa a ser virtualmente inútil.

A taxa de redesconto, por outro lado, teria um papel estratégico nesses momentos de queda no preço dos ativos de capital. Ela serviria para manter o valor dos ativos dos bancos — que seriam, por exemplo, redescontados ao par —, evitando perdas de capital e, assim, impedindo um colapso na confiança do público nas obrigações bancárias. Atuando dessa forma, o banco central estaria contribuindo para a estabilidade da estrutura financeira da economia. Nesse sentido, observa Kregel (1992:96):

> O dilema de utilizar a política monetária para controlar a instabilidade financeira é que o banco central só pode adquirir obrigações financeiras e não pode afetar diretamente o processo que determina os preços dos ativos de capital; o processo pelo qual os bancos avaliam a capacidade do projeto de atender aos pagamentos futuros de juros.

Para Minsky (1986:49) e os pós-keynesianos, portanto, a política monetária deveria ter como objetivo primordial "influenciar o valor dos ativos do setor bancário; ou, nos termos de Keynes, (...) tentar influenciar as taxas de juros de longo termo e, assim, as decisões de investimento através de uma política de desconto".[12] Uma política baseada fortemente em operações de

[12] Kregel, 1992:97.

mercado aberto, portanto, teria uma capacidade limitada de influir no valor dos ativos dos bancos, bem como no valor de suas obrigações, revelando-se de pouca valia enquanto aparato para garantir a estabilidade macroeconômica.[13] Observe-se, no entanto, que isso não eliminaria o caráter discricionário da política, já que o banco central poderia (e deveria) alterar o elenco de títulos e os termos para redesconto.

Na seção a seguir apresentamos uma exposição mais formal, mostrando que a política monetária baseada em regra produz resultados adversos diante de uma mudança no estado de expectativas dos agentes, o que reforça a recomendação de política de Minsky e pós-keynesianos.

Um modelo macroeconômico pós-keynesiano[14]

Consideremos uma economia composta por n firmas, que produzem um bem homogêneo em condições de concorrência imperfeita. As firmas fixam o preço com base em um *mark-up* constante sobre os custos variáveis, tal como mostra a equação abaixo:

$$P = (1 + \tau)\, w b \tag{1}$$

onde P é o preço dos bens produzidos pelas firmas, w é a taxa nominal de salários, τ é a taxa de *mark-up* e b é o requisito unitário de mão de obra.

As firmas atendem a qualquer variação de demanda por meio de ajustes no grau de utilização da capacidade produtiva, mantendo constante a taxa de *mark-up*. Sabendo-se que a taxa corrente de lucro é, por definição, igual ao produto entre a participação dos lucros na renda e o grau de utilização da capacidade produtiva, temos que:

[13] Como observa Kregel (1992:100): "A razão para a resistência dos bancos à política de mercado aberto pode ser encontrada no impacto do empréstimo sobre os valores do capital. Se o banco central cria reservas através do desconto contra o empréstimo comercial dos bancos ele acaba sendo um 'negócio de cofinanciamento' e 'financiamento participativo e encorajador das posturas de financiamento *hedge*'".

[14] O modelo apresentado a seguir é uma versão modificada de Taylor e O'Connell (1985). Em particular, a taxa de inflação foi incorporada ao modelo original, sendo determinada pelo grau de conflito distributivo e pelo nível de utilização da capacidade produtiva, tal como ocorre em Taylor (1985).

$$r = \frac{\tau}{1 + \tau}\ u \tag{2}$$

onde *r* é a taxa corrente de lucro.

O investimento em capital fixo é determinado pela comparação entre o preço de demanda e o preço de oferta dos bens de capital.[15] Como essa economia produz um único bem, segue-se que o preço de oferta dos bens de capital é igual ao preço de oferta dos bens de consumo, sendo ambos iguais a *P*. Paralelamente, o preço de demanda dos bens de capital pode ser entendido como o valor presente dos lucros que se espera obter no futuro com a aquisição do referido equipamento. Sendo assim, pode-se expressar o preço de demanda dos bens de capital por meio da seguinte equação:

$$P_k = \frac{r + \rho}{i}\ P \tag{3}$$

onde P_k é o preço de demanda dos bens de capital, *i* é a taxa nominal de juros e ρ é a expectativa a respeito da taxa de lucro no futuro.

Na equação (3) observa-se que o preço de demanda dos bens de capital depende tanto da taxa de lucro corrente quanto das expectativas das firmas a respeito do valor da referida taxa em períodos futuros. Essas expectativas, por sua vez, não dependem apenas do melhor prognóstico que os agentes podem formular a respeito do futuro, mas também da confiança que podem ter em suas próprias previsões.[16] Sendo assim, o preço de demanda dos bens de capital depende, em larga medida, do *estado de confiança* prevalecente na economia.

A decisão de investimento em capital fixo pode, portanto, ser apresentada por meio da seguinte equação:

$$PI = g_0 + h[r + \mathrm{r} - i] \tag{4}$$

Observa-se na equação (4) que o investimento depende: (a) da taxa corrente de lucro; (b) da taxa nominal de juros; e (c) do *estado de confiança*.[17] Cabe

---

[15] Minsky, 1986.

[16] Cf. Keynes, 1936:148.

[17] A importância do estado de confiança na determinação do nível de investimento foi enfatizada por Keynes (1936:149). Nas suas palavras: "Não existem dois fatores separados que afetam a taxa de investimento, quais

aqui uma observação a respeito da especificação da função investimento. Na equação (4), a taxa de juros relevante para a decisão de investimento não é a taxa de juros real, mas a taxa de juros nominal. Isso porque a inclusão da taxa real de juros como um dos determinantes do investimento em capital fixo teria o efeito de torná-lo uma função direta da taxa de inflação através do assim chamado *efeito Mundell-Tobin*. Entretanto, se é verdade que um aumento da taxa de inflação pode produzir um aumento do investimento — porque, dada a taxa nominal de juros, ocorre uma redução da taxa real de juros —, também é verdade que um aumento da inflação pode aumentar a incerteza a respeito da evolução dos preços relativos, tornando mais difícil o cálculo da rentabilidade esperada. Nesse caso, há um claro desestímulo ao investimento. Desse razoado segue-se que não há qualquer motivo *a priori* para afirmar qual é o impacto da inflação sobre a decisão de investimento, razão pela qual desconsideramos a eventual influência da inflação sobre o investimento em capital fixo.

Essa economia tem três tipos de agentes: os capitalistas, os trabalhadores e os rentistas. Tanto os capitalistas quanto os rentistas possuem ações das firmas existentes na economia, sendo a diferença entre ambos que os primeiros *gerenciam* diretamente as firmas, ao passo que os últimos vivem apenas dos rendimentos proporcionados por seus ativos. Para fins de simplificação, iremos supor que tanto os capitalistas quanto os rentistas têm a mesma propensão a poupar, e que os trabalhadores gastam toda a sua renda na compra de bens de consumo.[18] Sendo assim, demonstra-se que a poupança agregada é determinada pela seguinte equação:

$$S = s \tau w b X \tag{5}$$

onde s é a propensão a poupar a partir dos lucros e X é a renda real agregada.

O mercado de bens estará em equilíbrio quando a seguinte condição for atendida:

$$PI = PS + P(G - T) \tag{6}$$

sejam, a eficiência marginal do capital e o estado de confiança. O estado de confiança é relevante porque é um dos principais fatores que afetam o primeiro, o qual é o mesmo que a demanda por bens de investimento".

[18] Cf. Kalecki, 1954.

onde G é o volume de gastos do governo e T é a arrecadação total de impostos. Dividindo-se (6) por PK, temos, após os algebrismos necessários, que:

$$g_0 + h\,[r + \rho - i] = sr - \gamma \qquad (7)$$

onde: $\gamma = (G - T)/K$ é o déficit público como proporção do estoque de capital.

A equação (7) define implicitamente i como uma função de r e de ρ. Temos, então, que:

$$i = i(\rho, r) \quad i_\rho > 0, \quad i_r < 0 \qquad (8)$$

A equação (8) define a curva IS da economia em consideração, ou seja, descreve o *locus* geométrico das combinações entre taxa nominal de juros e taxa corrente de lucro (grau de utilização da capacidade produtiva) para as quais o mercado de bens se encontra em equilíbrio. Devemos, agora, analisar o funcionamento dos mercados financeiros que definirão a curva LM da referida economia.

Consideremos a existência de três ativos financeiros: moeda, títulos do governo e ações. Os rentistas possuem todo o estoque de riqueza financeira dessa economia, alocando sua riqueza entre os ativos existentes de forma a respeitar a seguinte restrição orçamentária:

$$W = M + B + P_e E \qquad (9)$$

onde W é o estoque de riqueza financeira, P_e é o preço das ações, E é a quantidade de ações emitidas pelas firmas, M é a quantidade nominal de moeda e B é o valor nominal dos títulos da dívida pública do governo.

As condições de equilíbrio para os mercados de moeda, ações e títulos da dívida pública são dadas pelas seguintes equações:

$$\mu\,(i, \pi, r + \rho)W = M \qquad \mu_i < 0, \mu_\pi < 0, \mu_{r+\rho} < 0 \qquad (10a)$$

$$\varepsilon\,(i, \pi, r + \rho)W = P_e E \qquad \varepsilon_i < 0, \varepsilon_\pi < 0, \varepsilon_{r+\rho} > 0 \qquad (10b)$$

$$\beta\,(i, \pi, r + \rho)W = B \qquad \beta_i > 0, \beta_\pi > 0, \beta_{r+\rho} > 0 \qquad (10c)$$

O sistema formado pelas equações (9), (10*a*)-(10*c*) tem apenas três equações linearmente independentes. Assim sendo, podemos descartar uma das equações do sistema. Desconsideremos a condição de equilíbrio do mercado de títulos da dívida pública. Substituindo (10*a*) e (10*b*) em (9), obtemos, após os algebrismos necessários:

$$W = \frac{F}{1 - \varepsilon(i, \pi, r + \rho)} \; ; F \equiv M + B \tag{11}$$

A equação (11) apresenta uma característica central da economia em consideração: o fato de o estoque de riqueza financeira ser determinado no nível macroeconômico, sendo o resultado das decisões de composição de portfólio dos rentistas.[19] Assim sendo, variações no *estado de confiança* podem produzir alterações significativas no valor do estoque de riqueza financeira, na medida em que induzem os agentes a alterar as participações dos diversos ativos em seus portfólios.

Substituindo (11) em (10*a*), chegamos à seguinte relação:

$$\mu(i, \pi, r + \rho) = \alpha[1 - \varepsilon(i, \pi, r + \rho)] \tag{12}$$

A equação (12) apresenta a curva LM, ou seja, o *locus* das combinações entre taxa de juros e taxa de lucro (nível de utilização da capacidade produtiva) para as quais os mercados financeiros estão em equilíbrio.

Para que possamos determinar os níveis de equilíbrio (de curto prazo) da taxa de juros e da taxa de lucro, devemos substituir a equação (8) na equação (12). Temos, após os algebrismos necessários, que:

$$\mu(i(\rho, r), \pi, r + \rho) = \alpha[1 - \varepsilon(i(\rho, r), \pi, r + \rho)] \tag{13}$$

A equação (13) define implicitamente a taxa corrente de lucro como uma função: (a) da taxa de inflação; (b) do *estado de confiança*; e (c) do *coeficiente de monetização da dívida pública* (α).

[19] Taylor e O'Connell, 1985:8.

Diferenciando a equação (13) com respeito a r e π, obtemos, após os algebrismos necessários, que:

$$\partial r / \partial \pi = \frac{-[\mu_\pi + \alpha \varepsilon_\pi]}{[\mu_i i_r + \alpha \varepsilon_i i_r + \mu_{r+\rho} + \alpha \varepsilon_{r+\rho}]} \tag{14}$$

A equação (14) fornece a expressão referente à inclinação da curva de demanda agregada da economia em consideração, ou seja, o *locus* das combinações entre taxa de lucro e taxa de inflação para as quais o mercado de bens e os diversos mercados financeiros estão em equilíbrio. O numerador de (14) é claramente positivo, mas o denominador pode ser positivo ou negativo. Para eliminar essa ambiguidade do sinal da expressão (14), defina-se:

$$\eta_i = \mu_i i_r + \alpha \varepsilon_i i_r \tag{14a}$$

$$\eta_r = \mu_r i_r + \alpha \varepsilon_{r+\rho} \tag{14b}$$

Se supusermos, tal como Taylor e O'Connell (1985), que ações e moeda são substitutos próximos entre si, então a expressão em (14*b*) terá sinal negativo. Por outro lado, se $|\eta_r| > |\eta_i|$, então a curva de demanda agregada será negativamente inclinada no plano $<r, \pi>$.[20] Pode-se visualizar a curva de demanda agregada na figura 1.

Figura 1

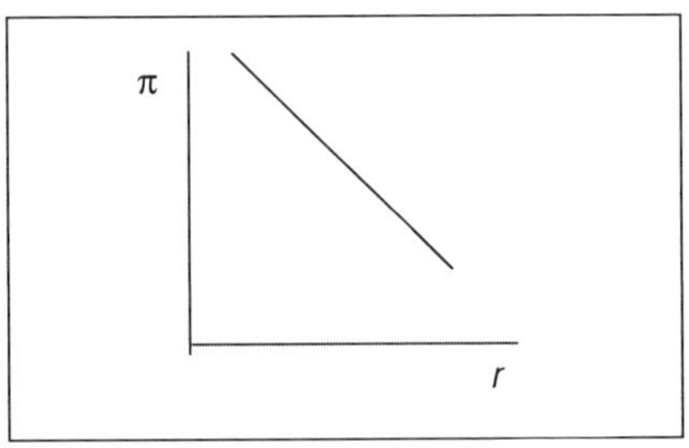

[20] Essas hipóteses merecem uma análise mais cuidadosa. A hipótese de que moeda e ações são substitutos próximos — mas não perfeitos — entre si baseia-se no pressuposto de que os mercados nos quais estas últimas são transacionadas são bem organizados, de forma que o prêmio de liquidez das ações é relativamente alto, sendo próximo do prêmio de liquidez da moeda. Isso, por sua vez, torna possível uma "fuga para a moeda" se e quando o estado de confiança dos agentes econômicos se enfraquece, o que pode desencadear um processo de deflação dos preços dos ativos, tal como o descrito por Fisher e Minsky (cf. Taylor e O'Connell, 1985). Por outro lado, a hipótese de que $\eta_r > \eta_i$ baseia-se no pressuposto de que a demanda por ações e por moeda é mais sensível a variações da taxa de lucro corrente (grau de utilização da capacidade produtiva) do que a variações da taxa de juros.

Para fechar o modelo, devemos especificar agora o lado da oferta dessa economia. Para tanto, comecemos por log-linearizar a equação (1), diferenciando-a com relação ao tempo.

$$\pi = \hat{\tau} + \hat{w} + \hat{b} \tag{15}$$

A equação (15) apresenta a taxa de inflação como uma função: (a) da taxa de variação do *mark-up*; (b) da taxa de variação dos salários nominais; e (c) da taxa de crescimento do requisito unitário de mão de obra.

Supondo-se que as firmas mantenham o *mark-up* constante em qualquer situação, e que a produtividade do trabalho permaneça constante ao longo do tempo, a taxa de inflação será exatamente igual à taxa de variação dos salários nominais.[21]

Consideremos que a taxa de variação dos salários nominais é determinada pela seguinte equação:

$$\hat{w} = \varphi_0(\tau - \tau^*) + \varphi_1(r - r^{pe}) \tag{16}$$

onde: τ^* é a taxa de *mark-up* que proporciona aos trabalhadores a participação desejada dos salários na renda, e r^{pe} é o valor da taxa de lucro que corresponde ao grau de utilização da capacidade produtiva para o qual há pleno emprego da força de trabalho.

A equação (16) apresenta a taxa de variação dos salários nominais como uma função (a) do grau de *insatisfação distributiva* dos trabalhadores e (b) da situação prevalecente no mercado de trabalho. Observe-se que, para que os trabalhadores demandem *aumentos* nos salários nominais, é necessário que a participação dos salários na renda agregada seja menor do que a desejada ($\tau > \tau^*$) ou que a economia esteja operando com um grau de utilização da capacidade produtiva acima do "normal".

Substituindo (16) em (15) obtemos a equação referente à curva de oferta agregada da economia em consideração, a saber:

---

[21] Taylor (1985) considera uma economia na qual (a) as firmas ajustam a taxa de *mark-up* de forma a obter a taxa de lucro desejada sobre o seu estoque de capital; (b) a taxa de crescimento da produtividade do trabalho é uma função do nível de utilização da capacidade produtiva. Tais hipóteses, contudo, teriam o efeito de tornar o modelo agora apresentado extremamente complicado, dificultando em muito a obtenção de resultados definidos a respeito da dinâmica da economia em consideração.

$$\pi = \varphi_0(\tau - \tau^*) + \varphi_1(r - r^{pe}) \tag{17}$$

A equação (17) mostra a existência de uma relação direta entre a taxa de inflação e a taxa de lucro (grau de ocupação da capacidade produtiva). Pode-se visualizar essa relação na figura 2.

Figura 2

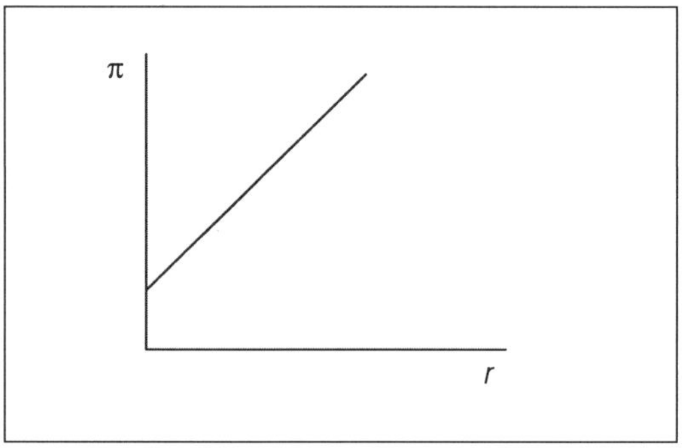

Comportamento do modelo no curto prazo

No curto prazo, o *estado de confiança* e os estoques dos diversos ativos financeiros são mantidos fixos. Sendo assim, podemos determinar os valores de equilíbrio da taxa de inflação e da taxa de lucro a partir das equações (13) e (16), que definem, respectivamente, as curvas de demanda e de oferta agregada.

Pode-se visualizar a determinação dos níveis de equilíbrio de r e de π na figura 3.

Figura 3

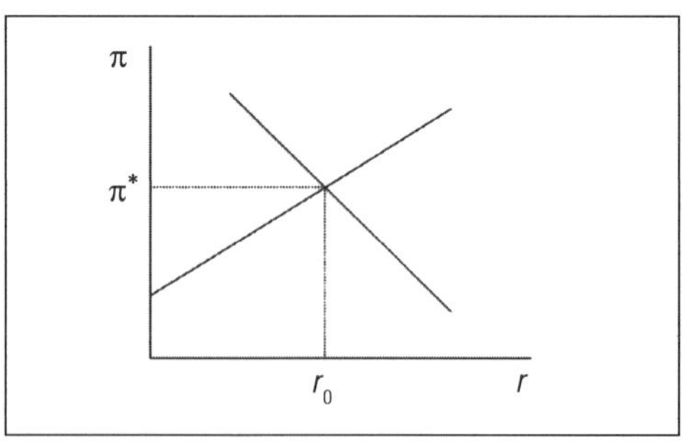

Devemos agora analisar o impacto, sobre os níveis de equilíbrio, da taxa de inflação e da taxa de lucro de uma variação (a) no estado de confiança e (b) no coeficiente de monetização da dívida pública.

Para tanto, basta analisar o impacto de tais variações sobre a posição da curva de demanda agregada no plano < r, π >. No caso de uma variação do *estado de confiança*, pode-se facilmente demonstrar que:

$$\partial r / \partial \rho = \frac{-[i_\rho \eta_i + \eta_r]}{[i_r \eta_i + \eta_r]} > 0 \tag{18}$$

Ou seja, um aumento do *estado de confiança* produzirá um deslocamento da curva de demanda agregada para cima e para a direita, resultando tanto num aumento da inflação quanto num aumento do grau de utilização da capacidade produtiva.

Por outro lado, pode-se provar que, no caso de um aumento do coeficiente de monetização da dívida do governo, temos que:

$$\partial r / \partial \alpha = \frac{(1-\varepsilon)}{\eta_i + \eta_r} < 0 \tag{19}$$

A equação (19) mostra que um aumento em α produzirá um deslocamento da curva de demanda agregada para baixo e para a esquerda, resultando assim numa redução da taxa de inflação e do grau de utilização da capacidade produtiva.

Esses resultados podem ser apresentados por meio das seguintes equações:

$$r = r(\rho, \alpha) \quad ; r_\rho > 0; \quad r_\alpha < 0 \tag{20a}$$

$$\pi = \pi(\rho, \alpha) \quad ; \pi_\rho > 0; \pi_\alpha < 0 \tag{20b}$$

Metas inflacionárias e instabilidade macroeconômica: o comportamento do modelo no longo prazo

No longo prazo, α e ρ não são mais constantes, mas se ajustam de forma contínua ao longo do tempo.

Consideremos inicialmente a dinâmica do coeficiente de monetização da dívida pública. Prova-se facilmente que α pode ser expresso pela seguinte equação:

$$\alpha = \frac{M}{PK}\frac{1}{f} \qquad f \equiv \frac{F}{PK} \tag{21}$$

Na equação (21), f representa a razão entre o valor da dívida total do governo (monetária e não monetária) e o valor do estoque de capital. Supondo-se que o governo determine seu fluxo de gastos e de arrecadação tributária de forma a manter f constante ao longo do tempo,[22] a dinâmica de α será dada pela seguinte equação diferencial:

$$\hat{\alpha} = \hat{M} - g \tag{22}$$

A dinâmica de α não estará, contudo, plenamente especificada enquanto não determinarmos a regra utilizada pelas autoridades monetárias para fixar a taxa de crescimento da oferta de moeda. Nesse contexto, supomos que o banco central adote uma regra de metas inflacionárias, ou seja, que defina uma taxa desejada de inflação e utilize todos os instrumentos ao seu alcance para fazer com que a taxa corrente de inflação se ajuste à taxa desejada. Nas palavras de Green (1996:2):

> No modelo das metas de inflação, as autoridades anunciam uma meta ou, mais tipicamente, um intervalo para a inflação futura. É indicada uma mudança na postura atual da política se a projeção para um horizonte de tempo de um ou dois ativos ficar fora do intervalo anunciado.

Nesse contexto, podemos supor que a taxa de crescimento da oferta de moeda seja determinada com base na seguinte equação:

$$\hat{M} = \Theta(\pi^{*} - \pi) \tag{23}$$

A equação (23) mostra que, se a taxa corrente de inflação (π) for maior do que a taxa desejada de inflação (π^{*}), então o banco central reduzirá a taxa de crescimento da oferta de moeda.

[22] Taylor e O'Connell, 1985:11.

Substituindo (23) em (22) obtemos a equação diferencial que apresenta a dinâmica de α ao longo do tempo:

$$\hat{\alpha} = \Theta(\pi^* - \pi(\rho, \alpha)) - g(r(\rho, \alpha)) \tag{24}$$

Para fechar o sistema, devemos especificar a equação diferencial que determina a trajetória no tempo da variável *estado de confiança*. Para tanto, consideremos que, na economia em pauta, prevaleça a incerteza no sentido Knight-Keynes, a qual leva os agentes a adotar *convenções*. Uma das convenções possíveis é supor que "o estado de negócios existente continuará indefinidamente, a não ser que razões específicas levem a uma mudança".[23] Nesse contexto, podemos assumir que a dinâmica do estado de confiança é determinada pela seguinte equação diferencial:

$$\hat{\rho} = \Psi(r(\rho, \alpha) - r^{pe}) \tag{25}$$

A equação (25) mostra que, se o grau de utilização da capacidade produtiva for maior do que o "normal", então haverá um aumento contínuo do *estado de confiança* dos agentes econômicos, motivado pela crença de que tal situação permanecerá indefinidamente. Por outro lado, se o grau de utilização da capacidade produtiva for inferior ao "normal", então haverá uma redução contínua do *estado de confiança* dos agentes econômicos.[24]

As equações (24) e (25) apresentam a dinâmica de α e ρ ao longo do tempo. A partir delas, podemos definir os *loci* das combinações entre α e ρ para as quais a economia em consideração se acha em estado de equilíbrio (*steady state*). Temos, então, que:

---

[23] Keynes, 1936:152.

[24] Essa formalização difere daquela apresentada em Taylor e O'Connell (1985). Eles supõem que a dinâmica do *estado de confiança* depende da diferença entre a taxa corrente de juros e o nível "normal" da referida taxa. Em particular, supõem que, quando a taxa de juros corrente excede o seu nível "normal"de longo prazo, o *estado de confiança* se reduz de forma contínua ao longo do tempo. Essa hipótese é, contudo, pouco plausível, uma vez que, se os agentes esperam uma redução futura da taxa de juros — ou seja, um retorno da taxa de juros corrente ao seu nível normal —, como isso pode reduzir sua confiança na rentabilidade futura dos bens de capital, se o grau de utilização da capacidade produtiva é uma função inversa da taxa de juros? Nesse contexto, acreditamos que uma formalização mais plausível a respeito da dinâmica do *estado de confiança* — e também mais compatível com os princípios teóricos pós-keynesianos — é dada pela equação (25).

$$\frac{\partial \rho}{\partial \alpha} = \frac{-\{\Theta\pi_{\alpha} + g_r r_{\alpha}\}}{\{\Theta\pi_{\rho} + g_r r_{\alpha}\}} \qquad [locus\ \hat{\alpha} = 0] \tag{26a}$$

$$\frac{\partial \rho}{\partial \alpha} = \frac{-r_{\alpha}}{r_{\rho}} \qquad [locus\ \hat{\rho} = 0] \tag{26b}$$

Observa-se, no sistema formado pelas equações (26*a*) e (26*b*), que ambos os *loci* de *steady state* têm inclinação positiva. Nesse caso, existem duas configurações de longo prazo possíveis: uma na qual o *locus* de *steady state* de α é mais inclinado do que o de ρ, e outra na qual o segundo é mais inclinado do que o primeiro (figura 4).

Figura 4

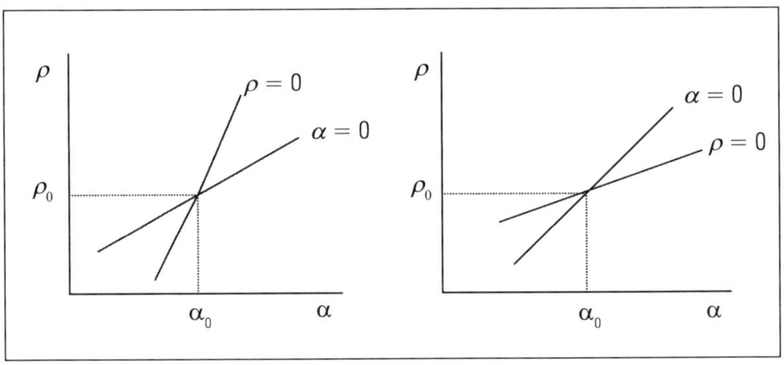

Resta, agora, analisar a *estabilidade* (local) da posição de *steady state*. Para tanto, calculemos a matriz jacobiana (*J*) associada ao sistema apresentado pelas equações (24) e (25). Os elementos da referida matriz são dados pelas expressões abaixo:

$$J_{11} = -\pi_{\rho} - g_r r_{\rho} \qquad J_{12} = -\pi_{\alpha} - g_r r_{\alpha}$$
$$J_{21} = \psi\, r_{\rho} \qquad J_{22} = \psi\, r_{\alpha}$$

O determinante da referida matriz é dado por:

$$Det = \psi\{r_{\rho}\pi_{\alpha} - \pi_{\rho} r_{\alpha}\} \tag{27}$$

O sinal de (27) é claramente ambíguo, podendo ser negativo ou positivo, dependendo da sensibilidade da taxa de inflação a variações de α e da sensibilidade da taxa de lucro a variações de α. Se a curva de oferta agregada for bastante inclinada — o que acontecerá se a taxa de variação dos salários nominais for muito sensível às variações do grau de utilização da capacidade produtiva —, então $\pi_\alpha > r_\alpha$. Nesse caso, o determinante da matriz jacobiana será negativo e, consequentemente, o sistema será instável (localmente), apresentando uma *trajetória de sela* com relação à posição de *steady state*.[25]

Pode-se visualizar a dinâmica em torno da posição de *steady state* no caso em que este é instável observando a figura 5.

Consideremos que a economia se encontra inicialmente em *steady state* no ponto *A* da figura 5, e que ocorra, então, uma redução exógena do *estado de confiança* — um enfraquecimento do espírito animal (*animal spirits*) —, de forma que a economia seja levada para o ponto *B* da figura. Nesse caso, seguindo a trajetória indicada pelo diagrama de fase, a economia deverá entrar numa trajetória em que ocorre uma redução contínua do *estado de confiança* e um aumento contínuo do coeficiente de monetização da dívida pública. O que acontece, então, com o grau de utilização da capacidade produtiva, com a taxa de inflação e com os preços dos ativos financeiros, em particular o das ações?

O impacto inicial de uma redução de ρ será uma redução do nível de utilização da capacidade produtiva (redução de *r*). Isso ocorre devido a dois fatores. Primeiro, uma redução do *estado de confiança* produz uma diminuição do preço de demanda dos bens de capital, desestimulando o investimento. Segundo, um enfraquecimento do *estado de confiança* produz uma redução da demanda por ações e um consequente aumento da demanda por moeda. Isso, por sua vez, deve produzir uma elevação da taxa de juros, o que contribui para reduzir ainda mais o nível de investimento. A demanda agregada se contrai, o que produz tanto uma redução do grau de utilização da capacidade produtiva quanto uma redução da inflação.

A redução do grau de utilização da capacidade produtiva levará, por sua vez, a uma nova redução do *estado de confiança*, realimentando o processo

[25] Cf. Azariadis, 1993:135.

de diminuição do investimento, queda do grau de utilização da capacidade produtiva e deflação dos preços dos ativos financeiros. As autoridades monetárias reagirão a essa situação aumentando a taxa de crescimento da oferta de moeda. Isso porque a taxa corrente de inflação será crescentemente menor do que a taxa de inflação desejada pelas autoridades monetárias. Isso levará a um progressivo aumento de α, o que acelerará, em vez de reverter, a redução da demanda agregada. A economia entra, então, numa espiral depressiva, com quedas contínuas no grau de utilização da capacidade produtiva, na taxa de inflação e nos preços dos ativos financeiros, da qual só poderá se recuperar se houver uma mudança profunda no regime de política econômica ou uma estabilização do *estado de confiança*.

Figura 5

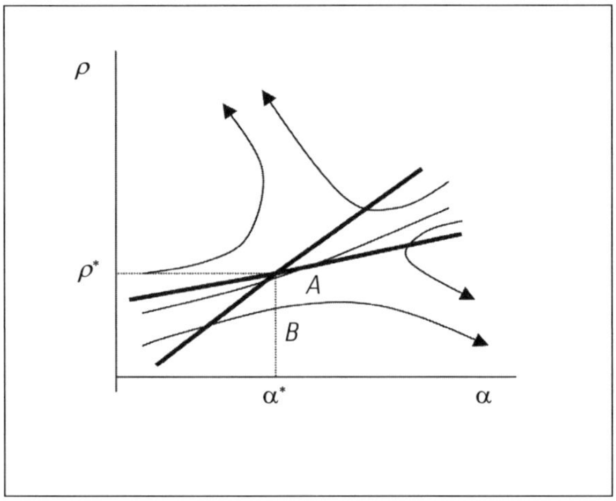

Deve-se ressaltar, contudo, que a possibilidade de ocorrência de uma espiral depressiva não se dá apenas em função da adoção de uma regra de meta de inflação; mas de *qualquer regra de política monetária*. De fato, pode-se facilmente demonstrar que, para uma certa configuração dos parâmetros do referido modelo, uma taxa de expansão constante da oferta de moeda pode produzir um resultado semelhante.[26]

[26] Esse resultado é obtido em Taylor e O'Connell (1985).

Por outro lado, o banco central poderia optar por manter o valor de α constante ao longo do tempo. Isso, contudo, não eliminaria a instabilidade potencial desse tipo de economia. De fato, tal como é demonstrado por Oreiro e Studart (1999), numa situação como essa, um aumento do *estado de confiança* pode produzir uma *bolha* nos preços dos ativos financeiros, caso os mercados de ativos sejam pouco organizados.

Conclusão

Ao longo deste capítulo, demonstramos que a adoção de regras de política monetária, em particular a regra de metas inflacionárias, não só não é capaz de eliminar a instabilidade endógena das economias capitalistas, como, na verdade, pode exacerbá-la. De fato, a introdução da referida regra de política num modelo macroeconômico pós-keynesiano tem como efeito produzir uma trajetória de sela para a posição de *steady state* da economia em consideração. Nesse contexto, se a referida economia for submetida a uma redução exógena do *estado de confiança*, ela entrará numa trajetória de redução cumulativa do nível de utilização da capacidade produtiva, dos preços dos ativos financeiros e da taxa de inflação. Resultados semelhantes podem ser obtidos para qualquer regra de política econômica que venha a ser adotada, de forma que, do ponto de vista pós-keynesiano, a adoção de regras de política econômica não é a forma adequada para se obter a estabilidade em uma economia capitalista.

Bibliografia

AZARIADIS, C. *Intertemporal macroeconomics*. Oxford: Basil Blackwell, 1993.

CARVALHO, F. Temas de política monetária pós-keynesiana. *Ensaios FEE*, v. 15, n. 1, p. 33-61, 1994.

———. *Economic policies for monetary economies*. Rio de Janeiro, IE-UFRJ, 1995. (Texto para Discussão, 331).

CHICK, V. *Macroeconomics after Keynes*. Cambridge, Mass.: MIT Press, 1983.

FRIEDMAN, Milton. The role of monetary policy. *American Economic Review*, n. 58, 1968, p. 1-17.

GREEN, C. *Inflation targeting: theory and policy implications*. Washington, DC: IMF, 1996. (IMF Working Paper, 96/65).

KALECKI, M. *The theory of economic dynamics*. New York: Rinehart, 1954.

KEYNES, J. M. *A treatise on money. The pure theory of money*. London: Macmillan, 1931.

———. *The general theory of employment, interest and money*. London: McMillan, 1936.

———. *The general theory of employment, interest and money*. New York: Harcourt Brace, 1964.

———. *The collected writings of John Maynard Keynes*. London: Macmillan, 1971.

KREGEL, J. Minskys's "two price" theory of financial instability and monetary policy: discounting versus open market intervention. In: FAZZARI, S.; PAPADIMITRIOU, D. (Eds.). *Financial conditions and macroeconomic performance*. Armonk: M. E. Sharpe, 1992.

———. Margins of safety and weight of argument in generating financial fragility. *Journal of Economic Issues*, v. 31, n. 2, p. 543-548, June 1997.

KYLAND, Finn; PRESCOTT, Edward. Rules rather than discretion: in the inconsistency of optimal plans. *Jounal of Political Economy*, n. 85 (3), 1977, p. 473-492.

MINSKY, H. P. *John Maynard Keynes*. New York: Columbia University Press, 1975.

———. *Stabilizing an unstable economy*. New Haven: Yale University Press, 1986.

OREIRO, J. L.; STUDART, R. *Liberalização financeira e bolhas nos preços dos ativos financeiros:* uma abordagem pós-keynesiana. Rio de Janeiro: IE-UFRJ, 1999. (Texto para Discussão).

PHELPS, Edmund. Philips curves, expectations of inflation and optimal unemployment over time. *Economica*, n. 34, ago. 1967, p. 254-281.

SOBREIRA, R. *Credit rationing and banking firm behavior:* a post Keynesian approach. Rio de Janeiro: Ucam, 1998. (Texto para Discussão, 8).

TAYLOR, L. A stagnationist model of economic growth. *Cambridge Journal of Economics*, v. 9, n. 4, p. 383-403, Dec. 1985.

———; O'CONNELL, S. A Minsky crisis. *The Quarterly Journal of Economics*, v. 100, n. 5, p. 871-885, 1985.

5

Regime de metas de inflação para a condução da política monetária brasileira: uma aplicação do modelo VAR

Lucas Lautert Dezordi, Luciano Luiz Manarin D'Agostini,
Maurício Vaz Lobo Bittencourt e Marcelo Luiz Curado

Desde a introdução do regime de metas de inflação pela Nova Zelândia e pelo Chile em 1990, pelo Canadá em 1991 e pelo Reino Unido em 1992, este tem recebido substancial atenção na mídia e no debate acadêmico sobre a condução da política monetária. No Brasil, desde sua introdução em 1999, o regime está longe de ser uma unanimidade. As críticas ao Banco Central do Brasil (BCB) e, particularmente, ao Comitê de Política Monetária (Copom) quanto à condução da política monetária — especialmente no que se refere à determinação da taxa Selic — são constantes e provenientes de economias das mais distintas correntes do pensamento econômico.

Este capítulo tem como objetivo central discutir a condução da política monetária brasileira no regime de metas de inflação no período que se estende do terceiro trimestre de 1999 ao terceiro trimestre de 2006, a partir da proposta de Taylor (1993). Esta leva em consideração que a resposta da política monetária, isto é, a determinação da taxa de juros básica deve ser maior em relação a processos inflacionários do que ao comportamento do hiato do produto. Pretende-se responder a perguntas simples, com base na experiência recente da economia brasileira, tais como: a condução da política monetária segue a lógica desenvolvida por Taylor (1993)? A inflação explica melhor a condução da política monetária do que o hiato do produto?

O capítulo está dividido em cinco seções, além desta introdução e de uma breve conclusão. Primeiro discorre sobre o significado teórico do regime de metas e sobre a experiência brasileira recente com o regime. Em seguida, apresenta o desenvolvimento teórico da regra de Taylor original. Depois, discute dados e métodos econométricos. Na quarta seção, apresenta os resultados estatísticos e, por fim, discorre sobre os resultados do modelo VAR (vetores autorregressivos).

Metas de inflação e política monetária brasileira: 1999-2006[1]

Esta seção apresenta uma breve discussão sobre o significado teórico do regime de metas de inflação e sobre a condução da política monetária no Brasil no período que se estende da implantação do regime até o final de 2006.

Em termos técnicos, o regime de metas para a inflação não se qualifica como uma regra de política, pois não proporciona ao banco central apenas um simples mecanismo operacional e, sim, um conjunto de modelos estruturais e não estruturais, em simbiose com as informações relevantes, para determinar a condução da política ideal para se alcançar a meta de inflação. Esse conjunto de modelos não ignora a necessidade do banco central de incorporar novas informações importantes que o ajudem a atingir seu objetivo. Em termos práticos, é comum observar políticas econômicas, em regime de metas de inflação, voltadas para o combate do desemprego ou amenizando momentos de incertezas.[2]

De acordo com Bernanke e Mishkin (1997), o regime de metas de inflação não deve ser classificado como uma regra rígida tradicional de condução da política monetária, mas interpretado como uma ferramenta de política econômica que aumenta a transparência, a comunicação e a coerência da

[1] Esta seção foi desenvolvida com base em estudos sobre os relatórios do Banco Central e atas do Copom. Para uma análise mais completa do regime de metas de inflação e da regra de política proposta por Taylor (1993), ver Dezordi (2004).

[2] A reforma do Reserve Bank da Nova Zelândia, em 1989, previu formalmente para o banco algumas discrições e flexibilidades. Por exemplo, a série da meta de inflação exclui movimentos nos preços das *commodities*; a meta pode ser reajustada em decorrência de choques de ofertas; e a meta de inflação é especificada por um raio de 3% em vez de um número simples.

política monetária. Alguns pontos da lógica desse regime podem ser considerados "regras", em particular a natureza *forward-looking*, que restringe o banco central a sistematicamente se engajar em políticas monetárias inconsequentes no longo prazo. Nesse sentido, esse regime permite uma certa discricionariedade na condução monetária, em momentos de circunstâncias incomuns ou imprevisíveis.

Haldane (1997) destaca uma ampla diferença entre o regime de regras de agregados monetários e de metas de inflação. Em termos teóricos, o regime de metas para agregados é um caso limitado de metas inflacionárias, no qual o peso considerado para as variáveis monetárias é único, e a fixação das variáveis não monetárias é nula. Ou seja, a diferença do regime de metas de inflação é que este considera um conjunto de variáveis, reais ou nominais, e informações que podem influenciar a formação da taxa de inflação. Com isso, torna-se essencial a transparência e a clareza na condução da política monetária. Mendonça (2001b) destaca que o regime de metas inflacionárias possibilita o uso de políticas discricionárias sem levar à perda de credibilidade devido à transparência da política monetária. Nesse sentido, esse regime deve ser entendido como um caso de discrição limitada e, não, de regra rígida.

Como destaca Mishkin (2000:1), o regime de metas de inflação apresenta cinco elementos básicos:

> 1) o anúncio público de uma meta numérica para a inflação no médio prazo; 2) um compromisso institucional com a estabilidade do preço como objetivo primordial da política monetária, sendo os demais objetivos subordinados; 3) informações, inclusive estratégicas, sobre várias variáveis e não apenas sobre agregados monetários e a taxa de câmbio, que são empregadas para determinar a utilização dos instrumentos de política; 4) maior transparência na estratégia da política monetária, através da comunicação com o público e o mercado, esclarecendo planos, objetivos e decisões das autoridades monetárias; e 5) ampliação da "responsabilidade" do banco central no que respeita o atingimento da meta de inflação estabelecida.

O regime de metas de inflação busca, além de controlar a inflação no período observado, destacar o comprometimento em manter níveis baixos e estáveis de inflação no longo prazo. Com isso, o anúncio das metas estipuladas no médio prazo e a responsabilidade do banco central quanto a atingi-las é fundamental para o regime monetário. Assim sendo, é importante manter ancoradas as expectativas dos agentes econômicos no processo de formação da inflação esperada. Pode-se afirmar que "a ideia do regime de metas de inflação é obviamente a manifestação do princípio da neutralidade da moeda no longo prazo".[3]

Debelle (1997:6) completa: "O arcabouço do regime de metas de inflação reconhece teoricamente que a política monetária pode afetar apenas variáveis nominais no longo prazo".

Esse regime de política monetária remove o incentivo do banco central a perseguir primordialmente uma taxa de desemprego abaixo da taxa natural, ou seja, o viés inflacionário.[4] Os instrumentos de política monetária visam, nesse sentido, uma maior transparência e responsabilidade, muitas vezes acompanhadas da independência instrumental do banco central.

Teoricamente, a primazia da estabilidade de preços não implica desprezar outras variáveis, como a taxa de câmbio, o produto ou o emprego, mas reconhece que as tentativas de realizar ajustes de curto prazo através da política monetária podem ser inócuas no longo prazo. No Brasil, o regime de metas de inflação foi implantado oficialmente em 22 de junho de 1999, pelo Decreto nº 3.088,[5] do dia anterior, após o fim do regime de taxa de câmbio fixo (minibandas cambiais), em janeiro de 1999, com a proposta de manutenção da estabilidade monetária obtida pelo Plano Real (julho de 1994).

No caso brasileiro há uma separação clara da instituição que mede a variável de inflação a ser seguida — o Instituto Brasileiro de Geografia e Estatística (IBGE) — e a entidade responsável por seu cumprimento — o Banco Central do Brasil (BCB). Em 30 de junho de 1999, o Conselho Monetário Nacional (CMN) definiu as metas de inflação para 1999, 2000 e 2001 (respectivamente, 8%, 6% e 4%), com intervalos de tolerância de dois pontos percentuais acima

[3] Debelle e Stevens (1995:81), apud Mendonça (2001a:131).

[4] Mendonça (2002) destaca que o conceito do viés inflacionário deriva do argumento da ineficácia das políticas. Nesse caso, os governos teriam estímulos para aumentar o produto e reduzir o desemprego através de políticas monetárias expansionistas.

[5] O decreto pode ser obtido em: <www.bcb.gov.br/htms/leisedecretos/>.

e abaixo das metas centrais, bem como o índice utilizado para calcular a variação de preços. O Índice de Preços ao Consumidor Amplo (IPCA), calculado pelo IBGE, foi o escolhido como o índice de preços oficial.

As metas são anunciadas para dois anos e meio mais à frente. Em junho de 2000, a meta para 2002 foi estipulada em 3,5%, com um intervalo de dois pontos percentuais. Em junho de 2001, o CMN estipulou uma meta de inflação, para 2003, de 3,25%, com a mesma tolerância de intervalo.[6] Esta foi alterada para 4% ao ano, com intervalo de ± 2,5 pontos percentuais. Em junho de 2003, 2004 e 2005 foram estipuladas, respectivamente, metas de 5,5%, 4,5% e 4,5%, sendo o intervalo diminuído, em 2005, para ± 2%.

O Brasil adota, como meta de inflação, um índice cheio, com intervalos de tolerância de dois pontos percentuais para cima e para baixo. Não se admite cláusula de escape,[7] devido à tolerância de dois pontos percentuais,[8] pois o sistema perderia credibilidade. Caso a meta não seja atingida, o presidente do Banco Central deve enviar uma carta aberta ao ministro da Fazenda explicando o não cumprimento desta, bem como as providências que tomou e o prazo para a retomada das metas estipuladas.

Outra característica importante do regime de metas brasileiro consiste na publicação trimestral de um relatório de inflação pelo Banco Central, segundo os moldes do *Inflation report* do Bank of England, e nas reuniões mensais do Copom, com a publicação das atas. Essas duas publicações têm como objetivo principal melhorar a comunicação da condução da política monetária do Banco Central para o público, tornando-a mais transparente e democrática.

A partir da análise da inflação, do produto, dos juros e da taxa de câmbio, pode-se dividir o regime de metas de inflação em três períodos distintos.

---

[6] Bogdanski, Tombini e Werlang (2000) destacam a importância da adoção de metas decrescentes para controlar as expectativas. Deve-se, portanto, distinguir o processo inflacionário decorrente de um aumento temporário da inflação daquele devido a um choque. No início de 1999, com a desvalorização do câmbio, o país sofreu um choque, havendo, consequentemente, um realinhamento dos preços relativos.

[7] Cláusula de escape é um mecanismo utilizado pelos bancos centrais no qual a justificativa para o não cumprimento da meta estipulada são fatores especiais, como choque do petróleo e desastres naturais e, não, a má condução da política monetária.

[8] A banda de tolerância foi alterada em 2003 para 2,5% para cima ou para baixo, para uma meta de 8,5% proposta pelo Banco Central.

Inicialmente, é importante frisar que a adoção do regime, em junho de 1999, foi um sucesso para a ancoragem das expectativas inflacionárias e, sobretudo, para a manutenção da estabilidade de preços. Em 1999, a inflação acumulada, medida pelo IPCA, foi de 8,94%, alcançando a meta estipulada pelo CMN. A taxa de câmbio nominal ficou em torno de R$ 1,90 por dólar, sem pressionar fortemente a inflação. A taxa de juros Selic, que estava em torno de 37,34% ao ano no início de 1999, fechou dezembro em 19%. Ademais, os índices de movimentação econômica e produção física apontavam para a retomada do crescimento econômico. Em 2000, os juros continuaram em queda, chegando a 15,76% ao ano em dezembro, um dos menores patamares já registrados. O país apresentou um crescimento econômico de 4,36% (IBGE) e da renda *per capita* de 2,99% (Ipea). O IPCA foi de 5,97%, atingindo o centro da meta (6%). E, apesar do déficit em transações correntes ter sido de aproximadamente US$ 24 bilhões, a taxa de câmbio nominal permaneceu relativamente estável, em torno de R$ 1,85 por dólar.

O segundo período foi marcado pelo não cumprimento da meta de inflação, pois de 2001 a 2003 o IPCA anualizado foi de 7,67%, 12,53% e 9,3%, respectivamente.[9] A taxa Selic voltou ao patamar de 19% ao ano em 2001 e chegou, no final de 2002, a 24,9% ao ano. A crise energética e a insolvência da economia argentina em 2001 prejudicaram o crescimento econômico, que foi de apenas 1,31% (IBGE), com estagnação da renda *per capita* nacional.

As incertezas quanto ao futuro da economia pressionaram a taxa de câmbio para valores próximos de R$ 2,30 por dólar. As incertezas[10] externas permaneceram em 2002. O risco-país continuou crescendo, passando de 2 mil pontos básicos. Como consequência, a desvalorização cambial tornou-se preocupante, pois em outubro a taxa nominal de câmbio ficou em torno de R$ 3,80 por dólar. As incertezas políticas, o aumento do preço do barril do

---

[9] Nesses anos foi enviada uma carta aberta do presidente do BC ao ministro da Fazendo explicando o descumprimento, as providências tomadas e o prazo para restabelecimento da inflação desejada.

[10] O risco-país, medido pelo EMBI+ (*Emerging Markets Bond Index* — Índice de Títulos da Dívida de Mercados Emergentes), criado pelo JP Morgan em 1992, passou à casa dos mil pontos básicos em setembro de 2001.

petróleo[11] e a piora das condições de financiamento para as economias emergentes justificaram, em grande medida, a excessiva desvalorização cambial.[12]

A deterioração das expectativas inflacionárias, resultante da depreciação cambial no segundo semestre de 2002, levou o Banco Central a convocar, em 14 de outubro de 2002, uma reunião extraordinária (76ª ata) e a mudar o rumo da política monetária. Nessa reunião, o BCB concluiu que, mantendo a taxa Selic em 18% ao ano, a taxa de juros reais iria cair, estimulando o repasse da depreciação cambial sobre os reajustes dos preços. De acordo com o Banco Central, a situação da economia brasileira estava se agravando.

O aumento da projeção de inflação para acima da meta ajustada para 2003 recomendou uma política monetária mais restritiva, mesmo a causa primária da inflação não estando relacionada com um aumento da demanda e, sim, com o efeito sobre os preços domésticos de uma depreciação cambial significativa.

Uma política monetária mais restritiva diminuiria o repasse da desvalorização cambial para os preços e melhoraria as expectativas inflacionárias. Dessa forma, criava-se condições para a retomada do crescimento sustentado, ou seja, não inflacionário. Nesse cenário, o Copom decidiu, por unanimidade, elevar a meta da taxa Selic de 18% para 21% ao ano. Essa elevação dos juros teve um objetivo definido e claro no que diz respeito à condução da política monetária: ajustar a trajetória inflacionária para dentro da meta, não visando a determinação de um nível específico para a taxa de câmbio.[13]

Os juros nominais, em 2003, continuaram subindo, chegando a um valor máximo de 26,32% ao ano no segundo trimestre. Esse movimento fez com que a inflação e a produção se desacelerassem. O Produto Interno Bruto (PIB) nesse ano subiu apenas 0,5% em relação ao ano anterior.

---

[11] O possível ataque ao Iraque pressionou o preço internacional do barril do petróleo.

[12] A elevação da taxa de câmbio registrada no início do segundo semestre de 2002 não pode ser explicada pelo fundamento macroeconômico do setor externo. Ou seja, o desempenho do balanço de pagamentos, o déficit em transações correntes de US$ 18,2 bilhões no acumulado de 12 meses, em junho, foi integralmente financiado pela entrada líquida de investimentos estrangeiros diretos, no mesmo período, da ordem de US$ 22,2 bilhões. O Brasil fechou o ano de 2002 com um déficit em transações correntes de apenas US$ 7,72 bilhões, o menor em oito anos consecutivos.

[13] A lógica de neutralizar as inércias inflacionárias provocadas por um choque de oferta (depreciação cambial) tem como objetivo claro garantir a convergência gradual da inflação para sua meta. Esse raciocínio levou o Copom a manter a taxa Selic em 21% ao ano.

Gráfico 1

Meta de inflação, limite superior e inferior | IPCA acumulado em 12 meses | Brasil: jan. 1999 - out. 2006

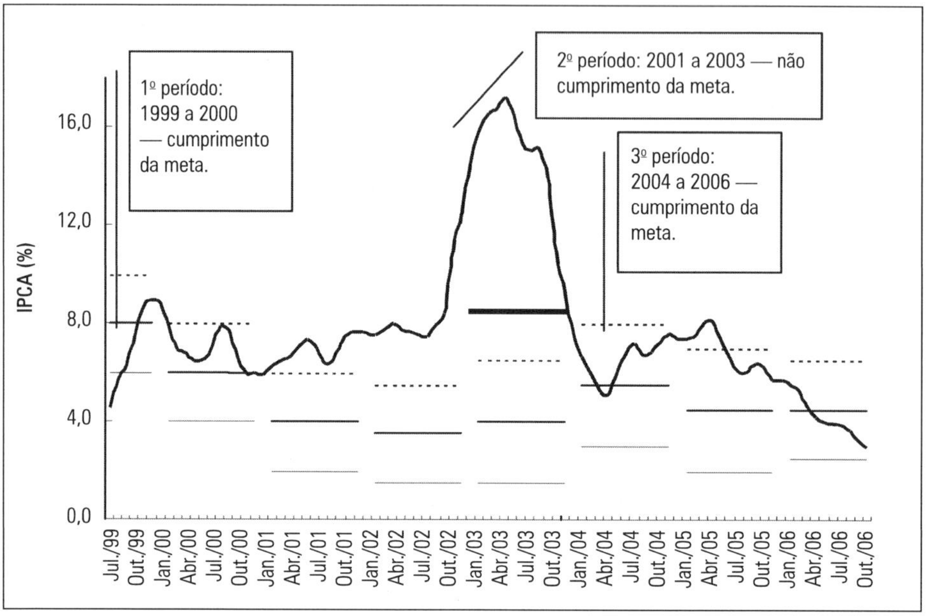

Fontes: IPCA (IBGE); meta de inflação (CMN).

O terceiro período foi marcado, como demonstra o gráfico 1, pela queda consistente da inflação, pela redução gradual da taxa de juros (que não figura no gráfico) e pelo cumprimento da meta referente aos anos de 2004, 2005 e 2006 (a inflação anualizada em 2006 estava em 3,02% em outubro, isto é, bem abaixo do limite superior).

Em 2008, a taxa de juros encontrava-se em um patamar médio de 13,65% ao ano e, de acordo com a Gerência de Relacionamento com Investidores (Gerin) do Banco Central, a média das expectativas inflacionárias para 2007 ficou em torno de 4,07% para o IPCA. Com isso, as expectativas ficaram ancoradas com a meta de 4,5% do IPCA, com ± dois pontos percentuais.

A regra de Taylor

A derivação da regra de Taylor (1993) pode ser observada a partir da teoria quantitativa da moeda (TQM), como demonstrado pelo próprio Taylor

(1998). Esta seção apresenta e discute três passos didáticos para entender essa regra de política monetária.

Da teoria quantitativa da moeda (TQM) à regra da política monetária de Taylor

A TQM (1) estabelece que os preços variam diretamente com a quantidade de moeda em circulação, considerando que a velocidade de circulação da moeda e o volume de transação não se alteram. Nesse caso, a variação do estoque monetário não teria impacto permanente sobre o nível real do produto e, sim, apenas sobre o nível de preços dos bens e serviços.

A versão mais popular da teoria quantitativa é derivada da equação de trocas de Fisher, e pode ser expressa pela seguinte identidade:

$$M.V = P.Y \quad (1)$$

sendo M o estoque nominal de moeda; V a velocidade de circulação da moeda; P o nível de preços (deflator do PIB); e Y o PIB real.

A moeda é considerada um estoque de meios de pagamento. A velocidade de circulação da moeda representa sua taxa de utilização, determinando quantas vezes a moeda muda de mãos durante determinado período de tempo. Os preços, de acordo com a TQM, devem variar proporcionalmente à quantidade de moeda (M) e à velocidade de circulação (V) e inversamente à quantidade de bens produzidos (Y). Considerando constantes a velocidade de circulação e o volume de bens e serviços transacionados, o nível de preços será determinado proporcionalmente pela quantidade de moeda em circulação.

Com base na TQM original, Milton Friedman sugeriu, na década de 1960, que a condução da política monetária fosse orientada por um crescimento constante da oferta de moeda. De acordo com a identidade (1), aplicando o logaritmo e suas propriedades às variáveis, e derivando em relação ao tempo, tem-se que:

$$p = m + v - y \quad (2)$$

sendo p a taxa de inflação; m a taxa de crescimento da moeda; v a taxa de aumento da velocidade de circulação da moeda; e y a taxa de crescimento do PIB real.

Com a estabilidade da demanda por moeda, ou seja, de sua velocidade de circulação, e com a estimativa do crescimento do produto, o nível de preços passa a depender em grande medida do crescimento do estoque monetário. A regra para agregados monetários foi uma alternativa de manutenção de estabilidade de preços proposta por Friedman (1968).

A estabilidade da velocidade de circulação da moeda mostra uma forte correlação com a taxa de juros nominais de curto prazo, pois uma elevação na taxa de juros faz com que os agentes econômicos demandem menos ativos líquidos, aumentando com isso a velocidade de circulação da moeda. Ou seja, variações nos juros nominais e na velocidade de circulação seguem no mesmo sentido.

A instabilidade da demanda por moeda observada nos anos 1980 e início dos anos 1990[14] levou os economistas a buscarem uma nova regra para a condução da política monetária, uma regra que não fosse determinada nos agregados monetários. Taylor (1993) propôs uma nova regra para a condução da política monetária com base na TQM, focando na determinação da taxa de juros nominais em regime de meta de inflação, em vez de nos agregados monetários. Segundo Taylor (1998:322), "a regra de política é com certeza bem diferente da teoria quantitativa da moeda (TQM), mas é bem conectada com ela. De fato, a regra de política pode ser facilmente derivada da TQM".

Derivando uma regra de política monetária com base na equação quantitativa

Supondo inicialmente um crescimento constante da oferta de moeda, e sabendo que a velocidade de circulação da moeda (V) depende diretamente da taxa de juros nominais (i), é possível substituir V por i. Nesse caso, isolando-se a taxa de juros no lado esquerdo da equação (2), observa-se uma relação com duas variáveis: a taxa de juros em função do nível de preços (p) e do produto real (y).

[14] Para esse debate, ver Delfim Netto, 1999.

A forma funcional desenvolvida por Taylor é linear na taxa de juros com base nos logaritmos de preços e do produto real. As duas variáveis são estacionárias, considerando o desvio do produto real da tendência estocástica e considerando a primeira diferença do log do nível de preços — ou da taxa de inflação. Esses pressupostos resultaram na seguinte equação:[15]

$$i = \pi + g\,y + h(\pi - \pi^*) + r^* \qquad (3)$$

Considerando todas as variáveis em trimestre, temos: i = taxa de juros de curto prazo; π = taxa de inflação (em percentagem da mudança em P); y = a percentagem do desvio do produto real (Y) da tendência estocástica; π^*= meta da taxa de inflação; e r^* = taxa de juros reais de equilíbrio.

O coeficiente da inclinação da inflação da equação (3) é $(1 + h)$. Assim, os dois coeficientes de resposta são (g) e $(1 + h)$.

Interpretando a regra para a política monetária em regime de metas explícitas

Os valores dos parâmetros (g) e $(1 + h)$ dependem do regime de política monetária adotado pelo banco central, mas a probabilidade de seu valor esperado ser positivo é alta. Em um regime de metas de inflação, a equação (3) é extremamente útil como um guia normativo para a condução da política monetária (não como uma regra rígida) e, consequentemente, para a decisão de aumentar ou diminuir a taxa de juros de curto prazo. Taylor (1993) sugere que a determinação da taxa de juros pelo Federal Reserve System (FED) siga a regra de política monetária com os seguintes parâmetros: $g = 0{,}5$ e $h = 0{,}5$, conciliados com uma meta de inflação $\pi^* = 2\%$ *a.a.*, e uma taxa de juros reais de equilíbrio de $r^* = 2\%$ *a.a.*

Os valores dos coeficientes (g) e $(1 + h)$ são importantes para determinar como a política monetária é orientada em relação às variáveis-chave: taxa de inflação e hiato do produto. Simulações de diferentes modelos econômicos indicam, por exemplo, que o coeficiente (h) não deve ser negativo, caso con-

[15] Taylor, 1993:202.

trário (1 + h) será menor do que um e a taxa real de juros cairá (aumentará) quando a inflação aumentar (cair). Como resultado, a inflação poderia ser significativamente volátil.

A ideia de Taylor é relativamente simples e segue o seguinte raciocínio econômico: quando a inflação anualizada sobe, por exemplo, um ponto percentual acima da meta estipulada e a taxa de juros nominais não se altera, então a taxa de juros reais será reduzida e a demanda agregada continuará aquecida. Com isso, o processo inercial não será combatido. Por outro lado, se a taxa de juros nominais subir apenas um ponto percentual, então a taxa de juros reais permanecerá praticamente estável e o processo inflacionário não será dissipado. Agora, se o Banco Central seguir seu raciocínio, ele subirá a taxa Selic nominal em 1,5 ponto percentual para aumentar a taxa de juros reais e, com isso, combater o processo inflacionário.

Metodologia

Dados de análise

Este capítulo pretende demonstrar como a taxa Selic responde às variações na inflação e ao hiato do produto. Para tanto, foram utilizadas as seguintes variáveis, em períodos trimestrais, do terceiro trimestre de 1999 ao terceiro trimestre de 2006, somando um total de 29 observações trimestrais do regime de metas de inflação:

Selic = média aritmética trimestral da taxa de juros de curto prazo, determinada pelo Banco Central;
IPCA = média aritmética trimestral do IPCA acumulado em 12 meses, determinado pelo IBGE; e
Hiato = 100.(PIB real – PIB potencial)/PIB potencial

sendo o PIB real = série encadeada do índice trimestral com ajuste sazonal, determinada pelo IBGE; e o PIB potencial = obtido pelo filtro Hodrick-Prescott (primeiro trimestre 1993-terceiro trimestre 2006).

As séries estão expostas em tabelas e gráficos com o intuito de demonstrar seus comportamentos no período analisado. Em particular, pretende-se destacar como a Selic responde a inovações na própria taxa de juros, no hiato do produto e na taxa de inflação. Foram investigadas duas ordens de VAR, com base na equação (3) de Taylor, na qual o juro depende diretamente do desempenho da inflação e da atividade econômica.

a) *IPCA → SELIC → HIATO*: variações na inflação geram mudanças na taxa de juros que, por sua vez, afetam o produto.
b) *HIATO → IPCA → SELIC*: nesse caso, a taxa de inflação reage a choques de demanda (produto).

Cálculo do produto potencial

O produto potencial não é conhecido e deve, portanto, ser calculado. Por exemplo, Taylor (1993) usou uma tendência linear do log do produto real como uma *proxy* para a produção potencial.

Outros métodos de cálculo do produto potencial são encontrados em Perron (1989), que calcula uma tendência linear segmentada; Clarida, Gali e Gertler (1997), que usam uma tendência quadrática, e no filtro de Hodrick e Prescott (1997), HP, que assume que uma série seja decomposta em um componente tendência e um componente cíclico.

Holland (2005) estima a reação do banco central a pressões inflacionárias inesperadas calculando o hiato do produto pelo método da tendência linear e pelo filtro HP. Segundo Holland, é mais expressivo e adequado usar o filtro HP para o cálculo do produto potencial no regime de metas. Por isso, usaremos também o filtro HP.

Conforme Mark (2001), o componente cíclico é o desvio da série original da tendência de longo prazo. O filtro HP é um método suavizador para se obter uma estimativa do componente cíclico de uma série, que no nosso caso será considerada uma *proxy* do produto potencial. O filtro HP é dividido em duas partes: (a) na primeira, o filtro consiste numa operação linear sobre a série em análise que minimiza a variância da série em torno da tendência média; (b) na segunda, o filtro define o comportamento cíclico como uma média ponderada da série sujeita a uma restrição da segunda diferença da tendência. Assim, o filtro de HP escolhe minimizar:

$$\sum_{t=1}^{T}(y_t - s_t)^2 + \lambda.\sum_{t=2}^{T-1}((s_{t+1} - s_t) - (s_{t+1} - s_t))^2 \qquad (4)$$

O parâmetro λ controla a suavidade da série, ou seja, penaliza a volatilidade do componente tendência. Quanto maior o valor de λ, mais suaviza S_t. No limite, quando $\lambda \rightarrow \infty$, S_t se aproxima de uma tendência linear.[16]

Especificação e modelo de avaliação do VAR

A análise empírica baseia-se no VAR. Essa metodologia é uma extensão da equação autorregressiva univariada para um ambiente de múltiplas equações.[17] A aplicação do VAR, segundo Sims (1980), é uma maneira de estimar relações dinâmicas entre variáveis endógenas sem a imposição de restrições *a priori*. As equações podem ser, assim, generalizadas matricialmente para um VAR (*p*):

$$x_t = A_0 + A_1.x_{t-1} + A_2.x_{t-2} + ... + A_p.x_{t-p} + \varepsilon_t \qquad (5)$$

Onde x_t é um vetor coluna das *n* variáveis incluídas no VAR; A_0 é um vetor coluna de interceptos das equações; A_i é a matriz dos coeficientes, de ordem nxn; ε_t é o vetor coluna dos resíduos. No sistema, as séries devem ser estacionárias e estáveis para que as estimações por mínimos quadradros ordinários (MQO) possam ser válidas. Ao aplicar a esperança matemática, os resíduos ε_t devem seguir hipóteses de ruído branco. A covariância será diferente de zero, indicando a ligação das inovações no sistema.

Os demais procedimentos econométricos usados são resumidos nas seguintes etapas:[18] (i) efetuar o teste de raiz unitária pelo ADF; (ii) efetuar os testes de cointegração Johansen-Juselius (JJ); (iii) escolher a defasagem ótima para o modelo VAR; (iv) conforme o teste JJ, adotar o modelo VAR simples ou com correção de erro (VEC); e (v) determinar os coeficientes das equações por MQO, as funções impulso-resposta e a decomposição da variância.

---

[16] Na literatura sobre filtro HP, utiliza-se λ = 100, 1.600 e 14.400 para dados anuais, trimestrais e mensais, respectivamente.

[17] Enders, 1995.

[18] Para detalhes dos procedimentos metodológicos, ver Bittencourt, 1995; D'Agostini, 2004.

O teste ADF de raiz unitária

O teste estatístico da raiz unitária Dickey-Fuller Aumentado (ADF), conforme apresentado em Dickey e Fuller (1979, 1981), foi utilizado para verificar a estacionariedade das séries. Os valores críticos para os testes de raiz unitária individuais foram obtidos em MacKinnon (1991). O teste ADF utiliza a seguinte representação:

$$\Delta y_t = \alpha + \beta t + \delta y_{t-1} + \sum_{i=1}^{p-1} \rho_i \Delta y_{t-i} + e_t \tag{6}$$

onde α é o intercepto, t é a tendência, Δ é o operador de diferença ($\Delta y = y_t - y_{t-1}$) e Δ_{t-i} é o componente autorregressivo diferenciado e defasado, do tipo AR(p). O número de defasagens foi determinado pelo menor valor do critério de Akaike (AIC) e visa eliminar a autocorrelação dos resíduos. O teste da raiz unitária considera as hipóteses, descritas a seguir, de acordo com a presença ou não da constante e/ou da tendência:

- hipótese nula, H_0: $\rho = 1$, série não estacionária;
- hipótese alternativa, H_A: $\rho < 1$, série estacionária.

Teste de cointegração Johansen-Juselius (JJ)

O último teste estatístico precedente à utilização do VAR(p) foi o teste de cointegração para detectar a existência ou não de relações de longo prazo entre as variáveis. Nesse caso, com o intuito de determinar o número de vetores de cointegração, Johansen e Juselius (1990) apresentaram os testes do λ *trace* (estatística traço) e do λ *max* (estatística de máximo autovalor), bem como seus valores críticos. Formalmente, as estatísticas de teste do λ *trace* e do λ *max* são dadas por:

$$\lambda_{trace}(r) = -T \sum_{i=r+1}^{g} \ln\left(1 - \hat{\lambda}_i\right) \tag{7}$$

$$\lambda_{max}(r, r+1) = -T \ln\left(1 - \hat{\lambda}_{r+1}\right) \tag{8}$$

onde r é número de vetores de cointegração da hipótese nula, T é o número de observações e $\hat{\lambda}_i$ é o valor estimado do i-ésimo *eigenvalue* (autovalor). O teste para

λ *trace* é um teste conjunto, no qual a hipótese nula é de que o número de vetores de cointegração é menor ou igual a r, contra a hipótese alternativa (geral) de que existem mais r vetores. Inicia-se com p *eigenvalues*, removendo-se o maior, sucessivamente. Tem-se que $\lambda_{trace} = 0$ quando todos os $\lambda_i = 0$, para $i = 1,...,g$. O teste λ_{max} é conduzido separadamente para cada *eigenvalue*, sendo a hipótese nula que o número de vetores de cointegração é igual a r, contra a alternativa $r + 1$.

Escolha da defasagem ótima para o modelo VAR

Apesar da grande disponibilidade de testes e critérios alternativos para a definição do número de defasagens a ser empregado no modelo VAR,[19] conforme Ivanov e Kilian (2005), para modelos VAR aplicados a amostras inferiores a 120 observações, ou seja, pequenas amostras, como é o caso deste estudo, o critério de Schwarz deve ser empregado para a definição da defasagem ótima a ser utilizada no modelo VAR, inclusive em casos de uso de um modelo VAR com mecanismo de correção de erro.

O critério de informação de Schwarz (*SIC*) é definido por:

$$SIC = -2\left(\tau / T\right) + \frac{k\,1\text{n}(T)}{T} \tag{9}$$

onde τ é o log da função de máxima verossimilhança com k parâmetros, estimada a partir de T observações.[20] Esse critério define o número de defasagem ótimo, de modo a minimizar a função acima.

Modelo de correção de erro (VEC)

Formalmente, se todas as variáveis do sistema, x_{nt}, são I (1) pelo teste ADF e são cointegradas pelo teste JJ, o vetor coluna xt = $(x_{1t}, x_{2t}, ..., x_{nt})$ da equação (5) tem a representação de correção de erro, VEC, assim expressa:

$$\Delta x_t = \pi_0 + \pi . x_{t-1} + \pi_1 . \Delta x_{t-1} + \pi_2 . \Delta x_{t-2} + ... + \pi_p . \Delta x_{t-p} + \varepsilon_t \tag{10}$$

[19] Para maiores detalhes quanto aos muitos critérios e testes disponíveis, ver Lutkepohl (1993).

[20] No caso de modelos VAR, por se tratar de um sistema de equações, o critério de informação definido por τ é computado assumindo uma distribuição multivariada normal (gaussiana).

onde π_0 é o vetor de interceptos, nx1, com elementos π_{i0}; π_i é a matriz com elementos π_{jk} tal que um ou mais elementos π_{jk} são diferentes de zero; e ε_t é um vetor coluna, nx1, com elementos ε_{it}, podendo os termos ser correlacionados com ε_{jt}.

Portanto, se há representação de correção de erro, como em (10), existe combinação linear das variáveis $x_{nt} = I(1)$, que são estacionárias. Isolando $\pi.x_{t-1}$, tem-se:

$$\pi.x_{t-1} = \Delta x_t - \pi_0 - \sum_{i=1}^{p} \pi_i.\Delta_{t-i} - \varepsilon_t \tag{11}$$

Caso cada termo à direita seja estacionário, $\pi.x_{t-1}$ é estacionário. Como π só contém constantes, cada linha de π é um vetor de cointegração de x_t.[21] Caso π tenha todos os elementos iguais a zero, tem-se um VAR em primeiras diferenças e não há representação de correção do erro porque Δx_t não responde aos desvios de períodos prévios em relação ao equilíbrio de longo prazo. Caso um ou mais elementos π_{jk} sejam diferentes de zero, Δx_t responde aos desvios dos períodos anteriores em relação ao equilíbrio de longo prazo. Portanto, estimar x_t com um VAR em primeiras diferenças é impróprio se x_t tem uma representação de correção de erro. Caso o *rank* de π seja zero, cada elemento de π também será zero. Assim, a equação equivale a um VAR em primeiras diferenças. Caso o *rank* de π seja máximo, a solução será determinada por n equações independentes:

$$\begin{aligned} &\pi_{11}.x_{1t} + \pi_{12}.x_{2t} + \pi_{13}.x_{3t} + \ldots + \pi_{1n}.x_{nt} = 0 \\ &\pi_{21}.x_{1t} + \pi_{22}.x_{2t} + \pi_{23}.x_{3t} + \ldots + \pi_{2n}.x_{nt} = 0 \\ &\vdots \\ &\pi_{n1}.x_{1t} + \pi_{n2}.x_{2t} + \pi_{n3}.x_{3t} + \ldots + \pi_{nn}.x_{nt} = 0 \end{aligned} \tag{12}$$

Cada equação é uma restrição ou vetor de cointegração independente na solução de longo prazo das variáveis. Quando o *rank* de π é igual a r, então há r vetores de cointegração. Caso $r = 1$, há um único vetor de cointegração,

---

[21] A primeira linha pode ser escrita como: $\pi_{11}.x1_{t-1} + \pi_{12}.x_{2t-1} + \ldots + \pi_{1n}.x_{nt-1}$. Desde que cada série x_{it-1} seja $I(1)$, $(\pi_{11}, \pi_{12}, \ldots, \pi_{1n})$ deve ser um vetor de cointegração para x_t.

dado por qualquer linha de π. Cada série também pode ser escrita na forma de correção de erro. Por exemplo, pode-se escrever Δx_{1t}, normalizando-a com respeito a x_{1t-1}, fixando $\alpha_1 = \pi_{11}$ e $\beta_{ij} = \frac{\pi_{ij}}{\pi_{11}}$:

$$\Delta x_{1t} = \alpha_1.(x_{1t-1} - \beta_{12}.x_{2t-1} + ... + \beta_{1n}.x_{nt-1}) + \varepsilon_{it} \qquad (13)$$

No longo prazo, $\{x_{nt}\}$ deve satisfazer a relação (14). Assim, o vetor de cointegração normalizado é $(1, \beta_{12}, \beta_{13}, ..., \beta_{1n})$ e a velocidade de ajustamento é α_1.

$$\beta_{11}.x_{1t} + \beta_{12}.x_{2t} + \beta_{13}.x_{3t} + ... + \beta_{1n}.x_{nt} = 0 \qquad (14)$$

Resultados estatísticos

A tabela 1 descreve os resultados obtidos no teste ADF, em nível e em primeiras diferenças, para três estatísticas: com intercepto, intercepto e tendência, e nenhum intercepto. A variável Selic demonstrou ser não estacionária em nível e estacionária em primeira diferença a 1% de significância, com uma defasagem, quando se aplica o teste ADF sem intercepto e tendência. Portanto, Selic é integrada de ordem $I(1)$. O IPCA em nível mostrou ser estacionário a 10% de significância no modelo com intercepto; contudo, nas outras duas especificações, como destacado na tabela 1, a série se comportou como não estacionária. Na primeira diferença e com uma defasagem, a série tornou-se estacionária quando se aplica o teste ADF sem intercepto e tendência. Com isso, o IPCA foi considerado integrado de ordem $I(1)$. Similar ao IPCA e à Selic, a série do hiato do produto mostrou-se estacionária em primeiras diferenças, a 1% de significância.

O teste de cointegração foi desenvolvido com base nas estatísticas λ_{trace} e λ_{max} com o objetivo de determinar relações de longo prazo entre as variáveis Selic, IPCA e hiato, no período selecionado, e em três modelos diferentes.

Os resultados obtidos e apresentados nas tabelas 2 e 3 mostraram que, para ambas as estatísticas, não há presença de qualquer vetor de cointegração ao se adotar o nível de significância de 5%. Portanto, não há relação de equilíbrio de longo prazo entre as variáveis.

Tabela 1

Resultados do teste Dickey-Fuller Aumentado (ADF) para as variáveis Selic, IPCA e hiato 3º trim. 1999-3º trim. 2006

Variáveis	Modelo		
	Intercepto	Intercepto e tendência	Nenhum
		Teste ADF em nível	
Selic	-3,32	-2,13	-0,64
IPCA	-2,64***	-2,59	-0,70
Hiato	-2,90***	-2,65	-2,96*
		Teste ADF na primeira diferença	
DSelic	-4,39*	-4,33*	-4,45*
DIPCA	-3,62**	-3,70**	-3,69*
Dhiato	-4,58*	-4,47*	-4,68*

Notas: *, ** e *** representam níveis de significância de 1%, 5% e 10%, respectivamente. As defasagens foram calculadas de acordo com AIC.

Como não há qualquer vetor de cointegração, então, em vez do modelo VEC, deve-se estimar um modelo VAR (1), conforme critério de informação de Schwarz (SIC) e com as variáveis diferenciadas.

Tabela 2

Resultados do teste de cointegração de Johansen e Juselius para a estatística λ_{trace}, variáveis Selic, IPCA e hiato, 3º trim. 1999-3º trim. 2006

H_0 *Rank = r*	H_A *Rank = r*	*Eigenvalue*	*Trace-stat.*	Valor crítico*	Prob.**
		Modelo 1 *Sem tendência determinística (constante com restrição)*			
0	0	0,4319	25,66	35,19	0,3610
1	1	0,2943	12,09	20,26	0,4405
2	2	0,1439	3,73	9,16	0,4541

Continua

H_0 *Rank* = *r*	H_A *Rank* = *r*	*Eigenvalue*	*Trace-stat.*	Valor crítico*	Prob.**
		Modelo 2 *Tendência linear determinística*			
0	0	0,4308	25,38	29,80	0,1482
1	1	0,2942	11,86	15,49	0,1639
2	2	0,1355	3,49	3,84	0,0616
		Modelo 3 *Tendência linear não determinística (constante com restrição)*			
0	0	0,4314	28,89	42,92	0,5688
1	1	0,3883	15,34	25,87	0,5466
2	2	0,1371	3,54	12,52	0,8072

Nota: O teste traço indicou nenhuma cointegração no nível de 5% nos modelos 1, 2 e 3.
* Rejeição da hipótese nula a 5%.
** *P-values* de MacKinnon, Haug e Michelis (1999).

Tabela 3

Resultados do teste de cointegração de Johansen e Juselius para a estatística λ_{max}, variáveis Selic, IPCA e hiato, 3o trim. 1999-3o trim. 2006

H_0 *Rank* = *r*	H_A *Rank* = *r*+ 1	*Eigenvalue*	*Eigenvalue* *Max stat.*	Valor crítico*	Prob.**
		Modelo 1 *Sem tendência determinística (constante com restrição)*			
0	0	0,4319	13,57	22,30	0,5021
1	1	0,2943	8,37	15,89	0,5047
2	2	0,1439	3,73	9,16	0,4541
		Modelo 2 *Tendência linear determinística*			
0	0	0,4308	13,52	21,13	0,4052
1	1	0,2942	8,36	14,26	0,3430
2	2	0,1355	3,49	3,84	0,0616
		Modelo 3 *Tendência linear não determinística (constante com restrição)*			
0	0	0,4314	28,89	42,92	0,5688
1	1	0,3883	15,34	25,87	0,5466
2	2	0,1371	3,54	12,52	0,8072

Nota: O teste do autovalor máximo indicou nenhuma cointegração no nível de 5% nos modelos 1, 2 e 3.
* Rejeição da hipótese nula a 5%.
** *P-values* de MacKinnon, Haug e Michelis (1999).

Resultados do modelo VAR

A partir de trabalho pioneiro de Sims (1972, 1980), o modelo VAR vem sendo utilizado na análise da política monetária e de seus impactos nas variáveis macroeconômicas. A utilização do VAR é especialmente importante para computar possíveis impactos da moeda na economia. Esta seção destaca como a taxa Selic responde a variações nela mesma, no IPCA e no hiato. Pretende-se, portanto, discutir e calcular a reação da política monetária, através da função impulso-resposta acumulada.

i. IPCA → Selic → hiato

O gráfico 2 destaca as funções de impulso-resposta da política monetária para as variáveis selecionadas. Um choque de 1% na Selic faz com que esta, no primeiro trimestre, suba 1,23% e, no segundo trimestre, passe para 1,99%, chegando a 2,28% no acumulado do terceiro trimestre. A Selic só tende a diminuir após o oitavo trimestre com uma resposta acumulada de aproximadamente 2,48%. Essa característica indica que, quando o Banco Central quer combater a inflação elevando os juros, o processo ocorre rápida e consistentemente.

Um choque de 1% no IPCA faz com que a Selic responda, no primeiro trimestre, com 0,89% e 1,6% no acumulado para o trimestre seguinte. O ápice ocorre no 7º trimestre, com uma resposta acumulada de 2,17%.

Um choque de 1% no hiato não afeta a Selic no primeiro trimestre. A resposta é observada no 2º trimestre, com um valor de 0,53%, e no terceiro trimestre (acumulado), com 0,79%. O ápice ocorre também no sétimo trimestre, com uma resposta de 0,98%. É importante destacar que todos os sinais de resposta estão de acordo com a lógica da condução da política monetária.

A tabela 4 destaca a decomposição da variância dos resíduos da taxa Selic. No primeiro trimestre, o IPCA responde por 34,42% dessa variância. Após um ano, a variação na Selic, de acordo com o modelo i, é explicada em 55,06% pela própria Selic, 35,88% pelo IPCA e 9,05% pelo hiato. Isso destaca a maior importância da inflação em relação ao produto.

ii. hiato → IPCA → Selic

O gráfico 3 descreve as funções impulso-resposta acumuladas, de acordo com o modelo ii. As respostas da Selic às variações dela mesma e do IPCA seguem muito próximas dos valores observados no gráfico 2. A diferença é destacada no choque em 1% do hiato na SELIC. Inicialmente, a Selic diminui em 0,36% e, posteriormente, começa a subir para um valor acumulado máximo de 0,21%, no sétimo trimestre. Isso indica que o Banco Central não se preocupa significativamente com o desempenho do produto.

Gráfico 2
Funções impulso-resposta acumuladas — Selic
Ordem de Cholesky: IPCA — Selic — hiato

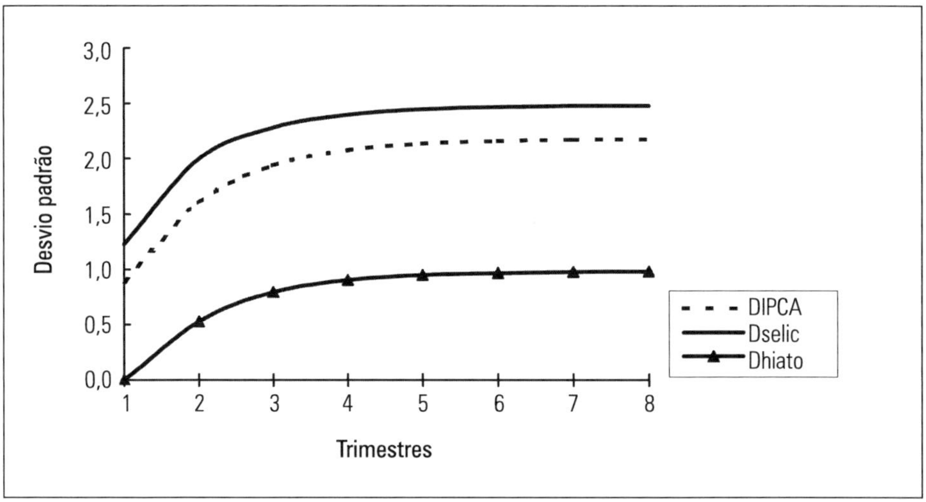

Tabela 4
Decomposição da variância (%) — Selic
Ordem: IPCA — Selic — hiato

Trimestre	Selic	IPCA	Hiato
1	65,58	34,42	0,00
2	57,18	35,29	7,53
3	55,35	35,79	8,86
4	55,06	35,88	9,05

Nota: Cálculo dos autores.

A decomposição da variância Selic de acordo com o modelo ii (tabela 5) indica que, após um ano, as variações na Selic são explicadas por 57,78% pela própria Selic, 36,11% pelo IPCA e 6,12% pelo hiato.

Gráfico 3
Funções impulso-resposta acumuladas — Selic
Ordem: hiato — IPCA — Selic

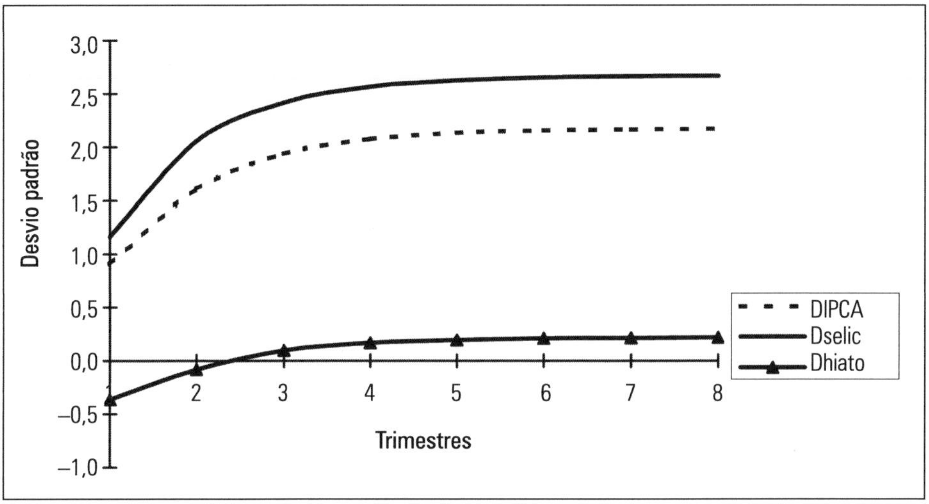

Tabela 5
Decomposição da variância (%) — Selic
Ordem: hiato — IPCA — Selic

Trimestre	Selic	IPCA	Hiato
1	58,52	35,84	5,64
2	58,65	35,70	5,65
3	57,90	36,04	6,06
4	57,78	36,11	6,12

Nota: Cálculo dos autores.

Conclusões

O capítulo comprometeu-se a analisar o comportamento da política monetária sob o regime de metas de inflação, com dados trimestrais. A condução da política pode ser orientada por uma regra de Taylor, como exposto. Esta pressupõe que a determinação da taxa de juros de curto prazo deve se preocupar com a inflação e o produto. Como o objetivo principal dos bancos centrais tem a ver com a necessidade de controlar a inflação, Taylor sugere uma resposta mais expressiva nessa variável. A função de reação dos bancos centrais deve seguir um valor próximo a 1,5% para a inflação (ponto já justificado) e 0,5% para o hiato do produto.

A função impulso-resposta do modelo VAR demonstrou que a Selic responde da seguinte forma: (a) para um choque de 1% no IPCA, a Selic responde em três trimestres, no acumulado, com aproximadamente 1,9%, nos dois modelos; (b) para um choque de 1% no hiato, a Selic responde, no acumulado, com 0,98% (no modelo i) e 0,21% (no modelo ii), após sete trimestres consecutivos. Isso indica que a Selic não segue uma lógica econômica no primeiro trimestre, pois quando o hiato do produto cai (recessão), os juros sobem.

A condução da política monetária se mostrou muito mais preocupada com o desempenho da inflação do que com o comportamento do produto nos últimos anos. Pode-se, pois, argumentar que a política monetária segue uma lógica da regra de Taylor no que diz respeito à inflação, e se preocupa menos com flutuações no produto.

Bibliografia

AKAIKE, H. Canonical correlations analysis of time series and the use of an information criterion. In: ———. *Advances and case studies in system identification*. New York: Academic Press, 1976. p.27-96.

BACEN (BANCO CENTRAL DO BRASIL). *Relatórios de inflação e atas das reuniões do Copom*. Brasília, DF: Banco Central do Brasil, 1999-2006.

BERNANKE, B.; MISHKIN, F. Inflation targeting: a new framework for monetary policy? *Journal of Economic Perpectives*, v. 11, n. 2, Spring 1997.

BITTENCOURT, M. *Formação de preços e caracterização de preços no mercado de frango em São Paulo*. 1995. 161p. Dissertação (Mestrado em Economia Aplicada) — Esalq/USP, Piracicaba, 1995.

BOGDANSKI, J.; TOMBINI, A. A.; WERLANG, S. R. *Implementing inflation target in Brazil*. Brasília, DF: Banco Central do Brasil, 2000. (Working Paper, 1).

CLARIDA, R.; GALI, J.; GERTLER, M. *Monetary policy rules in practice: some international evidence*. Nov. 1997. (NBER Working Paper Series, 6.254).

D'AGOSTINI, L. *Monismo versus não-monismo no Brasil (1994-2004):* uma abordagem econométrica por vetores auto-regressivos com restrição. 2004. 143p. Dissertação (Mestrado em Desenvolvimento Econômico) — UFPR, Curitiba, 2004.

DEBELLE, G. *Inflation targeting in practice*. Washington, DC: IMF, 1997. (Working Paper).

———; STEVENS, G. Monetary policy goals for inflation in Australia. In: HALDANE, A. G. (Ed.). *Targeting inflation*. London: Bank of England, 1995.

DELFIM NETTO, A. Sobre as metas inflacionárias. *Economia Aplicada*, v. 3, n. 3, 1999.

DEZORDI, L. *A condução da política monetária brasileira no regime de metas de inflação:* uma abordagem teórica. 2004. 134p. Dissertação (Mestrado em Desenvolvimento Econômico) — UFPR, Curitiba, 2004.

DICKEY, David A.; FULLER, Wayne A. Distribution of the estimators for autoregressive time series with unit root. *Journal of the American Statistical Association*, v. 74, n. 366, p. 427-431, June 1979.

———; ———. Likelihood ratio statistics for autoregressive time series with a unit root. *Econometrica*, v. 49, n. 4, p. 1057-1072, July 1981.

ENDERS, W. *Applied econometric time series*. New York: Iowa State University, John Wiley & Sons, 1995.

FRIEDMAN, M. The role of monetary policy. *The American Economic Review*, v. 58, n. 1, Mar. 1968.

GRANGER, C. W. J. Investigating causal relations by econometric models and cross-spectral methods. *Econometrica*, v. 37, p. 424-438, 1969.

GUJARATI, Damodar N. *Econometria básica*. São Paulo: Makron Books, 2000.

HALDANE, A. *Some issues in inflation targeting*. London: Bank of England, 1997.

HODRICK, R. J.; PRESCOTT, E. C. Postwar U.S. business cycles: an empirical investigation. *Journal of Money, Credit, and Banking*, v. 29, p. 1-16, 1997.

HOLLAND, M. Monetary and exchange rate policy in Brazil after inflation targeting. In: ENCONTRO NACIONAL DE ECONOMIA, 33., 2005, Natal. *Anais*... Natal: Anpec, 2005.

IVANOV, V.; KILIAN, L. A practitioner's guide to lag order selection for VAR impulse response analysis. *Studies in Nonlinear Dynamics and Econometrics*, v. 9, n. 1, p. 1-34, 2005.

JOHANSEN, Soren; JUSELIUS, Katarina. Maximum likelihood estimation and inference on cointegration with applications to the demand for money. *Oxford Bulletin of Economics and Statistics*, v. 52, n. 2, p. 169-210, 1990.

KYDLAND, F.; PRESCOTT, E. Rules rather than discretion: the inconsistency of optimal plans. *Journal of Political Economy*, v. 85, 1977.

LUTKEPOHL, H. *An introduction to multiple time series analysis*. 2. ed. New York: Springer, 1993.

MacKINNON, James G. Critical values for cointegration tests. In: ENGLE, R. F.; GRANGER, W. J. *Long-run economic relationships:* readings in cointegration. New York: Oxford University Press, 1991. p. 267-276.

———; HAUG, Alfred A.; MICHELIS, Leo. Numerical distribution functions of likelihood ratio tests for cointegration. *Journal of Applied Econometrics*, n. 14, p. 563-577, 1999.

MARK, N. *International macroeconomics and finance:* theory and econometrics methods. New York: Blackwell, 2001.

MENDONÇA, H. de. Metas de inflação: uma análise preliminar para o caso brasileiro. *Economia Aplicada*, v. 5, n. 1, 2001a.

———. Mecanismos de transmissão monetária e a determinação da taxa de juros: uma aplicação da regra de Taylor ao caso brasileiro. *Economia e Sociedade*, Campinas, n. 16, p. 65-81, jun. 2001b.

———. A teoria da credibilidade da política monetária. *Revista de Economia Política*, v. 22, n. 3, jul./set. 2002.

MISHKIN, F. *Inflation targeting in emerging market countries*. Cambridge, MA: NBER, 2000. (NBER Working Paper, 7.618).

PERRON, P. The great crash, the oil price shock, and the unit root hypothesis. *Econometrica*, v. 57, p. 1361-1401, 1989.

SIMS, C. A. Money, income and causality. *American Economic Review*, v. 62, n. 4, p. 540-542, Sept. 1972.

———. Comparison of interwar and postwar business cycles. *American Economic Review*, v. 70, n. 2, p. 250-257, May 1980.

TAYLOR, J. Discretion versus policy rules in practice. *Carnegie-Rochester Conference Series on Public Policy*, v. 9, n. 39, 1993.

———. A historical analysis of monetary policy rules. Cambridge, MA: NBER, Oct. 1998. (NBER Working Paper, 6.768).

Parte II

A inércia da taxa de juros na política monetária

6

A inércia da taxa de juros na política monetária

Fernando de Holanda Barbosa

Um fato estilizado no comportamento dos bancos centrais na condução da política monetária consiste no ajuste gradual da taxa de juros, evitando movimentos súbitos e, consequentemente, tornando a taxa de juros menos volátil. Esse fenômeno é conhecido na literatura econômica[1] como suavização da taxa de juros (*interest rate smoothing*) e traduz-se na dependência da taxa de juros de sua própria história recente, como descrito, por exemplo, na seguinte equação:

$$r_t = \theta r^*_t + (1 - \theta)\, r_{t-1} + \varepsilon_t,\ 0 < \theta \leq 1 \qquad (1)$$

onde a taxa de juros no período t depende da taxa de juros do período t – 1; θ é o peso dado à taxa de juros desejada r*, que deve ser especificada de acordo com a regra de política monetária seguida pelo banco central; e ε representa choques estocásticos. Clarida, Galí e Gertler (1999:1687) reportam que, para dados trimestrais, a ordem de grandeza para o parâmetro θ fica entre 0,1 e 0,2, o que sugere um ajustamento muito lento e uma inércia muito grande da taxa de juros.

[1] Ver Goodfriend, 1987, 1991; Mankiw e Miron, 1991; Rudebusch, 1995; Clarida, Galí e Gertler, 1999; Thornton, 2004.

As razões que determinam esse tipo de comportamento ainda não são bem conhecidas na teoria monetária, e não serão analisadas neste trabalho, que parte do pressuposto de que a inércia da taxa de juros é um fato empírico bem documentado. Este capítulo tem como objetivo analisar as condições que o parâmetro de suavização tem que satisfazer para que a regra de política monetária seja estável.

O capítulo está organizado do seguinte modo: a segunda seção analisa a estabilidade de um modelo que contém três ingredientes: uma regra de política monetária *a la* Taylor, uma curva IS e uma curva de Phillips com nível de preços predeterminado e inércia na taxa de inflação; a terceira seção analisa a dinâmica do modelo da seção anterior quando se adiciona a hipótese de inércia na taxa de juros através de um mecanismo de ajustamento parcial; a quarta analisa a questão de inércia da taxa de juros num modelo novo-keynesiano com a curva de Phillips, que supõe um nível de preços predeterminado, mas no qual a taxa de inflação pode mudar instantaneamente de valor; e a quinta conclui o trabalho.

Regra de política monetária e dinâmica de estabilização

A curva IS supõe que o hiato do produto depende da diferença entre as taxas de juros reais de curto (ρ) e de longo prazo ($\bar{\rho}$), de acordo com:

$$y-\bar{y}=-\alpha(\rho-\bar{\rho}),\ \alpha>0 \tag{2}$$

onde y é o logaritmo do produto real e $\bar{y}$ é o logaritmo do produto potencial.

O banco central fixa a taxa de juros nominal através da regra de política monetária de Taylor, que depende da taxa de juros real de longo prazo, da taxa de inflação (π), da diferença entre a taxa de inflação e a meta da taxa de inflação ($\bar{\pi}$), e do hiato do produto:

$$r=\bar{\rho}+\pi+\beta(\pi-\bar{\pi})+\gamma(y-\bar{y}),\ \beta>0,\gamma>0 \tag{3}$$

A curva de Phillips é uma curva aceleracionista, onde a aceleração da inflação é proporcional ao hiato do produto:

$$\dot{\pi}=\delta(y-\bar{y}),\ \delta>0 \tag{4}$$

Substituindo-se o hiato do produto da curva IS na curva de Phillips, obtém-se:

$$\dot{\pi} = -\alpha\,\delta\,(\rho - \bar{\rho}) \qquad (5)$$

A combinação da curva IS com a regra de política monetária produz a seguinte equação da taxa de inflação em função da taxa de juros real:

$$\pi = \bar{\pi} + \frac{\beta}{1+\alpha\,\gamma}(\rho - \bar{\rho}) \qquad (6)$$

Figura 1

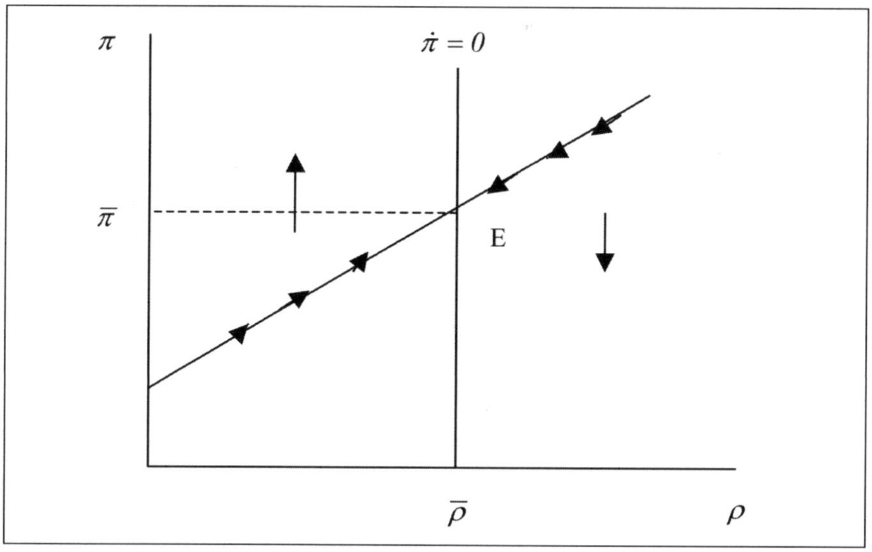

O diagrama de fases da figura 1, com a inflação medida no eixo vertical e a taxa de juros real no eixo horizontal, mostra a dinâmica do modelo formado pelas equações (5) e (6). Quando a taxa de juros real é maior do que a taxa de juros real de longo prazo, a inflação diminui. Caso contrário, aumenta. A regra de política monetária é estável, pois conduz a economia ao pleno emprego e à meta de inflação desejada pelo banco central.

Considere-se agora o seguinte experimento de política econômica: o banco central decide, no instante zero, reduzir a meta da taxa de inflação de $\bar{\pi}_0$ para $\bar{\pi}$, como descrito na figura 2. Essa é uma mudança permanente e não antecipada pelo público.

Figura 2

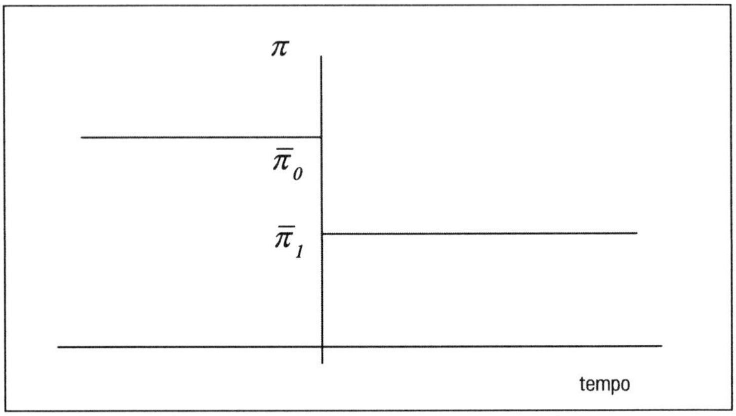

Figura 3

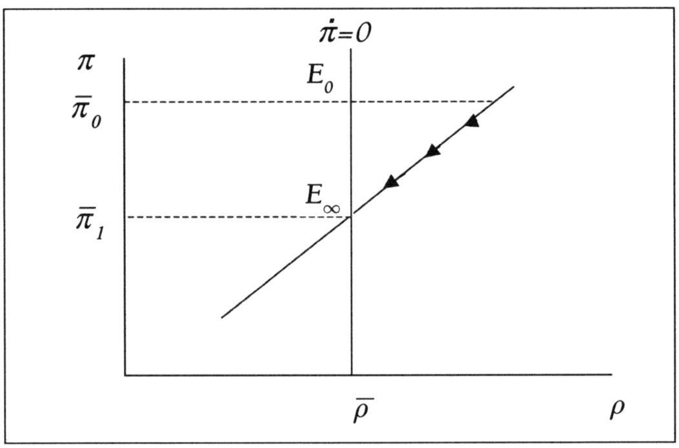

A figura 3 mostra a dinâmica de ajustamento da economia quando a nova política é introduzida. Como a taxa de inflação, no momento inicial, é predeterminada, a taxa de juros real aumenta instantaneamente de valor, produzindo um processo recessivo que acarreta a redução da taxa de inflação. A taxa de juros real e a taxa de inflação convergem gradualmente para o novo equilíbrio de longo prazo quando a nova meta de inflação é alcançada.

A inércia da taxa de juros

A inércia da taxa de juros é descrita por um mecanismo de ajustamento parcial, no qual a variação da taxa de juros é proporcional à diferença entre a taxa de juros desejada e a taxa de juros atual,[2] isto é:

$$\dot{r} = \theta\,(r^* - r),\ \theta > 0 \tag{7}$$

Essa equação é equivalente à equação (1) para o modelo escrito em variáveis contínuas. Ela supõe a existência de algum custo de ajustamento que impede o banco central de fixar imediatamente a taxa de juros nominal no nível desejado. Quando o parâmetro $\theta \rightarrow \infty$, o ajustamento é instantâneo. Caso contrário, a taxa de juros ajusta-se gradualmente para a sua posição de equilíbrio. A taxa de juros desejada segue a regra de Taylor da seção anterior, repetida aqui por conveniência.

$$r^* = \bar{\rho} + \pi + \beta\,(\pi - \bar{\pi}) + \gamma\,(y - \bar{y}) \tag{8}$$

Com um pouco de álgebra, as duas equações anteriores resultam na equação diferencial para a taxa de juros real:

$$\dot{\rho} = \beta\,\theta\,(\pi - \bar{\pi}) - [(1 + \alpha\,\gamma)\theta - \alpha\,\delta](\rho - \bar{\rho}) \tag{9}$$

O modelo formado pelas equações (5) e (9) tem a seguinte matriz jacobiana:

$$J = \begin{bmatrix} \dfrac{\partial \dot{\pi}}{\partial \pi} & \dfrac{\partial \dot{\pi}}{\partial \rho} \\ \dfrac{\partial \dot{\rho}}{\partial \pi} & \dfrac{\partial \dot{\rho}}{\partial \rho} \end{bmatrix} = \begin{bmatrix} 0 & -\alpha\,\delta \\ \beta\theta & -[(1+\alpha\,\gamma)\theta - \alpha\,\delta] \end{bmatrix} \tag{10}$$

O determinante dessa matriz é positivo:

---

[2] O anexo mostra como esse mecanismo de ajustamento parcial pode ser derivado quando o agente econômico minimiza o valor presente do custo de ajustamento para a mudança de uma variável.

$$|J| = \alpha\ \beta\ \delta\ \theta > \tag{11}$$

O traço da matriz *J* tanto pode ser positivo quanto negativo. Para que o sistema dinâmico formado pelas equações (5) e (9) seja estável, o traço tem que ser negativo. Isso significa dizer que o parâmetro θ de ajuste da taxa de juros tem que satisfazer a restrição:

$$tr\,J < 0 \ \ se \ \ \theta > \underline{\theta} = \frac{\alpha\,\delta}{1+\alpha\,\gamma} \tag{12}$$

A conclusão a que se chega com essa restrição é que o banco central não pode ser muito lento ao ajustar a taxa de juros quando houver uma mudança na taxa de juros desejada. A estabilidade do modelo impõe um piso ao parâmetro θ de ajuste da taxa de juros, que depende do parâmetro α da curva IS, do parâmetro δ da curva de Phillips e do parâmetro γ da regra de política monetária. Quanto maiores os dois primeiros, menor a inércia da taxa de juros. Quanto maior a resposta da política monetária ao hiato do produto, menor o piso do coeficiente de ajuste da taxa de juros.

A existência de um piso para o coeficiente θ significa dizer que, na especificação da equação (1), existe um limite superior para o grau de suavização, ou de inércia, da taxa de juros pelo banco central. Os parâmetros da economia e da regra de política monetária impõem uma restrição ao comportamento do banco central no processo de suavização da taxa de juros. O diagrama de fases da figura 4 mostra a dinâmica do modelo, existindo quatro regiões com diferentes movimentos das taxas de inflação e de juros reais, caso a economia não esteja no ponto E de equilíbrio de longo prazo.

A figura 5 descreve a dinâmica de ajustamento da economia quando o banco central decide mudar a meta de inflação no experimento de política monetária descrito na figura 2. A taxa de inflação começa a cair gradualmente, enquanto a taxa de juros real aumenta até atingir seu nível máximo no ponto em que a trajetória da economia corta a reta em que $\dot{\rho} = 0$. A taxa de inflação continua a declinar, atingindo, depois de certo período, um valor menor do que aquele que corresponde ao de equilíbrio de longo prazo (no conhecido fenômeno de *undershooting*), voltando a subir até convergir para a nova meta de inflação. A economia tem uma trajetória recessiva desde a mudança da política monetária até a taxa de inflação atingir o seu menor valor, quando começa a ocorrer um período de aquecimento, com o produto real ultrapassando o produto potencial, em virtude da taxa de juros real ficar abaixo, durante um certo intervalo de tempo, do seu valor de equilíbrio de longo prazo.

Figura 4

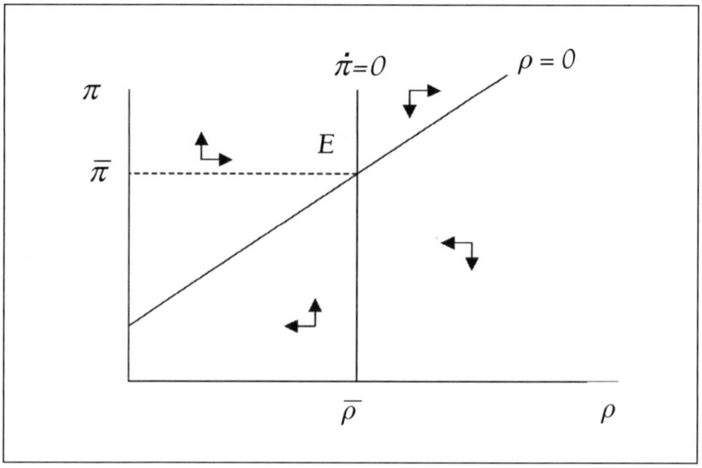

Figura 5

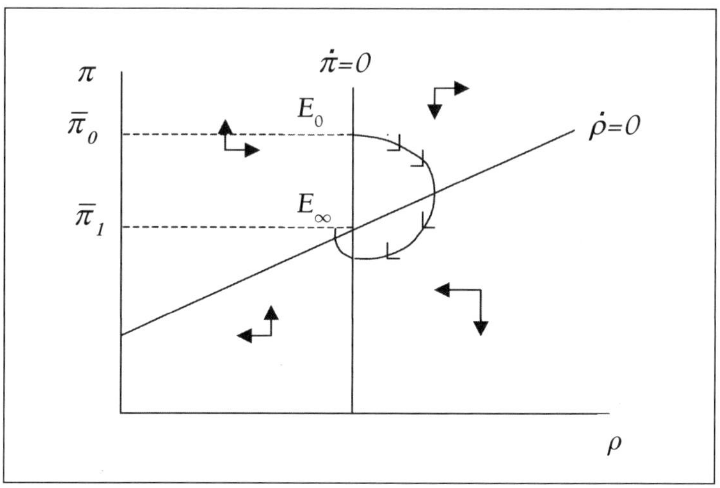

Inércia da taxa juros no modelo novo-keynesiano

No modelo novo-keynesiano, o nível de preços é predeterminado, mas a taxa de inflação pode mudar repentinamente. A curva de Phillips *a la* Calvo é proporcional ao hiato do produto, mas o coeficiente de proporcionalidade é negativo:

$$\dot{\pi} = -\phi\,(y - \bar{y})\ ,\ \phi > 0 \tag{13}$$

A curva IS, a regra de política monetária e o mecanismo de ajustamento parcial da taxa de juros são os mesmos da seção anterior. Nesse caso, o modelo fica mais fácil de analisar através de um sistema dinâmico com as variáveis taxa de inflação e taxa de juros nominal. Com um pouco de álgebra, chega-se ao seguinte sistema de equações diferenciais:

$$\dot{\pi} = -\alpha\,\phi\,(\pi - \bar{\pi}) + \alpha\,\phi\,(r - \bar{r}) \tag{14}$$

$$\dot{r} = -(1+\alpha\,\gamma)\theta\,(r - \bar{r}) + \theta\,(\beta + 1 + \alpha\,\gamma)(\pi - \bar{\pi}) \tag{15}$$

onde $\bar{r} = \bar{\rho} + \bar{\pi}$ é a taxa de juros nominal de longo prazo. A matriz jacobiana desse sistema é dada por:

$$J = \begin{bmatrix} \dfrac{\partial \dot{\pi}}{\partial \pi} & \dfrac{\partial \dot{\pi}}{\partial r} \\ \dfrac{\partial \dot{r}}{\partial \pi} & \dfrac{\partial \dot{r}}{\partial r} \end{bmatrix} = \begin{bmatrix} -\alpha\,\theta & \alpha\,\theta \\ \theta\,(\beta + 1 + \alpha\,\gamma) & -(1+\alpha\,\gamma)\theta \end{bmatrix} \tag{16}$$

O determinante dessa matriz é negativo

$$|J| = -\alpha\,\beta\,\theta\,\phi < 0 \tag{17}$$

e o ponto de equilíbrio do sistema é um ponto de sela. Logo, não existe qualquer restrição sobre o parâmetro θ de ajustamento da taxa de juros. A figura 6, com a taxa de juros nominal no eixo vertical e a taxa de inflação no eixo horizontal, mostra o diagrama de fases desse modelo. Na sela do modelo, a taxa de juros nominal e a taxa de inflação são negativamente correlacionadas.

Figura 6

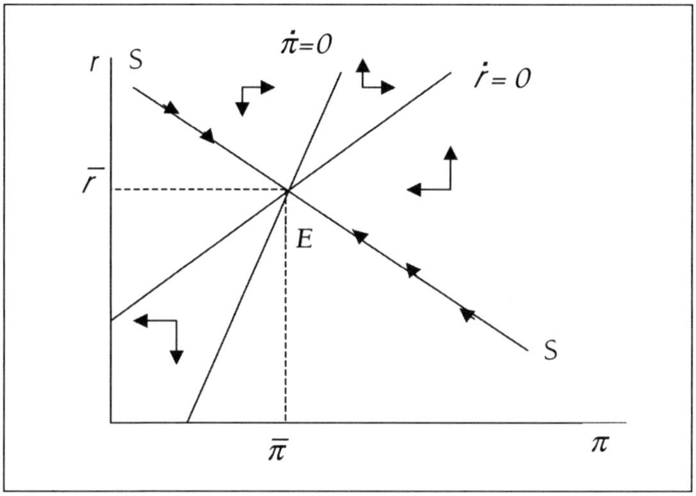

A figura 7 descreve o que acontece com a taxa de juros nominal e com a taxa de inflação num experimento de política monetária em que o banco central reduz permanentemente, sem anúncio prévio, a meta da taxa de inflação, como descrito na figura 2. A taxa de inflação sofre uma redução instantânea, porém a taxa de juros nominal é uma variável predeterminada, que se ajusta gradualmente para o seu novo valor de equilíbrio de longo prazo.

Figura 7

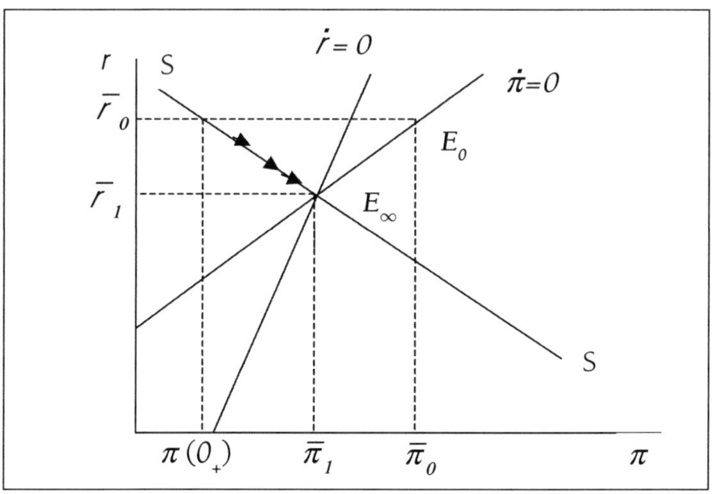

Conclusão

Este trabalho mostrou que, num modelo onde existe inércia na taxa de inflação, o banco central não pode se dar ao luxo de ajustar a taxa de juros nominal da economia na velocidade que bem desejar, pois há um limite superior para o coeficiente de inércia. Caso contrário, a regra de política monetária de Taylor produz um regime monetário instável.

No modelo novo-keynesiano não existe qualquer restrição sobre o grau de inércia da taxa de juros. O banco central, nesse caso, pode escolher de maneira discricionária a velocidade de ajuste da taxa de juros. Todavia, a dinâmica da economia, quando submetida a experimentos de política monetária, produz resultados que não são consistentes com a evidência empírica. Uma redução não antecipada da meta de inflação acarreta uma redução instantânea da taxa de inflação, com um *undershooting* da taxa de inflação e, depois, uma subida gradual da taxa de inflação para o seu novo equilíbrio de longo prazo.

Bibliografia

CLARIDA, Richard; GALÍ, Jordi; GERTLER, Mark. The science of monetary policy: a Keynesian perspective. *Journal of Economic Literature*, v. 37, p. 1661-1707, 1999.

GOODFRIEND, Marvin. Interest rate smoothing and price level trend-stationary. *Journal of Monetary Economics*, v. 19, p. 335-348, 1987.

———. Interest rates and the conduct of monetary policy. *Carnegie-Rochester Conference Series on Public Policy*, v. 34, p. 7-30, 1991.

MANKIW, N. Gregory; MIRON, Jeffrey A. Should the FED smooth interest rates? The case of seasonal monetary policy. *Carnegie-Rochester Conference Series on Public Policy*, v. 34, p. 41-70, 1991.

RUDEBUSCH, Glenn D. Federal Reserve interest rate targeting, rational expectations and the term structure. *Journal of Monetary Economics*, v. 35, p. 245-274, 1995.

THORNTON, Daniel L. The FED and short-term rates: is it open market operations, open mouth operations or interest rate smoothing? *Journal of Banking & Finance*, v. 28, p. 475-498, 2004.

Anexo

Admita-se que o custo de ajustamento de uma variável y é uma função quadrática da diferença entre o seu valor corrente e o seu valor em equilíbrio, e de sua taxa de variação, de acordo com:

$$\int_0^\infty e^{-\rho t}[\frac{1}{2}(y-y^*)^2 + \frac{\alpha}{2}\dot{y}^2]\,dt$$

onde ρ é a taxa de juros real usada para descontar o fluxo do custo de ajustamento. O problema consiste em escolher a trajetória da variável y de sorte a minimizar a expressão acima. Esse problema pode ser resolvido pela teoria do controle ótimo, introduzindo-se a variável x como variável de controle. Isto é, minimizar

$$\int_0^\infty e^{-\rho t}[\frac{1}{2}(y-y^*)^2 + \frac{\alpha}{2}x^2]\,dt$$

com a condição de que a restrição seja satisfeita

$$\dot{y} = x$$

e supondo

y(0) dado

O hamiltoniano desse problema é dado por:

$$H = \frac{1}{2}(y-y^*)^2 + \frac{\alpha}{2}x^2 + \lambda\, x$$

As condições de primeira ordem para um mínimo são:

$$\frac{\partial H}{\partial x} = \alpha x + \lambda = 0$$

e

$$\dot{\lambda} = \rho\lambda - \frac{\partial H}{\partial y}\ ,\ \frac{\partial H}{\partial y} = y - y^*$$

A trajetória ótima tem que satisfazer a condição de transversalidade:

$$\lim_{t \to \infty} \lambda y e^{-\rho t} = 0$$

As duas condições de primeira ordem são equivalentes ao seguinte sistema de equações diferenciais:

$$\dot{y} = -\frac{1}{\alpha}\lambda$$

$$\dot{\lambda} = \rho\lambda - (y - y^*)$$

A matriz jacobiana desse sistema é dada por:

$$J = \begin{bmatrix} \dfrac{\partial \dot{y}}{\partial y} & \dfrac{\partial \dot{y}}{\partial \lambda} \\ \dfrac{\partial \dot{\lambda}}{\partial y} & \dfrac{\partial \dot{\lambda}}{\partial \lambda} \end{bmatrix} = \begin{bmatrix} 0 & -\dfrac{1}{\alpha} \\ -1 & \rho \end{bmatrix}$$

O determinante dessa matriz é negativo

$$|J| = -\frac{1}{\alpha} < 0$$

e o ponto de equilíbrio do sistema é um ponto de sela. A figura A1 mostra o diagrama de fases do sistema com a variável y no eixo horizontal e a variável de coestado λ no eixo vertical. Os pontos que correspondem a $\dot{y} = 0$ coincidem com o eixo horizontal, e a trajetória de sela SS é positivamente inclinada.

Figura A1

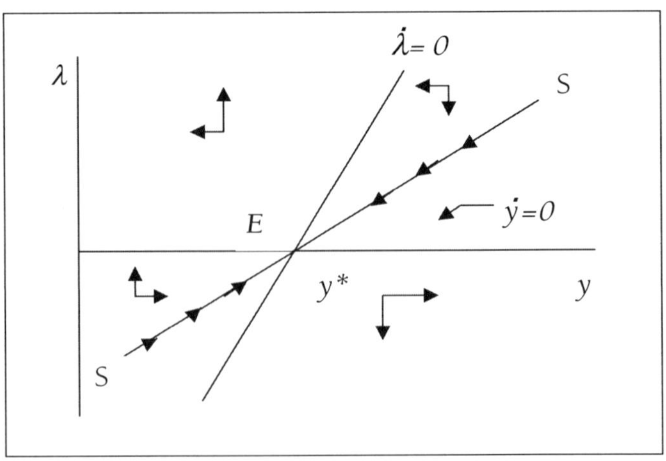

A figura A2 mostra a trajetória de ajustamento quando a variável y muda seu valor de equilíbrio de y_0^* para y_1^*. A variável y não muda repentinamente de valor, mas a variável λ ajusta-se instantaneamente, produzindo uma trajetória em que a variável y converge gradualmente para seu novo valor de equilíbrio no caminho de sela indicado na figura.

Figura A2

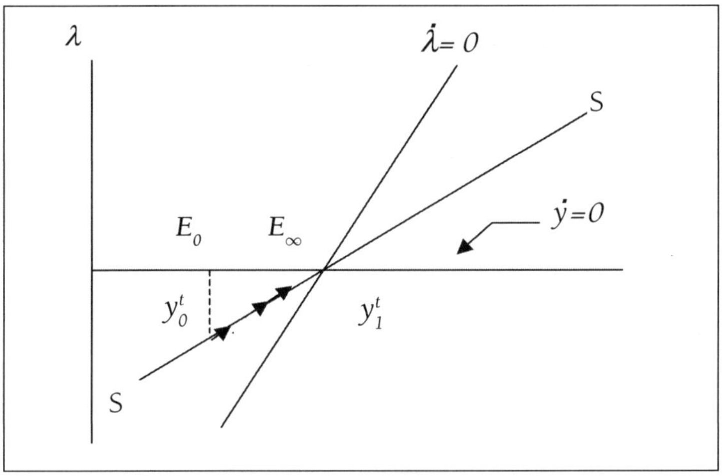

A equação de y que corresponde à sela é dada por:

$$y = y^* + Ce^{-\mu t} \quad , \; \mu > 0$$

onde C é uma constante, e μ é uma raiz da equação homogênea

$$\ddot{y} - \rho\,\dot{y} - \frac{1}{\alpha}y = 0$$

cujo valor é

$$\mu = \frac{\rho + \sqrt{\rho^2 + \frac{4}{\alpha}}}{2}$$

Derivando-se a equação de y com relação ao tempo, é fácil verificar-se que o mecanismo de ajustamento parcial depende do parâmetro do custo de mudança da variável y. Isto é:

$$\dot{y} = \frac{1}{\sqrt{\alpha}} (y - y^*)$$

onde se admitiu, por simplicidade, que a taxa de juros real é igual a zero. Logo, se o parâmetro α for igual a zero, o ajustamento será instantâneo. Caso contrário, o ajustamento será parcial.

7

A determinação da taxa de juros em uma economia sob metas de inflação: o caso brasileiro

Helder Ferreira de Mendonça, Lucas Lautert Dezordi e Marcelo Luiz Curado

Do ponto de vista macroeconômico, a política econômica pode ser dividida em dois instrumentos básicos: a política monetária e a fiscal.[1] Ao longo das décadas de 1980 e 90, a maioria das nações passou a se concentrar na busca da estabilidade de preços. A principal estrutura utilizada para a consecução desse objetivo tem sido separar a função monetária de outras instituições fiscais do governo. Os motivos que levaram à mudança na condução da política monetária foram os choques de oferta ocorridos nos anos 1970 e o rompimento com o paradigma keynesiano tradicional na condução da política econômica.

Em resposta às transformações observadas nos anos 1970, houve o desenvolvimento do debate regras *versus* discrição. A antiga literatura sobre o assunto considerava, na análise, as intenções e a capacidade do responsável pela condução da política. Argumentos favoráveis ao uso de regras tinham por base o conhecimento imperfeito dos agentes sobre a economia e a tendência de as autoridades políticas conduzirem a política econômica para fins inadequados do ponto de vista do bem-estar social. Essa visão sobre regras ou discrição so-

[1] É importante ressaltar que a análise desenvolvida neste capítulo concentra-se no estudo da política monetária. Além disso, a divisão mencionada não significa que os autores neguem instrumentos microeconômicos como política comercial, estrutura de impostos etc.

freu uma mudança significativa a partir do estudo feito por Kydland e Prescott (1977). Desde então as regras passaram a ser consideradas uma tecnologia de compromisso, capaz de evitar a manifestação do problema da inconsistência temporal. Nos anos 1980 esse tema de análise da política econômica recebeu novo impulso com a proposta feita por Rogoff (1985) de que a condução da política monetária deveria ser feita por um banco central independente e conservador.

Com a consolidação do argumento de que o banco central deve ter independência operacional e de que seu objetivo deve ser a busca da estabilidade de preços, o regime de metas de inflação tornou-se uma estratégia adotada por diversos países na condução da política monetária a partir do início dos anos 1990.[2] Em consequência de o objetivo final da condução da política monetária estar focado na busca da estabilidade de preços, a taxa de juros tornou-se a meta intermediária do banco central.[3]

É sabido que a taxa de juros é o instrumento mais importante à disposição da autoridade monetária para o combate à inflação. Todavia, uma taxa de juros muito alta pode prejudicar o equilíbrio fiscal, devido à sua incidência sobre o estoque da dívida pública, implicando déficits cada vez mais elevados. Portanto, há limitações para o uso da taxa de juros na tentativa de estabilizar a inflação. Outro ponto a ser considerado é a inadequação de uma taxa de juros baixa, resultante de passividade monetária, pois corre-se o risco de colocar a economia em uma rota de aumento do endividamento público e aceleração inflacionária. Em suma, para estabilizar a razão dívida/PIB e a taxa de inflação é preciso um esforço para se ter disciplina fiscal concomitantemente ao combate à inflação.

Desde junho de 1999, devido à introdução do regime de metas de inflação no Brasil, a taxa de juros tornou-se uma variável proeminente para a análise da

---

[2] Diferentemente de simples regras políticas, as metas de inflação permitem ao banco central levar em conta todas as informações relevantes na escolha da ação política mais adequada para a obtenção da meta. Ademais, há a possibilidade de se usar políticas discricionárias sem que isso leve à perda de credibilidade. Ou seja, o regime de metas inflacionárias deve ser entendido como um caso de discrição limitada.

[3] Cabe ressaltar que a escolha da meta intermediária pelo banco central deve levar em conta três características fundamentais: (a) ela deve ser mensurável; (b) o banco central deve ter controle sobre ela; e (c) deve haver um efeito previsível sobre o objetivo. Como um banco central pode determinar a taxa de juros, ainda que não tenha controle perfeito sobre a oferta de moeda, isso implica que seu uso é mais conveniente do que o de agregados monetários.

condução da política econômica.[4] Com o objetivo de avaliar a adequabilidade da adoção da regra de Taylor original para a determinação da taxa de juros básica da economia brasileira, calculou-se a taxa de juros, com base nessa regra, para o período posterior à introdução do referido regime. Ademais, foi estimada a influência do desvio da inflação em relação à meta, do hiato do produto, da Selic defasada e do risco-país sobre a taxa Selic.

Além desta introdução, o capítulo foi organizado da seguinte forma: a segunda seção apresenta, de forma breve, a estrutura utilizada pelo Banco Central do Brasil (BC) na definição da taxa de juros básica da economia e a proposta de Taylor (1993). A terceira seção apresenta a evolução da taxa de juros brasileira no período posterior à introdução do regime de metas de inflação, com base na regra de Taylor original, e a importância do risco-país na análise da taxa de juros. A quarta traz algumas evidências empíricas para avaliar a determinação da Selic. Por último, é apresentada a conclusão.

A determinação da taxa de juros e a regra de Taylor

O principal instrumento à disposição do Banco Central para a condução da política monetária é a taxa de juros do mercado de reservas bancárias (taxa Selic).[5] A importância da definição da taxa de juros pelo BC está no fato de esta variável ser capaz de influenciar o comportamento do nível de preços e a atividade da economia. Também cabe ressaltar que é por meio da taxa Selic que as demais taxas são determinadas, por arbitragem.

Desde junho de 1996 as diretrizes da política monetária e a definição da taxa Selic têm sido um encargo do Comitê de Política Monetária do Banco Central do Brasil (Copom).[6] O principal objetivo da criação do comitê

[4] Existem diversas taxas de juros na economia: taxas de poupança, taxas de empréstimo, taxas de financiamento etc., que são classificadas de acordo com o prazo: curto, médio e longo. É importante ressaltar que o banco central possui controle direto apenas sobre a taxa de juros do mercado de reservas bancárias.

[5] A taxa de juros fixada na reunião do Copom é a meta para a taxa Selic (taxa média dos financiamentos diários, com lastro em títulos federais, apurados no Sistema Especial de Liquidação e Custódia), que vigora por todo o período entre as reuniões ordinárias do comitê.

[6] O Copom teve como referência o Federal Open Market Committee (Fomc) do Banco Central dos Estados Unidos e o Conselho do Banco Central da Alemanha.

foi a tentativa de aumentar a transparência da definição da taxa de juros. Esse é um ponto que merece atenção porque a necessidade de tornar mais transparente a condução da política monetária tem se constituído em um dos principais argumentos favoráveis à adoção de metas inflacionárias.[7] O argumento central é que, na maioria dos países que utilizam o sistema de metas de inflação, a transparência aumenta devido ao anúncio de uma meta explícita e a uma maior comunicação entre a autoridade monetária e o público.[8]

O regulamento do Copom sofreu uma série de alterações ao longo do tempo visando ao aperfeiçoamento do processo decisório em relação à taxa de juros, e para adequar-se às mudanças do regime monetário. Entre as principais mudanças efetuadas, merece destaque a introdução do regime de metas para a inflação. Desde então, as decisões do Copom passaram a ter como objetivo cumprir as metas de inflação definidas pelo Conselho Monetário Nacional. No caso de as metas não serem alcançadas, o presidente do Banco Central deve explicar os motivos do descumprimento ao ministro da Fazenda e anunciar as medidas tomadas para que a inflação se situe dentro dos limites estabelecidos. Em suma, são três os objetivos do Copom: (a) implementar a política monetária; (b) definir a meta da taxa Selic e seu eventual viés;[9] e (c) analisar o relatório de inflação.

De acordo com o Banco Central, a taxa de juros básica da economia tem sido definida com o objetivo de alcançar a meta anual de inflação. Conforme se pode observar na figura 1, verifica-se que há uma elevada correlação (0,86) entre a Selic e a taxa de inflação no período posterior à introdução do regime de metas de inflação. Essa constatação sugere que o comportamento da inflação tem sido a principal variável levada em consideração na definição da taxa de juros.

[7] O caso mais formalizado para a transparência das ações do banco central é o da Nova Zelândia. Nesse país, o governo tem o direito de demitir o presidente do Banco Central caso a inflação se desvie em 25% da taxa anunciada. Exemplos de benefícios oriundos da maior transparência das ações do banco central podem ser ilustrados com os casos do Canadá e da Inglaterra. Para uma análise detalhada desses países, ver Mishkin e Posen, 1997.

[8] Uma boa resenha da literatura sobre a transparência da política monetária encontra-se em Geraats, 2002; e em Mendonça, 2006.

[9] O viés representa uma prerrogativa concedida ao presidente do Banco Central para alterar, na direção do viés, a meta para a taxa Selic, a qualquer momento, entre as reuniões ordinárias.

Figura 1
Inflação x Selic
(jul. 1999-dez. 2003)

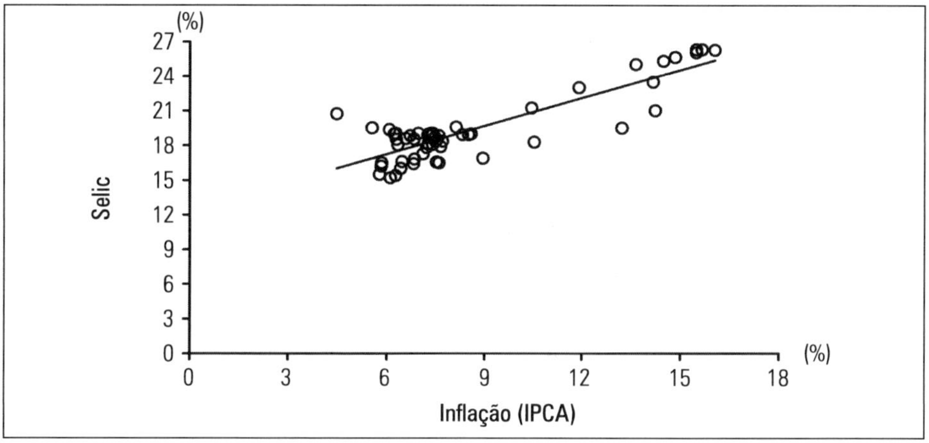

Fonte: Banco Central e IBGE.

Um teste de causalidade de Granger confirma a intuição presente na figura 1. A tabela 1 apresenta o resultado de tal teste entre a inflação (medida pelo IPCA) e a taxa Selic, entre julho de 1999 e dezembro de 2003. De acordo com o teste de Granger efetuado, observa-se uma relação recíproca de "causalidade" entre a inflação e a Selic. A probabilidade de a inflação não causar, no sentido de Granger, Selic (e vice-versa) é menor que 1%.

Tabela 1
Teste de precedência temporal de Granger / Selic e inflação
(jul. 1999-dez. 2003)

Hipótese nula	Obs.	Estatística-F	Probabilidade
Selic não Granger causa inflação	53	91,7460	6,7E-13
Inflação não Granger causa Selic		6,79531	0,01201

Não obstante, a taxa de juros no modelo estrutural utilizado pelo BC durante o regime de metas de inflação considera três possibilidades para a adoção de uma regra de condução da política monetária: (a) uma trajetória exógena para a taxa de juros; (b) a possibilidade de a taxa de juros responder ao hiato do produto e ao desvio da inflação em relação à meta (uma regra de

Taylor); e (c) uma regra de reação ótima calculada de forma determinística ou estocástica.[10]

O segundo ponto supracitado tem sido objeto de intensa pesquisa acadêmica desde a proposta elaborada por Taylor (1993). Judd e Rudebusch (1998:5-6) apresentam de forma sumária os motivos que despertaram o interesse na análise da regra para a definição da taxa de juros.

> A regra de Taylor original se ajusta de forma bem razoável à taxa de juros [FED *funds*] durante o período Greenspan. O R^2 para o período é de 87% para a taxa de juros nominal (série em nível e periodicidade trimestral) e de 52% para as variações trimestrais. Os argumentos na regra — inflação e hiato do produto — correspondem, de forma aproximada, às metas estabelecidas para a política monetária norte-americana — preços estáveis e pleno emprego.

O elemento fundamental da análise diz respeito ao horizonte para a ação da política monetária. A grande maioria dos economistas acredita na ineficácia da política monetária para afetar variáveis reais no longo prazo (crescimento do produto, nível de emprego etc.). Entretanto, no curto prazo, a autoridade monetária não deve negligenciar a estabilização do emprego ou os efeitos sobre a economia oriundos da condução da política monetária na busca da estabilidade de preços. A justificativa para que o banco central tenha esse procedimento resulta da observação de que o comportamento da inflação se deve, em alguma medida, ao efeito da taxa de juros sobre o emprego e a atividade real.

A proposta de Taylor estabelece uma regra simples para a determinação da taxa de juros que leva em consideração quatro fatores básicos: (a) a inflação; (b) a taxa de juros real de equilíbrio; (c) a diferença entre a inflação observada e a meta; e (d) o hiato entre o produto efetivo e o potencial. Os dois primeiros fatores servem de referência para o caso de a economia estar funcionando no nível potencial e revela a hipótese implícita do uso de uma taxa de juros real constante.[11] Os fatores subsequentes da regra de Taylor representam os objeti-

[10] De acordo com os resultados encontrados por Freitas e Muinhos (2001), regras do tipo Taylor podem ter desempenho tão satisfatório quanto o das regras ótimas. O ponto central para a obtenção desse resultado é a escolha adequada dos parâmetros para as preferências do banco central.

[11] Cabe ressaltar que a taxa real de juros desempenha papel relevante na formulação da política monetária. Embora a taxa de juros nominal seja a variável de ajuste da autoridade monetária, é a taxa real de juros que afeta o lado real da economia.

vos da política monetária, referindo-se os parâmetros de ajuste ao *trade-off* de curto prazo entre a inflação e o produto. O terceiro fator indica um aumento (ou queda) da taxa de juros quando a inflação encontra-se acima (ou abaixo) da meta. De forma análoga, o quarto fator indica que, no caso de uma diferença positiva (ou negativa) entre o produto efetivo e o produto potencial, deve haver um aumento (ou queda) na taxa de juros.[12] Ou seja, de acordo com a proposta original de Taylor (1993), a taxa básica de juros seria obtida por meio da seguinte equação:

$$i_t = \pi_t + r^* + g(y_t) + h(\pi_t - \pi^*) \qquad (1)$$

onde i é a taxa básica de juros nominais; r^* é a taxa real de juros de equilíbrio; π é a taxa média da inflação dos últimos quatro trimestres (deflator do PIB); π^* é a meta da taxa de inflação; e y é o hiato do produto (100.(PIB real – PIB potencial) ÷ PIB potencial).[13]

Taylor (1993 e 1998) sugere que os pesos dados pela autoridade monetária aos desvios da inflação (h) e do produto (g) para a determinação da taxa de juros correspondem a 0,5. Além disso, pressupõe-se que a taxa de juros real e a meta de inflação são, ambas, iguais a 2%. Ou seja, a taxa de juros reais será igual a 2% quando a inflação for de 2% e não houver divergência entre o PIB real e o PIB potencial. Também é observado que, para cada ponto percentual de inflação ou do PIB acima (ou abaixo) de 2%, a taxa básica de juros aumenta (ou diminui) 0,5%. Uma importante observação feita por Taylor em relação à sua regra refere-se à ausência da taxa de câmbio na definição da taxa de juros. Conforme salientado pelo autor, o fato de a taxa de juros responder ao hiato do produto e à meta de inflação revela uma importante reação indireta à taxa de câmbio.

Considerando-se um regime de metas de inflação, a equação (1) pode se mostrar útil como um guia normativo para a condução da política monetária e, consequentemente, para a decisão de aumentar ou diminuir a taxa de juros de curto prazo. É importante destacar que o coeficiente da inclinação da in-

---

[12] Kozicki, 1999.

[13] Taylor (1993) utilizou uma tendência linear do logaritmo do PIB real, com base no período compreendido entre o primeiro trimestre de 1984 e o terceiro trimestre de 1992, como *proxy* para o produto potencial.

flação na equação (1) é dado por $1 + h$. Assim, a resposta da taxa de juros em relação ao produto é capturada pelo parâmetro g, enquanto aquela relativa à inflação é dada por $1 + h$. Também deve ser ressaltado que os valores de g e de $1 + h$ dependem do regime de política monetária adotado pelo banco central, mas a probabilidade de os valores serem positivos é alta. Simulações de diferentes modelos econômicos indicam que o coeficiente h não deve ser negativo, uma vez que isso implicaria um valor de $1 + h$ menor do que 1, levando a uma queda significativa da taxa de juros real e a um aumento considerável no caso de uma queda da inflação.

Obtenção da taxa de juros brasileira por meio da utilização da regra de Taylor original

Conforme destacado na seção anterior, a determinação da taxa de juros representa o mais importante instrumento operacional do banco central para a consecução das metas de inflação. Ainda que a taxa de juros seja um instrumento eficiente no combate à inflação, é forçoso reconhecer que uma taxa de juros elevada implica efeitos negativos sobre o produto, que podem ser compreendidos como um aumento do custo social. A figura 2 mostra a trajetória da taxa Selic durante o regime de metas de inflação. Observa-se que, mesmo excluindo o ano de 2003 da análise,[14] a taxa de juros situou-se dentro da faixa de 15-19% (ver área definida pelas linhas pontilhadas na figura). Logo, pode-se afirmar que, depois de transcorridos quatro anos e meio da adoção do regime de metas para a inflação, a taxa de juros não atingiu um nível que pudesse, de forma concomitante, conduzir a inflação ao atingimento das metas estabelecidas e/ou estimular a atividade econômica.[15]

[14] Período marcado pela necessidade de o novo governo federal acomodar a instabilidade gerada na expectativa dos agentes econômicos sobre a condução da política econômica durante o processo de eleição presidencial.

[15] À exceção dos anos de 1999 e 2000, as metas de inflação dos anos subsequentes foram descumpridas. Cabe destacar que, na análise da condução da política monetária com base nas atas do Copom e nos relatórios de inflação, não foi encontrado um indício significativo que mostrasse a preocupação do Banco Central em conduzir a política monetária objetivando estabilizar o produto real.

Figura 2
Trajetória da taxa Selic durante o regime de metas de inflação

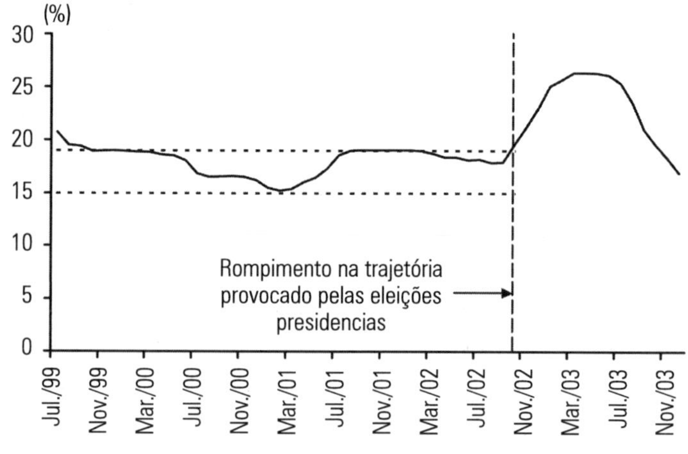

Fonte: Banco Central do Brasil.

Diante da imperícia do Banco Central para atingir as metas de inflação e estimular o crescimento econômico no período recente, uma importante análise a ser feita consiste em verificar se a utilização de uma regra do tipo Taylor (a mais próxima possível da original) seria mais eficiente para a definição da taxa de juros (mesma taxa de inflação e taxas de juros mais baixas). Cabe ressaltar que, de acordo com a teoria econômica, uma economia que tenha mobilidade de capitais e um regime de câmbio flexível permite a ação de uma política monetária ativa. Ou seja, o Banco Central pode determinar a taxa de juros. A regra de Taylor sugerida por Bogdanski, Tombini e Werlang (2000), e que serve de referência para a análise do regime de metas de inflação implementado no Brasil, é a seguinte:

$$i_t = (1 - \lambda)\, i_{t-1} + \lambda\, (\alpha_1(\pi_t - \pi^*) + \alpha_2 y_t + \alpha_3) \qquad (2)$$

onde π_t é o log da inflação; π^* é o log da meta de inflação; y_t é o hiato do produto; e i_t é o log da taxa de juros.

De acordo com Bogdanski, Tombini e Werlang (2000:15), "quando $\lambda = 1$, [a equação (2)] é equivalente à regra de Taylor padrão, ao mesmo tempo, quando $\lambda \in (0,1)$, corresponde a uma regra de Taylor com suavização da taxa de juros". Essa afirmação merece uma reflexão. Não é verdade que se λ for igual 1 obtém-se a regra de Taylor padrão. O fato de o primeiro termo da equação ser eliminado quando λ é igual 1 não é suficiente para capturar a essência da proposta de Taylor (1993 e 1998). Conforme apresentado na seção anterior, a regra de Taylor original considera uma taxa de juros real de equilíbrio adicionada à taxa de inflação, o que, por conseguinte, não é equivalente à constante α_3 utilizada na equação (2). Ademais, o fato de se considerar, na equação (2), a taxa de juros defasada implica a possibilidade de haver uma inércia na taxa de juros que prejudica uma possível redução.

Diante das divergências apontadas, decidiu-se pelo uso da regra de Taylor original para a obtenção da taxa de juros no período posterior à introdução do regime de metas de inflação (jul. 1999-dez. 2003). Destarte, tomando-se como referência a equação (2), foram utilizadas as seguintes séries:

- taxa de juros nominal (i_t) — utilizou-se a taxa de juros básica da economia (Selic) com periodicidade mensal divulgada pelo Banco Central;
- taxa de juros real (r^*) — taxa de juros Selic deflacionada pelo IPCA (divulgado pelo IBGE);[16]
- hiato do produto (y_t) — foram utilizados os dados divulgados pelo IBGE sobre a produção industrial, em razão da periodicidade mensal. A série do hiato do produto é obtida a partir da diferença entre o valor observado para o produto e o produto potencial. O produto potencial (tendência) é calculado por meio da aplicação do filtro de Hodrick-Prescott;[17]
- inflação (π_t) — média (geométrica) da inflação dos últimos 12 meses, medida pelo IPCA.

A figura 3 mostra a evolução da taxa Selic e da taxa de juros, obtida pela regra de Taylor (RT). A trajetória das duas taxas permite observar que, ao longo de quase todo o período, a taxa Selic situou-se abaixo da RT. Esse resultado não chega a ser surpreendente. Deve-se ressaltar que a RT tem como principais variáveis para explicar sua flutuação tanto os desvios da inflação em relação à

---

[16] A variável "inflação esperada" foi obtida por meio de informação divulgada pelo Banco Central sobre as expectativas de mercado para a inflação.
[17] O método de Hodrick-Prescott para a suavização de uma série é muito empregado por macroeconomistas para estimar a tendência de longo prazo de uma série.

meta quanto os desvios do produto efetivo em relação ao potencial. Dado que, desde 2000, as metas de inflação não são alcançadas pelo Banco Central, é natural que um valor de $(\pi_t - \pi^*) > 0$ contribua para uma elevação/manutenção da taxa de juros. Além disso, observa-se que, ao longo do período, o hiato do produto apresentou oscilações que não justificam uma redução da RT. Logo, os dois motivos mencionados representam dois aspectos fundamentais que justificam a tendência de aumento da taxa de juros capturada pela RT.

Figura 3
Evolução da Selic e da RT
(jul. 1999-dez. 2003)

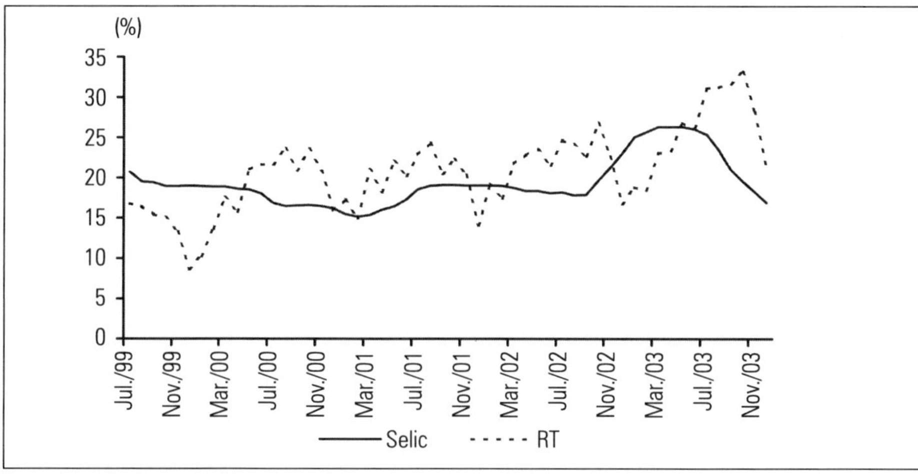

Fonte: Banco Central do Brasil.

A observação acima não significa que a RT seja adequada para definir a taxa de juros básica da economia brasileira ao longo do período considerado. Ao contrário, a manutenção da taxa de juros em um patamar elevado tem consequências importantes para a economia. Além do conhecido argumento keynesiano de que uma taxa de juros acima do necessário provoca um efeito perverso sobre o produto, devido à queda no nível de investimento,[18] uma importante observação prática para o impacto dos juros sobre a economia bra-

[18] A justificativa para a queda no nível de investimento é o fato de o retorno real proveniente dos juros tornar-se superior à eficiência marginal do capital em parte da economia.

sileira diz respeito às suas consequências para a dívida pública. A razão dessa ponderação se justifica pelo fato de que o principal indexador da dívida é a taxa Selic.[19] Logo, a manutenção da taxa de juros em um patamar inadequado provoca um aumento desnecessário na razão dívida pública/PIB.

Uma consequência do aumento da dívida pública provocado por uma taxa de juros elevada é a criação de uma rigidez para a queda da própria taxa de juros, por duas razões básicas: (a) aumento do risco de insolvência do governo — os investidores preferem transferir-se para outros mercados, provocando uma desvalorização cambial, o que, por sua vez, exerce pressão para uma alta da inflação; e (b) necessidade de aumento da carga tributária — o governo aumenta a alíquota dos impostos ou cria novas contribuições para evitar que a dívida pública entre em uma rota explosiva. O resultado desse procedimento é um encarecimento no custo de produção das empresas, que tende a ser repassado para os seus preços.

Vale ressaltar que a regra sugerida por Taylor (1993) foi elaborada para analisar a economia americana, o que justifica a falta de necessidade de apresentar elementos que capturem modificações no cenário internacional capazes de influenciar a definição da taxa de juros. Como o Brasil não representa o caso de uma grande economia, e como a taxa de juros no período posterior ao Plano Real foi fixada com base no desequilíbrio externo e, não, no nível de atividades, é necessário considerar alguma outra variável, além das presentes na regra de Taylor, para obter um indicador representativo de modificações da conjuntura internacional.

Para observar se há alguma associação entre mudanças no cenário internacional e a determinação da taxa de juros, foi considerado o risco-país (EMBI+) na análise.[20] A ideia de considerar a diferença entre a taxa de juros doméstica e a dos títulos do governo norte-americano tem a ver com o fato de que, com um risco-país mais elevado (ou mais baixo), a taxa de câmbio tende a ser depreciada (ou apreciada).[21] Isto porque a taxa de câmbio influencia indiretamente o nível de preços por meio de dois canais:

- o uso de insumos importados — quando a taxa de câmbio sofre apreciação (ou depreciação), o custo de produção dos bens diminui (ou aumenta), implicando uma provável redução (ou aumento) no preço;

[19] Atualmente, a taxa Selic é responsável por mais de 60% da indexação da dívida pública.
[20] O EMBI+ é calculado pelo banco JP Morgan e mede, em centésimos de pontos percentuais, o prêmio sobre os títulos brasileiros no exterior em comparação com papéis do Tesouro norte-americano.
[21] Para uma análise elucidativa da relação entre o risco-país e a taxa de juros, ver Toledo (2002).

- a substituição de bens domésticos por similares importados — quando a taxa de câmbio sofre apreciação, o preço dos bens importados torna-se mais barato, implicando um deslocamento de parte da demanda dos bens domésticos por similares importados, o que, por sua vez, acarreta queda na demanda agregada e menor pressão sobre o nível de preços.

Em suma, um aumento (ou queda) no risco-país tende a prejudicar (ou facilitar) quedas na taxa de juros.

A figura 4 mostra uma forte correlação entre o risco-país e a taxa Selic (0,90) no período posterior à introdução do regime de metas de inflação. Um teste de precedência temporal de Granger para seis defasagens entre as duas variáveis citadas confirma a ideia de que o risco-país afeta a taxa Selic, e não o contrário.[22] Conforme se pode observar na tabela 2, o risco-país implica "causalidade" sobre a taxa Selic, com um nível de confiança de 99%. Quanto à possibilidade de a Selic apresentar alguma "causalidade" sobre o risco-país, o teste não evidencia um resultado robusto que confirme essa possibilidade (a hipótese nula só é rejeitada a mais de 85%).

Figura 4
Risco-país (-6) x Selic
(dez. 1999-dez. 2003)

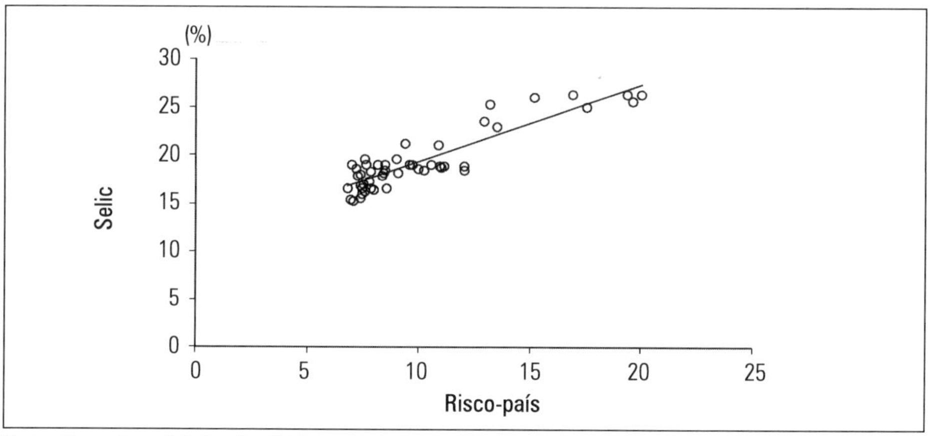

Fontes: Banco Central do Brasil e JP Morgan.

[22] A justificativa para o uso das defasagens é que a influência do risco-país sobre a taxa de juros não ocorre instantaneamente. É preciso algum tempo para que o processo descrito no parágrafo anterior seja concluído.

Tabela 2
Teste de precedência temporal de Granger Selic e risco-país
(jul. 1999-dez. 2003)

Hipótese nula	Obs.	Estatística-F	Probabilidade
Risco-país não Granger causa Selic	48	5,48316	0,00044
Selic não Granger causa risco-país		0,44789	0,84147

Algumas evidências empíricas sobre a taxa Selic

Uma questão importante a ser destacada na condução da política monetária sobre o regime de metas de inflação refere-se à resposta da taxa Selic em relação à inflação e ao produto. A equação (1) mostra que os parâmetros g e h são responsáveis, respectivamente, pela resposta da taxa de juros ao hiato do produto e ao desvio da inflação em relação à meta. Em razão da forte correlação existente entre a taxa Selic e a inflação medida pelo IPCA no período posterior a junho de 1999 (ver figura 1) espera-se que a sensibilidade da taxa de juros em relação à inflação seja muito significativa (um parâmetro $1 + h > 1{,}5$). Em outras palavras, a resposta da taxa de juros no que respeita à inflação deve ser maior do que aquela proposta por Taylor (1993) ($1 + h = 1{,}5$). Por outro lado, devido à despreocupação do Banco Central (registrada nos relatórios de inflação) em estabilizar o produto, é esperado que o parâmetro g não tenha significância estatística. Como ficou evidenciado na seção anterior, espera-se que a influência do risco-país na determinação da Selic seja significativa. Além disso, é importante verificar em que medida a própria taxa de juros influencia sua trajetória.

Com o objetivo de evitar os problemas salientados por Granger e Newbold (1974) quanto à possibilidade de que equações estimadas com base em séries de tempo possam apresentar resultados espúrios, foi realizado o teste de raiz unitária das séries. Conforme indicam os resultados apresentados na tabela 3, o teste ampliado de Dickey-Fuller (ADF) mostra, com exceção da série hiato do produto, a aceitação da hipótese nula (séries não estacionárias) para os valores originais das séries. Por outro lado, em relação às primeiras diferenças, a hipótese nula é rejeitada para as séries no nível de significância de 1%. Portanto, excetuando a série hiato do produto, as demais são integradas de primeira ordem, isto é, $I(1)$.

Tabela 3
Teste de raiz unitária — ADF

Especificação	Selic	ΔSelic	hiato do produto	$(\pi_t - \pi^*)$	$\Delta(\pi_t - \pi^*)$	Risco-país	Δ Risco-país
Constante	2,7136	—	2,1801	2,8866	1,7462	2,2929	—
Var. defasada	**-2,8062**	**-2,1007**	**-5,3643**	**-2,2225**	**-6,7876**	**-2,6215**	**-3,6186**
Tendência	—	—	-2,0945	—	—	—	—
Primeira diferença	6,3164	0,8619	3,6754	—	—	5,8996	—
Segunda diferença	0,2119	—	4,4920	—	—	—	—
Terceira diferença	—	—	4,0429	—	—	—	—
Quarta diferença	—	—	3,0223	—	—	—	—
Quinta diferença	—	—	3,3582	—	—	—	—
Sexta diferença	—	—	2,8828	—	—	—	—
Sétima diferença	—	—	2,1827	—	—	—	—
AIC_0	2,5162	1,4808	6,1764	**2,4120**	**2,5236**	3,3983	**2,9930**
AIC_1	1,4069	**1,4632**	6,2202	2,4447	2,5837	**2,9335**	3,0022
AIC_2	**1,3831**	1,4983	6,1969	2,4745	2,6454	2,9440	3,0200
AIC_3	1,4382	1,5034	6,1621	2,4993	2,7077	3,0006	3,0715
AIC_4	1,4259	1,5568	6,2205	2,5218	2,7699	3,0561	3,0922
AIC_5	1,4664	1,5824	6,1758	2,5340	2,6389	3,1085	3,1464
AIC_6	1,4903	1,5959	6,1173	2,5645	2,7023	3,1628	3,2028
AIC_7	1,5415	1,6316	**6,0708**	2,6293	2,7694	3,2326	3,2557
AIC_8	1,5559	1,6701	6,1226	2,6872	2,8318	3,2659	3,3070
Valor crítico 1%	-3,5625	-2,6081	-4,1678	-3,5572	-3,5598	-3,5598	-2,6072
Valor crítico 5%	-2,9190	-1,9471	-3,5088	-2,9167	-2,9178	-2,9178	-1,9470

Nota: A estatística *t* do teste ADF e a estatística do critério de informação de Akaike (AIC) mínimo para a seleção do número adequado de defasagens estão em negrito.

A fim de avaliar a importância das variáveis citadas na determinação da taxa Selic, foi utilizado na análise um modelo autorregressivo vetorial (VAR). Fazendo-se uso dos critérios de Schwarz e Hannan-Quinn para a definição da ordem ótima do VAR, verificou-se que o modelo adequado era aquele com duas defasagens e sem constante (ver tabela 4).[23]

Por causa da dificuldade de interpretar os coeficientes estimados para o modelo VAR, usualmente os resultados são analisados por meio da análise da função impulso-resposta parcial, e da decomposição da variância. Como os dados utilizados na amostra são mensais, foi levado em conta o período de 12 meses posterior à incidência de um choque na análise impulso-resposta para o VAR e para a explicação da variância das séries. Uma vez que o objetivo principal é verificar o impacto das variáveis presentes na regra de Taylor, acrescidas do risco-país, sobre a taxa Selic, a ordenação que se mostra razoável para a análise do VAR é dada por: Selic, hiato do produto, desvio da inflação em relação à meta, e risco-país.

Tabela 4
Critério de SIC e HQ para ordem do VAR

Def.	Com constante		Sem constante	
	SIC	HQ	SIC	HQ
0	21,49591	21,40120		
1	14,77967	14,30610	14,59777	14,21892
2	14,08086*	13,22845*	13,96869*	13,21099*
3	14,56679	13,33552	14,54714	13,41059
4	15,34883	13,73871	15,45292	13,93751

* Denota a ordem selecionada pelo critério. SIC: critério de informação de Schwarz; HQ: critério de informação de Hannan-Quinn.

As sequências de valores das funções impulsos-respostas podem ser visualizadas na figura 5, enquanto os dados relativos à explicação da variância encontram-se na tabela 5. O gráfico A da figura 5 revela que os impactos originários de choques externos sobre os valores passados da taxa Selic apresentam

[23] $SIC = -2(l/T) + klog(T)/T$ e $HQ = -2(l/T) + 2klog(log(T))/T$ considera uma regressão com k parâmetros estimados, usando T observações; e l é o valor do log da função probabilidade com k parâmetros estimados.

regularidade histórica significativa. A significância estatística é confirmada pela importância da própria Selic na explicação de sua variância depois de transcorridos 12 meses (41%, ver tabela 5). Esse resultado sugere que uma elevação na taxa de juros no período atual tende a se perpetuar na economia, implicando a necessidade de um esforço maior no futuro, por parte da autoridade monetária, no caso de haver interesse em provocar uma queda nessa variável.

Figura 5
Funções de resposta a impulso para o VAR
Resposta a impulso de 2 D.P.

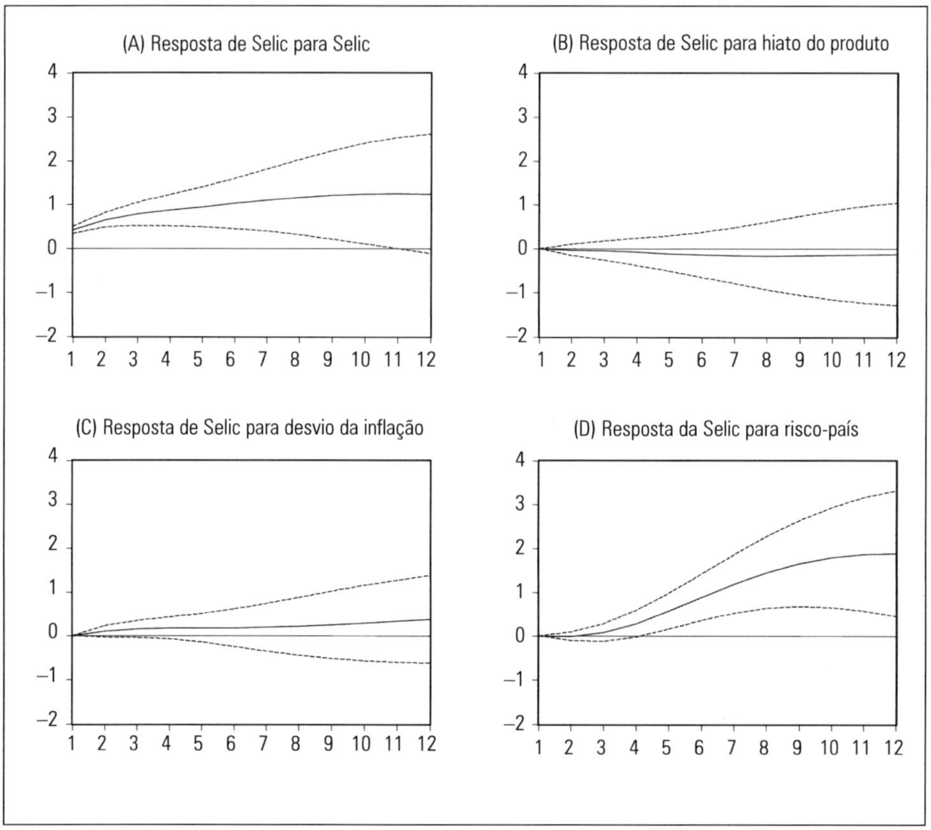

A análise do hiato do produto indica o quão irrelevante é essa variável para a determinação da taxa de juros na economia brasileira no período recente. O gráfico B da figura 5 mostra que os impactos do hiato do produto sobre a Selic não têm significância estatística. Ademais, a decomposição da variância denota uma participação desprezível do hiato do produto na explicação da variância da taxa Selic (menos de 1%). Essa observação denota uma resposta da taxa de juros ao desvio do produto efetivo em relação ao potencial muitíssimo inferior àquela sugerida por Taylor.

Tabela 5
Decomposição da variância da taxa Selic

Mês	Selic	Hiato do produto	$(\pi_t - \pi^*)$	Risco-país
1	100,0000	0,000000	0,000000	0,000000
2	98,17430	0,102122	1,719880	0,003693
3	96,61319	0,165145	2,708031	0,513633
4	92,61411	0,325949	3,021798	4,038141
5	84,63950	0,543044	2,843723	11,97373
6	74,37193	0,709101	2,463685	22,45528
7	64,53148	0,775361	2,106703	32,58646
8	56,54874	0,763769	1,864857	40,82263
9	50,57737	0,713200	1,748154	46,96127
10	46,25381	0,651276	1,740165	51,35475
11	43,14761	0,592188	1,821917	54,43829
12	40,90630	0,541573	1,977534	56,57459

O resultado até certo ponto surpreendente é a resposta da taxa Selic aos desvios da inflação em relação à meta estabelecida. De acordo com o regime monetário em vigência no país, o esperado seria encontrar uma forte significância estatística. Mas a resposta da Selic em relação ao desvio da inflação (gráfico C da figura 5) encontra-se próxima do eixo. Soma-se a isso o fato de a decomposição da variância denotar uma importância relativa do desvio da inflação, na explicação da variância da Selic, menor que 2%. Esse é um resultado problemático, pois sugere que o processo inflacionário não está sendo combatido de forma eficiente pelo Banco Central. Em termos da proposta de

Taylor, 1 + h estaria próximo de 1, o que implicaria uma rigidez para a taxa real de juros.[24]

Por último, contata-se que a principal variável que influencia o comportamento da taxa Selic no período recente é o risco-país. O gráfico D indica que os impactos do risco-país sobre a Selic são estatisticamente relevantes, e que um aumento no risco-país tende a provocar uma elevação, na taxa Selic, que não é eliminada ao longo do tempo. A importância do risco-país para a taxa de juros é corroborada pela análise da decomposição da variância. O resultado obtido mostra que cerca de 57% da variância da taxa Selic, decorridos 12 meses, devem-se ao risco-país.

Considerações finais

Calibrar a resposta dos juros nominais tomando como referência os processos inflacionários e o hiato do produto é um desafio para a condução da política monetária sob um regime de metas de inflação. Uma taxa de juros elevada pode não ser um bom instrumento de combate à inflação, podendo até mesmo gerar um efeito inverso ao esperado. Ainda que a taxa de juros seja o principal instrumento à disposição do Banco Central para o combate à inflação, há indícios de que esta não foi utilizada de forma correta durante o período analisado.

Quanto ao controle da inflação, observou-se um sucessivo descumprimento das metas de inflação nos últimos anos. Essa observação está de acordo com os resultados encontrados na seção anterior, pois a ausência de uma resposta efetiva da taxa de juros aos desvios da inflação fez com que o regime de metas de inflação não alcançasse os resultados pretendidos quando de sua implementação.[25] Uma consequência direta do descumprimento das metas anunciadas é a dificuldade que o Banco Central encontra para reduzir a taxa Selic sem comprometer as expectativas dos agentes econômicos com

[24] Uma análise da rigidez da taxa de juros no Brasil ultrapassa o escopo deste capítulo. Todavia, o resultado obtido sugere que a presença de falhas de mercado, tais como grau de monopólio e a possibilidade de assimetrias de informação que favorecem a ação de rentistas, podem justificar a dificuldade de reduções na taxa de juros.

[25] Para uma análise sobre a implementação do regime de metas de inflação no Brasil, ver Mendonça (2001); Delfim Netto (1999).

relação a um possível descontrole da inflação. Essa é uma observação importante, pois justifica o resultado encontrado para a relevância da própria Selic na explicação de sua trajetória.

Outro aspecto a ser ressaltado diz respeito ao hiato do produto. O fato de o Banco Central não responder aos desvios do produto significa que a taxa de juros não se encontra em um nível adequado para que o produto potencial seja alcançado. Uma consequência é que a manutenção de uma elevada taxa de juros tende a desestimular a atividade econômica, o que, por sua vez, incrementa a taxa de desemprego. Logo, observa-se que a taxa Selic nem se encontra em um patamar capaz de atingir as metas de inflação determinadas, nem de manter a taxa de desemprego compatível com o produto potencial.

O ponto crucial para a explicação do comportamento da taxa Selic tem a ver com o risco-país. A importância dessa variável é justificada pelo fato de haver fortes indícios de que a taxa de juros básica da economia brasileira tem sido utilizada com o principal objetivo de alcançar o equilíbrio do balanço de pagamentos. Assim, para que a taxa de juros possa ser utilizada de forma efetiva no controle da inflação, ou para que considere simultaneamente o desvio da inflação em relação à meta e ao hiato do produto, é preciso eliminar a necessidade de um superávit na conta de capitais via sustentação de uma taxa de juros elevada.

Bibliografia

BOGDANSKI, J.; TOMBINI, A. A.; WERLANG, S. R. *Implementing inflation target in Brazil*. Brasília, DF: Banco Central do Brasil, 2000. (Working Paper Banco Central do Brasil, 1).

DELFIM NETTO, A. Sobre as metas inflacionárias. *Economia Aplicada*, v. 3, n. 3, p. 357-382, jul./set. 1999.

FREITAS, P.; MUINHOS, M. *A simple model for inflation targeting in Brazil*. Brasília, DF: Banco Central do Brasil, 2001. (Working Paper, 18).

GERAATS, P. M. Central bank transparency. *Economic Journal*, v. 112, p. 532-565, Nov. 2002.

GRANGER, C.; NEWBOLD, P. Spurius regressions in econometrics. *Journal of Econometrics*, v. 2, p. 111-120, 1974.

JUDD, J. P.; RUDEBUSCH, G. D. Taylor's rule and the FED: 1970-1997. *Economic Review*, Federal Reserve Bank of San Francisco, n. 3, 1998.

KOZICKI, S. How useful are Taylor rules for monetary policy? *Economic Review*, Federal Reserve Bank of Kansas City, 2nd. quarter 1999.

KYDLAND, F. E.; PRESCOTT, E. C. Rules rather than discretion: the inconsistency of optimal plans. *Journal of Political Economic*, v. 85, n. 3, p. 473-492, 1977.

MENDONÇA, H. F. de. Metas de inflação: uma análise preliminar para o caso brasileiro. *Economia Aplicada*, v. 5, n. 1, p. 129-158, jan./mar. 2001.

———. Transparência, condução da política monetária e metas para inflação. *Nova Economia*, v. 16, p. 175-198, 2006.

MISHKIN, F.; POSEN, A. Inflation targeting: lessons from four countries. *Economic Policy Review*, Federal Reserve Bank of New York, v. 3, n. 3, p. 9-110, Aug. 1997.

ROGOFF, K. The optimal degree of commitment to an intermediate monetary target. *The Quarterly Journal of Economics*, p. 1.169-1.189, Nov. 1985.

TAYLOR, J. B. Discretion versus policy rules in practice. *Carnegie-Rochester Conference Series on Public Policy*, n. 39, 1993.

———. *A historical analysis of monetary policy rules*. Cambridge, MA: NBER, Oct. 1998. (NBER Working Paper, 6.768).

TOLEDO, J. E. C. de. Risco Brasil: o efeito-Lula e os efeitos-banco central. *Revista de Economia Política*, v. 22, n. 3, p. 138-145, jul./set. 2002.

8

Armadilha do regime monetário brasileiro: a existência de equilíbrios múltiplos

Rafael Quevedo do Amaral

A política monetária brasileira vem sendo alvo de duras críticas de economistas de diferentes correntes do pensamento econômico. De fato, as taxas de juros praticadas no Brasil estão entre as maiores do mundo, o que vem impedindo que a economia nacional obtenha taxas de crescimento condizentes com a resolução dos problemas sociais do país.

Apesar de a estabilização de preços ter sido obtida com o Plano Real, esta não veio acompanhada de taxas de crescimento significativas e sustentadas do produto real, e nem mesmo de uma redução considerável das taxas de juros reais. Tanto no governo Fernando Henrique Cardoso quanto atualmente, no governo Lula, o crescimento econômico é baixo e as taxas de juros se mantêm em níveis sem paralelo em outras economias. Esse cenário tem feito parte da atual política monetária brasileira, apoiada no regime de metas de inflação.

A adoção do regime de metas de inflação em junho de 1999 — após a desvalorização cambial de janeiro — e o abandono do regime de bandas cambiais significaram a manutenção do compromisso do Banco Central em defender a estabilização obtida. Nesse regime, o Banco Central fixa uma determinada meta e utiliza-se da taxa Selic para alcançar o valor predefinido.

Com base na teoria econômica convencional, espera-se que exista uma relação negativa entre os juros (reais) e a inflação. Elevações da taxa de juros tenderiam a contrair a demanda agregada, o que pressionaria os preços para baixo. Com base nesse raciocínio, a contração do grau de liquidez na economia e o aumento do risco de inadimplência dele resultante explicariam a contração do nível de atividade perante elevações dos juros.

Contudo, a estrutura do mercado de dívida pública brasileira e o sistema monetário — em que a taxa Selic remunera tanto a dívida de longo prazo quanto o mercado de moeda de curto prazo — podem inverter a relação de determinação juros-inflação. A indexação de boa parte dos títulos da dívida mobiliária federal pela taxa Selic pode fazer com que a política monetária opere numa situação de *equilíbrios múltiplos*, ou seja, pode fazer com que (a) existam dois ou mais valores da taxa real de juros compatíveis com a estabilidade da taxa de inflação; e (b) a economia opere num "equilíbrio ruim", no qual a taxa real de juros é mais alta do que o "justificado" pelos fundamentos macroeconômicos.

Nesse contexto, este capítulo tem por objetivo discutir o regime de metas de inflação no Brasil, considerando a relação das decisões de política monetária com a estrutura da dívida pública e a possibilidade de existência de *equilíbrios múltiplos*. Para tanto, adota-se a seguinte estrutura: na segunda seção faz-se uma análise da política monetária brasileira em um contexto em que aproximadamente 50% dos títulos da dívida são de curto prazo e remunerados pela mesma taxa do mercado de moeda; na terceira seção apresenta-se um modelo simplificado que incorpora a possibilidade de existirem equilíbrios múltiplos na relação inflação-taxa de juros; por fim, na quarta seção são feitas as conclusões relevantes.

A política monetária brasileira sob o regime de metas de inflação

Até janeiro de 1999, a política de controle da inflação era feita mediante a taxa de câmbio, sendo o sistema de bandas cambiais responsável pelo controle do processo inflacionário, e a política monetária usada como instrumento de administração da taxa de câmbio. Alguns meses após a desvalorização cambial de janeiro, o sistema de metas de inflação passou a ser usado como uma âncora para as expectativas de inflação, de forma que a política monetária tornou-se o instrumento básico de controle da inflação.

Sucintamente, o sistema de metas funciona da seguinte maneira: o Banco Central estabelece uma determinada meta de inflação a ser seguida e administra a taxa de juros de curto prazo de maneira a guiar a inflação efetiva em direção ao valor definido. Na determinação da taxa de juros são considerados fatores como as expectativas de inflação dos agentes econômicos, a possibilidade de choques externos e internos que venham a afetar a economia, variações da taxa de câmbio e o assim chamado "hiato do produto".

Em trabalho sobre o regime de metas de inflação no Brasil, integrantes do Departamento de Pesquisas Econômicas do Banco Central estimaram uma função de reação que se ajusta significativamente ao modo como o banco determina a taxa de juros.[1]

A função de reação do Banco Central é dada por:

$$i_t = a_1 i_{t-1} + (1 - a_1)\,[a_0 + a_2 y_{t-1} + a_3(E_t \pi_{t+1} - \pi^*_{t-1})]$$

onde a definição da taxa de juros (i_t) é uma função de seu valor no período anterior (i_{t-1}), do *gap* do produto no período anterior (y_{t-1}) e da diferença entre as expectativas ($E_t \pi_{t+1}$) e a meta de inflação para o próximo período (π^*_{t+1}). Os coeficientes a_1, a_2 e a_3 são representações dos pesos atribuídos a cada uma das variáveis mencionadas. Conforme os autores:

> A presença de um Banco Central com o compromisso preanunciado com uma meta de inflação tem servido como um importante fator na coordenação das expectativas e gerado um cenário de inflação mais estável. O alcance da meta e o significativo aumento na transparência, que têm caracterizado a conduta da autoridade monetária — incluindo a publicação das atas do Copom sete dias após as reuniões e o relatório quadrimestral de inflação —, têm ajudado no desenvolvimento da consciência quanto à importância do compromisso com a estabilidade de preços.[2]

A adoção do sistema de metas de inflação é defendida com base na ideia de que este gera a possibilidade de ganhos de credibilidade na condução da política monetária. Ou seja, se o Banco Central mantiver seu compromisso com o controle da inflação, atuando sempre de forma a defender a estabilidade

[1] Minella et al., 2002.
[2] Minella et al., 2002.

de preços, os custos econômicos de redução do processo inflacionário serão minimizados, uma vez que os agentes econômicos estarão mais propensos a reajustar para baixo suas expectativas de inflação, eliminando ou reduzindo o problema do *viés inflacionário* da política monetária discricionária. Nas palavras de Clarida, Galí e Gertler (1999:1.662):

> O comportamento do setor privado depende das expectativas quanto ao curso futuro da política monetária, assim como da política corrente. Por isso, como tem enfatizado a literatura contemporânea, torna-se relevante a credibilidade na política monetária.

Observando-se a atuação da política monetária desde 1999, não há dúvida quanto ao comprometimento do Banco Central em controlar a taxa de inflação. Uma retrospectiva das decisões do Copom em relação à taxa de juros permite que se encontre evidências da forte atuação com o objetivo de defender a estabilização da taxa de inflação. No primeiro trimestre de 2001, por exemplo, a tensão gerada pela crise argentina e o aumento da pressão sobre o câmbio fizeram com que o Banco Central elevasse os juros de 15,25%, em fevereiro, para 19% a.a. em julho. Já no final de 2002, com o aumento das expectativas de inflação para o ano de 2003, os juros foram elevados de 21%, em outubro, para 22% a.a. em novembro.

Outros fatores, como os juros norte-americanos e a elevação do preço do petróleo no mercado internacional, também explicaram grande parte das decisões de manutenção ou elevação da Selic, principalmente em alguns momentos de 2004. Em todos esses momentos, a atuação do Banco Central se deu no sentido de evitar que choques externos ou internos viessem a ameaçar a estabilidade de preços.

De fato, a atuação da autoridade monetária ficou condicionada aos contratempos impostos por desequilíbrios externos e internos. No entanto, a política monetária brasileira tem sido conduzida com o objetivo de fazer com que o IPCA fique dentro do limite fixado como meta para a inflação anual. Contudo, não foram poucos os anos em que o Banco Central teve que rever sua meta ou não conseguiu cumpri-la. A tabela 1 sintetiza os resultados do IPCA e das metas anuais.

Tabela 1
Metas para a inflação e IPCA anual

	1999	2000	2001	2002	2003	2004	2005	2006
Meta	8,00	6,00	4,00	3,50	3,25	3,75	4,50	4,50
Meta revisada	—	—	—	—	4,00	5,50	—	
Banda	2,00	2,00	2,00	2,00	2,00	2,50	2,50	2,00
Nova banda	—	—	—	—	2,50	—	—	
IPCA	8,94	5,97	7,67	12,53	9,30	7,60	5,88	3,14

Fonte: Banco Central.

A partir da análise da tabela, constata-se que, nos oito anos de vigência do regime de metas de inflação, somente em quatro as metas foram cumpridas. Nos anos de 2001, 2002 e 2003, as taxas de inflação, medidas pelo IPCA, ficaram acima do limite superior da meta. No primeiro desses anos, fatores como a crise argentina, o aumento das pressões cambiais e os atentados terroristas de 11 de setembro explicam o não cumprimento da meta. Já em 2002, a incerteza quanto às eleições presidenciais de 2003 e à deterioração do cenário externo foram determinantes na elevação da taxa de inflação. Dessa forma, nos anos de 2003 e 2004 ocorreram mudanças nas metas de inflação, o que sugere que os valores fixados para estas eram muito baixos para serem cumpridos.

A dificuldade de atingir metas baixas e decrescentes implicou a manutenção de uma taxa Selic real em níveis extremamente altos. O gráfico 1 ilustra o comportamento da taxa durante o período analisado.

Com base no gráfico, pode-se observar que a taxa real de juros apresentou uma nítida tendência de queda no período compreendido entre 1999 e 2001. De 2002 em diante, no entanto, observa-se a inversão dessa tendência de queda. A partir deste último ano, a taxa Selic vem apresentando tendência crescente em termos reais.

Esse comportamento da taxa real de juros tem deixado os economistas brasileiros perplexos. Anteriormente à mudança do regime cambial e à adoção do sistema de metas de inflação, em 1999, o Brasil convivia com taxas reais de juros superiores a 20% ao ano. No entanto, era relativamente consensual entre os economistas a tese de que as elevadas taxas de juros praticadas no Brasil eram o custo resultante da sustentação de um regime de câmbio administrado com baixa credibilidade, em função dos sucessivos e crescentes déficits em transações correntes.[3]

A mudança de regime cambial, em 1999, contribuiu para a redução da taxa real de juros de um patamar médio de 25% ao ano, durante o período 1995-1998, para um patamar médio de 10% ao ano, no período 1999-2001. Desde então não tem ocorrido qualquer tendência de redução de patamar da taxa real de juros de curto prazo, a qual parece encontrar um piso no intervalo entre 9,5 e 10% ao ano.

Gráfico 1

Evolução da taxa de juros real (1996-2006)

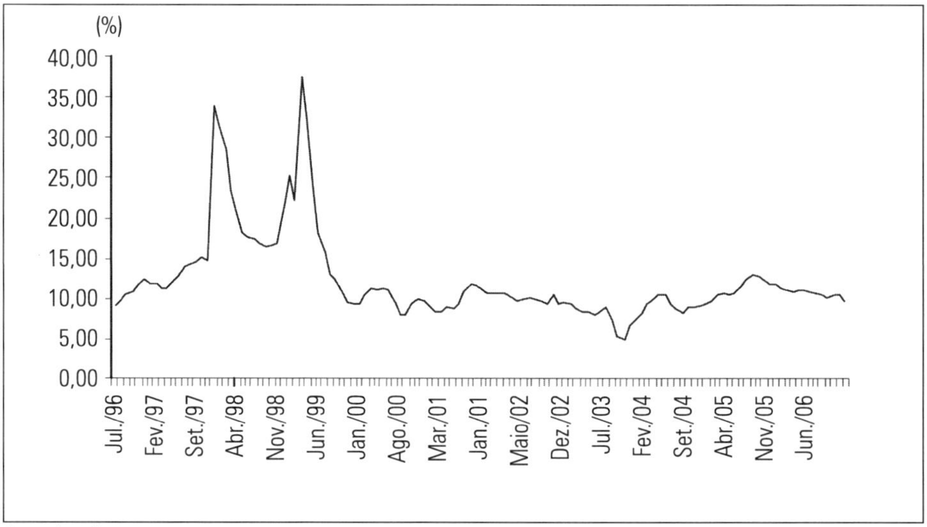

Fonte: Ipeadata.

Nota: Deflacionamento obtido com base no IPCA mensal anualizado.

Nesse contexto, cabe a seguinte pergunta: por que a taxa real de juros tem permanecido em patamares elevados, mesmo após a mudança do regime cambial, em janeiro de 1999, e a adoção do regime de metas de inflação, em meados desse mesmo ano?

[3] A título de exemplo, pode-se destacar que, enquanto, no primeiro trimestre de 1995, o déficit em transações correntes era de 1,32% do PIB; no primeiro trimestre de 1998 este havia passado para 3,97% do PIB, alcançando a cifra de 4,5% do PIB no primeiro trimestre de 1999. Cf. Paula, Oreiro e Jonas (2003:90).

Diversas explicações têm sido dadas para o "problema dos juros" no Brasil.[4] A mais usual entre os economistas brasileiros é a de que os juros elevados são um sintoma de um *ajuste fiscal incompleto*,[5] ou seja, a persistência de déficit nominal nas contas fiscais do governo, o que impede a queda da dívida como proporção do PIB e, portanto, a queda do risco de *default* do governo central.[6] Nesse contexto, os agentes econômicos continuam exigindo taxas de juros elevadas em termos reais para a rolagem da dívida mobiliária federal.

Para outros autores, o problema reside na operacionalização do sistema de metas de inflação brasileiro.[7] A ideia apresentada nessa literatura é que a *operacionalização do sistema de metas de inflação contém deficiências*.[8] Entre as deficiências apontadas estão: (a) a utilização do IPCA cheio — que não permite o expurgo de choques de oferta —, fazendo com que a autoridade monetária reaja a choques de oferta por meio de elevações da taxa de juros; (b) a adoção de metas de inflação declinantes para intervalos relativamente curtos de tempo, o que faz com que as autoridades monetárias sejam obrigadas a manter a taxa real de juros acima do seu valor de equilíbrio de longo prazo; e (c) a indexação de boa parte dos títulos da dívida mobiliária federal pela taxa de juros Selic, o que cria um *sistema monetário perverso,* no qual se reduz (e não elimina) o efeito de elevações da taxa real de juros sobre a demanda agregada e, consequentemente, sobre o hiato do produto e a taxa de inflação.

Grande parte da inflação observada durante o período de vigência do regime de metas de inflação advém dos preços administrados, que são altamente vulneráveis a variações da taxa de câmbio. Dessa forma, o Banco Central estaria operando de modo a conter a demanda agregada, quando a pressão inflacionária seria originada, na verdade, por choques de oferta. A consequência lógica desse processo é a compressão das margens de lucro no setor produtivo, o que acaba por desestimular o investimento em capital fixo, devido à relação

---

[4] Um excelente *survey* da literatura brasileira sobre o tema encontra-se em Holland (2006).

[5] Segundo essa visão, o ajuste fiscal brasileiro seria incompleto, apesar dos crescentes e elevados superávits primários, porque estes não seriam suficientes para gerar um déficit nominal zero nas contas fiscais do governo.

[6] Delfim Netto, 2005:5-12.

[7] Deve-se ter o cuidado de distinguir os que criticam o *modus operandi* do regime de metas de inflação brasileiro, mas que aceitam que a política monetária seja conduzida com base nesse sistema, daqueles que criticam o regime de metas de inflação em si mesmo e, portanto, defendem sua extinção.

[8] Sobre as deficiências apontadas no *modus operandi* da política monetária brasileira, ver Oreiro e Passos (2005); Oreiro, Lemos e Padilha (2005); Nakano (2005); Barbosa (2005a e 2005b).

entre a margem de lucro das empresas e a disponibilidade de fundos internos para o financiamento do investimento em capital fixo.[9]

Tabela 2

Inflação dos preços livres e administrados — 1999-2006

	1999	2000	2001	2002	2003	2004	2005	2006
Preços administrados	19,23	12,30	10,33	14,43	12,55	9,77	8,64	4,20
Preços livres	6,20	3,63	6,38	10,96	7,55	6,35	4,16	2,55
IPCA total	8,94	5,97	7,67	12,53	9,30	7,60	5,88	3,14

Fonte: Ipeadata.

Os valores constantes na tabela 2 evidenciam a grande participação dos preços administrados por contrato na inflação total. Considerando que aproximadamente 30% do IPCA são compostos pelos preços administrados,[10] no período como um todo (1999-2006) aproximadamente 46% da inflação podem ser explicados por esses preços. Restringindo a análise ao período 1999-2002, verifica-se que cerca de 50% do IPCA são explicados pela variação dos preços administrados. Dessa forma, um conjunto de bens com apenas cerca de 30% de participação no índice foi responsável por quase a metade deste, enquanto os outros cerca de 70% explicaram o restante da inflação.[11]

Conforme Oreiro, Lemos e Padilha (2005:6-7)

> a experiência internacional e brasileira com o regime de metas de inflação nos permite concluir que: (i) a fixação de metas muito baixas não só não contribui para estimular o crescimento econômico como pode ainda ter um impacto negativo (além de significativo) sobre o mesmo; (ii) a convergência com respeito à meta inflacionária deve ser um processo gradual, ainda mais em países como o Brasil nos quais (a) a volatilidade da taxa de juros torna difícil a construção

---

[9] Cf. Eichner, 1976.

[10] Preços administrados são aqueles controlados por órgãos governamentais. Exemplos: energia elétrica e telefonia.

[11] Estimativas feitas com base na consideração de que a participação dos preços administrados no total do IPCA é de aproximadamente 30%. Os valores calculados não diferem muito dos encontrados por Figueiredo e Ferreira (2002).

de expectativas inflacionárias confiáveis, e (b) a inércia inflacionária é bastante elevada devido à forte presença do assim chamado efeito *pass-through* nos preços administrados; e (iii) a adoção de metas inflacionárias baseadas em índices expurgados pode ser uma boa política para enfrentar os problemas causados pela inércia inflacionária e pelo efeito *pass-through*.

A partir dos anos 1980, com a introdução do sistema especial de liquidação e custódia (Selic) e a criação de títulos do Banco Central indexados à taxa de juros do *overnight* (LFTs), o banco tornou-se apto a criar "quase déficits fiscais". Esses novos instrumentos permitiram que a autoridade monetária emitisse, além de moeda, títulos e notas financeiras com alta liquidez. Estava aberta, então, a possibilidade de o sistema bancário criar fundos monetários atrelados a títulos do governo, e com total liquidez em reservas do Banco Central. Esses fundos seguiam de perto a taxa de inflação.[12]

Sendo assim, a perversidade do sistema monetário brasileiro fica explícita pelo fato de as aplicações financeiras de curto prazo serem remuneradas pela mesma taxa que remunera parte considerável dos títulos da dívida. Dessa forma, conforme Nakano (2005:11), "se o Banco Central 'impõe' ao mercado de moeda de curtíssimo prazo a mesma taxa que remunera títulos da dívida pública, é óbvio que todos tenham total preferência por aplicações em juros pós-fixados e de curtíssimo prazo".

Seguindo esse raciocínio, o Banco Central opera como um competidor do Tesouro Nacional, impedindo que este último obtenha êxito em uma política de alongamento do prazo de maturidade e mudança do perfil da dívida pública. Essa estrutura monetária perversa é explicitada na curva de juros da economia brasileira, conforme o gráfico 2.

Pode-se constatar que os juros incidentes sobre as letras financeiras do Tesouro apresentam um comportamento inverso ao observado em outras economias. Quanto mais curto o prazo de vencimento, maior a taxa de juros paga. Tal evidência corrobora a tese da existência de uma anomalia no mercado de dívida pública.

Nesse contexto, elevações da taxa Selic podem gerar um efeito renda (via maiores fluxos de pagamentos de juros para os detentores de títulos da dívida

---

[12] Cf. Barbosa, 2005b.

pública) que compense o efeito substituição. A indexação dos títulos à Selic também tem o efeito de tornar os preços dos títulos públicos invariantes com respeito à taxa de juros, de forma que elevações da Selic têm efeito riqueza zero sobre os rentistas.[13] Para níveis baixos da Selic em termos nominais e reais, o efeito renda tende a ser mais forte do que o efeito substituição.[14] Dessa forma, esse mecanismo, em vez de ocasionar uma queda do nível de crédito e investimentos, pode gerar o efeito inverso, aumentando a liquidez do sistema e, portanto, estimulando o crescimento do produto e o aumento da taxa de inflação.

Gráfico 2
Curva de juros brasileira (LTN)

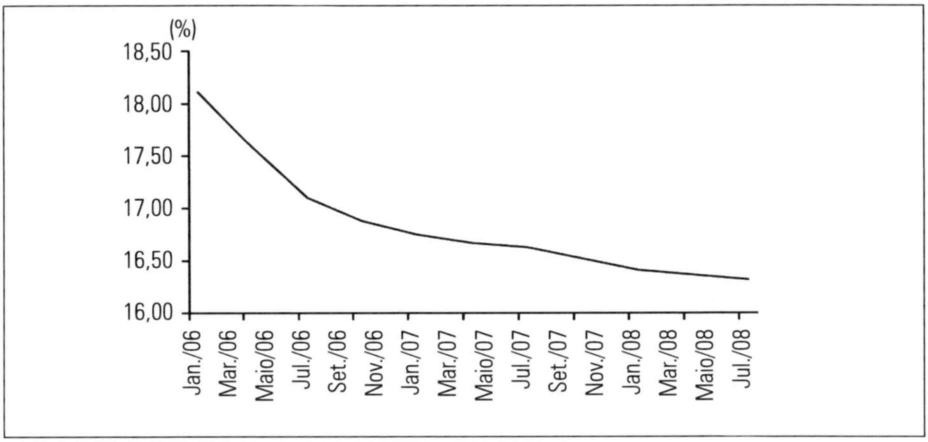

Fonte: Tesouro Nacional.
Nota: Emissão em 20-12-2005.

Essa relação contrária à esperada com base nos manuais de economia pode trabalhar como um fator que impede o Banco Central de reduzir a taxa de juros abaixo de determinado nível, pois só acima desse nível é que os bancos vão contrair a oferta de crédito. Nas palavras de Nakano (2005:12):

> O Banco Central, quando quiser contrair a demanda, tem que elevar as taxas de juros a níveis estratosféricos de forma que os bancos racionem o crédito em fun-

[13] Cf. Barbosa, 2005a.
[14] Cf. Nakano, 2005:12.

ção da elevação do risco de inadimplência, explicado por fenômenos conhecidos como risco moral e seleção adversa. Em outras palavras, o lucro dos bancos é função crescente da taxa de juros até um certo nível crítico, a partir do qual os lucros começam a reduzir em função do aumento da inadimplência. Este nível crítico corresponde a aproximadamente uma taxa Selic acima de 20%. Pela experiência recente, somente quando a Selic ultrapassa este nível crítico ocorre uma contração significativa no crédito e no nível de atividade econômica.

Nesse contexto, é possível que o problema dos juros no Brasil decorra de equilíbrios múltiplos, ou seja, da existência de vários níveis de taxas de juros compatíveis com a estabilidade da taxa de inflação. Isso porque a indexação dos títulos públicos pela Selic cria uma *não linearidade* na relação juros-inflação; mais especificamente, a relação juros (eixo vertical) e inflação (eixo horizontal) pode assumir a forma de um C invertido, tal como mostrado no gráfico 3. Dessa forma, ao se fixar a meta de inflação num determinado patamar, observa-se a existência de dois valores da taxa nominal de juros, capazes de gerar a inflação pretendida pelas autoridades monetárias. Se o equilíbrio alto (i_H) for estável, segue-se que a economia ficará presa numa armadilha de juros altos. O contrário verificar-se-á caso o equilíbrio baixo (I_l) seja estável.

Gráfico 3
Equilíbrio da taxa de juros

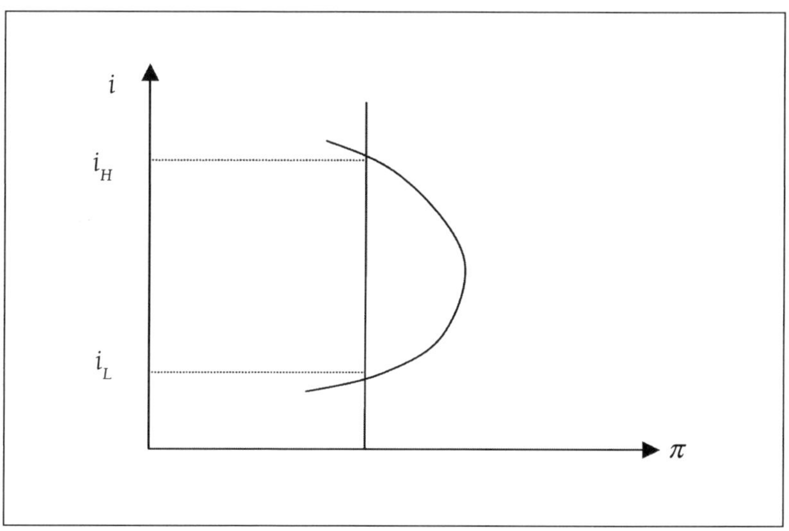

Um modelo simplificado de política monetária

Com o objetivo de verificar formalmente a possibilidade de equilíbrios múltiplos na determinação da relação entre inflação e taxa de juros, apresentarei um modelo simplificado de política monetária, contendo quatro equações. A primeira representa uma curva IS, na qual o produto é uma função da renda disponível, da taxa de juros, da taxa de inflação esperada e dos gastos do governo. A segunda equação é a tradicional curva de Phillips, na qual a inflação é uma função da diferença entre o produto efetivo e natural, e da taxa esperada de inflação. A terceira equação determina que as mudanças da taxa de juros são uma função da diferença entre a taxa de inflação efetiva e sua meta. Por fim, a última equação apresenta a regra de formação de expectativas, na qual os agentes econômicos reajustam as suas expectativas de inflação com base na diferença entre a taxa esperada de inflação e o valor efetivo da referida taxa.

$$Y = E(Y - T, i, \pi) + G \tag{1}$$

$$\hat{p} = \delta(Y - \bar{Y}) + \pi \tag{2}$$

$$\frac{\partial i}{\partial t} = \gamma(\hat{p} - \pi^*) \tag{3}$$

$$\dot{\pi} = \beta(\hat{p} - \pi^*) \tag{4}$$

onde Y é o produto real, T é a tributação, i é a taxa nominal de juros, π é a taxa esperada de inflação, G é o montante de gastos do governo, $\hat{p}$ é a taxa efetiva de inflação, $\bar{Y}$ é o produto potencial e $E(.)$ é a função de dispêndio agregado do setor privado. Além disso, δ, γ e β são parâmetros positivos.

Deve-se observar na equação (1) que as variáveis inflação esperada e taxa nominal de juros são consideradas separadamente na função de dispêndio do setor privado. Nas condições supostas pela macroeconomia convencional, o dispêndio do setor privado é afetado pela taxa real de juros, ou seja, pela diferença entre a taxa nominal de juros e a inflação esperada pelos agentes econômicos.[15] Nesse contexto, variações da taxa nominal de juros que sejam acompanhadas por variações de igual magnitude na taxa esperada de inflação

[15] Cf. Romer, 1996:200.

não têm qualquer efeito sobre a demanda agregada, ou seja, variações puramente nominais da taxa de juros não têm efeito sobre a decisão de dispêndio dos agentes econômicos. Isso decorre do fato de que, na maior parte dos modelos da macroeconomia convencional, prevalece o resultado de neutralidade das variáveis nominais sobre os valores de equilíbrio das variáveis reais.[16]

A indexação dos títulos da dívida mobiliária federal pela taxa Selic tem, no entanto, o efeito de eliminar a neutralidade de variações puramente nominais da taxa de juros. Isso porque as elevações da taxa nominal de juros geram um efeito renda positivo, ao ampliarem o fluxo de pagamentos de *cupom* para os possuidores de títulos públicos.[17] Dessa forma, haverá um aumento da renda disponível dos rentistas, mesmo que essa elevação da taxa nominal de juros seja acompanhada por uma elevação em igual magnitude da taxa esperada de inflação. Esse acréscimo na renda disponível estimulará os gastos de consumo, principalmente com bens duráveis de alto valor — aqueles bens consumidos pelas classes mais ricas da população —, que são precisamente as classes sociais que possuem a maior parte de sua riqueza aplicada em títulos da dívida mobiliária federal.

Nesse contexto, irei supor que a sensibilidade do dispêndio do setor privado a mudanças na taxa *nominal* de juros depende do nível da referida taxa. Se a taxa de juros estiver abaixo de um nível crítico i^c, então o efeito renda será mais forte do que o efeito substituição, fazendo com que um aumento da taxa nominal de juros redunde num aumento do dispêndio do setor privado. Por outro lado, se a taxa nominal de juros estiver acima desse valor crítico, então o efeito substituição será mais forte do que o efeito renda, fazendo com que elevações da taxa nominal de juros redundem numa diminuição do dispêndio do setor privado.

Resolvendo o sistema para o equilíbrio de longo prazo, tem-se:

$$\hat{p} = \pi \qquad \hat{p} = \pi^* \qquad \frac{\partial i}{\partial t} = 0 \qquad Y = \bar{Y} \quad \dot{\pi} = 0 \tag{*}$$

Em (*), observa-se que o equilíbrio de longo prazo dessa economia é tal que: (a) a taxa de inflação efetiva é igual à expectativa de inflação por parte

[16] Cf. Sargent, 1987:45.
[17] Cf. Nakano, 2005:12.

dos agentes econômicos; (b) a inflação efetiva é igual à meta fixada pelo Banco Central; (c) o Banco Central mantém constante a taxa nominal de juros; (d) o produto efetivo é igual ao produto potencial; e (e) as expectativas de inflação permanecem constantes ao longo do tempo. Substituindo a segunda e as duas últimas condições em (1), chega-se à equação da curva IS de longo prazo:

$$\bar{Y} = E(\bar{Y} - T, i, \pi^*) + G \tag{5}$$

A única incógnita na equação (5) é o valor de equilíbrio de longo prazo da taxa nominal de juros, ou seja, o valor da taxa nominal de juros que satisfaz o conjunto de condições expressas em (*).

Para analisar os efeitos de mudanças na política fiscal e na meta de inflação sobre o valor de equilíbrio de longo prazo da taxa nominal de juros, deve-se diferenciar (5) com respeito a i, T, π^* e G, de forma a obter a seguinte expressão:

$$di = \frac{E_T dT - E_\Pi d\pi - E_G dG}{E_i} \tag{5a}$$

Os efeitos de mudanças na política fiscal e na meta de inflação sobre o valor de equilíbrio de longo prazo da taxa nominal de juros dependerão de a taxa de juros nominal se encontrar acima ou abaixo do nível crítico i^c.

Para $i < i^c$, obtêm-se as seguintes expressões:

$$\frac{\partial i}{\partial t} = \frac{E_t}{E_i} > 0 \tag{5b}$$

$$\frac{\partial i}{\partial_{\pi^*}} = \frac{-E_{\pi^*}}{E_i} < 0 \tag{5c}$$

$$\frac{\partial i}{\partial_G} = \frac{-E_G}{E_i} < 0 \tag{5d}$$

As expressões (5*b*)-(5*d*) mostram dois resultados importantes. O primeiro é que, se a economia está operando em equilíbrio baixo, uma expansão fiscal gerada quer por um aumento dos gastos do governo quer por uma redução dos impostos resulta numa redução da taxa nominal de juros de equilíbrio de longo prazo. O segundo resultado é que uma redução da meta de inflação gera um aumento da taxa nominal de juros de equilíbrio de longo prazo.

Para $i > i^c$, obtêm-se as seguintes expressões:

$$\frac{\partial i}{\partial t} = \frac{E_t}{E_i} < 0 \tag{5e}$$

$$\frac{\partial i}{\partial_{\pi^*}} = \frac{-E_{\Pi^*}}{E_i} > 0 \tag{5f}$$

$$\frac{\partial i}{\partial_G} = \frac{-E_G}{E_i} > 0 \tag{5g}$$

Nas expressões (5*e*)-(5*f*) observa-se, em primeiro lugar, que uma política de aumento do superávit primário (ou seja, uma redução de *G* ou um aumento de *T*) resulta numa queda do valor de equilíbrio de longo prazo da taxa nominal de juros, quando a economia opera num equilíbrio com taxa de juros elevada. Nessas condições, uma redução da meta de inflação também ocasiona uma diminuição da taxa nominal de juros de equilíbrio de longo prazo.

Comparando-se os resultados de estática comparativa obtidos nas condições (5*b*)-(5*d*) com aqueles mostrados nas condições (5*e*)-(5*g*), observa-se que apenas no equilíbrio com taxa de juros alta (ou seja, $i > i^c$) é que uma política de aumento do superávit primário pode ser eficaz em reduzir o valor de equilíbrio da taxa nominal de juros. Se a economia estiver operando no equilíbrio com taxa de juros baixa, então essa política será *contraproducente*, uma vez que resultará numa taxa de juros nominal de equilíbrio de longo prazo mais alta.

A análise da estabilidade do equilíbrio de longo prazo do sistema pode ser feita por intermédio das equações diferenciais a seguir:

$$\dot{\pi} = \beta\left[\delta\left(Y(i,\pi)\right) - \bar{Y}\right] \tag{6}$$

$$\frac{\partial i}{\partial t} = \gamma\left\{\left[\delta\left(Y(i,\pi) - \bar{Y}\right)\right] + \pi - \pi^*\right\} \tag{7}$$

onde $\overset{*}{\pi}$ representa o reajuste das expectativas de inflação.

Linearizando o sistema em torno da posição de equilíbrio de longo prazo, e escrevendo em forma matricial, obtém-se:

$$\begin{bmatrix} \dot{\pi} \\ \dfrac{\partial i}{\partial t} \end{bmatrix} = \begin{bmatrix} \beta\delta Y_\pi & \beta\delta Y_i \\ \gamma\delta Y_\pi + \gamma & \gamma\delta Y_i \end{bmatrix} \begin{bmatrix} \pi - \pi_0 \\ i - i_0 \end{bmatrix} \tag{8}$$

Em (8), observa-se que o determinante da matriz jacobiana é negativo no equilíbrio baixo, e positivo no equilíbrio alto, ou seja, o equilíbrio baixo é necessariamente *instável* do tipo trajetória de sela.[18] Segue-se, então, que não é economicamente factível que a economia em consideração opere no equilíbrio com baixa taxa de juros. O traço da matriz jacobiana pode ser positivo ou negativo, dependendo dos valores dos parâmetros do sistema. A condição para que o traço seja menor que zero no equilíbrio alto (e, portanto, para que o equilíbrio alto seja estável) é que $-Y_i > \frac{\beta}{\gamma} Y_\pi$, ou seja, que o impacto da taxa de juros sobre produto (em módulo) seja maior que o impacto da inflação sobre o produto — ponderado pela relação $\frac{\beta}{\gamma}$. Esta última relação representa a razão entre as velocidades de ajustamento da variação esperada na taxa de inflação e da taxa de juros, como consequência de diferenças entre a inflação efetiva e sua meta.

A visualização dos equilíbrios alto (i_H) e baixo (i_L) no plano juros-inflação pode ser feita por meio do gráfico 4.[19]

Gráfico 4
Equilíbrios alto e baixo no plano juros-inflação

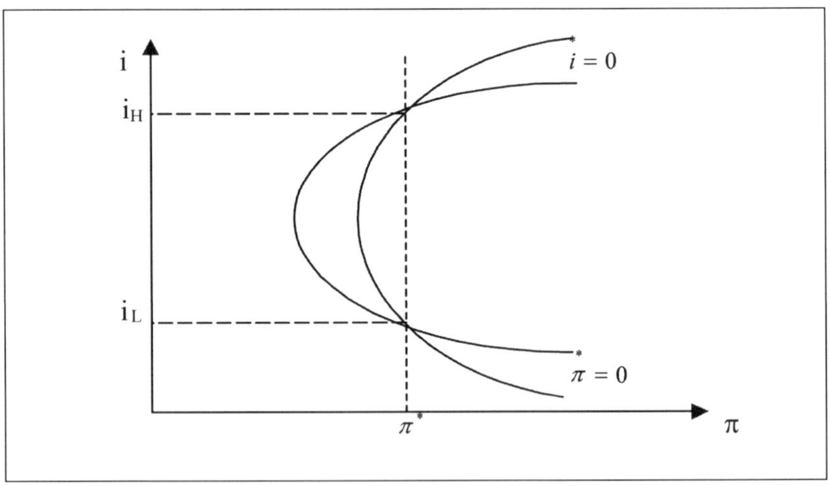

[18] Cf. Takayama, 1993:408.
[19] A construção do *locus* taxa de juros e inflação esperada é detalhada no anexo deste capítulo.

A possível estabilidade do equilíbrio com alta taxa nominal de juros evidencia uma provável armadilha no modelo de política monetária brasileiro. A característica do mercado de dívida pública impede que a Selic caia abaixo de determinado patamar, ou seja, ela ficará sempre acima de determinado limite. Tal barreira é dada pela taxa de juros mínima para que o efeito substituição seja maior que o efeito renda.

Em resumo, o problema está no fato de existir um efeito renda derivado da elevação dos juros que mais que compensa o efeito substituição. Isso acaba impedindo que a política monetária seja administrada num intervalo de juros situado no equilíbrio baixo, pois a relação de determinação juros-inflação nesse ponto é anômala à teoria econômica.

O valor dos juros a partir do qual a Selic passa a ter o efeito inverso ao esperado, bem como a estimativa dos parâmetros que garantem a estabilidade do modelo são fatores a serem investigados posteriormente. Contudo, a possibilidade de a economia brasileira estar submetida a uma armadilha monetária, em que existe um ponto de resistência para a queda da taxa de juros, é um fator, sem dúvida, preocupante.

Por fim, cabe destacar que, se a economia brasileira estiver presa num equilíbrio com alta taxa de juros, então a solução para o "problema dos juros" no Brasil não passa apenas pela finalização do ajuste fiscal. Conforme se pode visualizar nos exercícios de estática comparativa, um aumento do superávit primário reduzirá o valor da taxa nominal de juros no equilíbrio alto, mas, por si mesmo, não eliminará a existência de equilíbrios múltiplos. Nesse contexto, deve-se adotar uma *combinação de políticas* para resolver o "problema dos juros", qual seja: combinar uma contração fiscal (aumento do superávit primário) com a total desindexação da dívida mobiliária federal da taxa Selic.

Conclusões

Este capítulo procurou demonstrar a possibilidade de equilíbrios múltiplos na relação juros-inflação na economia brasileira. Tal fato advém da peculiar estrutura do mercado de dívida pública no Brasil, em que o mercado de moeda de curto prazo é remunerado pela mesma taxa que remunera os títulos da dívida de longo prazo.

Nesse contexto, elevações da taxa Selic não teriam, necessariamente, os efeitos esperados sobre inflação e produto. Conforme demonstrado, elevações da taxa de juros geram um efeito renda para os detentores de títulos, podendo tal efeito levar a um crescimento do consumo e do investimento que alavanque o processo inflacionário.

Dessa forma, a eficácia da política monetária, no que se refere ao seu poder de inibir a elevação de preços, pode ficar submetida à manutenção da taxa Selic em patamares elevados. Somente acima de determinado ponto é que os juros passam a ter efeito sobre os níveis de crédito e investimento que mais do que compensa o seu efeito positivo sobre a renda dos proprietários de títulos públicos, ou aplicações compostas por estes.

A manutenção dessa atual estrutura do mercado de dívida pública, em que o Banco Central opera como um concorrente do Tesouro Nacional, impossibilita que o crescimento econômico seja obtido de forma significativa e duradoura. Ou seja, mantida tal estrutura, a política monetária continuará presa à necessidade de operar em níveis elevados de taxa de juros. A retomada do investimento, tão necessária para que o crescimento econômico ocorra sem pressões inflacionárias, bem como a redução do estoque de dívida pública dependem de essa armadilha monetária ser desfeita.

Essa argumentação vai de encontro às visões simplistas de que o problema dos altos juros no Brasil pode ser resolvido mediante políticas fiscais austeras. A solução do problema passa, sim, por austeridade fiscal, mas não se limita a ela. É necessário que o mercado de moeda de curto prazo, administrado pelo Banco Central, atue de forma separada do mercado de títulos da dívida de longo prazo.

Bibliografia

BARBOSA, Fernando de Holanda. A inércia da taxa de juros na política monetária. *Revista de Economia*, v. 30, n. 2, p. 105-119, 2004.

———. The contagion effect of public debt on monetary policy: the Brazilian experience. 2005a. Disponível em: <http://fgv.br/portal/pesquisa/producao/5727.html>.

———. O mistério da taxa de juros real. *Conjuntura Econômica*, v. 59, n. 11, nov. 2005b.

BRASIL. BANCO CENTRAL DO BRASIL. *Relatório de Inflação*, jun. 1999/dez. 2005. (publicação trimestral). Disponível em: <www.bcb.gov.br/?RELINF>.

CLARIDA, Richard; GALÍ, Jordi; GERTLER, Mark. The science of monetary policy: a new Keynesian perspective. *Journal of Economic Literature*, v. 37, n. 4, p. 1661-1707, Dec. 1999.

DELFIM NETTO, A. Déficit nominal zero. *Economia & Tecnologia*, v. 1, n. 2, 2005.

EICHNER, Alfred. *The Megacorp and the oligopoly:* micro foundations of macro dynamics. Cambridge: Cambridge University Press, 1976.

FIGUEIREDO, Francisco Marcos R.; FERREIRA, Thaís Porto. *Os preços administrados e a inflação no Brasil*. Brasília, DF: Banco Central do Brasil, dez. 2002. (Trabalhos para Discussão, 52). Disponível em: <www.bcb.gov.br/pec/wps/port/wps59.pdf>.

HOLLAND, Márcio. Por que as taxas de juros reais são tão elevadas no Brasil. Uberlândia: Universidade Federal de Uberlândia, 2006. ms.

IPEA. *Política Monetária — Boletim Conjuntural* (vários números). Disponível em: <www.ipea. gov.br>.

MINELLA, André et al. *Inflation targeting in Brazil*: lessons and challenges. Brasília, DF: Banco Central do Brasil, nov. 2002. Disponível em: <www.bcb.gov.br/pec/wps/port/default.asp#2002>. Acesso em: 14 fev. 2003.

NAKANO, Yoshiaki. O regime monetário, a dívida pública e a alta taxa de juros. *Conjuntura Econômica*, v. 59, n. 11, p. 10-12, nov. 2005.

OREIRO, José Luís; PASSOS, Marcelo. A governança da política monetária brasileira: análise e proposta de mudança". *Indicadores Econômicos FEE*, v. 33, n. 1, p. 157-168, 2005.

———; LEMOS, Breno; PADILHA, Rodrigo. *O regime de metas de inflação e a governança da política monetária no Brasil*: análise e proposta de mudança. 2005. Disponível em: <www.ie.ufrj.br/ moeda>.

PAULA, Luiz Fernando; OREIRO, José Luís; JONAS, Guilherme. Fluxos e controles de capitais no Brasil: avaliação e proposta de política. In: SICSÚ, João; OREIRO, José Luís; PAULA, Luiz Fernando (Orgs.). *Agenda Brasil:* políticas econômicas para o crescimento com estabilidade de preços. Barueri: Manole, 2003.

ROMER, David. *Advanced macroeconomics*. New York: McGraw-Hill, 1996.

SARGENT, Thomas J. *Dynamic macroeconomic theory*. San Diego: Harvard University Press, 1987.

SETTERFIELD, Mark. *Is inflation targeting compatible with post Keynesian economics?* 2005. Disponível em: <http://emp.trincoll.edu.>.

TAKAYAMA, Akira. *Analyical methods in economics*. Ann Arbor: University of Michigan Press, 1993.

Anexo

$$\frac{\partial i}{\partial t} = \gamma\left[\delta\left(Y - \bar{Y}\right) + \pi - \pi^{*}\right]$$

Como no equilíbrio de longo prazo $\frac{\partial i}{\partial t} = 0$, tem-se:

$$\delta Y\left[\pi, i\right] - \left[\pi^{*} + \delta\bar{Y}\right] + \pi$$

Linearizando em torno de i e π:

$$\delta Y_{\pi} d_{\pi} + \delta Y_{i} d_{i} + d_{\pi} = 0$$

$$di = \frac{-\left(1 + \delta Y_{\pi}\right)}{\delta Y_{i}} d_{\pi}$$

$$\left.\frac{\partial i}{\partial \pi}\right|_{\frac{\partial i}{\partial t}} = -\frac{\left(1 + \delta Y_{\pi}\right)}{\delta Y_{i}}$$

Fazendo o mesmo procedimento para o *locus* $\frac{\partial i}{\partial t} = 0$ e assumindo o equilíbrio de longo prazo $\pi = 0$:

$$\beta\delta Y\left[i,\pi\right]-\beta\,\delta\bar{Y}=0$$

$$Y\left[i,\pi\right]=\bar{Y}$$

$$Y_i d_i+Y_\pi d_\pi=0$$

$$di=\frac{-Y_\pi}{Y_i}d_\pi$$

$$\left.\frac{\partial_i}{\partial_\pi}\right|_{\frac{\partial_\pi}{\partial t}=0}=\frac{-Y_\pi}{Y_i}$$

Como $\frac{-1}{\delta Y_i}-\frac{Y_\pi}{Y_i}>-\frac{Y_\pi}{Y_i}$ a inclinação da curva $\frac{\partial i}{\partial t}$ é maior do que da curva $\frac{\partial_\pi}{\partial t}$.

9

A transmissão da política monetária pelo canal do efeito riqueza no Brasil

Joaquim Pinto de Andrade e *Manoel Carlos de Castro Pires*

A taxa de juros de curto prazo é o principal instrumento de que o banco central dispõe para alcançar seus objetivos, que, em geral, são dados pelo combate à inflação e pela administração da demanda agregada.[1] No Brasil, um fato estilizado é a observação de que a taxa real de juros é muito elevada quando comparada à dos demais países.[2]

Em um regime explícito de metas de inflação, cabe ao banco central determinar a taxa de juros com o objetivo de alcançar, em determinado período de tempo, a taxa de inflação estipulada. Se a taxa de juros nominal — e consequentemente a real —, no Brasil, tem que ser muito elevada para manter a taxa de inflação em um nível compatível com a experiência internacional, é natural que existam dúvidas sobre a eficácia desse instrumento em atingir as metas que lhe são atribuídas.

---

[1] Taylor, 1993.

[2] Muinhos e Nakane, 2006. Uma consideração importante é que Muinhos e Nakane interpretam a taxa real de juros filtrada como a taxa de juros natural da economia. O ponto aqui é um pouco diferente, pois, como no período utilizado pelos autores ocorreram muitos choques negativos, é possível que essas estimativas estejam viesadas para cima. De toda forma, essa evidência é interpretada de modo diferente. A interpretação utilizada para os objetivos deste capítulo é que a taxa de juros real observada no Brasil é muito elevada em comparação com a dos demais países. Esse fato é que pode ser explicado pela ineficácia da transmissão da política monetária em um período de muitos choques negativos, pois tal ineficácia, aliada aos choques, faz o Banco Central reagir de modo muito agressivo.

A ineficácia da política monetária no Brasil pode ser justificada pelo baixo volume de crédito disponível na economia, pelo problema de dominância fiscal[3] e pela existência de dívida pública indexada à taxa de juros de curto prazo.[4] Nesse sentido, o aspecto crucial para entender por que a taxa de juros é tão elevada no país passa por estudar seus mecanismos de transmissão.

Este capítulo tem por objetivo estudar como a existência de títulos da dívida pública indexados à taxa de juros de curto prazo contribui para elevar a ineficácia da política monetária no Brasil. Esses títulos são denominados Letras Financeiras do Tesouro (LFTs) e foram criados no contexto da iminente crise do setor financeiro que ocorreria após o descongelamento de preços em 1986, pois a indexação de títulos aos índices de preços estava restrita aos títulos com prazos superiores a um ano. Os títulos inferiores a um ano não tinham qualquer tipo de indexação e foram adquiridos com base na perspectiva de que o Brasil havia alcançado a estabilidade de preços.[5]

A forma encontrada para evitar um possível risco de remuneração derivado da elevada inflação, que desvalorizaria os ativos das instituições financeiras, e da elevação da taxa de juros, que implicaria perdas de capital significativas, foi a emissão de títulos indexados à taxa de juros de curto prazo, o que corrigiria as perdas oriundas das elevações da taxa de inflação e da taxa de juros quando o congelamento de preços chegasse ao fim. Assim, o risco de remuneração desapareceu, de modo que esse tipo de título assegurou um elevado rendimento, com segurança e alta liquidez, sendo a principal razão para um título que foi criado na época da alta inflação ainda existir em um contexto de estabilidade de preços.[6]

A razão pela qual a existência das LFTs aumenta a ineficácia da política monetária é que tais títulos não exibem efeito riqueza. O efeito riqueza avalia como mudanças na riqueza privada, induzidas pela política monetária, afetam o consumo das famílias.[7] Com efeito, as LFTs são insensíveis a variações na

[3] O argumento da dominância fiscal foi expresso por Blanchard, 2004. A dinâmica pode ser descrita da seguinte maneira: elevações da taxa de juros deterioram a dívida pública, aumentando o risco, desvalorizando a moeda local e elevando, consequentemente, a inflação.

[4] Bevilaqua, Mesquita e Minella, 2007.

[5] Arida, 2006.

[6] Resende, 2006; Arida, 2006.

[7] Pigou, 1943.

taxa de juros. A perda de capital decorrente do aumento da taxa de juros é compensada pelo aumento dos fluxos de juros pagos, de forma que essa fração da riqueza se mantém imune à política monetária.

Este capítulo conta com mais cinco seções além desta introdução. A próxima descreve brevemente a evolução do pensamento sobre o efeito riqueza, e como essa evolução influenciou os modelos macroeconômicos. A terceira seção apresenta o debate sobre o efeito riqueza aplicado no Brasil. A quarta descreve a metodologia empírica utilizada por Ludvigson, Steindel e Lettau (2002) e que será aqui seguida. Ademais, algumas modificações necessárias são discutidas na metodologia, bem como os dados utilizados. A quinta seção apresenta os resultados, que são compatíveis com o argumento de que a dívida indexada pode reduzir a eficácia da política monetária. Por último, seguem as principais conclusões do capítulo.

A teoria do efeito riqueza

A transmissão da política monetária por meio do efeito riqueza mensura o impacto de variações endógenas da riqueza privada — oriundas de mudanças na política monetária — sobre o consumo. Inicialmente, o efeito riqueza considerava apenas como os ativos da economia influenciavam a demanda agregada. Pigou (1943) mostrou como deflações estimulavam a economia, devido ao aumento do estoque real de riqueza dos indivíduos. Patinkin (1947) estudou como o então "efeito saldos reais" não podia ser utilizado com propósitos de política econômica quando analisado de forma dinâmica.

Alguns trabalhos subsequentes se preocuparam em estudar como o "efeito saldos reais" estabilizaria os mercados de trabalho, monetário e de bens. Talvez o economista que mais trabalhou com esse efeito tenha sido Modigliani (1944 e 1963), que estudou extensivamente as condições sobre os mercados de trabalho, de bens e monetário, através das quais o efeito riqueza estabilizaria a economia. Essa literatura foi estendida para analisar as variações endógenas da riqueza privada induzidas pela política monetária.[8]

[8] Ando e Modigliani, 1963.

Em compasso com os desenvolvimentos teóricos, os modelos econométricos de grande porte, mais tradicionais nos anos 1960 e 70, se utilizaram amplamente do efeito riqueza no canal de transmissão da política monetária. Ludvigson, Steindel e Lettau (2002) conduziram um experimento para ilustrar a importância do efeito riqueza nos modelos keynesianos de grande porte para a economia norte-americana, como: (a) o Washington University Macroeconomic Model (WUMM); (b) o Data Resources Incorporated (DRI); e (c) o Federal Reserve Board Model (FRB). Esses modelos diferem basicamente na estrutura de defasagens e no grau de desagregação, mas os mecanismos de transmissão da política monetária são muito semelhantes.

A tabela 1 apresenta o experimento conduzido, mostrando que as diferenças entre os modelos podem ser grandes após 12 trimestres. O modelo WUMM atribui o maior impacto da riqueza sobre o consumo, e o DRI, o menor efeito. Ao utilizar esses modelos, pode-se atribuir ao efeito riqueza metade dos impactos da política monetária. Esses resultados, contudo, não constituem evidência de que o efeito riqueza opera em grande escala devido aos erros que os modelos estruturais desse tipo carregam.[9] Entretanto, tais modelos refletem muito bem o estado da arte presente naquela época.

Tabela 1

Estimativas da importância do efeito riqueza na transmissão da política monetária em modelos econométricos de grande porte

Trimestres	Com efeito riqueza			Sem efeito riqueza		
	Efeito sobre o PIB					
	WUMM	DRI	FRB	WUMM	DRI	FRB
1	0,1	0,1	—	0,1	0,1	—
4	0,9	0,6	0,6	0,6	0,2	0,5
8	1,8	0,8	1,7	1,1	0,3	1,2
12	2,5	0,9	—	1,3	0,4	—

Continua

[9] Lucas, 1976.

Trimestres	Com efeito riqueza			Sem efeito riqueza		
	Efeito sobre bens e serviços não duráveis					
	WUMM	DRI	FRB	WUMM	DRI	FRB
1	0,1	0,0	—	0,0	0,0	—
4	0,5	0,2	0,3	0,2	-0,2	0,2
8	1,1	0,2	1,1	0,4	-0,3	0,5
12	1,7	0,2	—	0,4	-0,3	—

Fonte: Ludvigson, Steindel e Lettau, 2002.

Notas: Washington University Macroeconomic Model (WUMM), Data Resources Incorporated (DRI), Federal Reserve Board Model (FRB). O exercício consistiu em uma redução da taxa de juros. Realizou-se o exercício sem o efeito riqueza restaurando a trajetória dos ativos das famílias para a trajetória original.

Apesar de os modelos keynesianos tradicionais atribuírem um papel muito importante ao efeito riqueza, existe a tendência de abandonar esse canal de transmissão nos modelos macroeconômicos mais recentes. A maioria dos modelos de transmissão da política monetária utilizados pelos bancos centrais não contempla mais o efeito riqueza como um canal de transmissão relevante.

No Banco do Canadá, por exemplo, o modelo *ToTEM*[10] substituiu, em 2005, o Quarterly Projection Model (QPM). No modelo *ToTEM*, a política monetária afeta o consumo e o investimento por meio da taxa de juros de longo prazo. Da mesma forma, o modelo macroeconômico da Nova Zelândia não explicita o papel da riqueza financeira no consumo como canal de transmissão da política monetária.[11]

Uma alternativa ao *ToTEM* é o modelo que o próprio Banco do Canadá construiu para a economia norte-americana, conhecido como *MUSE* (Model of the United States Economy). No *MUSE*, o consumo é modelado conforme a teoria da renda permanente. O nível desejado de gastos das famílias é uma função da taxa de juros, da renda do salário e da riqueza financeira, sendo esta última afetada pela taxa de juros de longo prazo.[12] Outro exemplo de efeito riqueza na transmissão da política monetária é o modelo trimestral do Banco da Inglaterra.[13]

[10] Murchison e Rennison, 2006.

[11] New Zealand Economics Department, 2004.

[12] Gosselin, Lalonde e Parent, 2006.

[13] Harrison et al., 2005.

O Banco da Inglaterra talvez possua o modelo com o mecanismo de transmissão mais tradicional para a política monetária. Assume-se que a taxa de juros de curto prazo dispõe de quatro mecanismos principais para afetar a inflação: (a) a taxa de juros de longo prazo; (b) o preço dos ativos; (c) as expectativas; e (d) a taxa de câmbio. A figura 1 apresenta o mecanismo de transmissão da política monetária na Inglaterra.

Figura 1
O mecanismo de transmissão da política monetária na Inglaterra

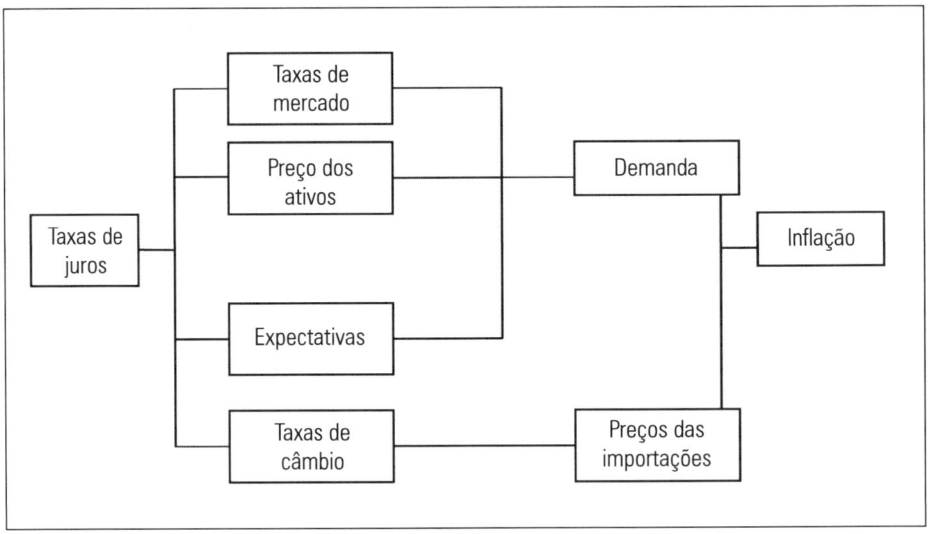

Fonte: *The Bank of England quarterly model* (Harrison et al., 2005).

O debate no Brasil

O debate sobre o efeito riqueza no Brasil é travado principalmente no âmbito da dívida pública. Quase metade dessa dívida é indexada à taxa de juros do *overnight*. Para entender como esse fato influencia o efeito riqueza é necessário compreender o conceito — derivado de finanças — de duração de um título. A duração de um título corresponde à variação de seu preço decorrente de mudanças na taxa de juros.

Considere-se o caso de uma quantidade de títulos B de vida perpétua, que pagam uma taxa constante r de juros por unidade de tempo t. O preço de mercado desse montante de títulos é dado pelo valor presente, descontado pela taxa de juros de curto prazo do fluxo dos rendimentos pagos pelo título, que é dado por:

$$P_t = \sum_{t=0}^{\infty} \frac{rB}{(1+i)^{t+1}} = \frac{rB}{i} \tag{1}$$

Pode-se notar que elevações na taxa de juros de curto prazo geram perda de capital ao reduzirem o preço de mercado do título $\left(\frac{dP_t}{di} = -\frac{rB}{i^2} < 0\right)$.

Considere-se agora o caso de uma LFT que paga a taxa de juros do *overnight*. Seu preço de mercado é dado por:

$$P_t = \sum_{t=0}^{\infty} \frac{iB}{(1+i)^{t+1}} = B \tag{2}$$

De (2) segue-se que o preço de mercado de um título indexado à taxa do *overnight* não depende da taxa de juros.[14]

No caso das LFTs, a duração é, por definição, igual a zero. A perda no preço de um título decorrente do aumento da taxa de juros é exatamente igual ao ganho em sua remuneração, de forma que o efeito total de variações na taxa de juros sobre essa parte da riqueza é anulado. Isso ocorre porque flutuações na taxa de juros geram fluxos positivos que compensam a perda de capital.[15]

Para verificar como os conceitos de maturidade da dívida e de duração diferem, a figura 2 apresenta a evolução do prazo médio e da duração da dívida pública desde janeiro de 1997.[16] Pode-se notar que os dois conceitos são muito próximos até meados de 1998, quando a emissão de LFTs aumenta gradualmente até alcançar a importância de 50% da dívida mobiliária em 2002, quando se estabiliza em torno desse patamar.

A partir de 2006 as duas séries se elevam, sem aumento significativo da diferença entre elas. Isso pode ocorrer, em geral, de três maneiras: (a) substituição de títulos prefixados (LTN — Letras do Tesouro Nacional) curtos por

---

[14] Outra característica dos títulos indexados ao *overnight* é que o conceito de duração se desvincula completamente da maturidade do título. No caso de títulos prefixados, os dois conceitos são fortemente relacionados. Em geral, quanto maior a maturidade, maior a duração de um título, o que não ocorre com as LFTs.

[15] Lopes, 1998.

[16] Segundo Garcia e Salomão (2006), a metodologia usada pelo Banco Central do Brasil considera os títulos indexados à Selic como praticamente zero (0,03 por mês). Por isso, toda vez que aumenta a participação da dívida indexada à Selic, o prazo médio tende a se distanciar da duração.

longos, com a proporção de LFTs constante; (b) substituição das LFTs de maturidade curta por LTNs de maturidade longa; ou (c) uma combinação desses dois casos. Como a proporção de LFTs cai a partir de 2006, e a maturidade das LTNs aumenta consideravelmente, intui-se que o segundo caso descreve melhor a evolução recente dos dados, tendo o primeiro caso participação menor nesse processo.[17]

Figura 2
Evolução do prazo médio e da duração da dívida

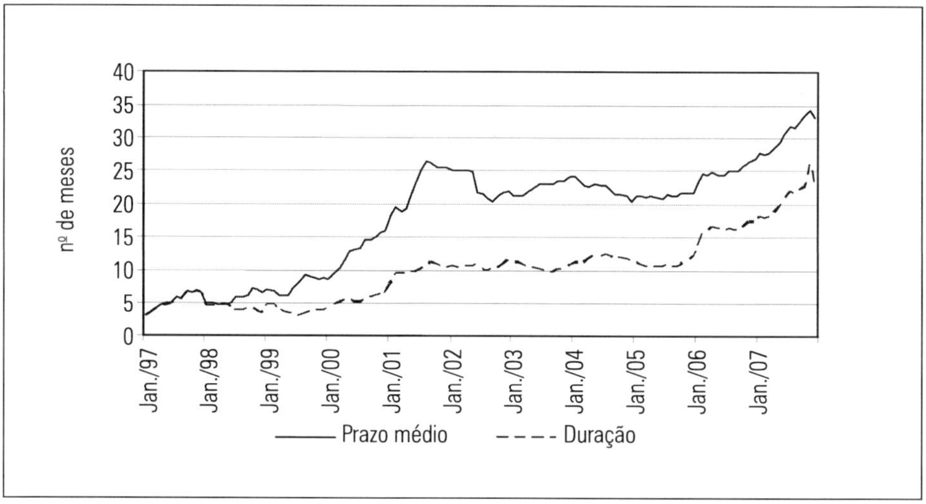

Fonte: Banco Central do Brasil.

O fenômeno é reconhecido por muitos economistas como um fator que reduz a eficácia da política monetária.[18] Pastore (1996), por exemplo, argumenta que, em um contexto de fortes restrições de liquidez, a existência das LFTs faz com que o efeito de elevações da taxa de juros sobre o consumo seja positivo, pois o efeito renda supera o efeito riqueza.[19] Entretanto, apesar de

[17] Segundo dados do Tesouro Nacional, em 2004, o prazo médio das LTNs foi, em média, de 6,43 meses e da LFTs foi de 19,65 meses. Em 2007, enquanto o prazo médio das LFTs chegou a 23,74 meses (aumento de 21%) o das LTNs atingiu 9,94 meses (aumento de 54%).

[18] Pastore, 1996; Bevilaqua, Mesquita e Minella, 2007.

[19] Na existência de restrições de liquidez, a função consumo depende mais da renda disponível, que seria afetada positivamente pela política monetária ao aumentar as transferências ao setor privado na forma de pagamento de juros sobre a dívida pública.

reconhecerem a ocorrência desse fenômeno, alguns autores desconfiam que esse canal de transmissão tenha relevância empírica.[20]

Entre as razões para essa desconfiança estão: (a) o fato de existir no Brasil uma elevada desigualdade de renda, de forma que elevações na taxa de juros não afetariam a riqueza das parcelas mais pobres da população; (b) o estoque da riqueza privada no Brasil, medido como proporção do PIB, é menor que em países desenvolvidos como, por exemplo, os Estados Unidos; (c) a liquidez do mercado habitacional é muito baixa em comparação com a dos países desenvolvidos; e (d) a equivalência ricardiana pode ter sido reforçada no Brasil recentemente, pois elevações na dívida pública estiveram associadas a elevações na carga tributária para elevar o superávit primário.[21]

Ainda que o efeito riqueza seja uma questão importante no debate sobre a eficácia da política monetária, os modelos macroeconômicos brasileiros não têm trazido evidências ou discutido esse efeito. O modelo macroeconômico de médio porte do Ipea, por exemplo, não traz evidências de efeito riqueza.[22] O modelo de médio porte de Muinhos e Alves (2003) também não traz evidência de efeito riqueza. No entanto, os modelos mais recentes que procuram explicar alguns fenômenos dão conta de um papel relevante para a dívida pública na dinâmica macroeconômica brasileira.[23]

O VAR estrutural e a base de dados

A preferência pelo emprego de técnicas de vetores autorregressivos (VAR), ao contrário dos modelos tradicionais de grande porte, deve-se a duas razões. A primeira é que os modelos de grande escala necessitam de muitas restrições.[24] Na maioria das vezes, quando o objetivo é compreender relações mais básicas entre as variáveis, é preferível impor o menor número possível de restrições. A segunda é que a simulação de políticas sistemáticas pode ser pouco confiável se o processo de formação de expectativas ante-

[20] Loyo, 2006.

[21] Barro, 1974. Para uma interpretação que relativiza a importância da equivalência ricardiana no debate recente, ver a discussão entre Blinder (2006) e Blanchard (2006).

[22] Reis et al., 1999.

[23] Blanchard, 2004; Favero e Giavazzi, 2002; Andrade e Morais, 2004.

[24] Sims, 1980.

cipar as mudanças de políticas.[25] Assim, é preferível analisar choques de políticas não sistemáticos.

A base de dados tem periodicidade trimestral, cobrindo o período 1996:1 a 2007:2. As variáveis utilizadas são: a taxa de inflação (π_t), medida como a taxa de crescimento do IPCA; os salários, medidos como o rendimento real médio dos assalariados da cidade de São Paulo (s_t); a série de consumo das contas nacionais trimestrais (c_t); a série de estoque de letras do Tesouro Nacional (LTN_t) e de Letras Financeiras do Tesouro (LFT_t), ambas da Secretaria do Tesouro Nacional, deflacionadas pelo IPCA; e a taxa de juros nominal Selic (i_t).

É preciso tecer algumas considerações sobre a base de dados. O IBGE não calcula uma série de riqueza para o Brasil. É comum, na literatura internacional, utilizar o estoque de riqueza das famílias, medido pela matriz de fluxo de fundos. No Brasil não existe uma série apropriada de riqueza, uma vez que a matriz de fluxo de fundos não é contabilizada periodicamente. Essa variável inclui habitações, por exemplo. O fato de o mercado de habitações no Brasil não ser muito líquido, em comparação com outros países, ameniza um pouco esse problema. Ademais, para os propósitos do estudo, o importante é separar a dívida indexada ao *overnight* da dívida prefixada.

O modelo VAR estrutural a ser analisado consiste de:

$$A_0 X_t = \delta + A_1 X_{t-1} + \ldots + A_p X_{t-p} + u_t \tag{3}$$

onde $X_t = \{\pi_t, s_t, c_t, LTN_t, i_t\}$ ou $X_t = \{\pi_t, s_t, c_t, LFT_t, i_t\}$.

A identificação do VAR estrutural equivale ao método utilizado por Ludvigson, Steindel e Lettau (2002), que permite que o consumo seja afetado contemporaneamente pela riqueza.

$$A_0 = \begin{bmatrix} 1 & 0 & 0 & 0 & 0 \\ A_{21} & 1 & 0 & 0 & 0 \\ A_{31} & A_{32} & 1 & A_{34} & A_{35} \\ A_{41} & A_{42} & A_{43} & 1 & A_{45} \\ A_{51} & A_{52} & A_{53} & A_{54} & 1 \end{bmatrix} \tag{4}$$

[25] Lucas, 1976.

Na identificação a ser proposta em (4), algumas hipóteses se fazem necessárias. Primeiro, assume-se que a taxa de juros responde contemporaneamente aos eventos macroeconômicos, mas tem seus efeitos defasados em um período ($A_{35} = 0$). Segundo, assume-se que a riqueza (um estoque) não é afetada contemporaneamente pelo consumo, que é um fluxo ($A_{43} = 0$). A relação entre taxa de juros e riqueza é simultânea, mas impõe-se a restrição de que a autoridade monetária não tem meta para os ativos, mas se preocupa com estes apenas na medida em que influenciam as variáveis reais ($A_{54} = 0$).

O teste de Ludvigson, Steindel e Lettau (2002) consiste em comparar o VAR proposto pela identificação apresentada em (4) com a identificação que impõe que $A_{34} = 0$, assim como os demais efeitos defasados ($A_{t-i,34} = 0$), onde $i = 1,\ldots,p$ representa os coeficientes das defasagens do VAR. Em outras palavras, o teste proposto é um exercício contrafactual que analisa as diferenças entre o modelo que permite a operação do efeito riqueza e um modelo no qual esse efeito é, por construção, anulado.

Uma condição importante para a análise de modelos VAR é que as séries sejam estacionárias. Três testes foram realizados para cada uma das séries. O primeiro teste foi o ADF, que tem como hipótese nula a existência de raiz unitária e é o mais tradicional. O segundo teste é o KPSS, que pode ser considerado um teste complementar ao ADF porque sua hipótese nula é de que as variáveis são estacionárias. O ideal é que os testes produzam as mesmas conclusões, ou seja, que, quando uma variável rejeitar a hipótese nula em um teste, rejeite a hipótese alternativa no outro. O terceiro teste, que permite modelar a quebra estrutural — muito comum nas séries brasileiras — de forma endógena, é o teste SL de Saikkonen e Lutkepohl (2002), cuja hipótese nula é a existência de raiz unitária.

Os resultados da aplicação dos testes de raiz unitária mostram-se bastante conclusivos, pois, com exceção das LFTs, tais testes produziram as mesmas decisões (ver tabela 2).[26] As séries que podem ser consideradas integradas de primeira ordem ($I(1)$) são o consumo, os salários e as LTNs. As séries de inflação e taxa de juros podem ser tratadas como estacionárias ($I(0)$). No caso das LFTs, os testes, em conjunto, não são conclusivos. Os testes ADF e SL sugerem

[26] O anexo A apresenta os testes de raiz unitária.

que as LFTs podem ser estacionárias, enquanto o KPSS indica que as LFTs podem ser consideradas integradas de primeira ordem. Sendo assim, o modelo com as LFTs tratará dessas duas possibilidades.

Tabela 2
Testes de raiz unitária e decisão da ordem de integração

	ADF	KPSS	SL com quebra	Decisão
c_t	$I(1)$	$I(1)$	$I(1)$	$I(1)$
s_t	$I(1)$	$I(1)$	$I(1)$	$I(1)$
LFT_t	$I(0)$	$I(1)$	$I(0)$	$I(0)/I(1)$
LTN_t	$I(1)$	$I(1)$	$I(1)$	$I(1)$
π_t	$I(0)$	$I(0)$	$I(0)$	$I(0)$
i_t	$I(0)$	$I(0)$	$I(0)$	$I(0)$
a_t	$I(0)$	$I(0)$	$I(0)$	$I(0)$

A aplicação da metodologia tal como exposta requer que algumas variáveis sejam diferenciadas para que o VAR seja estacionário. A diferenciação dessas variáveis faz com que ocorra perda de informação de longo prazo, caso esta exista. Por causa dessa possível perda de informação, a metodologia contemplará também a possibilidade de existência de relação de longo prazo entre as variáveis não estacionárias por meio de técnicas de cointegração.[27]

As evidências indicam que, em ambos os modelos, a hipótese de que exista uma relação de longo prazo não pode ser rejeitada no modelo com constante, de acordo com a metodologia de Johansen (tabela 3). No modelo com constante e tendência, o teste de Johansen não rejeita a hipótese nula de ausência de relação de longo prazo. Portanto, o modelo com a restrição de longo prazo mais adequada é o que possui apenas uma constante.[28]

[27] É importante ressaltar que alguns resultados indicam condições nas quais o VAR pode ser utilizado com variáveis $I(1)$. Ainda que esses resultados não possam ser considerados consensuais (cf. Rothenberg e Stock, 1997), uma condição para que essa metodologia possa ser empregada é que todas as variáveis sejam $I(1)$, e que não exista restrição sobre os parâmetros, o que não corresponde às evidências encontradas pelos testes de raiz unitária e pelas necessidades do teste de Ludvigson, Steindel e Lettau (2002). Ver Toda e Yamamoto (1995).

[28] Evidências a partir de testes de uma equação com quebra estrutural endógena, como Gregory e Hansen (1996), não rejeitam a existência de uma relação de longo prazo entre as variáveis. A quebra é encontrada

Tabela 3
Teste de cointegração de Johansen*

Modelo com LTNs e constante				Modelo com LTNs, constante e tendência			
*r*0	LR	*p*-valor	95%	*r*0	LR	*p*-valor	95%
0	39,01	0,016	32,25	0	27,93	0,63	42,77
1	12,65	0,401	17,98	1	8,27	0,97	12,45
Modelo com LFTs e constante				**Modelo com LFTs, constante e tendência**			
*r*0	LR	*p*-valor	95%	*r*0	LR	*p*-valor	95%
0	46,42	0,001	35,07	0	36,71	0,183	42,77
1	16,34	0,161	20,16	1	8,65	0,962	25,73

* O teste de cointegração foi conduzido com as seguintes variáveis: c_t, s_t, LTN_t e LFT_t

A definição da relação de cointegração, em conjunto com as demais variáveis definidas como estacionárias, faz com que seja necessário propor a estimação de um modelo alternativo que combine a modelagem VAR para as variáveis que são estacionárias com uma modelagem que garanta o aproveitamento das informações das relações de longo prazo, como faz o modelo VEC. Assim sendo, propõe-se estimar um sistema de equações na forma de um VAR parcialmente cointegrado:

$$\begin{aligned} \Delta Y_t &= \Pi(e_{t-1}) + \Gamma_1 \Delta Y_{t-1} + \ldots + \Gamma_i \Delta Y_{t-i} + CX_t + \upsilon_t \\ X_t &= \Psi_1 X_{t-1} + \ldots + \Psi_i X_{t-i} + \Phi_1 \Delta Y_{t-1} + \ldots + \Phi_i \Delta Y_{t-i} + \varepsilon_t \end{aligned} \tag{5}$$

onde $e_{t-1} = Y_{t-1}$ é o mecanismo de correção de erros.

Cabe fazer alguns comentários sobre o sistema de equações proposto. Assume-se que os dois vetores de erro — υ_t e ε_t — têm média zero e variância constante. O vetor Y_t corresponde ao vetor com as variáveis não estacionárias, no caso, $\{s_t, c_t, LTN_t\}$ e $\{s_t, c_t, LFT_t\}$, e o vetor X_t é dado pelas variáveis estacionárias $\{\pi_t, i_t\}$. Ademais, o operador Δ corresponde ao processo de diferenciação

ao final da amostra, em 2005:3, de forma que a modelagem dessa quebra fica dificultada, pois não existem dados suficientes para analisar o segundo período.

responsável por tornar as variáveis estacionárias, e as matrizes Π, Γ, Ψ, C e Φ representam os parâmetros a serem estimados. Em um modelo VEC, a matriz Π pode ser decomposta em $\alpha\beta'$, onde α é a matriz que mede a velocidade de convergência do mecanismo de correção de erro, e β' é a matriz de cointegração propriamente dita. É importante ressaltar que a especificação proposta em (5) permite identificar os choques estruturais do vetor X_t, na medida em que se impõe que este não é afetado pelas demais variáveis de forma contemporânea. Desse modo, os choques de inflação e de política monetária podem ser interpretados como choques estruturais.

O primeiro exercício considerará apenas o VAR, seguindo rigorosamente a metodologia de Ludvigson, Steindel e Lettau (2002). Nesse sentido, as variáveis consideradas não estacionárias serão utilizadas em primeira diferença. Ademais, as LFTs serão tratadas como não estacionárias. O anexo B apresenta o exercício contrafactual com as LFTs utilizadas em nível. O primeiro exercício considerará ainda o exercício de robustez proposto por Ludvigson, Steindel e Lettau (2002), que consiste em incluir o índice de preço das *commodities* no VAR, e avaliar novamente as funções de impulso-resposta à luz dos resultados anteriores. O índice de preços das *commodities* utilizado foi o calculado pelo Ipea com base na metodologia de Nonnenberg e Lameiras (2005). Como a amostra pode ser considerada pequena, e a inferência é muito importante no teste de Ludvigson, Steindel e Lettau (2002), os intervalos de confiança são obtidos por *bootstrap*.

O segundo exercício considerará o VAR parcialmente cointegrado, com o intuito de incorporar a informação de longo prazo perdida com o processo de diferenciação realizado no primeiro exercício. O processo de estimação será feito em duas etapas. A primeira consistirá na estimação do vetor de cointegração; a segunda impõe esse vetor de cointegração no sistema de equações, sendo os demais parâmetros estimados por *OLS*.

Evidências do efeito riqueza no Brasil

Chegou-se ao resultado do exercício que analisa a importância da dívida pública na transmissão do efeito riqueza separando os títulos da dívida pública indexados ao *overnight* (LFTs) dos títulos da dívida pública prefixados (LTNs).

A ideia do exercício é verificar o argumento de que as LFTs não apresentam efeito riqueza, ou seja, aumentos da taxa de juros têm o mesmo efeito sobre o consumo quando se consideram os impactos da parcela da dívida indexada ou quando esses impactos não são considerados.

O exercício analisa, ainda, a importância da dívida prefixada na transmissão da política monetária. O objetivo é analisar se a dívida pode ser considerada na transmissão da política monetária via efeito riqueza. Se a resposta for negativa, o argumento de que a dívida indexada reduz a eficácia da política monetária perde força.

Evidências a partir do VAR estrutural

Uma diferença importante entre os dois modelos está no número de defasagens utilizadas. Enquanto no modelo com a dívida prefixada os critérios de adequação do modelo (Akaike e Hannan-Quinn) indicaram que o modelo correto possui uma defasagem (VAR(1)), no modelo com dívida indexada os mesmos critérios indicaram que o modelo correto possui quatro defasagens (VAR(4)).

A figura 3 mostra evidências de que a dívida prefixada aumenta a eficácia da política monetária, pois a resposta do consumo aos choques na taxa de juros é mais significativa quando se considera o efeito riqueza. A estimativa pontual situa-se fora do intervalo de confiança (*bootstrap* — 200 replicações) do exercício contrafactual nos quatro primeiros trimestres.

O exercício que considera a parcela da dívida indexada na transmissão da política monetária mostra que a estimativa pontual situa-se muito próxima do intervalo de confiança (*bootstrap* — 200 replicações) inferior do exercício contrafactual. Assim sendo, é difícil dizer se esse efeito é significativo. Dito de outra forma, não se encontra uma evidência contundente de que as LFTs exerçam um papel na transmissão da política monetária.

O anexo B apresenta o resultado do mesmo exercício, considerando as LFTs estacionárias. Nesse caso, as evidências sugerem que o consumo responde positivamente a choques na taxa de juros quando as LFTs são analisadas em nível. Em outras palavras, o efeito riqueza medido pelas LFTs não anula e, sim, inverte seu impacto sobre o consumo. Ainda que esse resultado possa parecer estranho,[29] as conclusões qualitativas indicam que a dívida indexada não transmite a política monetária da forma desejada.

Figura 3
O papel da dívida pública no efeito riqueza

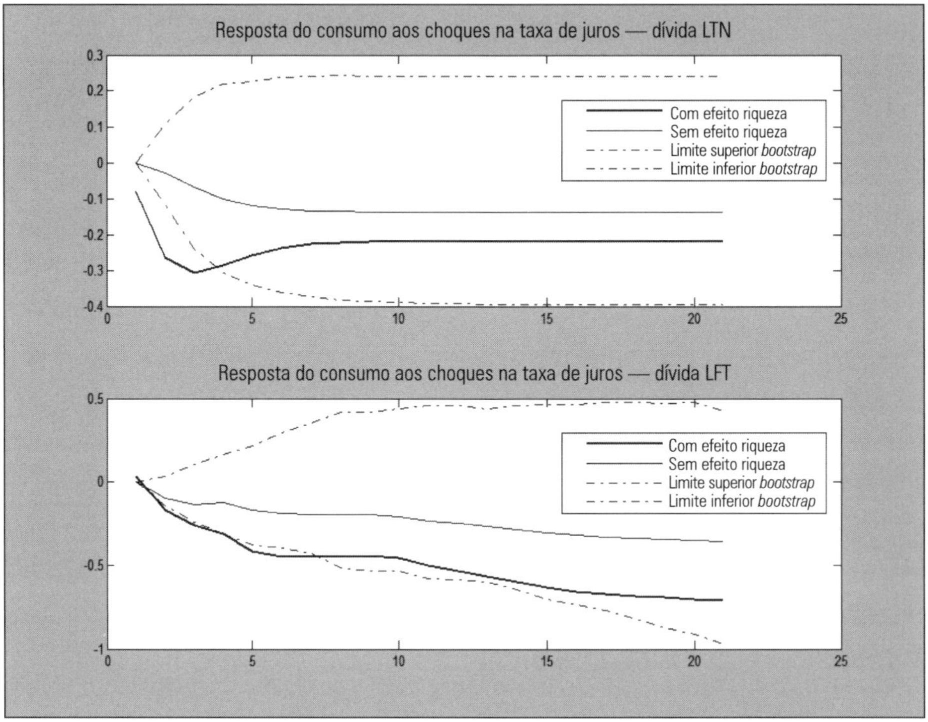

A tabela 4 apresenta os resultados da identificação que não é rejeitada pelos dados em nenhum dos dois modelos. Esse resultado indica que a significância ou não dos efeitos está atrelada aos coeficientes defasados e, não, à identificação propriamente dita. Ademais, a diferença entre as estimativas pontuais é elevada nos dois modelos. Entretanto, a elevada diferença pontual no modelo com a dívida indexada não parece suficiente para que o efeito riqueza seja significativo.

[29] Essa evidência é compatível com o argumento de Pastore (2006), que afirma que, em um contexto de forte restrição de liquidez, a Selic tem efeito positivo sobre o consumo, pois o efeito renda — dado pela maior remuneração do pagamento de juros sobre o estoque da dívida — supera o efeito riqueza.

Tabela 4
Comparação dos resultados

Teste sobre identificação do VAR (sem efeito riqueza — dívida indexada)			
LR Teste = 0,0471		Probabilidade = 0,8283	
Estimativas pontuais			
Trimes-tres	Com efeito riqueza	Sem efeito riqueza	Diferença
1	-0,1679	-0,0941	-0,0738
2	-0,2627	-0,1341	-0,1286
3	-0,3124	-0,1232	-0,1892
4	-0,4177	-0,1715	-0,2462
Teste sobre identificação do VAR (sem efeito riqueza — dívida não indexada)			
LR Teste = 0,1413		Probabilidade = 0,7070	
Estimativas pontuais			
Trimes-tres	Com efeito riqueza	Sem efeito riqueza	Diferença
1	-0,2660	-0,0279	-0,2381
2	-0,3062	-0,0695	-0,2367
3	-0,2876	-0,1015	-0,1861
4	-0,2596	-0,1201	-0,1395

Foi conduzido um exercício de robustez a fim de avaliar a fragilidade dos resultados obtidos. É comum, na literatura sobre transmissão de política monetária, a inclusão do índice de preços das *commodities* como variável exógena, no intuito de captar uma dinâmica mais realista. Esse experimento também foi conduzido por Ludvigson, Steindel e Lettau (2002), e seus resultados indicaram que a inclusão dessa variável elimina completamente o efeito riqueza, o que levou os autores a concluírem que os modelos tradicionais sofriam de má especificação.

Os resultados apresentados na figura 4 sugerem que, no Brasil, a inclusão do índice de preços das *commodities* amplifica o efeito riqueza na transmissão da política monetária. No modelo com as LTNs, a inclusão dessa variável faz com que o efeito da taxa de juros sobre o consumo seja maior do que no modelo anterior.

A comparação dos resultados robustos com a estimativa pontual anterior mostra que a estimativa pontual também é diferente do exercício contrafactual no modelo que inclui o índice de preços das *commodities*. Entretanto, essa estimativa pontual parece subestimar o efeito riqueza obtido no exercício de robustez.

Figura 4
Robustez do efeito riqueza

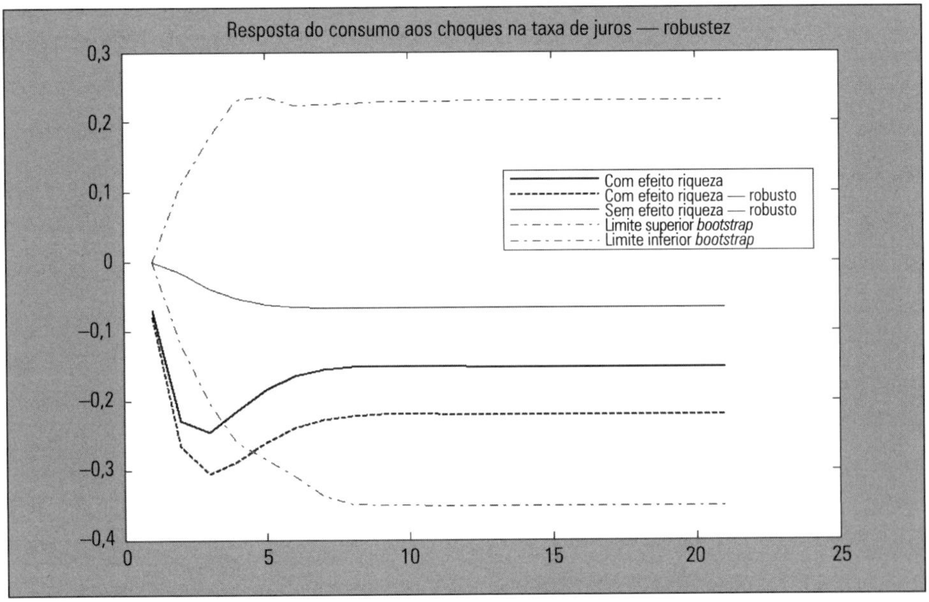

Evidências a partir do VAR parcialmente cointegrado

Para a especificação do sistema de equações proposto é importante verificar quantas defasagens os critérios estatísticos usuais (Akaike, BIC ou Hannan-Quinn) sugerem ser adequado a cada modelo. Para o modelo com as LTNs, os três critérios indicam que uma defasagem se ajusta melhor aos dados. O mesmo número de defasagens é indicado por esses critérios para o modelo com as LFTs. Já o modelo de correção de erros deve ser estimado sem nenhuma defasagem, pois essa especificação corresponde ao VAR com uma defasagem.

Após a condução da estimação do vetor de cointegração, os resultados indicaram que as LTNs e as LFTs afetam o consumo de forma positiva, conforme esperado (tabelas 5 e 6, respectivamente).[30] O parâmetro α, que mede a velocidade de ajustamento — uma vez ocorrido o desequilíbrio —, indica que, no modelo com as LTNs, o desequilíbrio é corrigido duas vezes mais rapidamente do que no modelo com as LFTs. Além disso, a transmissão para a correção do desequilíbrio tem direções distintas nos dois modelos, uma vez que os sinais são diferentes.

Tabela 5
Estimação do vetor de cointegração no modelo com LTNs

β'				α (consumo)
c_t	s_t	LTN_t	Constante	
1	0,00319	-0,08459	-4,01626	-0,0716
	(0,0014)	(0,0137)		(-0,036)

Nota: Erro padrão entre parênteses. A correção do erro padrão pelo estimador Fully *Modified* OLS (FMOLS) produz os mesmos resultados.

Tabela 6
Estimação do vetor de cointegração no modelo com LFTs

β'				α (consumo)
c_t	s_t	LFT_t	Constante	
1	-0,00772	-0,05784	-3,64363	0,0304
	(0,0045)	(0,0084)		(0,0070)

Nota: Erro padrão entre parênteses. A correção do erro padrão pelo estimador Fully Modified OLS (FMOLS) produz os mesmos resultados.

O sistema de equações estimado por OLS no modelo com as LTNs é apresentado na tabela 7. Tais estimativas são compatíveis com o argumento de que as LTNs contribuem para elevar a eficácia da política monetária. Um choque po-

[30] Tomando como exemplo as estimativas do modelo com LTNs, note-se que as estimativas implicam a igualdade $e_{t-1} = c_{t-1} + 0{,}00319s_{t-1} - 0{,}08459LTN_{t-1} - 4{,}01626$. Resolvendo essa equação para o consumo, obtém-se a relação positiva entre consumo e as LTNs. Da mesma forma é obtida a relação entre consumo e as LFTs.

sitivo de política monetária reduz o valor das LTNs, o que produz um desequilíbrio positivo na relação de longo prazo ($c_{t-1} > -4{,}01 + 0{,}003s_{t-1} - 0{,}08LTN_{t-1}$), que se transmite de forma negativa para o consumo ($\alpha = -0{,}07$). Note-se que todos os parâmetros necessários para descrever essa dinâmica são significativos.

Tabela 7

Modelo VAR parcialmente cointegrado com LTN

$$\pi_t = 0{,}54 + 3{,}58d(c_{t-1}) - 0{,}21^{*}d(s_{t-1}) - 0{,}10d(LTN_{t-1}) + 0{,}22i_{t-1} + 0{,}38^{***}\pi_{t-1} + \varepsilon_{\pi,t}$$

(0,793) (15,098) (0,121) (0,286) (0,444) (0,142)

$$d(s_t) = -0{,}83 - 6{,}47(-4{,}01 + c_{t-1} - 0{,}003s_{t-1} - 0{,}08LTN_{t-1}) + 0{,}45i_t + 0{,}15\pi_t$$

(0,967) (0,561) (0,187)

$$d(c_t) = 0{,}01 - 0{,}07(-4{,}01 + c_{t-1} + 0{,}003s_{t-1} - 0{,}08LTN_{t-1}) + 0{,}003i_t - 0{,}001\pi_t$$

(0,008) (0,005) (0,002)

$$d(LTN_t) = 0{,}77^{**} + 4{,}91(-4{,}01 + c_{t-1} + 0{,}003s_{t-1} - 0{,}08LTN_{t-1}) - 0{,}49^{**}i_t + 0{,}02\pi_t$$

(0,347) (0,201) (0,002)

$$i_t = 0{,}41^{***} - 2{,}82d(c_{t-1}) + 0{,}01d(s_{t-1}) - 0{,}02^{***}\,d(LTN_{t-1}) + 0{,}71^{***}i_{t-1} + 0{,}03\pi_{t-1} + \varepsilon_{i,t}$$

(0,145) (2,775) (0,022) (0,052) (0,081) (0,026)

* Denota significância de 10%, ** significância de 5% e *** significância de 1%. Desvio padrão entre parênteses. Os termos $\varepsilon_{i,t}$ e $\varepsilon_{\pi,t}$ denotam choques estruturais puros. Nas demais equações esses termos não foram modelados por não estarem identificados.

O sistema de equações estimado por OLS no modelo com LFTs é apresentado na tabela 8. Diferentemente das estimativas anteriores, estas sugerem que o efeito riqueza via LFTs não contribui para aprimorar os efeitos da política monetária. Primeiro, o efeito da taxa de juros sobre as LFTs não é significativo. Segundo, ainda que o efeito fosse significativo, o parâmetro que mede a velocidade de ajuste é positivo ($\alpha = 0{,}03$). Em outras palavras, mesmo que a política monetária afetasse as LFTs, o desequilíbrio gerado transmitir-se-ia de forma positiva para o consumo.[31]

[31] Essa dinâmica produz um efeito equivalente ao VAR com as LFTs em nível, apresentado no anexo B.

Tabela 8
Modelo VAR parcialmente cointegrado com LFT

$\pi_t = 0{,}61 + 2{,}54d(c_{t-1}) - 0{,}19^{*}d(s_{t-1}) - 0{,}04d(LFT_{t-1}) + 0{,}20i_{t-1} + 0{,}374^{***}\pi_{t-1} + \varepsilon_{\pi,t}$ (0,784) (14,346) (0,118) (0,044) (0,438) (0,139)
$d(s_t) = -0{,}63 + 2{,}33(-3{,}64 + c_{t-1} - 0{,}007s_{t-1} - 0{,}05LFT_{t-1}) + 0{,}02i_t + 0{,}12\pi_t$ (0,942) (0,532) (0,181)
$d(c_t) = 0{,}008 + 0{,}03(-3{,}64 + c_{t-1} - 0{,}007s_{t-1} - 0{,}05LFT_{t-1}) + 0{,}001i_t - 0{,}001\pi_t$ (0,007) (0,004) (0,001)
$d(LFT_t) = 0{,}81 + 7{,}98(-3{,}64 + c_{t-1} - 0{,}007s_{t-1} - 0{,}05LFT_{t-1}) - 0{,}64i_t + 0{,}18\pi_t$ (2,313) (1,294) (0,429)
$i_t = 0{,}41^{***} - 6{,}33^{*}\, d(c_{t-1}) + 0{,}02d(s_{t-1}) - 0{,}001d(LFT_{t-1}) + 0{,}73^{***}i_{t-1} + 0{,}02\pi_{t-1} + \varepsilon_{i,t}$ (0,184) (3,373) (0,027) (0,010) (0,103) (0,032)

* Denota significância de 10%, ** significância de 5% e *** significância de 1%. Desvio padrão entre parênteses. Os termos $\varepsilon_{i,t}$ e $\varepsilon_{\pi,t}$ denotam choques estruturais puros. Nas demais equações esses termos não foram modelados por não estarem identificados.

Deve-se ressaltar que as evidências encontradas por meio do sistema de equações podem ser consideradas preliminares, pois a inferência foi conduzida por estatísticas *t*, que podem sofrer distorções devido aos problemas resultantes de pequenas amostras. A condução de um experimento de *bootstrap* nesse contexto não é simples, porque não há muita clareza sobre a adequação desse método ao contexto em que seria aplicado (restrições de não linearidade com modelos que combinam restrições de longo prazo e um subconjunto do sistema de equações).[32]

Conclusões

Este capítulo teve por objetivo avaliar a importância do efeito riqueza na transmissão da política monetária no Brasil. A ideia é de que o efeito riqueza no Brasil não funciona em sua plenitude porque uma fração significativa da dívida pública está indexada à taxa de juros de curto prazo. Por isso seu preço

[32] Härdle, Horowitz e Kreiss, 2003.

não flutua de acordo com mudanças na taxa de juros. Portanto, uma fração da riqueza privada se mantém imune à política monetária, reduzindo seu efeito sobre o consumo.

Foram empregadas duas metodologias. A primeira seguiu a abordagem de Ludvigson, Steindel e Lettau (2002), que propõem um exercício contrafactual para avaliar a importância do efeito riqueza na transmissão da política monetária. A aplicação dessa metodologia indicou que a existência de dívida pública indexada pode de fato reduzir a eficácia da política monetária. Essas evidências se mantêm no exercício de robustez que inclui o índice de preços das *commodities*. Esse resultado difere do obtido por Ludvigson, Steindel e Lettau (2002), que identificam nessa variável a possibilidade de o efeito riqueza ser oriundo de problemas de má especificação do modelo, o que parece não acontecer com os dados brasileiros. Entretanto, o uso dessa metodologia para os dados brasileiros acaba gerando perda de informações de longo prazo.

Com o objetivo de utilizar tais informações de longo prazo, empregou-se uma segunda metodologia, que combinou equações com restrições de longo prazo e equações do tipo VAR em um único sistema de equações. A análise do sistema de equações é compatível com o argumento de que a dívida indexada não contribui para a transmissão da política monetária. Nesse sistema de equações, apenas a dívida prefixada possui um papel na transmissão da política monetária.

Esses resultados trazem duas contribuições principais. A primeira é que os modelos brasileiros que não contemplam a operação do efeito riqueza na transmissão da política monetária podem subestimar a eficácia dessa política, tornando-a excessivamente agressiva. A segunda é que o efeito riqueza pode explicar parte da ineficácia da política monetária no Brasil, devido à existência de dívida pública indexada à taxa de juros de curto prazo.

Dito de outra forma, devido à existência de dívida pública indexada, a política monetária brasileira deve ser de fato mais agressiva do que em países onde esse fenômeno não ocorre. No entanto, as decisões de política monetária baseadas em modelos que não explicitam o canal da riqueza tendem a superestimar a verdadeira ineficácia, dado que a parcela prefixada da dívida pública transmite a política monetária de forma correta.

Bibliografia

ANDO, A.; MODIGLIANI, F. The life cycle hypothesis of savings: aggregate implications and tests. *American Economic Review*, v. 53, p. 55-84, 1963.

ANDRADE, J. P.; MORAIS, J. F. *Como a dívida pública afeta a política monetária ótima*. Brasília, DF: Secretaria do Tesouro Nacional, 2004. (IX Prêmio do Tesouro Nacional).

ARIDA, P. As Letras Financeiras do Tesouro em seu vigésimo aniversário. In: BACHA, E.; OLIVEIRA FILHO, L. C. *Mercado de capitais e dívida pública*: tributação, indexação e alongamento. Rio de Janeiro: ContraCapa, 2006, p. 229-244.

BARRO, R. Are government bond net wealth? *Journal of Political Economy*, v. 82, p. 1095-1117, 1974.

BEVILAQUA, A.; MESQUITA, M.; MINELLA, A. *Brazil: taming inflation expectations*. Brasília, DF: Banco Central do Brasil, 2007. (Working Paper Banco Central do Brasil, 129).

BLANCHARD, O. *Fiscal dominance and inflation target: lessons from Brazil*. Cambridge: NBER, 2004. (NBER Working Paper, 10.389).

———. Comments on the case against discretionary fiscal policy. In: KOPCKE, R.; TOOTELL, G.; TRIEST, R. (Eds.). *The macroeconomics of fiscal policy*. Cambridge, MA: MIT Press, 2006.

BLINDER, A. The case against discretionary fiscal policy. In: KOPCKE, R.; TOOTELL, G.; TRIEST, R. (Eds.). *The macroeconomics of fiscal policy*. Cambridge, MA: MIT Press, 2006.

FAVERO, C.; GIAVAZZI, F. *Why are Brazil's interest rates so high?* London: CEPR. 2002. (CEPR Working Paper Series, 224).

GARCIA, M.; SALOMÃO, J. Alongamento dos títulos de renda fixa no Brasil. In: BACHA, E.; OLIVEIRA, L. C. (Orgs.). *Mercado de capitais e dívida pública*. São Paulo: Contracapa, 2006.

GOSSELIN, M.; LALONDE, R.; PARENT, N. Muse: The Bank of Canada's new projection model of the United States. *Bank of Canada Review*, p. 19-31, Autumn 2006.

GREGORY, A.; HANSEN, B. Residual-based tests for cointegration in models with regime shifts. *Journal of Econometrics*, v. 70, p. 99-126, 1996.

HÄRDLE, W.; HOROWITZ, J.; KREISS, J. Bootstrap methods for time series. *International Statistical Review*, v. 71, n. 2, p. 435-459, 2003.

HARRISON, R. et al. *The Bank of England quarterly model.* London: Bank of England, 2005.

LOPES, F. The transmission mechanism of monetary policy in a stabilizing economy: notes on the case of Brazil. *BIS Policy Paper*, n. 3, Jan. 1998.

LOYO, E. Política monetária e alongamento da dívida pública. In: BACHA, E.; OLIVEIRA, L. C. (Orgs.). *Mercado de capitais e dívida pública.* São Paulo: Contracapa, 2006.

LUCAS, R. Econometric policy evaluation: a critique. *Carnegie Rochester Conference Series on Public Policy*, n. 1, p. 19-46, 1976.

LUDVIGSON, S.; STEINDEL, C.; LETTAU, M. *Monetary policy transmission through the consumption-wealth channel.* New York: Federal Reserve Bank of New York, May 2002.

MODIGLIANI, F. Liquidity preference and the theory of interest and money. *Econometrica*, v. 12, p. 45-88, 1944.

———. The monetary mechanism and its interaction with real phenomena. *Review of Economics and Statistics*, v. 45, p. 79-107, 1963.

MUINHOS, M. K.; ALVES, S. A. L. *Medium-size macroeconomic model for the Brazilian economy.* Brasília, DF: Banco Central do Brasil, 2003. (Working Paper Banco Central do Brasil, 64).

———; NAKANE, M. *Comparing equilibrium real interest rates:* different approachs to measure Brazilian rates. Brasília, DF: Banco Central do Brasil, 2006. (Working Paper Banco Central do Brasil, 101).

MURCHISON, S.; RENNISON, A. *ToTEM: The Bank of Canada's new quarterly projection model.* Ottawa: Bank of Canada, 2006. (Technical Report, 97).

NEW ZEALAND ECONOMICS DEPARTMENT. *The Reserve Bank's forecasting and policy system.* New Zealand: New Zealand Central Bank, 2004.

NONENBERG, M.; LAMEIRAS, M. A. *Preços das commodities e o IPA.* Brasília, DF: Ipea, 2005. (Boletim de Conjuntura, 69).

PASTORE, A. C. Por que a política monetária perde a eficácia? *Revista Brasileira de Economia*, v. 50, n. 3, 1996.

———. As Letras Financeiras do Tesouro e a eficácia da política monetária. In: BACHA, E.; OLIVEIRA FILHO, L. C. *Mercado de capitais e dívida pública*: tributação, indexação e alongamento. Rio de Janeiro: ContraCapa, 2006, p. 261-272.

PATINKIN, D. Price flexibility and full employment. *American Economic Review*, v. 38, p. 543-564, 1947.

PIGOU, A. C. The classical stationary state. *Economic Journal*, v. 53, p. 343-351, 1943.

REIS, E. et al. *Model for projections and simulations of the Brazilian economy*. Brasília, DF: Ipea, 1999. (Texto para Discussão, 619).

RESENDE, A. L. Em defesa dos títulos de indexação financeira. In: BACHA, E.; OLIVEIRA, L. C. *Mercado de capitais e dívida pública*: tributação, indexação e alongamento. Rio de Janeiro: ContraCapa, 2006, p. 219-228.

ROTHENBERG, T.; STOCK, J. Inference in a nearly integrated autoregressive model with nonnormal innovations. *Journal of Econometrics*, v. 80, p. 269-286, 1997.

SAIKKONEN, P.; LUTKEPOHL, H. Testing for a unit root in a time series with a level shift at unknown time. *Econometric Theory*, v. 18, p. 313-348, 2002.

SIMS, C. Macroeconomics and reality. *Econometrica*, v. 48, p. 1-48, 1980.

TAYLOR, J. Discretion versus policy rules in practice. *Carnegie-Rochester Conference Series on Public Policy*, n. 39, p. 195-214, 1993.

TOBIN, J. *Asset accumulation and economic activity:* reflections on contemporary macroeconomic theory. Chicago: University of Chicago Press, 1982.

TODA, H. Y.; YAMAMOTO, T. Statistical inference in vector autoregressions with possible integrated processes. *Journal of Econometrics*, v. 66, p. 225-250, 1995.

Anexo A

Evidência dos testes de raiz unitária

Tabela A.1
Teste ADF de raiz unitária

Variáveis	Modelo	Estatística de teste	Valor crítico 5%
c_t	Constante e tendência	-1,22	-3,41
$d(c_t)$	Sem constante e tendência	-3,55	-1,94
s_t	Constante e tendência	-1,06	-3,41
$d(s_t)$	Sem constante e tendência	-4,73	-1,94
LFT_t	Constante	-7,70	-2,86

Continua

Variáveis	Modelo	Estatística de teste	Valor crítico 5%
LTN_t	Constante	-2,56	-2,86
$d(LTN_t)$	Constante	-6,32	-2,86
π_t	Constante	-4,70	-2,86
i_t	Constante	-2,83	-2,86

Tabela A.2
Teste KPSS de raiz unitária

Variáveis	Modelo	Estatística de teste	Valor crítico 5%
c_t	Constante e tendência	0,37	0,14
$d(c_t)$	Constante	0,17	0,46
s_t	Constante e tendência	0,39	0,14
$d(s_t)$	Sem constante e tendência	0,19	0,46
LFT_t	Constante e tendência	0,61	0,46
$d(LFT_t)$	Constante	0,02	0,46
LTN_t	Constante	0,94	0,46
$d(LTN_t)$	Constante	0,04	0,46
π_t	Constante	0,13	0,46
i_t	Constante	0,08	0,14

Tabela A.3
Teste SL de raiz unitária (com quebra estrutural)

Variáveis	Modelo (data e tipo de quebra)	Estatística de teste	Valor crítico 5%
c_t	Constante e tendência (2001:2 *shift*)	-2,08	-3,03
$d(c_t)$	Constante (2001:4 impulso)	-3,00	-2,88
s_t	Constante e tendência (2006:3 *shift*)	-1,34	-3,03
$d(s_t)$	Constante e tendência (2006:3 impulso)	-3,76	-2,88
LFT_t	Constante (1997:3 impulso)	-8,80	-2,88
LTN_t	Constante (1997:4 impulso)	-1,06	-2,88
$d(LTN_t)$	Constante (1998:1 impulso)	-2,61	-2,88
π_t	Constante (2003:1 impulso)	-4,60	-2,88
i_t	Constante (1997:3 impulso)	-3,05	-2,88

Anexo B

Modelo com as LFTs em nível — exercício contrafactual

Figura A.1
O efeito riqueza com a LFT em nível

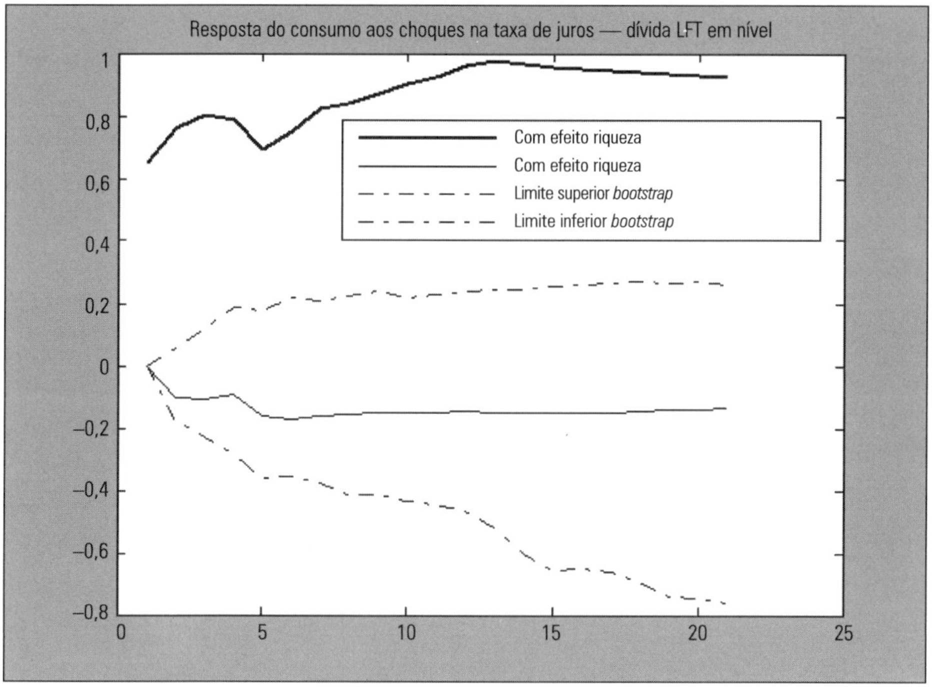

10

Política monetária e o canal do crédito no Brasil: uma revisão da literatura

Marcos Wagner da Fonseca

O atual estágio da política econômica no Brasil, com mais de 10 anos de Plano Real, permite a discussão de um ponto que antes ficava muito restrito e limitado: os mecanismos de transmissão monetária.

Com a estabilização da inflação, o Banco Central passou a realizar a política monetária de maneira similar à dos demais bancos centrais do mundo: a indicação de uma taxa básica de juros por determinado período e a utilização de seus instrumentos para o cumprimento dessa meta ao longo do período.

Desde a implantação do Plano Real, surgiram alguns trabalhos sobre a presença e o comportamento dos mecanismos de transmissão na economia brasileira recente. Contudo, este capítulo busca referências ao tema nos países industrializados, de estabilidade mais duradoura e que trabalham o assunto há algum tempo.

Assim, inicio o capítulo apresentando os textos que tratam da discussão teórica sobre os mecanismos de transmissão da política monetária, especificamente o canal do crédito. Na sequência, agrupo os textos que tratam empiricamente da propagação monetária por meio do canal do crédito nos países industrializados, nos países de economia emergente e, em especial, no Brasil.

Canais de transmissão da política monetária: breve exposição teórica

Canal da taxa de juros

Segundo Mishkin (1995), o canal da taxa de juros é o mais tradicional canal de transmissão da política monetária, principalmente após a sistematização de Hicks (1937), com o desenvolvimento do modelo IS-LM. Lembro que, nesse modelo: (a) a curva IS demonstra os pontos de equilíbrio no mercado de bens e serviços, enquanto a curva LM demonstra os pontos de equilíbrio no mercado monetário; (b) a oferta de moeda é tomada como variável exógena, sendo determinada pelo banco central; (c) a demanda por moeda relaciona-se diretamente com o nível da renda, e inversamente com a taxa real de juros; e (d) no horizonte de curto prazo, os preços são considerados rígidos, implicando que qualquer alteração na quantidade nominal de moeda provoca modificações na quantidade real de moeda presente no mercado monetário e, dessa forma, a oferta e a demanda se estabelecem no ponto de equilíbrio em um determinado nível de taxa de juros, sempre lembrando que as variáveis exógenas são mantidas no seu nível inicial.

De acordo com o modelo IS-LM, um aumento na oferta de moeda (mantida inalterada a função de demanda por moeda) faz com que diminua a taxa de juros real de equilíbrio no mercado monetário. A diminuição da taxa de juros afeta as decisões sobre o investimento das empresas, tornando viáveis alguns projetos que antes estavam "engavetados", provocando assim um aumento no dispêndio com investimento por parte das empresas. Os gastos dos consumidores com bens duráveis e com moradia também podem ser considerados positivamente sensíveis à taxa de juros. Assim, quando a taxa de juros cai, esses componentes da demanda agregada crescem. Os aumentos do investimento das empresas e do dispêndio dos consumidores provocam um aumento da renda, que, por sua vez, aumenta o consumo e cria um efeito multiplicador na renda final, que se ajusta ao novo nível da taxa de juros real, o que aumenta a demanda agregada, a renda e, em consequência, o produto. Os elos da cadeia de transmissão são assim explicitados, como já apontava Keynes (1985).

Taylor (1995) defende que a realização de trabalho empírico é fundamental para o entendimento dos mecanismos de transmissão, com base no canal da taxa de juros. Adotando-se essa forma de tratamento, percebe-se que ele deu ênfase aos preços estabelecidos no mercado financeiro e, não, às quantidades de ativos presentes nesse mercado (base monetária, crédito bancário, oferta de títulos do governo). Assim, as variáveis determinantes seriam: taxa de câmbio, taxa de juros de curto prazo e taxa de juros de longo prazo.

No modelo apresentado, Taylor (1995) assume que uma política monetária restritiva aumenta a taxa de juros nominal no curto prazo. De acordo com a hipótese de os agentes econômicos terem expectativas racionais, e de preços e salários serem rígidos no curto prazo, a taxa de juros real de curto prazo também se eleva, aumentando as expectativas quanto ao nível futuro da taxa de juros; isso devido à antecipação das ações realizadas pelos agentes. Esse aumento na taxa de juros de longo prazo faz declinar o investimento das empresas, a construção de residências e o consumo de bens duráveis, ocasionando queda no produto.

Taylor (1995) trata ainda dos efeitos circulares da política monetária, utilizando-se de modelos de equilíbrio de portfólio e da função de reação dos bancos centrais. Os bancos centrais agem sobre a taxa de juros de curto prazo, mas reagem a mudanças no panorama econômico através de certas regras, por exemplo, quando percebem uma aceleração no nível de atividade que possa causar pressões inflacionárias. Dessa forma, a taxa de juros de longo prazo depende das expectativas dos agentes quanto à manutenção das regras de política monetária ao longo do tempo.

A posição de Taylor (1995) sobre o canal da taxa de juros destaca novos fundamentos para a compreensão da transmissão da política monetária por esse caminho, buscando, nas expectativas racionais e também no comportamento dos bancos centrais quanto à gestão da política monetária, uma forma mais convincente de apresentar o efeito taxa de juros sobre o investimento, o consumo e o produto. Porém, o modelo recebeu algumas críticas, principalmente de Bernanke e Gertler (1995).

A crítica feita por Bernanke e Gertler (1995) levanta alguns problemas que são omitidos na análise de Taylor (1995) e no modelo IS-LM, principalmente quanto à ligação existente entre a alteração na taxa de juros e o efeito nas variáveis reais. Os autores chamam esse intervalo de "caixa-preta", pois não é tratado pelo modelo tradicional. O canal do crédito levanta hipóteses que permitem realizar o elo passando por particularidades de atuação do mercado financeiro, pois a concessão e a tomada de crédito sofrem os efeitos de informação assimétrica (*assimetric information*),[1] principalmente de seleção adversa (*adverse selection*)[2] e de risco moral (*moral hazard*).[3] A exposição do canal do crédito é realizada no último item desta seção mais detalhadamente.

Canal da taxa de câmbio

O canal da taxa de câmbio atua na economia quando uma mudança na política monetária provoca uma alteração na taxa de juros, e esta modifica o nível da taxa de câmbio. De acordo com Mishkin (1996), quando a taxa de juros doméstica diminui por conta de um aumento na quantidade de moeda, as aplicações realizadas em ativos denominados em moeda doméstica tornam-se menos atrativas do que as aplicações realizadas em ativos denominados em moeda estrangeira. A busca de aplicações em moeda estrangeira provoca uma depreciação (no caso de regime de taxa de câmbio flutuante) na taxa de câmbio. Essa depreciação impulsiona as exportações e restringe as importações, o que aumenta o saldo em conta corrente e o dispêndio com bens domésticos, criando um efeito multiplicador da renda e aumentando o produto.

Outros canais de preços de ativos (other asset prices channels)

Esse canal pode ser analisado por meio dos preços de imóveis, ações, títulos e outros. Tomei como base Mishkin (1996). Ele enfatizou que o canal de outros preços de ativos pode ser analisado através dos preços das ações das empresas, vistos sob dois aspectos: um através do *q* de Tobin, que afeta o investimento; e outro através do efeito riqueza sobre o consumo.

[1] Informação assimétrica é a desigualdade existente nos mercados financeiros, nos quais uma parte não sabe o suficiente sobre a outra parte para tomar decisões precisas.

[2] Seleção adversa é o problema criado pela informação assimétrica antes que a transação ocorra. Ocorre no mercado financeiro quando os tomadores potenciais, que são os mais passíveis de produzir um resultado indesejável (adverso) — os maus riscos de crédito —, são os que mais ativamente buscam um empréstimo e, portanto, são os mais prováveis de serem selecionados. Nesse caso, os emprestadores decidem não conceder o crédito, mesmo que os tomadores estejam dispostos a pagar pelo risco.

[3] Risco moral é o problema criado pela informação assimétrica depois que ocorre a transação. O risco moral nos mercados financeiros é o risco de que o tomador se comprometa com atividades indesejáveis (imorais) do ponto de vista do emprestador, porque elas diminuem a probabilidade de o empréstimo ser pago. Sendo assim, os emprestadores podem decidir que o melhor é não conceder o empréstimo.

O *q* de Tobin

O *q* de Tobin é a razão entre o preço de mercado do capital das firmas, no numerador, e o custo de reposição desse capital, no denominador. Se o *q* for maior que 1 é porque o preço de mercado das firmas está maior do que o custo de reposição do capital, o que indicaria um incentivo ao aumento do investimento. Se o *q* for menor que 1 é porque o preço de mercado do capital da firma é menor do que o custo de reposição. Nesse caso, prefere-se deixar o capital depreciar, não ocorrendo investimento. Assim, existe uma relação entre o *q* de Tobin e o investimento.

A política monetária afeta o preço das ações da seguinte forma: o aumento da oferta de moeda provoca alta na demanda agregada; com maior demanda, há uma ascendência na demanda por ações e, consequentemente, em seus preços. A subida nos preços das ações eleva o *q* de Tobin, aumentando o investimento e, com isso, o produto.

Há outra forma de verificar o mesmo processo de transmissão: um aumento da oferta de moeda reduz a taxa de juros que incide sobre os títulos da dívida, de modo que há uma queda nos rendimentos das alternativas às ações. Isso faz com que as ações se tornem mais atraentes em relação aos títulos, de maneira que sua demanda aumente, seu preço suba e, portanto, seu rendimento diminua, elevando o *q* de Tobin, o investimento e o produto.

Efeito riqueza

Outra forma de tratamento desse canal é constatar que os consumidores possuem balanços patrimoniais que podem afetar sua decisão de gastos. Em Modigliani (1971), está presente a hipótese sobre o ciclo da vida, que apresenta a riqueza como um dos determinantes do consumo ao longo da vida do indivíduo. Antes de seguir na argumentação, cabe esclarecer que, para Modigliani (1971), consumo é o gasto em bens não duráveis e serviços, desconsiderando-se os bens duráveis de consumo. A composição patrimonial do consumidor será formada pela riqueza herdada e pela acumulação de excedente ao longo da vida produtiva. Parte significativa desse patrimônio permanece na forma de riqueza financeira, sendo composta, em grande parte, por ações. A hipótese do ciclo da vida condiciona a determinação do consumo não pela renda corrente, mas pela riqueza, que, por sua vez, determina o nível de consumo durante a vida do indivíduo. Portanto, mudanças na riqueza podem ser a principal causa de alterações no consumo.

Cumprindo a mesma trajetória do q de Tobin, uma política monetária expansionista eleva o preço das ações e, com isso, a riqueza financeira dos agentes. Essa elevação provoca um efeito expansivo sobre o consumo; portanto, um aumento multiplicado na renda e, consequentemente, no produto.

Canal do crédito

Em Mishkin (1996), o canal do crédito representa uma interpretação alternativa sobre como a taxa de juros afeta a economia. A análise desse mecanismo enfatiza a presença de informação assimétrica no mercado financeiro. Diferentemente do pressuposto presente na ação do canal da taxa de juros, o canal do crédito está presente porque os mercados financeiros não trabalham de forma perfeita, havendo imperfeições significativas na transmissão da política monetária.

Segundo Bernanke e Gertler (1995), a taxa de juros assume um papel preponderante — mas não determinante — na transmissão das modificações da política monetária. O canal do crédito é um mecanismo de transmissão que acaba por evidenciar o problema de racionamento de crédito existente no mercado financeiro, desde a existência de informação assimétrica e risco moral, até a composição, a organização e a atuação do setor financeiro e do setor produtivo. Consideram os autores que o mercado financeiro não trabalha apenas com títulos e moeda, pois a carteira de ativos dos agentes é diversificada. Ainda assim, a taxa de juros é fundamental para as decisões dos agentes econômicos.

Há dois mecanismos principais de transmissão monetária que derivam dos problemas de informação assimétrica nos mercados de crédito: o canal de empréstimos bancários (*banking lending channel*) e o mecanismo que funciona através dos efeitos sobre os balanços patrimoniais das firmas e dos indivíduos, o canal do balanço (*balance sheet channel*), ou canal amplo (*broad channel*).

Segundo Mishkin (1995) e Bernanke e Gertler (1995), o canal de empréstimos bancários surge do reconhecimento da função especial que os bancos desempenham no sistema financeiro. A maioria dos tomadores de crédito necessita dos bancos porque não consegue chegar até o mercado de capitais e tomar recursos diretamente dos investidores. Isso significa que existem tomadores que conseguem crédito apenas quando os bancos o colocam a sua disposição. Os bancos, para oferecer crédito, têm que buscar recursos no mercado, através da captação de fundos. Essa captação depende diretamente do volume de moeda em circulação: quanto maior o volume de moeda, maior é a captação e, por conseguinte, a disponibilidade de empréstimos bancários aos agentes.

Desde que não haja uma perfeita substituição de depósitos bancários do varejo por outros fundos, o canal de transmissão monetária funciona da seguinte maneira: um aumento da oferta de moeda eleva as reservas e os depósitos bancários, provocando alta na quantidade de empréstimos dos bancos. Esses empréstimos são direcionados para certos tomadores, que os investem ou consomem, aumentando com isso o produto.

Esse canal é relevante para compreender a expansão das pequenas empresas; isso porque grande parte delas depende de empréstimos bancários. Portanto, para a expansão de seus negócios, necessitam de acesso ao mercado de crédito via bancos, diferentemente das grandes empresas, que conseguem captar recursos no mercado financeiro internacional e nos mercados de capitais.

Ainda sobre o canal de empréstimos bancários, é interessante destacar que o volume de empréstimos depende também do porte dos bancos. Os bancos pequenos e médios não têm facilidade de acesso aos mercados financeiros internacionais e ficam em dificuldade diante de uma contração da moeda, diminuindo mais que proporcionalmente o volume de empréstimos aos tomadores. Por outro lado, os grandes bancos, por terem maior acesso aos mercados, conseguem manter os empréstimos em níveis mais elevados que os pequenos e médios, quando de uma política monetária contracionista.

O canal do balanço também deriva da presença de problemas de informação assimétrica. A política monetária pode afetar as empresas da seguinte forma: uma diminuição da oferta monetária provoca um aumento na taxa de juros, o que pode imprimir uma tendência de queda no preço das ações, e essa queda no preço diminui o valor patrimonial das firmas. A diminuição do valor das firmas aumenta a possibilidade de seleção adversa e do risco moral, criando dificuldade para as firmas conseguirem tomar recursos para continuar o processo produtivo e também para investimento. Isso pode causar queda no produto e no emprego.

Outra forma de análise pode ser feita através do fluxo de caixa das empresas. Seguindo um exemplo oposto ao anterior, um aumento da oferta de moeda diminui a taxa de juros nominal, melhorando a composição patrimonial das empresas. Essa modificação pode ser causada pela queda no custo de capital de giro da empresa, pelo valor menor dos juros pagos sobre as obrigações, e por um menor custo de oportunidade da manutenção de recursos em estoque e outras formas fixas. Essas possíveis ocorrências provocam um aumento no fluxo de caixa, o que melhora a posição financeira da empresa, reduzindo os problemas de seleção adversa e de risco moral, aumentando a possibilidade de tomada de novos empréstimos, que ampliam o investimento e criam um efeito multiplicador no produto e no emprego.

Uma terceira forma de avaliar esse canal é através de variação não antecipada no nível geral de preços. Uma expansão monetária pode provocar um aumento não antecipado no nível geral de preços. Com o aumento de preços, há a possibilidade de diminuição do valor do passivo das empresas, devido à queda na taxa de juros real, melhorando o equilíbrio entre os haveres e as obrigações, e reduzindo a possibilidade de seleção adversa e de risco moral. Os empréstimos podem sofrer um aumento, o que cria um clima favorável a novos investimentos e, por consequência, um aumento do produto.

Canal do crédito de transmissão da política monetária: estudos empíricos nos países industrializados

Alguns trabalhos empíricos realizados a partir da década de 1990, principalmente na Europa e nos Estados Unidos, tiveram como foco principal evidenciar a presença dos mecanismos de transmissão da política monetária na economia. A seguir, farei uma resenha dos trabalhos que discutem e apresentam, de forma empírica, a presença do canal do crédito como mecanismo de transmissão da política monetária. Estes estão agrupados de acordo com os seguintes aspectos: o primeiro grupo é formado por trabalhos que discutem o papel da estrutura financeira, principalmente a do sistema bancário; o segundo grupo é formado por trabalhos que discutem o papel dos diferentes setores produtivos da economia, principalmente os setores industriais; e o terceiro é formado por trabalhos que apresentam os impactos diferenciados da política monetária entre as regiões ou estados de um país e, no caso da União Monetária Europeia, entre os países-membros.

O canal do crédito e a estrutura do sistema financeiro

Em Ceccheti (1999), avaliam-se os impactos que uma política monetária unificada, praticada pelo Banco Central Europeu, teria sobre os diferentes países da UME (União Monetária Europeia), de acordo com a estrutura do mercado financeiro e das leis que regulam esses mercados. Para tanto, o autor utilizou-se da definição presente em Bernanke e Gertler (1995) sobre o canal do crédito de transmissão da política monetária, principalmente o canal de empréstimos bancários.

O autor avaliou o sistema bancário dos países, verificando as diferenças em tamanho, grau de concentração e liquidez, observando que as características de cada sistema bancário têm grande variabilidade entre os países da União Europeia. Essa diferença será importante para determinar como uma modificação na taxa de juros feita pelo banco central interferirá no produto e na inflação. Porém, mais importante que isso será a modificação pela qual que esses sistemas bancários passarão com a introdução do euro e a unificação monetária.

Ceccheti (1999) afirma que estudos empíricos realizados comprovam que o mecanismo de transmissão via canal de empréstimos bancários é forte em países que têm grande quantidade de firmas dependentes de empréstimos bancários, e um sistema bancário com baixa liquidez e pouco concentrado.

A estrutura do sistema financeiro é tratada pelo autor com informações consolidadas, sendo considerados o tamanho e a concentração do sistema bancário de cada país. A tabela 1 apresenta essa relação para a UME e para dois países utilizados como referência: Japão e Estados Unidos.

Como se pode verificar na tabela 1, dos países da UME, a Áustria é o que apresenta a maior relação banco por milhão de habitantes, o que caracteriza uma quantidade muito grande de instituições financeiras atuantes em seu território. Ao mesmo tempo, esse país apresenta uma concentração significativa, pois os cinco maiores bancos detêm 48% de participação relativa no total de ativos do sistema bancário. A Alemanha lidera em quantidade de instituições financeiras, tendo 3.517, e apresenta a menor concentração medida pela participação relativa dos cinco maiores bancos no total de ativos da área bancária entre os países da UME, com apenas 17%, próximo da concentração verificada nos Estados Unidos. O país que apresenta o maior grau de concentração são os Países Baixos, com 79%, seguidos pela Finlândia, com 78%, e Portugal, com 76%.

Tabela 1
Tamanho e concentração dos ativos dos bancos por países — 1996

País	Nº de instituições de crédito	Bancos por milhão de habitantes	Grau de concentração dos cinco maiores bancos (%)
Alemanha	3.517	43	17
Áustria	1.019	126	48
Bélgica	140	14	57
Espanha	313	8	44
Finlândia	350	68	78
França	1.373	24	40
Irlanda	62	18	41
Itália	937	16	25
Países Baixos	172	11	79
Portugal	51	5	76
Japão	556	4	30
Estados Unidos	10.803	40	17

Fonte: Ceccheti, 1999:15.

Teoricamente, de acordo com Bernanke e Gertler (1995), o impacto de uma alteração da política monetária deve ser maior nos pequenos e médios bancos do que nos grandes. Como apontado anteriormente, os pequenos e médios bancos podem apresentar problemas de liquidez no caso de uma contração da política monetária, pois o aumento da taxa de juros pode provocar queda nas reservas bancárias e criar dificuldades para manterem o nível de empréstimos ao público, o que implica restrição de crédito para os tomadores, e diminuição no consumo e no investimento.

Portanto, nos países com estrutura bancária mais dispersa, o impacto de mudanças na política monetária será maior do que nos países que apresentam elevado grau de concentração. Analisando o caso da UME, uma política monetária contracionista, realizada uniformemente nos 11 países, provavelmente causará impacto maior na Áustria e na Alemanha, pelo fato de o sistema ser composto por um grande número de bancos pequenos, à semelhança do que ocorre nos Estados Unidos. Por outro lado, o impacto será menor na Bélgica, Finlândia, Irlanda, Países Baixos e Portugal, porque o sistema bancário é dominado por um pequeno número de grandes bancos. Os demais países, como Itália, França e Espanha, fazem parte de um grupo que apresentará impacto médio.

Seguindo outra linha de análise empírica, Favero, Giavazzi e Flabbi (1999) apresentam um estudo em que se busca verificar a assimetria nos efeitos da política monetária em alguns países europeus, tratando também do canal do crédito, via canal de empréstimos bancários, conforme Bernanke e Gertler (1995). O fato inovador do trabalho foi a realização de testes de hipóteses utilizando dados microeconômicos, via informações coletadas nos balanços dos bancos. Essa metodologia difere da utilizada por Ceccheti (1999), que trabalhou com dados agregados do sistema financeiro.

A amostra inicial trabalhada por Favero, Giavazzi e Flabbi (1999) abrangeu seis países: Inglaterra, Suécia, França, Espanha, Alemanha e Itália. No decorrer da pesquisa, foram descartados os dois primeiros países, restando França, Itália, Espanha e Alemanha. Desses quatro países, foram avaliados 651 bancos, através de informações selecionadas dos balanços publicados, mantendo a padronização das informações para possibilitar comparações entre os diferentes países.

A estratégia da pesquisa foi identificar um episódio no qual haveria um aperto monetário sincronizado entre os países pesquisados. Esse episódio ocorreu durante o ano de 1992. Para avaliar a política monetária foi utilizado, como indicador a liquidez dos bancos, caixa mais reservas. Vale lembrar que essa variável é diretamente afetada pela intervenção do banco central no mercado de reservas bancárias.

O estudo de caso sobre o aperto monetário de 1992 na Europa não demonstrou evidência empírica da presença do canal do crédito, via canal de empréstimos bancários. Porém, a resposta dos empréstimos bancários a esse episódio de contração monetária evidenciou comportamentos diferenciados entre os bancos e também entre os países.

Os pequenos bancos da Alemanha, Itália e França utilizam o excesso de liquidez para expandir depósitos e empréstimos perante uma política monetária restritiva. Os grandes bancos alemães aumentam os empréstimos, mesmo com aperto de liquidez em seus balanços. Portanto, os empréstimos bancários não reagem ao aperto da política monetária.

Cabe ainda salientar que a discussão apresentada por Ceccheti (1999) e por Favero, Giavazzi e Flabbi (1999) fortalece a posição defendida por Bernanke e Gertler (1995) sobre a importância do canal de empréstimos bancários e do canal da composição patrimonial dos bancos, integrantes do canal do crédito, para a transmissão da política monetária. O reconhecimento desse ponto permite um entendimento mais claro do efeito da modificação da taxa de juros sobre a atividade econômica.

Canal do crédito e a estrutura produtiva

A estrutura produtiva abre caminho para discussões diferentes sobre os mecanismos de transmissão da política monetária. O canal da taxa de juros permite identificar os setores produtivos mais sensíveis a modificações na taxa básica de juros, principalmente no que respeita ao nível de produção, ao investimento e também ao consumo de seus produtos. O canal do crédito permite identificar a presença de informação assimétrica nos mercados de crédito. Essa assimetria leva os bancos a concederem empréstimos às empresas selecionadas pelo critério de equilíbrio patrimonial e pelo menor risco nos projetos de investimento. Outra forma de atuação do canal do crédito se dá pela presença de empresas médias e pequenas, que acabam sendo dependentes de empréstimos bancários para realizar investimentos e mesmo o giro da produção.

O primeiro trabalho a ser apresentado na discussão sobre a estrutura produtiva é o de Ganley e Salmon (1997). Os autores buscaram demonstrar os diferentes impactos da política monetária sobre os setores industriais da Inglaterra. De acordo com Ganley e Salmon, mudanças não antecipadas na taxa de juros oficial podem provocar diferentes impactos sobre os setores da economia. A análise foi realizada por meio da decomposição do PIB da Inglaterra, dando principal atenção ao produto da indústria de transformação. Esta foi subdividida em 14 ramos industriais, sendo realizado um tratamento dos dados através do modelo VAR (vetores autorregressivos), com a inclusão de duas variáveis *proxy*: o tamanho das firmas e os fundos internos de capitalização. Essas variáveis ajudaram a identificar as imperfeições do mercado de crédito e também a compreender melhor os mecanismos de transmissão monetária.

O ponto de análise de Ganley e Salmon (1997) baseou-se na definição do canal de crédito de transmissão da política monetária de Bernanke e Gertler (1995). Os resultados da tabela 2 apresentam o montante e o tempo de impacto de um aumento de 1,1% na taxa de juros oficial sobre o produto industrial.

Percebeu-se que a indústria da borracha apresentou a maior redução entre os ramos investigados, tendo seu nível de produção diminuído em 3,6%, mas levando 10 trimestres para atingir esse nível. O menor impacto ficou com a indústria de alimentos, bebidas e fumo, com uma redução de apenas 0,4% num prazo de 13 trimestres. Dos resultados, foi possível extrair as seguintes considerações: (a) os ramos industriais que tiveram redução maior na produção apresentavam um grau de concentração da produção relativamente pequeno, como é o caso da indústria da borracha — as cinco maiores firmas dessa indústria concentravam cerca de 20% da produção total do ramo; (b) a partir do mesmo ponto de análise, a indústria de material de transporte, que obteve uma redução de apenas 1,7%, apresentava uma concentração relativamente elevada: as cinco maiores firmas representaram 80% do total da produção do ramo; (c) de modo geral, o impacto na redução do produto ocorreu em maior grau nas indústrias que apresentavam maior dispersão da produção, não tendo concentração superior a 30% nas cinco maiores firmas.

As conclusões de Ganley e Salmon (1997) remetem para o ponto de que as grandes firmas conseguem ter acesso aos mercados financeiros, colocando títulos e outros papéis no mercado para captação direta de recursos, inclusive no mercado internacional, enquanto as firmas pequenas e médias dependem quase exclusivamente de empréstimos bancários. Portanto, a grandeza do impacto e o tempo de reação a um aumento na taxa de juros oficial demonstraram que o tamanho da indústria evidencia as imperfeições do mercado de crédito, conforme afirmaram Bernanke e Gertler (1995), causando impacto diferenciado na transmissão da política monetária.

Tabela 2
Tamanho e tempo de resposta do produto dos setores

Indústria de transformação	Redução do produto (%)	Tempo (em trimestres)
Borracha	-3,6	10
Outras indústrias de transformação	-3,2	9
Equipamentos elétricos e ópticos	-3,0	11
Papel e papelão	-2,5	11
Couro	-2,4	5
Madeira	-2,3	7
Petróleo e combustível nuclear	-2,2	8
Minerais	-2,1	9
Química	-1,9	11
Metalúrgica	-1,9	7
Material de transporte	-1,7	11
Têxtil	-1,3	5
Maquinário	-1,1	11
Alimentos, bebidas e fumo	-0,4	13

Fonte: Ganley e Salmon, 1997:17.

Na mesma linha de análise, Hayo e Uhlenbrock (2000) realizaram um estudo sobre os impactos diferenciados de alterações na política monetária sobre os ramos componentes da indústria de transformação e da indústria de mineração na Alemanha. Apesar de utilizarem a mesma metodologia (VAR), os resultados permitiram realizar algumas inferências sobre os impactos diferenciados nas regiões da Alemanha, com base na distribuição dos ramos industriais utilizados para cada região.

Para verificar os impactos diferenciados da política monetária em cada ramo industrial, comparou-se a resposta sobre o produto relativo e o preço de produção. Os resultados demonstraram que mais da metade dos ramos industriais apresentaram reação do produto significativamente diferente do resultado da indústria de transformação e de mineração tomadas como um todo. Dos 28 ramos industriais analisados, cinco tiveram queda na produção em resposta a uma política monetária restritiva: metais não ferrosos, química, siderúrgica, materiais elétricos e de equipamentos de escritório. Por outro lado, oito ramos tiveram reação positiva à contração da política monetária: indústria do vestuário, alimentos, mineração, refino de petróleo, gráfica, construção naval, ferramentas e estruturas metálicas.

Quanto aos preços de produção das indústrias, Hayo e Uhlenbrock (2000) concluíram que apenas quatro apresentaram queda: química, siderúrgica, metais não ferrosos e papel. O efeito da elevação sobre os preços, causado por um aperto monetário, foi bem mais comum, atingindo significativamente 11 dos 28 ramos industriais estudados.

Para aprimorar a análise das informações para além do que possibilita o modelo VAR, os autores utilizaram um modelo *logit* para avaliar com destaque algumas características específicas de cada ramo industrial. Dessa forma, tornou-se possível uma maior consistência na argumentação sobre os efeitos assimétricos da política monetária. Para destacar essas características, foram usadas algumas variáveis como *proxy*, estando entre as variáveis estimadas com maior significância para explicar os efeitos assimétricos as seguintes: a utilização de capital, a orientação para exportação e o recebimento de subsídios.

Através do trabalho empírico desenvolvido foi possível ainda verificar que os efeitos da política monetária são assimétricos também nas diferentes regiões da Alemanha, devido à grande diferença na distribuição dos ramos industriais pelo território. Com base nesse trabalho, os autores chamaram a atenção dos gestores de política do European Central Bank (ECB) quanto aos impactos diferenciados nos países-membros da União Monetária Europeia.

Contribuindo para o debate, o trabalho de Wesche (2000) também procurou avaliar o comportamento do setor produtivo, mas sob outra perspectiva. O autor avaliou o impacto da política monetária sobre as decisões de investimento das firmas na Áustria, buscando identificar a presença do canal do crédito. Para ele, se o canal do crédito é operativo, o efeito da política monetária pode diferir entre as firmas, indústrias ou regiões geográficas.

A contribuição do autor passa também pela questão metodológica, pois buscou trabalhar com dados desagregados, constantes dos balanços das empresas e, dessa forma, direcionou a análise dos efeitos da política monetária através do canal do balanço (*balance sheet channel*). A parte empírica do trabalho foi realizada com dados de painel coletados dos balanços das empresas e das informações da declaração de renda dos anos de 1979 a 1998.

A análise descritiva dos dados demonstrou que, na Áustria, as pequenas firmas, associações e firmas com grandes dívidas têm uma média elevada de despesas com juros e uma baixa taxa de investimento. A estimação realizada com dados de painel teve esse resultado confirmado: as firmas pequenas e médias reagem mais a variáveis financeiras, sendo as restrições financeiras mais elevadas em momentos de política monetária restritiva, e ficando seu efeito amplificado nas pequenas firmas. Apesar de as pequenas firmas serem a maioria entre as empresas austríacas, sua importância econômica não é tão significativa, devido ao fato de as grandes empresas dominarem a maior parte da geração da produção.

A conclusão de Wesche (2000) foi que o canal do crédito esteve presente na economia da Áustria; porém, devido às considerações já apontadas, o investimento das firmas não reagiu significativamente às mudanças na taxa de juros, devendo estar, portanto, mais relacionado às expectativas sobre o futuro da economia. Abriu-se, ainda, a possibilidade de existência de uma relação mais estreita entre o investimento em estoques e a taxa de juros do que em relação ao investimento em bens de capital. As questões abertas pelo autor remetem a pesquisas futuras na economia austríaca.

Seguindo na argumentação dos impactos diferenciados da política monetária nos setores produtivos, tem-se o trabalho de Dedola e Lippi (2000), que buscou verificar os mecanismos de transmissão da política monetária entre os setores industriais de cinco países da OCDE: França, Alemanha, Itália, Reino Unido e Estados Unidos. Para cumprir o objetivo, os autores utilizaram dados de painel desagregados de acordo com os ramos industriais e os países, tentando comprovar a hipótese de que os impactos da política monetária são diferenciados entre os países e entre os vários ramos industriais.

Para os autores, esse estudo está relacionado com o de Carlino e Fina (1998) e também com o trabalho de Hayo e Uhlenbrock (2000) sobre o impacto da política monetária entre os ramos industriais na Alemanha. Os autores consideraram os cinco países a fim de relacionar os efeitos da política monetária sobre a indústria e a presença do canal do crédito, conforme o nível das firmas.

Para analisar a presença do canal da taxa de juros, parte-se da hipótese de que mudanças na taxa real de juros afetam os setores de produção por afetarem as decisões de oferta e demanda. A teoria busca mostrar que um aumento da taxa de juros provoca uma queda no consumo de bens duráveis e de bens de capital, o que diminui a produção das indústrias produtoras desses bens. Além disso, em economias abertas, uma elevação na taxa de juros pode provocar apreciação cambial, com aumento da demanda por bens importados. Firmas de setores intensivos em capital podem ser consideradas mais sensíveis a mudanças na taxa de juros que as dos demais setores. Para avaliar a presença do canal do crédito, foi dada ênfase à assimetria de informações e às imperfeições do mercado financeiro, conforme Bernanke e Gertler (1995).

A metodologia usada para chegar às conclusões foi o Sistema de Vetores Autorregressivos (SVAR) e Vetores Autorregressivos (VAR). O período de informações se estendeu de 1975 a 1997, com dados mensais e as seguintes variáveis: produção industrial, índice de preços ao consumidor, taxa de juros de curto prazo, índice de preços de *commodities* e o agregado monetário.

O trabalho demonstrou a relevância de uma mudança na taxa de juros para identificar impactos diferenciados entre os setores industriais da amostra. Para os cinco países considerados, foi realizado o seguinte experimento: (a) elevação de um ponto percentual na taxa de juros de curto prazo; (b) avaliação do impacto nas indústrias de alimentos, têxtil, química, metalúrgica (*iron*), automobilística e de máquinas e equipamentos, esclarecendo que, juntas, essas indústrias representavam mais de 50% da produção industrial nos cinco países. Em cada país, a resposta observada nos setores industriais foi diferente, tanto quantitativa quanto qualitativamente. Os setores de alimentos e têxtil apresentaram um impacto menor ou igual ao verificado no agregado da produção industrial. De forma oposta, as indústrias pesadas (metalúrgica, automobilística e de máquinas e equipamentos) demonstraram um maior grau de impacto.

Dessa forma, pode-se resumir os resultados encontrados por Dedola e Lippi (2000), apontando que o impacto da política monetária foi maior nas indústrias que produziam bens duráveis e de capital, pois estas foram mais intensivas na utilização de capital e tinham pouca capacidade para tomar recursos. O efeito tendeu a ser maior nas indústrias que tinham uma elevada relação pagamento de juros/lucro operacional. A significância econômica das variáveis ligadas ao canal do crédito, como o tamanho das firmas, apareceu em ordem de magnitude idêntica a das variáveis do canal da taxa de juros, confirmando os resultados quantitativos do modelo de equilíbrio geral utilizado.

Finalmente, tornou-se possível concluir a relevância dos dados microeconômicos, que, no caso do estudo realizado, acabaram determinando a renda agregada e permitindo o entendimento dos mecanismos de transmissão da política monetária.

Avaliando o consumo, emerge, na exposição dos impactos da política monetária sobre os diferentes setores produtivos, o trabalho realizado por Bondt (1999). Nele, buscou-se estudar a relevância macroeconômica do canal do crédito da política monetária, examinando o impacto de variações do prêmio financeiro externo (*external finance premium* — EFP) sobre o consumo privado na Europa, e ainda investigando esses impactos em alguns momentos do ciclo de negócios. Os países considerados pelo autor foram Alemanha, França, Itália, Reino Unido, Bélgica e Países Baixos.

O EFP significa a diferença entre as taxas de juros passivas e ativas, isto é, entre a captação e a concessão de crédito. O aumento ou a diminuição desse diferencial pode provocar mudança significativa nas condições de crédito da economia e, especificamente, no nível de consumo, pois muitos bens de consumo necessitam de crédito para ser adquiridos. Os consumidores também apresentam um padrão de consumo que não é modificado imediatamente após alterações na disponibilidade de crédito. O trabalho ainda trata da resposta diferenciada dos consumidores, dependendo do momento da atividade econômica vigente, ou do ciclo de negócios vivido pela economia.

Os resultados empíricos demonstraram a presença de um efeito acelerador do EFP sobre o consumo privado total para a Alemanha, a Itália e os Países Baixos. Nas recessões, esse efeito acelerador pode liderar o declínio no crescimento anual do consumo em cerca de 0,4 ponto percentual por trimestre. Em contraste, para França, Reino Unido e Bélgica, a propagação desse mecanismo não demonstrou ser significante.

Outra implicação da política monetária, especialmente no contexto dos países da UME, foi a diferença encontrada na elasticidade de substituição temporal. O consumo é comparativamente insensível a movimentos na taxa real de juros na França e na Itália, provavelmente porque ambos os países estavam sujeitos a elevado grau de regulamentação financeira durante o período analisado. Se esse foi o caso, fica claro que a liberalização financeira aumenta a sensibilidade da taxa de juros sobre o consumo, porque permite maior flexibilidade na concessão e na tomada de crédito, o que pode provocar uma transmissão melhor e maior entre a política monetária e as variáveis reais da economia. Os resultados estimados mostraram que um aumento de um ponto percentual na taxa real de juros provoca um declínio no consumo corrente real *per capita* de mais de 0,2% na França e na Itália, de cerca de 0,5% no Reino Unido e na Bélgica, e de 0,9% na Alemanha e nos Países Baixos.

De forma semelhante ao ocorrido com a análise do papel da estrutura financeira para a transmissão da política monetária, os trabalhos aqui considerados levam-me a reafirmar que a composição da estrutura produtiva, principalmente quanto à produção industrial, mostrou-se de fundamental importância para verificar os impactos e os mecanismos de transmissão da política monetária.

O canal do crédito e os impactos diferenciados da política monetária nos estados e regiões dos Estados Unidos e países da Europa

No trabalho de Carlino e Fina (1997), os autores buscaram identificar os diferentes impactos das medidas de política monetária adotadas pelo FED nos estados e regiões dos Estados Unidos. O estudo examinou empiricamente como a atividade econômica em cada um dos 48 estados do território contínuo responderia às ações de política monetária. A perspectiva inicial de Carlino e Fina foi de que as alterações de política afetariam diferentemente os estados, dada a heterogeneidade das economias estaduais e de suas redes financeiras, entendidas como a forma de organização do sistema financeiro nos diferentes estados.

O trabalho analisou o efeito da política monetária sobre a renda pessoal real de 48 estados, através de um modelo estrutural de vetores autorregressivos (VAR), estimado com dados trimestrais para os anos de 1958 a 1992. O resultado da estimativa revelou que a renda pessoal real dos estados tende a diminuir após um aumento não antecipado de 1% na taxa de juros (*federal funds rate*). As diferentes respostas dadas pelos estados criaram a necessidade de analisar as diferenças estruturais em suas economias, visando a uma melhor compreensão dos impactos diferenciados da política monetária.

Para atingir tal objetivo, ficou estabelecido que a análise dos diferentes efeitos na economia dos estados compreenderia três linhas: (a) a composição industrial de cada estado, determinando a proporção entre indústria de bens de consumo duráveis, bens de consumo não duráveis e bens de capital, para verificar a resposta dessas indústrias a alterações da taxa de juros; (b) o estabelecimento da proporção de pequenas e grandes empresas na área industrial, que têm respostas diferentes diante de uma modificação da taxa de juros; e (c) a composição bancária de cada estado, estabelecendo a proporção entre os bancos de acordo com seu tamanho e com o fato de estarem ou não ligados a um grande grupo financeiro.

Os resultados da estimação realizada por Carlino e Fina (1997) permitem inferir que os estados respondem de diferentes maneiras às políticas implementadas. Um aumento de um ponto percentual na taxa de juros dos títulos do Tesouro americano (*federal funds rate*) provocou como resposta, após oito trimestres, uma queda maior na renda do estado de Michigan (2,6634%), seguido dos estados de Arizona, Indiana, New Hampshire e Oregon, onde a renda caiu mais de uma vez e meia a média geral. A menor resposta foi a de Oklahoma (-0,0741%). Esse resultado demonstrou que a resposta ao aumento da taxa de juros foi um aumento da renda, o que contraria a teoria. Louisiana, Texas e Wyoming apresentaram uma resposta menor do que a metade da média norte-americana.

O maior impacto estimado, no estado de Michigan, pode ser explicado pelo percentual médio de participação de 33,5% da indústria de transformação no PIB total do estado, sendo esta a maior participação relativa dos 48 estados avaliados, evidenciando a presença do canal da taxa de juros, conforme expõem Mishkin (1996) e Taylor (1995). Quanto à participação das pequenas firmas na geração de emprego industrial no estado, Michigan apresentou 64,8%, um valor bem abaixo da média geral de 71,9%. Em Michigan, os pequenos bancos demonstraram-se responsáveis por 19,1% do total de empréstimos concedidos pelo sistema bancário, um percentual abaixo da média geral de 31,7%. As duas últimas observações deixam dúvida quanto à presença e à significância do canal do crédito, pois, de acordo com Bernanke e Gertler (1995), o impacto sobre a queda da renda deveria ser menor com as classificações das estruturas produtiva e financeira apresentadas.

Quanto às grandes regiões, destacaram-se Great Lakes (Grandes Lagos) como a maior, com uma resposta média de 1,72% de queda na renda, e Southwest (Sudoeste) como a menor, com uma resposta média de 0,52% de queda na renda. Seguindo a argumentação desenvolvida para os estados, as regiões demonstraram que o canal da taxa de juros ficou mais evidente; isso porque a região de maior impacto (Great Lakes) é a principal região produtora de bens de consumo duráveis e bens de capital, que são indústrias com maior sensibilidade a mudanças na taxa de juros, enquanto a região de menor impacto (Southwest) tem pequena participação na produção industrial, apresentando uma economia voltada para o *agrobusiness*, com menor sensibilidade em relação a mudanças na taxa de juros.

A conclusão de Carlino e Fina (1997) apontou para a existência de impactos diferenciados na política monetária implementada pelo FED nos estados e regiões do território norte-americano, inclusive com distâncias significativas entre eles. No trabalho empírico e na organização das variáveis de apoio à análise empírica, destacou-se a relevância do canal da taxa de juros. Porém, ficou clara também a indefinição em relação à presença do canal do crédito na transmissão da política monetária causadora dos impactos analisados. Os autores ainda buscaram seguir na pesquisa, analisando o caso dos países da UME, como apresentado a seguir.

Com as discussões e o avanço das etapas para a formação da UME, os países que a compõem passaram a se preocupar com os impactos diferenciados da política monetária unificada do euro.[4] Os países-membros funcionam relativamente como os estados na economia dos Estados Unidos. Buscando compreender os impactos potencialmente diferenciados das decisões do Banco Central Europeu sobre os países-membros, Carlino e Fina (1998) estabeleceram um estudo utilizando a mesma metodologia aplicada ao caso dos estados norte-americanos.

Com base na experiência dos estudos dos impactos nos estados norte-americanos, Carlino e Fina procuraram construir uma classificação dos países da União Monetária Europeia segundo sua sensibilidade em responder a mudanças na política monetária comum. Os países foram classificados em

[4] Moeda adotada pelos países membros da UME e que entrou em circulação em 1º de janeiro de 2002.

três grupos, de acordo com o grau de sensibilidade a mudanças na política monetária. O primeiro grupo foi o que mais respondeu a mudanças na política monetária, sendo composto por Finlândia, Irlanda e Espanha. O segundo grupo foi composto pelos países que tiveram a menor resposta a mudanças: França, Itália e Países Baixos. O terceiro grupo foi formado pelos países que apresentaram grau de resposta dentro da média: Áustria, Bélgica, Portugal, Alemanha e Luxemburgo.

Conforme verificado em Carlino e Fina (1997), os impactos podem ser diferenciados pela composição industrial da produção do país ou estado, principalmente da manufatura (indústria de transformação) e da construção, pelo tamanho das firmas e pelo tamanho dos bancos. No caso de Carlino e Fina (1998), essas informações são apresentadas nas tabelas 3 e 4, e o *ranking* dos países na tabela 5.

Tabela 3

Participação da manufatura e da construção no PIB dos países da UME, média do período 1980-1990

País	Manufatura (%)	Construção (%)
Alemanha	31,3	5,3
Áustria	23,2	6,2
Bélgica	21,3	5,2
Espanha	24,6	7,5
Finlândia	22,3	7,6
França	21,8	5,3
Irlanda	na	4,7
Itália	23,7	6,1
Luxemburgo	22,7	6,1
Países Baixos	18,3	5,3
Portugal	27,6	5,3

Fonte: Carlino e Fina, 1998:22.

De acordo com a tabela 3, a Alemanha lidera, com 31,3% do seu PIB sendo de responsabilidade da indústria de transformação, ficando os

Países Baixos com o menor percentual, 18,3%. Percebe-se que a diferença entre os países não é tão elevada nesse critério. A construção aparece com a maior participação na Finlândia (7,6%) e com a menor participação na Irlanda (4,7%), o que mais uma vez não representa uma diferença significativa entre os países.

Quanto à concentração bancária, a Irlanda apresenta uma participação de 76,2% dos três maiores bancos comerciais no total de ativos do sistema financeiro, o que caracteriza uma elevada concentração. O país de menor concentração é Luxemburgo, com uma participação de 17% dos três maiores bancos, caracterizando um sistema financeiro atomizado.

Quanto ao tamanho das firmas, foram consideradas pequenas as firmas com menos de 250 empregados. Nesse critério, verifica-se que, em Portugal, as firmas pequenas empregam 79,4% da força de trabalho, sendo o maior percentual entre os países, enquanto na Finlândia a participação das firmas pequenas no emprego é de 52,8%.

Analisando a tabela 4, destaca-se inicialmente o grupo composto por Finlândia, Irlanda e Espanha, tomado como o de maior sensibilidade a uma alteração na política monetária. Verifica-se que, na Finlândia, o maior impacto poderia ser causado pela elevada participação da construção civil no PIB; isso porque esse setor produtivo é considerado um setor sensível a alterações na taxa de juros, conforme determina o canal da taxa de juros.

O canal do crédito, por sua vez, leva a uma observação diferente, pois, devido à elevada concentração bancária, o impacto deveria ser menor, e a elevada presença de firmas pequenas deixaria espaço para um impacto maior. Dessa forma, a análise sobre a sensibilidade fica prejudicada, pois esses dois fatores agem de forma antagônica, dificultando conclusões referentes ao canal do crédito. A Irlanda tem um quadro de difícil análise, pois as informações não permitem que se identifique o canal que está agindo. Quanto à Espanha, fica claro que o canal da taxa de juros está presente, pela participação tanto da indústria de transformação quanto da construção no PIB. Na Espanha, é possível afirmar também que o canal do crédito está presente devido à baixa concentração dos bancos e à elevada participação das firmas pequenas na geração de empregos.

Tabela 4
Participação dos três maiores bancos no total de ativos do sistema bancário e percentual de pequenas firmas

País	Três maiores bancos (%)	Firmas pequenas (%)
Alemanha	24,2	56,9
Áustria	17,5	na
Bélgica	44,4	55,2
Espanha	33,7	74,1
Finlândia	68,5	52,8
França	32,7	56,3
Irlanda	76,2	na
Itália	27,8	78,5
Luxemburgo	17,0	63,6
Países Baixos	59,0	60,7
Portugal	na	79,4

Fonte: Carlino e Fina, 1998:23.

O grupo composto por Países Baixos, Itália e França foi considerado o que menos sofre o impacto de uma alteração na política monetária. Exemplificando, no caso dos Países Baixos, a explicação pode ser a baixa participação relativa da indústria de transformação no PIB, o que indica pequena transmissão via canal da taxa de juros. Por outro lado, o canal do crédito pode contribuir para criar uma contradição, pois a elevada participação das firmas pequenas na geração de emprego pode direcionar para maiores impactos, mas a probabilidade de incidência maior do canal da taxa de juros prevalece no tratamento dos dados.

De acordo com a análise efetuada por Carlino e Fina (1998), o canal da taxa de juros explica melhor a ocorrência de impactos diferenciados da política monetária na Europa do que nos Estados Unidos. A próxima seção apresentará os países de economia emergente, dando continuidade à revisão da literatura sobre os mecanismos e impactos diferenciados da política monetária, a fim de fornecer um quadro mais abrangente.

Tabela 5
Sensibilidade relativa do PIB dos países da UME em relação a um choque na política monetária

País	Índice calculado	Diferença em relação à média	Desvio padrão
Finlândia	2,3921	0,5977	1,8618
Irlanda	2,2021	0,4077	1,2699
Espanha	2,0506	0,2562	0,7980
Bélgica	1,9162	0,1218	0,3793
Alemanha	1,8965	0,1021	0,3179
Portugal	1,8658	0,0714	0,2225
Áustria	1,6163	–0,1781	–0,5548
Luxemburgo	1,5232	–0,2712	–0,8449
Itália	1,4340	–0,3604	–1,1227
Países Baixos	1,4236	–0,3708	–1,1551
França	1,4182	–0,3762	–1,1719
Média	1,79441		
Desvio padrão	0,32103		

Fonte: Carlino e Fina, 1998:28.

Canal do crédito e a política monetária nos países de economia emergente

Como ressaltado, a estrutura do mercado financeiro é fundamental para a compreensão dos mecanismos de transmissão da política monetária, principalmente quanto ao grau de liberdade de atuação e de internacionalização. Isso ficará mais claro com a apresentação, a seguir, do comportamento dos mecanismos de transmissão da política monetária em alguns países emergentes.

Esses países concebem a política monetária, assim como seus objetivos, de forma um pouco diferente daquela dos países industrializados. Os motivos dessa visão diferenciada podem ser justificados por várias particularidades. Os países emergentes apresentam elevadas taxas de crescimento econômico, ocorrendo nesse processo um desequilíbrio entre os diferentes setores.

Isso causa distorções nos preços relativos, o que pode desencadear processos inflacionários corretivos, fazendo com que o país conviva com uma taxa de inflação mais elevada que a tolerada nos países industrializados. Outro ponto é a necessidade de desenvolvimento de setores-chave para um equilíbrio maior no sistema produtivo. Isso demanda, muitas vezes, programas diferenciados de crédito, o que acaba saindo um pouco dos ditames de política monetária dos países industrializados. A política monetária é utilizada para manter o equilíbrio interno, evitando fuga de capitais durante os períodos de crises financeiras, sejam estas internas ou externas ao país.

O caso da Colômbia foi exposto por Carrasquillas (1998), demonstrando que os problemas enfrentados pelos países emergentes mantêm um padrão de incidência. O Banco de la República desempenhava o papel de banco central, tendo como missão principal defender o poder de compra da moeda doméstica (peso) e preservar a estabilidade do sistema financeiro.

Para avaliar a presença dos canais de transmissão da política monetária na Colômbia, Carrasquillas estabeleceu dois períodos distintos, nos quais foi possível identificar o choque monetário. O primeiro foi 1980-1984, caracterizado como um período de contração monetária com o objetivo de manter apreciada a taxa de câmbio; o segundo período, 1990-1992, foi considerado o de maior expansão monetária, por conta da manutenção de uma taxa de câmbio depreciada.

Analisando esses dois períodos, Carrasquillas procurou identificar a presença do canal da taxa de juros e do canal do crédito na economia colombiana. A partir da aplicação da análise de vetores autorregressivos (VAR), encontrou evidências de que o canal da taxa de juros atuaria na transmissão de alterações na política monetária, havendo uma pequena defasagem temporal no impacto sobre o produto, que não se dava imediatamente após o choque. Mais especificamente, da medida de alteração da política monetária até o impacto sobre o produto houve uma defasagem de três trimestres.

O canal do crédito demonstrou não funcionar durante o período 1980-1984, principalmente devido à tutela do governo sobre os bancos, que não permitiu que o impacto das restrições monetárias chegasse a atingir o nível de empréstimos bancários, não deixando evidente a atuação do canal de empréstimos bancários. No período 1990-1992, verificou-se o impacto, bem como a presença do canal do crédito, basicamente devido ao otimismo do mercado naquele momento, o que proporcionou uma elevação da disponibilidade de recursos no sistema bancário, aumentando o dispêndio e o produto.

Em Carrasquillas (1998) fica evidente a dificuldade de identificar a presença, na Colômbia, de todos os canais de transmissão presentes na literatura, sendo identificados apenas dois e, mesmo assim, com certa dificuldade. Repete-se na Colômbia os problemas enfrentados por outros países emergentes, basicamente de estrutura do sistema financeiro e de instabilidade da economia.

Para Rocha (1998), a transmissão das modificações na política monetária no Peru acontecia por meio de três canais: canal da moeda, canal do crédito e canal da taxa de câmbio. O canal da moeda era representado por modificações quantitativas no estoque de moeda em circulação, o que afetaria a taxa de redesconto, sendo transmitida para o produto e para a inflação. O canal do crédito esteve presente nos depósitos em dólar, pois qualquer modificação na política monetária alteraria o portfólio dos agentes entre depósitos em moeda doméstica e em moeda estrangeira. Dessa forma, foi possível verificar que os agentes tomariam crédito em dólar, e que alterações nas reservas em dólar modificariam a tomada de crédito dos agentes. O canal da taxa de câmbio atuaria quando o Banco Central realizasse operações de esterilização da entrada de capitais, aumentando a taxa de juros, o que levaria a uma intervenção no mercado de câmbio para diminuir a volatilidade. O aumento na taxa de juros provocaria diminuição no dispêndio e no produto.

Em suma, o Peru apresentava os mesmos problemas de outros países emergentes. O processo de instabilidade econômica fazia com que a política monetária tivesse dificuldade de ser implementada, bem como a identificação de seus impactos na economia real. Verificar a presença dos canais de transmissão monetária, nesse contexto, torna-se difícil e, muitas vezes, apresenta resultados imprecisos.

Martinez, Sánchez e Werner (2001) e Díaz (1998) apresentaram o comportamento da política monetária no México, enfocando a gestão, os mecanismos de transmissão e os impactos desde 1995 até 2000.

Martinez, Sánchez e Werner realizaram uma estimação dos mecanismos de transmissão que atuaram na economia mexicana durante o período 1997-2000, utilizando o modelo VAR, e constataram que o canal da taxa de câmbio, o canal de taxa de juros e o canal do crédito afetaram significativamente as variáveis reais e a inflação.

O estudo demonstrou que um aumento autônomo na taxa de juros real de 1% provocou, no prazo de um mês, uma queda de 0,2% no produto em relação a seu nível potencial. Esse nível menor do produto permaneceu até o sexto mês após o choque inicial. O estudo analisou ainda o impacto da taxa de juros sobre os bens comercializáveis e não comercializáveis, verificando que as modificações ocorridas na taxa de câmbio nesse período não afetaram a demanda por bens não comercializáveis, mas que a taxa de juros desempenhou papel fundamental na determinação de seu nível durante o período estudado. Os resultados remeteram para o papel do canal da taxa de juros no que diz respeito a determinar a queda na demanda agregada e também na inflação.

O canal do crédito teve relativa importância no México após a crise cambial e financeira, principalmente a de 1995, com a queda vertiginosa observada na quantidade de crédito tomada e oferecida aos agentes. Buscando comprovar a existência e a importância desse canal, Martinez, Sánchez e Werner (2001) procuraram estimar o impacto que o aumento na taxa de juros do banco central poderia causar no diferencial de taxas de juros passivas e ativas, o chamado prêmio financeiro externo (*external finance premium*). O resultado do trabalho empírico indicou que um aumento de 1% na taxa de juros real provocou uma elevação no diferencial da taxa de juros de curto prazo de 0,36% e de 0,49% na de longo prazo, percebendo-se, em quatro meses, uma queda no produto de 0,23% em relação ao nível potencial.

Em síntese, pode-se afirmar que, no México, de acordo com os estudos empíricos, o canal de maior impacto foi o da taxa de juros, mas o canal do crédito também demonstrou ser relevante. Um ponto que ainda levanta muitas discussões é o fato de o canal da taxa de câmbio não ter sido significativo no estudo empírico, o que remete a novos estudos para seu entendimento. Independentemente da avaliação empírica realizada, o México sofre do mesmo problema de boa parte dos países de economia emergente: a condução da política monetária, o arranjo institucional, principalmente quanto ao sistema financeiro, e a estrutura produtiva não permitem que avaliações empíricas baseadas em modelos aplicados nos países industrializados apresentem resultados com o mesmo grau de significância.

Conforme Bank of Korea (1998), na Coreia do Sul, o canal da taxa de juros sempre foi o mecanismo de transmissão monetária de maior foco, por afetar o custo do capital via mudanças na taxa de juros real. Sua validade, porém, vinha sendo questionada, devido a modificações ocorridas na função demanda por moeda, principalmente a partir de 1980. Esse questionamento fez com que se desse atenção a outros canais de transmissão, sendo os de maior expressão o de crédito e o da taxa de câmbio. Em Bank of Korea (1998) foi realizada uma análise com estudos empíricos sobre a efetividade do canal de crédito na economia coreana.

Nesse estudo, analisou-se primeiramente o canal de empréstimos bancários (*banking lending channel*) e, em seguida, o canal do balanço das empresas (*balance sheet channel*). Verificou-se que o canal de empréstimos bancários afetava principalmente as firmas pequenas, que não tinham acesso ao mercado financeiro internacional, dependendo de empréstimos tomados nos bancos que operavam no país. Outra constatação do estudo foi que o porte das instituições bancárias também causava impacto diferenciado da política monetária na economia, conforme apontaram Bernanke e Gertler (1995) e Mishkin (1995 e 1996), entre outros.

Para a realização do estudo foi criada uma classificação para os bancos em três níveis, de acordo com seu patrimônio: pequenos, médios e grandes. Uma contração da política monetária provocaria inicialmente uma redução nos empréstimos bancários, principalmente nos bancos pequenos e médios. Isso porque, como já exposto, estes têm poucos canais de captação de recursos no exterior. Outro fator que contribui para essa diminuição é o fato de o aumento da taxa de juros diminuir a liquidez do fluxo de caixa dos bancos, principalmente devido a mudanças na composição patrimonial entre os ativos e passivos.

O trabalho concluiu que uma contração na política monetária coreana não era transmitida ao lado real da economia apenas pelo canal da taxa de juros, mas também pelo canal do crédito, com destaque para o canal de empréstimos bancários. Esse tipo de informação foi de grande valia para os gestores de política, pois aumentou o grau de previsibilidade do impacto de uma medida de política monetária na economia.

Segundo Fiore (1998), três choques monetários ocorridos na década de 1990 permitem verificar a presença dos canais de transmissão em Israel. O primeiro ocorreu em outubro de 1991, quando a taxa de juros estava equilibrada num nível relativamente baixo e a taxa de câmbio era vista como apreciada pelo mercado. Houve uma saída de capitais que pressionou a taxa de câmbio para a desvalorização, com mudança da banda cambial. A especulação resultante impulsionou o Banco Central a aumentar a taxa de juros, reavaliar para baixo as metas futuras de inflação e aumentar a taxa de desconto, possibilitando um maior controle da inflação presente e mantendo a economia com aperto monetário. O segundo choque ocorreu em setembro de 1994, com expansão da oferta de moeda, diminuindo a taxa de juros de 12% para 9% ao ano, o que provocou aumento na taxa de inflação, levando a uma retomada do controle monetário, por elevar a taxa de desconto. O terceiro choque ocorreu em maio de 1996, com um déficit nas contas do governo além do esperado, que elevou o crescimento do PIB, provocando pressão sobre a demanda, aumentando a inflação de 8,1% para 12,9% ao ano, em seis meses. O Banco Central elevou a taxa de juros para controlar o aumento da inflação.

Mediante esses choques, Fiore (1998) avaliou que o canal da taxa de juros era ativo, provocando impacto no produto. No primeiro choque, o efeito da taxa de juros foi negativo sobre o produto, tendo persistido durante alguns períodos. Já no segundo e no terceiro choques, ficou difícil identificar o impacto, devido a sua lentidão. Outro ponto foi a falta de evidências para verificar a relação entre a taxa de juros e o custo real do investimento.

O canal de crédito, mais especificamente o canal de empréstimos bancários, afetou o crédito do setor privado via bancos, demonstrando que, no primeiro choque, o efeito foi mais evidente do que nos demais, sendo também mais duradouro. Esse canal foi considerado o mais relevante para Israel, porque o sistema bancário mostrou ser muito concentrado e os agentes eram muito dependentes de empréstimos bancários para o desempenho de suas atividades. O canal da taxa de câmbio em Israel não se mostrou evidente, devido à volatilidade do fluxo de capitais provocada por momentos políticos que tornam difícil verificar os impactos sobre a atividade econômica real do país.

A realidade vivida pelos países de economia emergente não difere do que passou e ainda passa a economia brasileira para identificar e avaliar os mecanismos de transmissão da política monetária, especificamente o canal do crédito, o que será tratado a seguir.

Canal do crédito no Brasil pós-Plano Real

O objetivo desta seção é procurar entender a atuação dos mecanismos de transmissão da política monetária na economia brasileira após a implantação do Plano Real, especificamente o canal do crédito.

Em Matsumoto (2000), realizou-se uma avaliação empírica dos efeitos reais da transmissão da política monetária no Brasil e na Argentina. Para efeito deste trabalho, só serão destacados os números referentes ao Brasil. O tratamento empírico utilizou-se da técnica econométrica de vetores autorregressivos (VAR), tal como os diversos trabalhos apresentados anteriormente, considerando apenas as três variáveis endógenas de maior relevância na avaliação de efeitos reais de transmissão monetária: o nível do produto real, o nível de preços e a taxa de juros de curtíssimo prazo do mercado monetário, aquela controlada mais diretamente pelo Banco Central.

Os resultados encontrados por Matsumoto (2000) mostraram que a função de impulso-resposta do produto e dos preços do Brasil a um choque de um desvio padrão na taxa de juros controlada pelo Banco Central apresenta os seguintes efeitos: (a) a taxa de variação do PIB tem queda de aproximadamente 0,24 ponto em três trimestres; e (b) a variação da taxa de inflação apresenta efeito *price-puzzle*[5] relativamente forte no início, cujo máximo, de cerca de 1,2 ponto percentual no Brasil, ocorre em dois trimestres, para só depois chegar à queda propriamente dita de 0,5 ponto, em cinco trimestres. Estes últimos resultados (quedas nos preços) e a conclusão referente ao PIB do Brasil, contudo, são estatisticamente não diferentes de zero, se consideradas as bandas limites do intervalo de confiança de 95%. Em comparação com os resultados dos estudos empíricos sobre os países da União Europeia aqui apresentados, os números obtidos sugerem que a transmissão monetária no Brasil ocorre em bem menos tempo, principalmente no quesito resposta do produto.

Esse trabalho de Matsumoto utilizou dados coletados trimestralmente de 1980:2 a 1998:3, tendo portanto trabalhado com os períodos de elevada inflação da década de 1980 e primeira metade da de 90, assim como com todas

[5] Esse efeito significa que os preços tomam direção contrária ao que produz a teoria; no caso em destaque, os preços aumentam em resposta a uma elevação da taxa de juros.

as oscilações conhecidas e problemas inerentes. Apesar do tratamento estatístico realizado pelo autor, a aplicação dessa metodologia a países de economia emergente, como o Brasil, não apresentou a mesma robustez, se comparado aos trabalhos realizados nos países industrializados.

Em síntese, Matsumoto (2000) verificou a presença do canal da taxa de juros na transmissão do aumento de um desvio padrão na taxa Selic para o PIB, havendo uma resposta de queda de 0,24 ponto percentual após três trimestres do choque. Essa avaliação pode estar prejudicada pelo período de elevada inflação da amostra, como mencionado anteriormente. Por isso, seus resultados não demonstraram robustez.

O trabalho de Bogdanski, Tombini e Werlang (2000) mostra que a implementação do regime de metas de inflação (*inflation targeting*) no Brasil, em julho de 1999, impulsionou a construção de um modelo macroeconômico estrutural para compreender os canais de transmissão da política monetária.

Os canais estudados foram: taxa de juros, taxa de câmbio, demanda agregada, preços de ativos, expectativas, crédito e agregados monetários, salários e riquezas. De acordo com as características macroeconômicas da economia brasileira, o estudo realizado por Bogdanski, Tombini e Werlang chegou às seguintes conclusões:

- modificações na taxa de juros afetam o consumo de bens duráveis e o investimento num período de três a seis meses após a mudança. A diferença entre o produto efetivo e o produto potencial (*output gap*) faz com que se adicionem três meses para que a mudança atinja a inflação. Somando os efeitos, a transmissão da política monetária através da demanda agregada leva de seis a nove meses para operar por completo. De acordo com a definição dos canais de transmissão, a simulação do modelo demonstra a transmissão via canal da taxa de juros;
- através do canal direto, mudanças na taxa de juros nominais no período afetam a taxa de câmbio nominal no mesmo período e, por consequência, a taxa de inflação, pelo efeito de aumento nos bens importados. Mais uma vez, de acordo com as definições anteriores, o canal operante não é o canal direto e, sim, o canal da taxa de câmbio;
- dadas as restrições de crédito e de política monetária implementadas com o Plano Real, o mecanismo do crédito não tem operado, e sua importância

em termos dos impactos adicionais do canal da taxa de juros sobre a inflação tem sido negligenciada. Portanto, o canal do crédito não é efetivo na transmissão, o que leva a pensar que os bancos fornecem crédito para o financiamento do consumo de duráveis e para investimento sem considerar os problemas de informação assimétrica, ou que esses gastos ocorrem sem a intermediação do crédito bancário.

O modelo para avaliação do mecanismo de transmissão da política monetária desenvolvido por Bogdanski, Tombini e Werlang (2000) passou a fazer parte dos relatórios de inflação publicados a partir de junho de 1999. Ao analisar o relatório de inflação de março de 2000, Carneiro (2000) realizou uma crítica do modelo e de suas conclusões para permear a tomada de decisões do Banco Central.

O primeiro ponto para o qual Carneiro (2000:8) chama a atenção é o fato de o modelo não permitir

> uma visão mais concreta do papel da oferta de crédito na recomposição da demanda e, também, da capacidade de resposta da oferta de bens e serviços. Isso porque é da oferta de crédito que depende, em grande medida, o diagnóstico em torno das possibilidades de crescimento não-inflacionário nos próximos anos.

Para o autor, o relatório deixa uma incerteza quanto ao papel do crescimento veloz do consumo e do investimento na recuperação da economia, pois considera que o crédito pode ter efeito relevante sobre a durabilidade da recuperação e também sobre os impactos na inflação e no déficit externo. Enfim, o crédito desempenha papel importante na transmissão da política monetária e, por isso, não considerar esse mecanismo de transmissão torna frágil a análise dos impactos da política monetária sobre a economia brasileira.

No que diz respeito ao modelo em si, Carneiro (2000:9-10) demonstra certo ceticismo quanto a este ser a única ou principal fonte de tomada de decisões do Banco Central.

> O modelo apresentado no relatório é, assim, parte dos benefícios da adoção de metas inflacionárias. Ao mesmo tempo em que os amplos intervalos de projeção, em contraste com os compromissos assumidos com a inflação, nos lembram de quão longe estamos de ter modelos numéricos capazes de estreitar nossas pro-

jeções em torno dos efeitos dos aumentos dos juros básicos (determinados pelo Banco Central), sobre as trajetórias de preços e do nível de atividade durante as longas, e incômodas, transições entre a ação da política monetária e seus efeitos sobre a inflação. Para ser útil, um modelo que sirva como instrumento de política deve ser capaz de:

a) identificar as variáveis importantes para determinar as defasagens entre ações tomadas e reações esperadas;
b) identificar, a contento, as defasagens entre esses fenômenos, além dos fatores que influenciam sua variabilidade;
c) sugerir as fontes de mudança que devem ser esperadas no comportamento das autoridades encarregadas da política econômica, quando determinados eventos exógenos forem verificados.

Infelizmente, o modelo apresentado no Relatório ainda está longe de ter essas propriedades.

Quanto à tomada de decisões, o autor expõe a necessidade de se procurar estabelecer uma "regra de Taylor" que incorpore as limitações dos efeitos temporários da política monetária sobre o nível de atividade à liberdade das ações corretivas dos bancos centrais. Isso devido à impossibilidade de utilização de regras ótimas, por estas últimas dependerem de uma previsão e projeção dos impactos da taxa Selic sobre a economia com um grau de confiança que os modelos disponíveis ainda não permitem atingir.

Em síntese, as observações de Carneiro (2000) sugerem: (a) a relevância do crédito para sustentar a demanda por investimento e por consumo de bens duráveis, dando abertura para a transmissão via canal do crédito; (b) o risco considerável de confiar demasiadamente no poder de previsão e projeção dos modelos para a ação de política monetária, sendo, portanto, pouco indicado tomar como única e verdadeira a forma de transmissão da política monetária apresentada em Bogdanski, Tombini e Werlang (2000); e (c) a necessidade da prevalência do poder de discrição do Banco Central sobre as previsões dos modelos, como já indicava Blinder (1999).

Em texto para discussão do Banco Central do Brasil, Chu e Nakane (2001) realizaram uma análise do canal do crédito no Brasil, através de uma extensão do modelo macroeconômico de Bernanke e Blinder (1988). No modelo, supõe-se que a autoridade monetária controle dois instrumentos de política: as reservas obrigatórias sobre depósitos e a taxa de juros de curto prazo. O canal do crédito é introduzido via empréstimos bancários, havendo interferência da informação assimétrica na tomada de crédito das empresas dependentes de empréstimos bancários para realizar investimentos. No modelo em questão, os itens principais do passivo dos bancos, isto é, as operações de crédito e os títulos públicos não são considerados substitutos perfeitos.

Dessa forma, mudanças na taxa de reservas obrigatórias podem produzir efeitos reais, modificando a taxa de juros dos empréstimos e, por consequência, o volume de crédito, interferindo também no produto real. Mudanças na taxa de juros do Banco Central têm efeito sobre o produto, mas mantêm um efeito ambíguo sobre os *spreads* bancários. As conclusões ficam sujeitas às críticas sobre modelos expostas anteriormente, mas os resultados evidenciam o papel do canal do crédito na transmissão da política monetária no Brasil. Contudo, as restrições existentes no modelo remetem para uma avaliação mais consistente da atuação dos bancos na economia brasileira recente.

Um trabalho que teve como foco os mecanismos de transmissão da política monetária no Brasil foi o de Mendonça (2001). Segundo o autor, o Banco Central orienta parte de suas decisões pelos resultados obtidos da aplicação dos modelos estruturais desenvolvidos pelos técnicos, conforme destacado anteriormente. Para o autor, esses modelos consideram relevantes cinco mecanismos de transmissão: taxa de juros, taxa de câmbio, preço dos ativos, crédito e expectativas.

Mendonça (2001) apenas apresenta o funcionamento do canal da taxa de juros, sem fazer qualquer observação sobre sua atuação na economia brasileira. Quanto ao canal da taxa de câmbio, além de defini-lo, ainda destaca que esse canal assumiu relevância para o Brasil a partir de 1999, com a flexibilização da taxa cambial. O autor salienta que esse canal tem influência sobre o nível de preços por três caminhos: (a) diretamente, ao influenciar o preço dos bens *tradables*; (b) indiretamente, ao influenciar o preço das matérias-primas importadas utilizadas no processamento industrial; e (c) na substituição de bens domésticos por similares importados ou vice-versa.

Quanto ao canal de preços de ativos, Mendonça observa sua relevância para países como Estados Unidos e Inglaterra. Porém, para o Brasil, esse mecanismo tem pouca relevância prática, devido à desprezível participação de consumidores no mercado acionário.

Após definir o canal do crédito, Mendonça (2001:71) faz a seguinte observação:

> Apesar de a literatura internacional dar atenção especial ao canal de crédito no estudo dos mecanismos de transmissão da política monetária, no caso brasileiro o canal de crédito desempenha papel secundário. A justificativa para sua menor expressão no cenário doméstico é resultado de três características básicas: i) elevado grau de incerteza; ii) a incidência de impostos sobre a intermediação financeira; e iii) elevadas alíquotas dos empréstimos compulsórios.

O autor dá maior destaque ao canal das expectativas. Este funcionaria da seguinte forma: um aumento na taxa de juros na tentativa de evitar um aumento da inflação causa efeito recessivo no curto prazo. No entanto, o Banco Central pode restabelecer a confiança no desempenho futuro da economia, fazendo com que as taxas de juros esperadas de médio e longo prazos sejam menores. Mendonça (2001) diz que o Banco Central conduz a política monetária considerando esse canal como fundamental para o Brasil.

Seguindo a mesma linha, Fernandes e Toro (2002) realizam uma estimação pelo modelo VAR Integrado para analisar os mecanismos monetários de transmissão na economia brasileira pós-Plano Real. Os autores tratam os canais da taxa de juros e da taxa de câmbio como fundamentais para a compreensão da realidade brasileira ao longo do processo de estabilização. Afirmam ainda que o processo de estabilização está recuperando paulatinamente os demais mecanismos de transmissão, como o canal do crédito e da riqueza.

O modelo VAR utilizou as seguintes variáveis: oferta monetária, renda agregada, preços, reservas internacionais e taxas de juros de curto e longo prazos. O objetivo foi identificar como o mecanismo de transmissão monetária descreve mudanças nos instrumentos de política monetária (excesso de moeda e taxa de juros de curto prazo) e afeta a dinâmica da economia via taxa de juros de longo prazo, hiato do produto e taxa de inflação.

Os resultados empíricos de Fernandes e Toro (2002) sugerem que o modelo explica a maior parte da variação dos dados, uma vez que os coeficientes de determinação são elevados. A taxa Selic é o principal determinante das taxas do mercado e reage não só ao choque de oferta monetário, mas também ao hiato do produto e a variações nas reservas internacionais. A conclusão do trabalho é que, ao mesmo tempo que as variações da taxa Selic influenciam as variáveis mencionadas anteriormente, mudanças nessas variáveis também direcionam os rumos da taxa Selic pela reação do Banco Central. Enfim, mudanças na taxa Selic criam impactos na produção e nas reservas internacionais, mas o Banco Central, ao verificar aceleração no produto que possa gerar inflação, reage aumentando a taxa Selic, seguindo o mesmo rumo diante de uma queda das reservas internacionais.

Os trabalhos apresentados até então, na maioria, destacam o canal da taxa de juros como o responsável pela transmissão da política monetária no Brasil, admitindo, dessa forma, um papel secundário para o canal da taxa de câmbio e um papel quase desprezível para o canal do crédito. Porém, conforme destaca Carneiro (2000), o crédito é importante para sustentar o nível de demanda de investimentos e de consumo de bens duráveis na economia.

Em Carneiro, Salles e Wu (2003), o canal do crédito é analisado como mecanismo de transmissão da política monetária. Existem dificuldades em comprovar empiricamente a abordagem teórica desses mecanismos de transmissão. No Brasil, fatores adicionais trazem certo pessimismo quanto à eficácia do mecanismo de transmissão via mercado de crédito: a alta inflação pré-real, que provocava volatilidade na taxa real de juros; a elevada variância da taxa real de juros pós-real; e a proporção crédito/PIB, que se manteve constante durante o período recente.

Para estruturar o argumento, o trabalho parte para uma versão estilizada do canal do crédito, estimando uma equação de demanda por crédito. O crédito é necessário para o financiamento das empresas e tem seu custo relacionado ao nível da taxa básica de juros. A oferta de crédito depende da taxa básica de juros e da riqueza; e o mercado financeiro, ao desempenhar o papel de intermediário financeiro, trabalha também com avaliador do risco de crédito dos demandantes de empréstimos. A oferta de crédito depende do risco de inadimplência. As firmas demandam crédito para financiar estoque de capital. Por fim, os autores desse modelo são os consumidores, as firmas e os bancos.

O trabalho faz um tratamento da endogeneidade existente na relação do crédito com a taxa de juros, pois, ao realizar a estimação, não fica claro se há obtenção da demanda ou oferta de crédito. Assim, partiu-se para a utilização de variáveis instrumentais para estimar a curva de demanda de crédito. Escolheu-se a renda agregada e a inadimplência, por deslocarem a oferta de crédito. Estimou-se por mínimos quadrados ordinários (MQO), chegando à conclusão de que a taxa de juros real não afetaria o total de crédito observado, sendo os coeficientes estimados não significantes. A estimação pelo método dos mínimos quadrados generalizados, utilizando as variáveis instrumentais taxa de crescimento do PIB e inadimplência (nos registros no SPC), apresentou os seguintes resultados:

- a taxa de juros real tem efeito negativo sobre o crédito demandado pelas firmas, com 1% de significância;
- um aumento de 1% na taxa de juros real reduz a demanda por crédito em R$ 10,3 bilhões.

As informações trimestrais do período amostral abrangeram desde 1995.1 a 2002.3, sendo a média total de crédito do sistema financeiro privado R$ 500 bilhões, o que demonstra uma queda de 2% na procura por financiamento.

Mais relevante que a verificação do canal do crédito como transmissor dos impulsos da política monetária, de acordo com os autores, é a forma pela qual as imperfeições típicas do mercado de crédito ajudam a propagar e amplificar certos choques temporários.

Uma das imperfeições é a exigência de garantias ou colateral, o que, em certos casos, torna o resultado do investimento realizado ruim e sem condições de retornar o pagamento do crédito tomado. Visto do ponto de vista do devedor, a situação é tranquila, pois investiu dinheiro de terceiros e isso não muda sua situação patrimonial. Mas gera um incentivo para que o devedor assuma riscos mais elevados. Para o credor, a solução é exigir do devedor uma garantia de pagamento.

Se o mercado agir dessa forma, o nível de investimento da economia passa a ser um múltiplo do que as empresas podem oferecer como colateral. As firmas podem oferecer, no limite, o valor líquido dado pelo balanço patrimonial. Alterações no ativo (redução de vendas, queda no preço dos ativos da empresa) e no passivo (aumento da taxa de juros, caso as dívidas sejam em taxa pós-fixada; desvalorizações cambiais, caso as dívidas sejam em moeda estrangeira) podem fazer com que as firmas percam acesso aos fundos necessários à realização do investimento. Isto é, a imperfeição no mercado de crédito, como colocada anteriormente, funciona como um "multiplicador financeiro" de choques sobre a demanda agregada.

O texto de Carneiro, Salles e Wu (2003) apresenta também uma evidência empírica da atuação do multiplicador financeiro[6] na economia brasileira através do movimento da taxa de câmbio.

Uma economia com moeda fraca ou parcialmente dolarizada caracteriza-se por ter firmas com passivos em dólar. Assim, a depreciação da taxa de câmbio eleva o passivo dessas empresas, enfraquecendo sua posição patrimonial. Com o balanço demonstrando menos solidez, o acesso ao crédito fica prejudicado para essas empresas, criando assim queda no investimento e na demanda agregada.

A estimativa da equação de demanda de crédito gera informações sobre o efeito da taxa de juros real sobre o investimento. Para se chegar a esse ponto é necessária a regressão da taxa de crescimento do nível de investimento em suas duas primeiras defasagens e na taxa de juros real trimestral anualizada. Chega-se ao resultado através de mínimos quadrados generalizados e utilizando-se de variáveis instrumentais para atingir a taxa de juros real: inadimplência, multiplicador bancário e taxa de crescimento do PIB.

Verifica-se que, a cada aumento de 1% na taxa de juros real anualizada, há um recuo de 0,6% na taxa de crescimento do nível de investimento. Incluindo no modelo a desvalorização do câmbio real pelo IPCA como variável explicativa pode-se avançar, mas a desvalorização cambial também é estimada por variáveis instrumentais: prêmio de risco, taxa de juros internacional. O resultado dessa inclusão é que a elasticidade-juros real do investimento reduz-se de 0,59% para 0,44%. A cada 1% de desvalorização cambial real, a taxa de crescimento do nível de investimento reduz-se em 0,32%.

Os autores questionam: como explicar uma relação negativa entre a taxa de câmbio e o nível de investimento?

Se a firma tem dívida em moeda estrangeira, a desvalorização real aumenta o passivo e reduz o valor presente líquido da firma. Isso reduz o limite de crédito a que tem acesso, o que acaba por reduzir o investimento.

Carneiro, Salles e Wu (2003) estimam a equação de demanda por crédito, incluindo a desvalorização cambial real como variável explicativa. As variáveis instrumentais utilizadas para captar o efeito do câmbio são: taxa paga pelo *C-bond*, prêmio de risco e taxa internacional de juros. O resultado mostra que

---

[6] O multiplicador financeiro é conhecido na literatura como acelerador financeiro (*financial accelerator*), presente em Bernanke, Gertler e Gilchrist (1996).

uma desvalorização cambial de 1% reduz em 0,35% o investimento, via menor capacidade de endividamento da firma. Esse efeito é superior ao próprio efeito da taxa de juros real.

Souza Sobrinho (2002) tem por objetivo encontrar evidências empíricas para o *banking lending channel*, a partir da análise de dados agregados do mercado de crédito para o período pós-Plano Real. A hipótese central é que, além do impacto através do canal monetário ou do canal da taxa de juros, a política monetária também afeta a economia real via mercado de crédito.

Assim, o autor busca comprovar a relevância do *banking lending channel* para o Brasil por meio de testes econométricos. Ao apresentar a evidência, Souza Sobrinho argumenta que a política monetária deveria realizar melhor uso dos indicadores de crédito nas decisões de política (questão de eficácia) e ainda uma avaliação criteriosa dos efeitos assimétricos da política sobre a economia real (questão de eficiência).

As evidências empíricas apresentadas por Souza Sobrinho (2002) para o Brasil podem ser assim resumidas:

- os testes realizados com séries de tempo apresentam o problema da identificação, dificultando a separação entre os choques de demanda e de oferta por crédito.
- os dados de *cross-sections* estão menos sujeitos ao problema anterior e são úteis para mostrar os efeitos diferenciados da política monetária.
- a pesquisa não conseguiu diferenciar claramente o *banking lending* do *broad channel*, afetando os encaminhamentos de política monetária.
- a queda do produto real provocada pela contração monetária é ineficiente, pois a maior parte do custo é suportada pelas firmas que supostamente têm as oportunidades de investimentos mais lucrativas (firmas pequenas, jovens e com alta taxa de crescimento).

As evidências empíricas para o Brasil são apresentadas em duas etapas: a primeira consiste na análise descritiva do mercado de crédito; a segunda apresenta diversos testes econométricos baseados na metodologia encontrada na literatura corrente, como Benanke e Blinder (1992), Ramey (1993) e Hallsten (1999).

O indicador de política monetária tomado por Souza Sobrinho (2002) é a taxa de juros *overnight*-Selic, equivalente à *federal funds rate* dos Estados Unidos. O indicador do mercado de crédito consiste em duas séries quantitativas: (a) o crédito total do sistema financeiro, que engloba o crédito com recursos livres, o crédito direcionado, os financiamentos de *leasing* e os empréstimos ao setor público; e (b) o crédito com recursos livres e a taxas prefixadas (crédito-pré), que inclui apenas os empréstimos determinados pelas condições de mercado e, portanto, mais sensíveis aos choques de política monetária. Ainda como indicador do mercado de crédito são tomadas duas séries de preço: (a) a taxa média de juros sobre crédito com recursos livres; e (b) o *spread* bancário médio, medido pela diferença entre a taxa média sobre empréstimos e a taxa Selic.

Os indicadores do mercado monetário são: M1, títulos públicos federais (indexados à Selic) em poder do público e taxa *swaps* de seis a 12 meses, que supostamente contêm informação sobre a estrutura a termo da taxa de juros. Os indicadores de atividade econômica são: o índice de produção industrial (geral) e índices desagregados tanto por categoria de uso quanto por setores de atividade.

Todas as variáveis estão expressas em termos reais (IGP-DI) e referem-se ao período mensal de outubro de 1996 a dezembro de 2001. As séries de quantidade foram ajustadas sazonalmente pelo método multiplicativo X-11 e expressas em logaritmo.

Na análise descritiva o autor avaliou cinco fatos estilizados, verificando se as informações corroboram ou não a intensidade de ocorrência destes. O primeiro tem a ver com a razão crédito/PIB ser baixa, se comparada a outras economias. Souza Sobrinho (2002) afirma que as empresas brasileiras são pouco alavancadas em relação ao capital total, mas que, ao analisar a estrutura de dívida das empresas, percebeu-se que 45% do endividamento total são de dívida bancária, percentual bastante superior ao dos demais países. Dessa forma, apesar da baixa relação crédito/PIB, as empresas são dependentes dos bancos no Brasil, sendo esta uma das condições necessárias para a operação do canal do crédito.

O segundo fato estilizado diz respeito à proporção crédito/PIB ter sido declinante nos últimos anos. De 35% do PIB, em 1995, passou para 27% do PIB no final de 2001. O aumento da dívida pública por emissão de títulos e as regras mais rígidas adotadas com base no acordo da Basileia podem ter criado essa queda na relação crédito/PIB. Isso reduziria a importância do canal do crédito, porém os testes econométricos indicam que, mesmo nesse ambiente, o crédito desempenha papel importante na transmissão da política monetária.

O terceiro fato estilizado é o *spread* bancário ser excessivamente elevado no Brasil, mesmo levando em conta a tendência de queda que se tem observado. No mês de pico, durante o período de análise, os indivíduos chegaram a pagar 5,2% ao mês, ou 84% ao ano, em termos reais. O autor argumenta que um *spread* estruturalmente elevado tem implicações importantes para o mecanismo de transmissão monetária.

O quarto fato estilizado tem a ver com a maturidade das operações de crédito ser curta. Souza Sobrinho (2002) expõe que 80% do volume de crédito-pré têm prazo médio inferior a um ano, e média ponderada de 7,2 meses. Isso torna a reação do mercado de crédito e da economia real mais rápida à ocorrência de choques monetários.

O quinto fato estilizado é que a relação entre política monetária, mercado de crédito e produto real parece se comportar no Brasil de acordo com o previsto pela visão do crédito. Há uma relação inversa entre o *spread* bancário médio e o crédito-pré, e ainda uma relação positiva entre a taxa Selic e a taxa média sobre empréstimos. O *spread* bancário demonstra uma relação negativa com o produto e positiva com o crédito.

O trabalho econométrico teve início com os testes de raiz unitária, revelando o de Dickey-Fuller Aumentado (ADF) e o de Phillips-Perron (PP) para a primeira diferença que todas as séries tornam-se estacionárias após uma diferenciação.

Os testes de causalidade de Granger apresentaram as seguintes conclusões:

- a Selic provou ser um bom previsor do produto, de acordo com a literatura;
- o agregado monetário (M1) praticamente não afeta o comportamento da atividade econômica;
- o mercado de crédito carrega alguma informação sobre movimentos futuros do produto e, dependendo do modelo, ambos, o agregado e o custo do crédito (quando não considerado conjuntamente com a Selic), ajudam a prever a atividade econômica;
- o agregado monetário (M1) é a variável mais afetada pelo problema da endogeneidade, enquanto a evidência para os indicadores de crédito não é conclusiva; e
- em geral, as taxas de juros e o crédito Granger causam o produto nos modelos mais parcimoniosos, confirmando a evidência de que a economia brasileira reage rapidamente a choques macroeconômicos.

Através do modelo VAR, Souza Sobrinho (2002) estimou as funções de resposta a impulso (FRIs) das variáveis de interesse. Foram especificados dois VARs diferentes, o primeiro contendo o agregado de crédito e o *spread* bancário e o segundo, a produção industrial, a taxa de inflação, o M1, os títulos públicos federais e a taxa Selic. A estimativa foi realizada em nível e em primeira diferença, com três e duas defasagens, respectivamente. As conclusões que podem ser tiradas das funções de resposta a impulso são:

- o produto real e o mercado de crédito reagem muito rapidamente a choques monetários. A velocidade de reação está associada a uma importante característica do sistema bancário brasileiro, que é a curta maturidade dos contratos de empréstimos;
- o comportamento dos títulos e dos indicadores de crédito mostra que os bancos brasileiros respondem às incertezas em suas fontes de recursos adotando uma estratégia de alocação de portfólio mais conservadora: eles aumentam sua carteira de ativos líquidos (títulos) e reduzem sua exposição a ativos ilíquidos (crédito). Tal comportamento sugere que a contração monetária induz a realocação do portfólio dos bancos em favor de títulos públicos, com consequente queda da oferta de crédito, elevação do *spread* bancário e contração do produto real. Esse resultado está em linha com algumas das previsões teóricas dos modelos de Bernanke e Blinder (1992), Hallsten (1999) e Chu e Nakane (2001);
- o impacto da contração monetária sobre a economia real, via canal do crédito, é assimétrico, pois afeta com maior intensidade os setores intensivos em capital de giro, cuja dependência dos empréstimos bancários de curto prazo é relativamente maior.

Foram ainda realizados testes do canal de crédito baseados na previsão do modelo de Bernanke e Blinder (1992), que sugere a existência da curva CC[7] no Brasil, embora a evidência seja menos contundente quando se considera a estrutura a termo da taxa de juros.

---

[7] A curva CC é definida por Bernanke e Blinder (1992) como a combinação de produto e taxa de juros, consistente com o equilíbrio no mercado de crédito.

Para concluir, Souza Sobrinho (2002) sugeriu algumas implicações de política monetária que decorrem dos resultados apresentados no trabalho. A primeira diz respeito a políticas monetárias excessivamente contracionistas, pois se o *spread* responde a mudanças na taxa básica, uma política menos severa teria um impacto menor sobre o *spread*, reduzindo-o e mantendo sua eficácia. Outro ponto é que a política monetária, pelo fato de existir o canal do crédito, consegue ser eficaz mesmo se alterar significativamente as taxas de juros.

A segunda implicação é que a contração monetária provoca efeitos assimétricos e ineficientes. Os setores intensivos em capital de giro (material de transporte, material elétrico e de comunicação, mecânica), em geral os mais dinâmicos, seriam os mais afetados por contrações monetárias. Portanto, a queda do produto agregado em boa parte se deve à contração da atividade econômica que eles experimentam. O contrário deve ocorrer com os setores tradicionais, pouco intensivos em capital e que produzem bens de consumo não duráveis, como alimentos, bebidas e têxtil. Souza Sobrinho (2002) destaca, porém, que a análise empírica baseada em setores é insuficiente para acessar o grau de ineficiência da política monetária. Para tanto, seria preciso descer a um nível ainda maior de desagregação, até as empresas, e descobrir o impacto da política monetária sobre as firmas com as melhores oportunidades de lucro e de crescimento. Ainda assim, Souza Sobrinho (2002) coloca que a autoridade monetária precisa avaliar criteriosamente os efeitos assimétricos de suas ações de política.

Em Takeda (2003) é avaliado o canal de empréstimos bancários na transmissão da política monetária para o Brasil. O autor tomou dados desagregados (microdados) do balanço patrimonial dos bancos brasileiros de dezembro de 1994 a dezembro de 2001. Os balancetes mensais dos bancos foram alvo de uma análise descritiva que levantou quatro pontos fundamentais:

- a necessidade de se restringir os efeitos da política monetária sobre os empréstimos bancários, considerando apenas os créditos livres. Esses créditos livres foram definidos como a soma dos saldos da conta "Empréstimos e títulos descontados" e da conta "Financiamentos" do balanço patrimonial bancário;
- as diferenças no comportamento quanto à oferta de créditos livres de três grupos de bancos — os que mais emprestam, os de tesouraria e os grandes;

- a necessidade de definição de um índice de liquidez do balanço patrimonial bancário;
- a relevância dos recolhimentos compulsórios.

Essa análise descritiva também despertou em Takeda (2003) a necessidade de definir uma taxa geral de recolhimentos compulsórios. O autor mostrou que é incompleto expressar a política monetária brasileira apenas com a taxa de juros básica (Selic).

A avaliação empírica partiu do modelo definido por Ehrmann e outros (2001) para dois instrumentos de política monetária na mesma equação, além do controle individualizado dos recolhimentos compulsórios e obrigatórios. Os resultados encontrados a partir dos testes econométricos, realizados com dados em painel, indicaram que, para o período avaliado, há evidências que validam a transmissão da política monetária através do canal de empréstimos bancários para o Brasil.

Os resultados dos testes sobre os efeitos que as variações na taxa Selic e as variações na taxa geral de recolhimentos compulsórios e obrigatórios (instrumento construído por Takeda) apresentam sobre o crédito livre levam a algumas conclusões. Primeiro, que, entre os dois instrumentos, apenas a taxa geral de recolhimentos compulsórios produz efeitos significativos, e que essa resposta é mais forte nos créditos livres dos bancos grandes. Segundo, a conclusão anterior encontra sustentação devido à imposição de taxas progressivas de reservas compulsórias, que afetam os bancos com maiores volumes de depósitos. Terceiro, os resultados indicaram que o impacto sobre o crédito livre é mais expressivo quando a exigibilidade dos recolhimentos individuais é expressa em termos dos ativos do balanço patrimonial do banco. Quarto, há a indicação de uma correlação positiva entre a variação do crédito livre e a variação do PIB industrial, o que conclui os argumentos da presença do mecanismo de transmissão da política monetária.

Em Nakane e Souza Sobrinho (2002), realiza-se uma análise partindo de dados agregados do mercado monetário e do mercado de crédito bancário no período outubro de 1996 a dezembro de 2001. Foram realizados, para o Brasil, vários testes econométricos que concluíram a favor dos baseados na velocidade, pois estes se mostraram mais incisivos a favor do canal do crédito.

Nakane e Souza Sobrinho explicam que os testes baseados em indicadores de preço e quantidade não apresentaram com clareza o impacto da retração da oferta de crédito sobre o nível de atividade econômica. Apesar de a análise pelo modelo VAR sugerir os efeitos do indicador de política, no caso a taxa Selic, estes afetam de forma transitória o mercado de crédito bancário.

O trabalho de Bonomo e Graminho (2002) realiza um estudo empírico com dados desagregados dos bancos brasileiros, chegando à conclusão de que elevações na taxa Selic relaxam as restrições de liquidez do balanço patrimonial dessas instituições.

Os testes, realizados com as operações de crédito e também com o crédito restrito, encontraram resultados com 1% de significância para o coeficiente interação da liquidez e variação da taxa de juros apenas no caso de bancos pequenos, mas com sinal contrário ao esperado. Os autores explicam que esse resultado pode estar relacionado com a existência de uma relação positiva entre variações na taxa de juros e lucros bancários. De forma que, no Brasil, aumentos da taxa de juros relaxam as restrições de liquidez dos bancos porque aumentam seus lucros, o que representa uma elevação de seu financiamento interno e, consequentemente, uma menor dependência de depósitos para financiar empréstimos. A partir dessa evidência, Bonomo e Graminho (2002) concluem pela não existência do canal de empréstimos bancários no Brasil.

Outro trabalho sobre o canal do crédito no Brasil é o de Nakane e Takeda (2002). A partir de uma análise VAR, encontram como resultado das funções de resposta a impulso que choques na taxa Selic afetam negativamente os créditos livres no quarto período após o choque. Contudo, mostram que a taxa Selic afeta positivamente, de maneira contemporânea, o total de depósitos e marginalmente (não significativamente) a conta de títulos públicos no segundo e no terceiro período após o choque.

Em Nakane e Takeda (2002), destaca-se que tanto o aumento do total de depósitos, quanto o aumento dos ativos líquidos em títulos públicos dos balanços bancários tendem a relaxar a restrição de liquidez monetária induzida por aumentos da taxa Selic. Nota-se ainda que choques na taxa Selic apresentam impactos não significativos sobre o total das contas "operações de crédito" do balanço bancário.

Esses estudos demonstram que a pesquisa sobre o canal do crédito tem crescido no Brasil. Mas ainda está num estágio inicial, demandando desenvolvimento e, principalmente, o confronto de visões teóricas diferentes. Há uma literatura pós-keynesiana sobre o tema, mas que deverá compor resenhas futuras e também uma definição mais clara sobre o papel dos bancos e do crédito na economia brasileira.

Considerações finais

Este capítulo buscou realizar uma resenha sobre o tema mecanismos de transmissão da política monetária, especificamente sobre o canal do crédito e sua presença na economia brasileira recente.

Para tanto, realizou-se, na segunda seção, uma definição teórica dos mecanismos de transmissão monetária, conforme Mishkin (1995 e 1996), Bernanke e Gertler (1995), Taylor (1995), entre outros. Especificamente, o canal do crédito mereceu maior espaço na exposição por ser o centro de atenção do presente trabalho.

Na terceira seção foram apresentados alguns trabalhos empíricos sobre a presença dos mecanismos de transmissão monetária nas economias dos países industrializados. O objetivo foi identificar os estudos que privilegiaram a análise da presença do canal do crédito, seja pela estrutura do sistema financeiro, produtivo, seja pela distribuição regional da produção nos países analisados.

A quarta seção foi dedicada à apresentação de estudos realizados em países de economia emergente. Os trabalhos, em menor quantidade, refletem as dificuldades que esses países enfrentam para conduzir a política monetária e também para identificar a presença de mecanismos de transmissão em economias com alto grau de volatilidade.

O Brasil foi enfocado na quinta seção, sendo selecionados os trabalhos que estudaram a presença do canal do crédito na economia brasileira. Percebe-se que a estabilização trouxe a preocupação com a compreensão dos mecanismos de transmissão da política monetária. Contudo, só depois da adoção do regime de metas de inflação é que a produção acadêmica passou a aumentar.

Procuramos, assim, trazer a discussão da presença e da relevância do canal do crédito para a economia brasileira atual. A discussão nos trabalhos apresentados indica que o estudo sobre o tema deve ser aprofundado e diversificado quanto ao referencial teórico e às metodologias de abordagem empírica.

Bibliografia

BANK OF KOREA. Korea's experience of the monetary transmission mechanism. In: BIS (BANK FOR INTERNATIONAL SETTLEMENTS). *The transmission of monetary policy in emerging market economies*. Basle: BIS, Jan. 1998. (Policy Papers, 3).

BERNANKE, B.; BLINDER, A. Credit, money and aggregate demand. *American Economic Review*, v. 78, p. 435-439, 1988.

———; ———. The federal funds rate and the channels of monetary transmission. *American Economic Review*, v. 82, p. 901-921, 1992.

———; GERTLER, M. Inside the black box: the credit channel of monetary policy transmission. *The Journal of Economic Perspectives*, v. 9, n. 4, p. 27-48, 1995.

———; ———; GILCHRIST, S. The financial accelerator and fligth to quality. *Review of Economics and Statistics*, v. 78, n. 1, p. 1-15, 1996.

BIS (BANK FOR INTERNATIONAL SETTLEMENTS). *The transmission of monetary policy in emerging market economies*. Basle: BIS, Jan. 1998. (Policy Papers, 3).

———. *Implementing monetary policy in emerging market economies*. Basle: BIS, Jan. 1999. (Policy Papers, 6).

BLINDER, A. S. *Bancos centrais: teoria e prática*. São Paulo: Ed. 34, 1999.

BOGDANSKI, J.; TOMBINI, A. A.; WERLANG, S. R. C. *Implementing inflation target in Brazil*. Brasília, DF: Banco Central do Brasil, jul. 2000. (Working Paper Series, 1).

BONDT, G. J. *Credit as asymmetric effects of monetary policy in six EU countries:* an overview. Amsterdam: Nederlandsche Bank, 1999. (Working Paper Series, 276).

BONOMO, M. A.; GRAMINHO, F. M. O canal de empréstimos bancários no Brasil: uma evidência microeconômica. In: ENCONTRO NACIONAL DE ECONOMIA, 30., 2002, Nova Friburgo. *Anais*... Nova Friburgo, RJ: Anpec, 2002.

CARLINO, G. A.; FINA, R. de. *The differential regional effects of monetary policy:* evidence from the U.S. states. Philadelphia: FRB, Sept. 1997. (FRB Philadelphia Working Paper, 97-12/R).

———; ———. *Monetary policy and the U.S. states as regions:* some implications for European Monetary Union. Philadelphia: FRB, July 1998. (FRB Philadelphia Working Paper, 98-17).

CARNEIRO, D. D. O relatório da inflação e as incertezas macroeconômicas dos próximos trimestres. *Carta Econômica Galanto*, Rio de Janeiro, n. 6, p. 7-15, abr. 2000.

———; SALLES, F. M.; WU, T. *Juros, câmbio e as imperfeições do canal do crédito*. Rio de Janeiro: Departamento de Economia/PUC-Rio, dez. 2003. (Texto para Discussão, 480).

CARRASQUILLAS, A. Monetary policy transmission: the Colombian case. In: BIS (BANK FOR INTERNATIONAL SETTLEMENTS). *The transmission of monetary policy in emerging market economies*. Basle: BIS, Jan. 1998. (Policy Papers, 3).

CECCHETI, S. G. Legal structure, financial strutucture, and the monetary policy transmission mechanism. *FRBNY Economic Policy Review*, July 1999.

———; KRAUSE, S. *Financial structure, macroeconomic stability and monetary policy*. Cambridge: NBER, July 2001. (NBER Working Paper, 8.354).

CHU, V. Y. T.; NAKANE, M. I. Credit channel without the LM curve. *Economia Aplicada*, v. 5, n 1, p. 213-227, Jan./Mar. 2001.

DEDOLA, L.; LIPPI, F. *The monetary transmission mechanism:* evidence from the industries of five OECD countries. Roma: Banca D'Italia, dic. 2000. (Temi di Discussione, 389).

DÍAZ, F. G. Monetary policy and its transmission channels in Mexico. In: BIS (BANK FOR INTERNATIONAL SETTLEMENTS). *The transmission of monetary policy in emerging market economies*. Basle: BIS, Jan. 1998. (Policy Papers, 3).

EHRMANN, M. et al. *Financial systems and the role of bank in monetary transmission in the Euro area*. European Central Bank, 2001. (Working Paper, 105).

EYZAGUIRRE, N. Monetary policy transmission: the Chilean case. In: BIS (BANK FOR INTERNATIONAL SETTLEMENTS). *The transmission of monetary policy in emerging market economies*. Basle: BIS, Jan. 1998. (Policy Papers, 3).

FAVERO, C. A.; GIAVAZZI, F.; FLABBI, L. *The transmission mechanism of monetary policy in Europe:* evidence from banks' balance sheets. Cambridge: NBER, July 1999. (NBER Working Paper.)

FERNANDES, M.; TORO, J. *O mecanismo monetário de transmissão na economia brasileira pós-Plano Real*. Rio de Janeiro: EPGE, 2002. (Ensaios Econômicos da EPGE, 443).

FIORE, F. de. *The transmission of monetary policy in Israel*. Washington, DC: IMF, Aug. 1998. (IMF Working Paper, 98/114).

GANLEY, J.; SALMON, C. *The industrial impact of monetary policy shocks:* some stylized facts. London: Bank of England, 1997.

HALLSTEN, K. *Bank loans and the transmission mechanism of monetary policy*. Sweden: Central Bank of Sweden, oct. 1999. (Sveriges Riksbank Working Paper, 73).

HAYO, B.; UHLENBROCK, B. *Industry effects of monetary policy in Germany*. Center for European Integration Studies, 2000. (Working Paper Series).

HICKS, J. Mr. Keynes and the classics: a suggested interpretation. *Econometrica*, v. 5, n. 2, p. 147-159, Apr. 1937.

———. *Uma teoria monetária do mercado*. Lisboa: Dom Quixote, 1992.

HUBBARD, G. Is there a credit channel for monetary policy? *Federal Reserve Bank of St. Louis Review*, v. 77, n 3, p. 63-77, May/June 1995.

KEYNES, J. M. *A teoria geral do emprego, do juro e da moeda*. São Paulo: Nova Cultural, 1985. (Coleção Os Economistas).

MARTINEZ. L.; SÁNCHEZ, O.; WERNER, A. *Consideraciones sobre la conducción de la política monetaria y el mecanismo de transmisión en México*. Ciudad de México: Banco de México, mar. 2001. (Documento de Investigación, 2001-02).

MATSUMOTO, K. *Efeitos reais da transmissão de política monetária:* comparação empírica entre Brasil e Argentina. 2000. Dissertação (Mestrado) — FGV/EPGE, Rio de Janeiro, 2000.

MELTZER, A. H. Monetary, credit (and other) transmission processes: a monetarist perspective. *The Journal of Economic Perspectives*, v. 9, n. 4, p. 49-72, 1995.

MENDONÇA, H. F. Mecanismos de transmissão monetária e a determinação da taxa de juros: uma aplicação da regra de Taylor ao caso brasileiro. *Economia e Sociedade*, Campinas, n. 16, p. 65-81, jun. 2001.

MISHKIN, F. S. Symposium on the monetary transmission mechanism. *The Journal of Economic Perspectives*, v. 9, n. 4, p. 1-10, 1995.

———. *The channels of monetary transmission:* lessons for monetary policy. Cambridge: NBER, 1996. (NBER Working Paper, 5.464).

MODIGLIANI, F. Monetary policy and consumption. In: *Consumer, spending and monetary policy:* the linkages. Boston: Federal Reserve Bank, 1971. p. 9-84.

NAKANE, M. I.; SOUZA SOBRINHO, N. F. Uma avaliação do canal de crédito no Brasil. In: ENCONTRO NACIONAL DE ECONOMIA, 30., 2002, Nova Friburgo. *Anais*... Nova Friburgo, RJ: Anpec, 2002.

———; TAKEDA, T. Impactos da política monetária nos balanços bancários: uma análise VAR. In: *Economia bancária e crédito — avaliação de 3 anos do Projeto Juros e Spread*. Brasília, DF: Departamento de Estudos e Pesquisas (Depep)/Banco Central do Brasil, 2002.

RAMEY, V. How important is the credit channel in the transmission of monetary policy? *Carnegie-Rochester Series on Public Policy*, v. 39, p. 1-45, Dec. 1993.

ROCHA, J. The transmission mechanism of monetary policy in Peru. In: BIS (BANK FOR INTERNATIONAL SETTLEMENTS). *The transmission of monetary policy in emerging market economies*. Basle: BIS, Jan. 1998. (Policy Papers, 3).

SOUZA SOBRINHO, N. F. *Uma avaliação do canal de crédito no Brasil*. 2002. Dissertação (Mestrado em Economia) — IPE/USP, São Paulo, 2002.

TAKEDA, T. *O canal de empréstimos no Brasil através dos balanços patrimoniais bancários*. 2003. Dissertação (Mestrado em Economia) — IPE/USP, São Paulo, 2003.

TAYLOR, J. B. The monetary transmission mechanism: an empirical framework. *The Journal of Economic Perspectives*, v. 9, n. 4, p. 11-26, 1995.

VAN'T DACK, J. Implementing monetary policy in emerging market economies: an overview of issues. In: BIS (BANK FOR INTERNATIONAL SETTLEMENTS). *Implementing monetary policy in emerging market economies*. Basle: BIS, 1999. (Policy Papers, 6).

WESCHE, K. *Is there a credit channel in Austria? The impact of monetary policy on firms' investiment decisions*. Wien: Oesterreichische Nationalbank, 2000. (Working Paper Series, 41).

Parte III

Proposições de política econômica

11

Metas de inflação, independência do banco central e a governança da política monetária no Brasil: análise e proposta de mudança

*José Luís da Costa Oreiro, Marcelo de Oliveira Passos, Breno Pascualote Lemos e Rodrigo Ayres Padilha**

Desde a implantação do regime de metas de inflação no Brasil, em meados de 1999, este vem sendo objeto de intensos ataques por uma parte da comunidade acadêmica de economia e do meio empresarial. O argumento principal é que a lógica do regime de metas de inflação é tal que este acaba por impedir a retomada do crescimento da economia brasileira em bases sustentáveis. Isso porque, ao focar a atenção da política monetária quase *exclusivamente* na obtenção da meta inflacionária, aquela se torna *excessivamente* contracionista, gerando níveis *extremamente elevados* para as taxas de juros nominal e real, o que impede a obtenção de uma taxa de investimento compatível com o crescimento da economia brasileira a taxas de 4-5% ao ano.[1]

Essas críticas estão em franco contraste com a experiência histórica dos países que adotaram o regime de metas de inflação a partir do início da década de 1990. Com efeito, países como Nova Zelândia, Canadá e Reino Unido — para citar apenas os exemplos mais conhecidos — não têm encontrado

* Os autores agradecem os comentários de Luiz Carlos Bresser-Pereira (FGV/Eaesp), Luiz Fernando Rodrigues de Paula (FCE/Uerj), Rodrigo Rocha Loures (Presidência da Fiep), Marcelo Curado (UFPR) e Carlos Artur Kruger Passos (IBQP-PR).

[1] Oreiro e Paula (2005) mostram, com base numa versão modificada do modelo Harrod-Domar de crescimento, que a taxa de investimento requerida para o crescimento sustentado da economia brasileira a uma taxa média de 5% ao ano deveria ser próxima de 27% do PIB.

dificuldades maiores para apresentar taxas de crescimento do produto real bastante satisfatórias — e, no caso do Reino Unido, até surpreendentemente elevadas — para países desenvolvidos.

Além disso, um estudo sobre o processo de evolução das ideias que culminou com o surgimento do regime de metas de inflação[2] mostra que este foi uma espécie de solução de compromisso entre "keynesianos" e "clássicos", na qual os primeiros reconheceram a importância da existência de "regras" para a condução da política monetária; ao passo que os últimos reconheceram que a "flexibilidade" é um atributo importante na condução da política monetária, em face da ocorrência de choques de demanda não causados pelo governo ou pela autoridade monetária.[3] Segue-se, então, que o regime de metas de inflação não pode ser considerado, ao contrário do que afirmam alguns críticos, parte de uma estratégia econômica de cunho nitidamente ortodoxo. Referindo-se aos problemas da adoção de "regras rígidas" de política monetária, Blanchard (2004:517) afirma que:

> Quando as questões de inconsistência temporal são relevantes, as restrições rígidas aos formuladores da política econômica — como a regra fixa de crescimento da moeda, no caso da política monetária — podem, de fato, ser uma solução aproximada. Mas a solução pode ter custos mais elevados se impedir por completo o uso da política macroeconômica. Soluções mais adequadas em geral envolvem o planejamento de instituições melhores (como um banco central independente), capazes de reduzir o problema da inconsistência temporal sem eliminar a política monetária como instrumento de política macroeconômica.

Por outro lado, não há como negar que as taxas reais de juros no Brasil estão entre as mais elevadas do mundo e que essa patologia é, em grande medida, responsável pelo crescimento anêmico do tipo *stop-and-go* que verificamos nos últimos 10 anos. Nesse contexto, uma hipótese plausível, que concilia os fenômenos contraditórios citados, é que o *problema brasileiro dos*

---

[2] Ver Moreira (2005).

[3] Ou seja, choques "exógenos" sobre a curva IS que afetem a decisão de investimento ou de consumo privados.

anos recentes não se refere ao regime de metas de inflação em si mesmo, mas a como este foi implementado no Brasil.

Mais precisamente, acreditamos que o problema é a *estrutura de governança da política monetária* no Brasil, a qual é inadequada para o funcionamento eficiente do regime de metas inflacionárias. Isso porque, na atual estrutura de governança, (a) não há uma clara separação entre a autoridade responsável pela fixação das metas da política monetária e a autoridade responsável por sua obtenção; (b) as metas de inflação não refletem adequadamente as "preferências sociais" no que se refere ao "grau de aversão à inflação" e ao grau de aversão social ao *trade-off* entre inflação e desemprego; (c) o índice de preços adotado e/ou os prazos de cumprimento não são apropriados. Nesse contexto, apresentamos uma proposta de mudança da estrutura de governança da política monetária brasileira, que, sem comprometer a *autonomia operacional do Banco Central*, pode contribuir para eliminar o "problema dos juros" no Brasil.

Dados esses objetivos, o presente capítulo está estruturado em seis seções, incluindo esta introdução. A segunda seção abordará os aspectos teóricos e a experiência internacional do regime de metas de inflação. Na terceira seção será apresentada uma discussão a respeito da independência do banco central. Na quarta, será abordada brevemente a experiência brasileira sob o regime de metas de inflação e feita uma avaliação crítica da atual estrutura de governança da política monetária no Brasil, indicando como essa estrutura pode ser responsável pelo "problema dos juros". Na quinta seção apresentaremos uma proposta de mudança na estrutura de governança da política monetária e, na última, as conclusões obtidas.

Aspectos gerais do regime de metas de inflação: teoria e evidência

As principais características a serem observadas no regime de metas de inflação são aquelas que o diferenciam dos demais arcabouços de política monetária, a saber: a definição das metas anunciadas, a velocidade de convergência das metas, e a estrutura para lidar com choques exógenos e desvios das metas estabelecidas. Nesta seção discutiremos esses aspectos, pontuando-os com experiências internacionais e a brasileira.

A fixação da meta de inflação a ser perseguida pelo Banco Central é uma decisão que deve ser tomada considerando as características e o momento em que se encontra a economia, para que se possa avaliar o sacrifício necessário em termos de queda dos níveis de produto e emprego — pelo menos no curto prazo — para o cumprimento da meta. O nível da meta em si não interfere, *a priori*, na função de âncora nominal que o sistema propicia à economia; isto é, se os agentes econômicos entenderem como crível a meta estabelecida, ela servirá de base para a formação das expectativas inflacionárias, independentemente de seu patamar.

Os países desenvolvidos têm uma banda de variação para a meta de inflação entre 1 e 4% ao ano, sendo o centro da meta, em média, 2 ou 2,5%. Teoricamente, no entanto, não há unanimidade quanto ao nível ótimo de inflação[4] a ser perseguido, embora haja evidências de que um nível moderado seja o mais indicado, pois há argumentos teóricos importantes que indicam a ineficiência de uma taxa de inflação igual a zero.[5] Alguns trabalhos apontam uma relação não linear entre inflação e crescimento econômico, mas os achados são inconclusivos. Em um estudo clássico sobre a importância dos fatores macroeconômicos para o crescimento, observou-se uma relação negativa e *decrescente*,[6] isto é, a inflação seria mais prejudicial — na margem — para taxas moderadas (inferiores a 15% ao ano). Sarel (1996),[7] por sua vez, chegou à conclusão de que uma inflação baixa/moderada pode ser indiferente ou ligeiramente benéfica para o crescimento econômico. Neste trabalho, não foi encontrada diferença significativa para valores inferiores a 8% ao ano; a partir desse nível, no entanto, o efeito tornar-se-ia cada vez mais negativo.

O caso brasileiro demonstra, até o presente momento, que a busca de metas cada vez mais reduzidas de inflação requer a manutenção da taxa de juros

---

[4] Sobre alguns custos e benefícios da inflação, ver Modigliani e Fischer (1980).

[5] A otimalidade de uma taxa de inflação positiva advém do fato de esta, desde que mantida em níveis baixos, gerar alguns benefícios para a sociedade na forma de receita de senhoriagem e de uma maior capacidade de enfrentamento de choques de demanda em função da possibilidade de se gerar taxas reais de juros negativas nos momentos de recessão (cf. Blanchard, 2004:533-534).

[6] Cf. Fischer, 1993:18.

[7] Dois importantes fatos inovadores nesse estudo foram o isolamento, nos testes econométricos, dos efeitos da deterioração dos termos de troca, pois estes induzem a uma correlação negativa entre inflação e crescimento que tem pouco a ver com a política governamental, e a medida da taxa de inflação pelo índice de preços ao consumidor em vez do deflator do PIB, porque a mensuração errada do volume de produto (para mais ou pra menos) também induz uma correlação negativa entre as duas variáveis.

real em um patamar muito elevado. Na medida em que há incerteza quanto ao nível ótimo de inflação, a decisão sobre a meta deve ser fruto de um debate democrático, tornando-se necessário que se explicitem os custos da desinflação e os potenciais benefícios inferidos em cada proposta.

De fato, um processo transparente é propício à construção da confiança no banco central; o caso canadense[8] ilustra bem como o debate pode ser indutor da credibilidade do sistema de metas perante a população. Em 1996, houve um intenso debate sobre o sistema de metas, provocado pela crítica do presidente da associação de economistas canadenses ao Banco do Canadá pela conduta da política monetária. Na ocasião, ambas as partes tiveram que explicitar seus pontos de vista sobre os impactos de curto e longo prazos da perseguição da meta inflacionária. O resultado do episódio foi a melhora da confiança e do entendimento da população sobre a condução da política pelo Banco Central, isolando o assunto das disputas eleitorais que aconteceriam no ano seguinte.

Uma questão de suma importância é o tempo e a velocidade necessários para que se atinja a meta. A experiência brasileira foi de adoção do sistema de metas em um período conturbado economicamente, no qual o objetivo inicial era impedir que a desvalorização abrupta do real contaminasse as expectativas de inflação, ao se substituir a âncora nominal anterior presente na desvalorização programada do câmbio pelo anúncio das taxas de inflação a serem perseguidas. As metas anunciadas implicavam um processo drástico de aumento da taxa de juros, indicando o intuito de frear a inflação a qualquer custo. Porém, passado o período inicial, o Banco Central se comprometeu a realizar uma desinflação bastante severa, enquanto as experiências disponíveis[9] indicam que o processo deva ser conduzido de forma mais moderada e perseguido em prazos mais dilatados.

Os indicadores sobre a velocidade com que se deve perseguir a diminuição da taxa de inflação são o comportamento da expectativa futura da mesma (essa é a variável-chave no sistema de metas), bem como a magnitude das

---

[8] Cf. Bernanke et al. 1999:301.

[9] Ver os casos, por exemplo, do Canadá e da Inglaterra, a seguir e em Bernanke et al., 1999. O caso chileno (ver Morandé, 2001) também é ilustrativo. Muito embora o Chile tenha começado a adotar metas para a inflação quando esta estava em cerca de 25%, o processo de desinflação foi bastante gradual, e levou nove anos para ser completado.

discordâncias entre as previsões do banco central e as do setor privado. Em conjunto, esses parâmetros indicam o tamanho do movimento necessário na taxa de juros de curto prazo e, portanto, as escolhas de desinflação. Embora o choque inicial, no caso brasileiro, tenha sido de realinhamento dos preços relativos através da desvalorização do câmbio[10] e, não, um aumento da inflação em função de um desequilíbrio fiscal, a contaminação das expectativas (pois havia incerteza sobre a capacidade do governo de controlar a crise cambial) requer que o processo de desinflação seja mais moderado. Essa necessidade decorre do fato de que, após a implementação do sistema de metas brasileiro, por diversas vezes a expectativa dos agentes econômicos esteve em desacordo com aquelas estimadas pelo Banco Central, muito embora tenham convergido depois de algum tempo em face da manutenção da política monetária apertada.[11] O caso inglês[12] exemplifica bem essa tática gradualista. Segundo as palavras do diretor do Banco da Inglaterra à época:

> Mas o objetivo não é trazer a inflação para baixo de 2% a.a. no próximo mês, ou mesmo no próximo ano. A ideia é obter uma aproximação gradual da estabilidade de preços. Em outubro de 1992, foi anunciada uma banda ampla, variando entre 1 e 4%, para a meta de inflação, em conjunto com o objetivo de se obter um nível abaixo de 2,5% ao término do mandato parlamentar, uma data que se encontrava cinco anos à frente. A hipótese implícita é que seriam necessários *aproximadamente cinco anos* para se fazer uma transição para a estabilidade de preços.[13]

Isto porque a inflação acumulada em 12 meses estava em 4,2% no mês de implementação do sistema (setembro de 1992) e seria reduzida, durante esse período de transição, para algo abaixo de 2,5%.

O Canadá também adota uma postura de cautela na política monetária. Caso a meta não tenha sido atingida, o Banco do Canadá age gradualmente,

---

[10] Ver Bogdanski, Tombini e Werlang (2000).

[11] Para um resumo da relação entre as expectativas do Banco Central e do setor privado nos dois primeiros anos do sistema de metas, ver Fachada (2001).

[12] É oportuno comparar as características do sistema de metas inglês com o brasileiro, na medida em que o Brasil buscou inspiração no modelo anglo-saxão, conforme explicitado em Bogdanski, Tombini e Werlang (2000).

[13] King, 1996:54 (grifo nosso).

deixando explícito para a população que a acomodação mais lenta é uma estratégia previamente acordada, baseada em estudos sobre as características da economia, e não uma mudança nas prioridades da política conforme o cenário:

> A escolha feita pelo Banco do Canadá, baseada no trabalho empírico a respeito das implicações da adoção de diferentes velocidades de convergência para a meta de inflação, teve como objetivo trazer a inflação de volta para o centro da banda ao longo de um *horizonte de seis a oito trimestres.* Para minimizar os possíveis efeitos dessa escolha sobre a credibilidade (...) [o Banco do Canadá] tornou sua abordagem geral explícita na discussão das contingências que afetariam a introdução de suas metas. Dessa forma, *a minimização dos efeitos de credibilidade de sua abordagem gradualista baseou-se na transparência e num claro entendimento pelo mercado das formas pelas quais o Banco iria responder a certos choques na economia.*[14]

No caso brasileiro, a formação das expectativas inflacionárias — e, dessa forma, a determinação da velocidade de convergência das metas inflacionárias — fica prejudicada pela volatilidade da taxa de juros, que torna inócuos os cenários construídos pelo Banco Central.[15] Isso porque essa volatilidade, medida pela importância dos valores defasados da taxa de juros sobre o valor corrente desta (crescentes ao longo do Plano Real), faz com que os cenários bons sejam ainda melhores e os ruins ainda piores. Dessa forma, cria-se uma dúvida nos agentes econômicos sobre a capacidade do Brasil de enfrentar crises externas, pois as medidas de restrição monetária para reverter um quadro ruim podem significar a não sustentabilidade da dívida pública.

Outro problema relacionado com a questão da velocidade de convergência das metas inflacionárias é que o chamado *pass-through* (a transmissão das variações no câmbio nominal para a inflação) é mais significativo no que diz respeito aos preços administrados ou contratuais,[16] o que torna a inércia inflacionária importante quando há desvalorização cambial. Em um sistema de metas, uma das medidas para solucionar esse tipo de problema consiste na

---

[14] Freedman, 1996:268 (grifos nossos).
[15] Cf. Carneiro, 2000:16.
[16] Ver Minella et al. (2003).

utilização das bandas, deixando-se a inflação desviar-se momentaneamente do centro da meta, por intermédio da absorção do impacto primário da elevação dos preços, e combatendo-se apenas a inércia ou os efeitos secundários causados pelo aumento inicial. De uma forma alternativa, as experiências internacionais indicam que a adoção de metas para um índice de preço que não inclua os setores e/ou produtos diretamente ligados ao setor externo ou sujeitos a frequentes choques de oferta (como energia e alimentos) pode cumprir o papel de explicitar os objetivos da política monetária e tornar claras as limitações do sistema em conter os choques de oferta.

Um argumento contrário à adoção proposta acima para o caso brasileiro[17] recorda que a manipulação, no passado, dos índices de preço no Brasil poderia levar à perda de credibilidade, caso os choques fossem expurgados da meta. Mas o uso do índice cheio também pode prejudicar a análise dos agentes sobre quão restritiva é a conduta da política monetária, pois, apesar de o Banco Central levar em conta implicitamente os efeitos da inércia e do *pass-through*,[18] as respostas às variações estão relegadas à discrição do banco, podendo, por exemplo, estar imbuídas de um aperto na política monetária sob o pretexto de combater os efeitos secundários dos choques.

A divulgação dos relatórios de inflação é propícia para fazer tal mudança de condução na política sem arriscar a credibilidade. A nova prática pode ser introduzida em dois estágios: primeiro, a familiarização, pela divulgação do índice com os expurgos; e só num período posterior, a adoção de metas para o novo índice.

O sistema de metas tem a "desvantagem" inerente de fazer com que os bancos centrais se comprometam com uma taxa de inflação explícita e, portanto, tenham que responder pelos desvios ocorridos, sejam estes frutos da política monetária ou não. Embora a perseguição da estabilidade de preços não esteja necessariamente ligada à adoção de metas visíveis (caso dos EUA), o sucesso da política depende de sua credibilidade e se traduz na convergência das expectativas inflacionárias dos agentes para aquela mantida pelo banco central. Conduzido de forma gradual e segura, o sistema de metas pode ser o canalizador dessas expectativas.

[17] Cf. Bogdanski, Tombini e Werlang, 2000:12.

[18] A metodologia do Banco Central é apresentada em Freitas, Minella e Riella (2002).

O Brasil tem um dos piores históricos de atendimento de metas entre os adeptos do sistema de metas de inflação.[19] Tal fato se deve em parte à severidade das crises que o país vem enfrentando desde a adoção do sistema, mas também pode-se dizer que esse retrospecto é consequência da estratégia de redução da inflação adotada, na medida em que a experiência internacional demonstra que o período de desinflação é o mais propenso a desvios em relação à meta.[20] Nesse sentido, a decisão do Conselho Monetário Nacional de manter a meta de inflação para 2008 em 4,5% parece uma decisão acertada.

Em suma, a experiência internacional e a brasileira com o regime de metas de inflação nos permite concluir que:

- a fixação de metas inflacionárias muito baixas não só não contribui para estimular o crescimento econômico como pode ainda ter um impacto negativo (além de significativo) sobre este;
- a convergência para a meta inflacionária deve ser um processo gradual, ainda mais em países como o Brasil, em que (i) a volatilidade da taxa de juros torna difícil a construção de expectativas inflacionárias confiáveis e (ii) a inércia inflacionária é bastante elevada devido à forte presença do assim chamado efeito *pass-through* nos preços administrados;
- a adoção de metas inflacionárias baseadas em "índices expurgados" ou o uso de médias aparadas pode ser uma boa política[21] para se enfrentar os problemas causados pela inércia inflacionária e pelo efeito *pass-through*.

A independência do banco central

Nesta seção, definiremos os conceitos de independência do banco central e de autonomia, descreveremos os principais modelos de independência do banco central e apresentaremos uma breve discussão sobre a relação quase automática entre a independência do banco central e o regime de metas de inflação.

---

[19] Ver Roger e Stone (2005), tabelas 13 e 14.

[20] Ibid., p. 22-26.

[21] O índice cheio ainda é o preferido na maioria dos países que adotam o sistema de metas (sendo verdade que alguns países que adotavam o núcleo de inflação abandonaram essa política). No entanto, como é mais fácil atingir um índice menos volátil, deve-se pesar os custos de usar o índice cheio e, possivelmente, errar a meta mais vezes, dificultando a construção da credibilidade. Para uma defesa das médias aparadas, ver Cecchetti e Groshen (2000).

A teoria da independência do banco central, em linhas gerais, está fundada em dois arcabouços institucionais possíveis para esse banco: (a) a independência do banco central, e sua faceta keynesiana; (b) a autonomia, na qual procura-se limitar a independência do banco central com vistas a preservar a democracia.[22]

A independência do banco central é definida como a *institucionalização do compromisso da política monetária* — e não necessariamente da política econômica como um todo[23] — com algum objetivo específico, como, por exemplo, a estabilidade de preços. É preciso enfatizar que a independência do banco central não implica necessariamente que a perseguição da estabilidade de preços (ou da taxa de inflação) deva ser encarada como o único objetivo da autoridade monetária. O Federal Reserve (Banco Central dos EUA), por exemplo, persegue tanto a estabilidade de preços quanto o pleno emprego, conforme afirma seu estatuto, por mais subjetivo que a expressão "pleno emprego" possa parecer.[24]

Já a autonomia pode ser assim explicada:

> Quando é designada ao BC a busca da estabilidade de preços e há liberdade do uso de instrumentos na busca desse objetivo, é entendido que foi concedida maior autonomia para o BC. Dado que autonomia é sinônimo de autocracia, na qual alguns elementos democráticos são violados, a autonomia deve ser balanceada pela transparência das ações do BC. O ponto crucial a ser destacado é que o BC não deve ser responsável pela estabilidade de preços, que é responsabilidade do governo, mas pela produção de tal estabilidade.[25]

Três são os modelos propostos para a independência do banco central, com base no diagnóstico dos reveses da inconsistência dinâmica levantados por Kydland e Prescott (1977): (a) o proposto por Rogoff (1985), no qual o

---

[22] Mendonça, 2002.

[23] Para esclarecer essa ressalva basta observarmos o descompasso entre a política fiscal de cunho expansionista e a política monetária fortemente recessiva de 2004. Apesar de ser válida a crítica de que o Banco Central do Brasil não é autônomo de fato, está clara sua autonomia informal, garantida pelo presidente da República.

[24] Críticas mais contundentes às hipóteses que fundamentam o postulado da independência do banco central, como a plena utilização dos fatores e as expectativas racionais, podem ser obtidas em Paula (2003).

[25] Mendonça, 2002:112.

banco central opera com independência de objetivos e de instrumentos; (b) o proposto por Walsh (1995), em que o banco central opera com independência de instrumentos; e (c) o modelo proposto por Svensson (1997), que representa uma síntese dos dois modelos citados.

Rogoff (1985) estabelece que, ao se permitir uma excessiva autonomia ao banco central por meio da concessão da definição e da maneira pela qual serão alcançados os objetivos da política monetária, o importante é garantir um gestor que tenha o perfil conservador e que dê mais peso à inflação do que a sociedade.[26] Aqui, a delegação do dirigente do banco central deve se sobrepor à votação (mais condizente com a estrutura democrática), porque poderia contribuir para um maior viés inflacionário, uma vez que os indivíduos elegem representantes com preferências semelhantes às suas.[27] Isto posto, com a delegação, está aberto o espaço para a inconsistência dinâmica, pois um candidato a diretor pode se mostrar avesso à inflação somente para ocupar o cargo.

Esse modelo se enquadra bem com o utilizado pelo Federal Reserve, porque os dirigentes da instituição têm a liberdade não só de fixar as metas quantitativas da inflação, como de utilizar os instrumentos que lhes convierem.[28]

Walsh (1995) elaborou uma proposta considerada mais palatável, porque limita as ações dos gestores ao estabelecer uma meta de inflação via contratos,[29] anulando fatores subjetivos como a preferência do gestor quanto à infla-

---

[26] McCallum (1997) argumenta que, na média, os bancos centrais terão preferências semelhantes, entre inflação e desemprego, às de suas respectivas sociedades. Adicionalmente, o autor afirma que não existe um *trade-off* entre flexibilidade e comprometimento (regra) e, por isso, na ausência de uma *tangible pre-commitment technology*, é inapropriado presumir que um comportamento discricionário *a la* Rogoff (1985) redundará num viés inflacionário (primeira falácia).

[27] Está implícito que a sociedade é avessa ao desemprego porque inflação significa uma perda do poder de compra menor do que aquela associada ao desemprego.

[28] Cf. Paula, 2003:3. O Federal Reserve ainda não adotou explicitamente o regime de metas de inflação, muito embora haja indícios de que existe uma meta implícita, abaixo de 3% ao ano, perseguida pela instituição.

[29] McCallum (1997:108) aponta, no que denominou segunda falácia, no modelo de Walsh (1995), que esse arranjo institucional ainda não resolve o problema da inconsistência dinâmica, pois "a característica insatisfatória desse resultado é que tal mecanismo de contratação não elimina a motivação para a inconsistência dinâmica, apenas a coloca num lugar diferente. Mais especificamente, sob o arranjo proposto, o governo tem que fazer cumprir o contrato — por exemplo, por meio da redução do orçamento [do Banco Central] quando a inflação for alta —, mas o governo tem exatamente os mesmos incentivos de que o Banco Central dispõe para ser inflacionista na análise usual (...) Walsh, Persson e Tabellini talvez não discordem desse argumento, mas isso não elimina o fato de que tal argumento é contrário à tese central dos seus artigos".

ção. Vale dizer que essa proposta está embasada na teoria do *agent-principal*, em que o governo (*principal*) delega uma responsabilidade ao gestor da autoridade monetária (*agent*) por meio de um contrato.[30] O objetivo da política é fixado exogenamente aos gestores do banco central, bem como as punições e os incentivos pelo cumprimento ou não deste. No entanto, não há qualquer norma que prescreva a condução da política monetária, ou seja, são definidos apenas os fins e não os meios. Essa proposição nos remete ao estado de autonomia ou independência de instrumentos.

Mesmo não eliminando de uma vez por todas o problema da inconsistência dinâmica, Mendonça (2002:111) destaca, a respeito do modelo de Walsh (1995), que:

> É importante salientar que a identificação desta impropriedade não deve ser interpretada como uma recusa da utilidade de que arranjos institucionais, tais como o adotado pela Nova Zelândia, em que o BC é submetido a um contrato cuja *performance* é avaliada em termos da consecução da meta inflacionária estabelecida, seja um instrumento não adequado. O elemento que merece destaque é que a existência desses contratos não se sustenta em períodos em que o desemprego encontra-se acima da média.

O Banco da Inglaterra tem um arcabouço institucional bastante semelhante a esse modelo,[31] pois cabe ao Poder Executivo definir a meta da política monetária, no caso, sob o regime de metas de inflação ao qual o banco central está subordinado, a meta para a inflação, podendo usufruir livremente de quaisquer instrumentos de política a seu critério.

Svensson (1997) concebeu um modelo em que utiliza a delegação de autonomia a um banco central com característica conservadora, associada ao nível de inflação desejado, incorporando no mesmo modelo os principais elementos teóricos dos modelos de Rogoff (1985) e Walsh (1995), nos quais um regime de meta inflacionária é visto como um arranjo *agent-principal*, supondo

---

[30] No caso de as funções de bem-estar da sociedade e do banco central serem idênticas, não há possibilidade de uma relação ótima do tipo *agent-principal* por meio de contratos ou metas (cf. Mendonça, 2002).

[31] Apesar de não haver uma minuciosa estrutura de incentivos e punições conforme preconiza o modelo de Walsh (1995). A ausência de um conjunto ótimo de penalidades prévio à realização destes contratos não dará credibilidade ao contrato ótimo do banco central (cf. Walsh, 1995).

controle perfeito sobre a inflação por parte do banco central.[32] Como resultado, obtém-se um equilíbrio do tipo regra ótima sob compromisso.

A relação quase automática entre metas de inflação e autonomia do banco central advém da hipótese de que a autonomia do banco central aumenta o grau de confiança dos agentes privados nos dirigentes desse banco, isto é, constrói a reputação desses dirigentes. A autonomia se faz necessária, porque, para poder cumprir os objetivos fixados com algum grau de liberdade na condução da política monetária, o banco central precisa estar livre de quaisquer tipos de pressões políticas, como aquelas observadas em períodos pré-eleitorais em prol de um menor desemprego ao custo de uma maior inflação. A manutenção da reputação no que respeita à delegação da política monetária leva à credibilidade dos dirigentes do banco central. A *rationale* é que "investimentos" em credibilidade por parte dos dirigentes do banco central aumentam sua flexibilidade no curto prazo num cenário de discrição *cum* restrição.

A credibilidade, por sua vez, reduz o custo do controle da inflação, em termos da variabilidade do nível do produto.[33] É preciso ressaltar, mais uma vez, que está implícita aqui a hipótese do viés inflacionário definida por Kydland e Prescott (1977), e Barro e Gordon (1983), em que é atribuída aos administradores do banco central a tendência de fixar o produto acima de seu nível potencial, reflexo de um comportamento dinamicamente inconsistente da autoridade monetária.

Nessa ótica, a proposição de Rogoff (1985) eliminaria o viés inflacionário através da nomeação de um presidente de banco central conservador, isto é, que tenha uma aversão maior à inflação relativa ao desemprego do que a sociedade.[34]

Entretanto, um banco central racional deve considerar os custos intertemporais causados por ganhos de curto prazo com vistas a um aumento do nível de produção acima do potencial.[35] Além disso, não há evidências de que os

---

[32] Cf. Mendonça, 2002.

[33] Clarida, Galí e Gertler, 1999:1675.

[34] Não obstante a proposição de Rogoff (1985) implicar uma maior variabilidade do produto e do emprego do que no caso de inconsistência dinâmica, não limita as decisões do presidente do banco central, e, no caso de um presidente excessivamente conservador, não produz a combinação de inflação e variabilidade do produto que a sociedade de fato deseja. Cf. Blinder, 1998:47.

[35] Blinder, 1998.

presidentes de bancos centrais fixem, arbitrariamente, um nível de produto-alvo acima do potencial. Nesse caso, a hipótese de viés inflacionário perderia sentindo, o que eliminaria o problema da inconsistência dinâmica. No entanto, conforme Clarida, Galí e Gertler (1999:1678-1680):

> Na medida em que a fixação de preços hoje depende das crenças e expectativas a respeito das condições futuras da economia, uma autoridade monetária que seja capaz de sinalizar de forma clara o seu compromisso com o controle da inflação irá se defrontar com um dilema entre inflação e desemprego mais favorável no futuro (...) em contraste com a análise tradicional, o ganho com o comprometimento não está ligado ao desejo do Banco Central de aumentar o produto acima do seu potencial, mas sim à natureza prospectiva da inflação (daí a importância das expectativas a respeito da política monetária futura) no nosso modelo padrão.

O conceito de credibilidade, todavia, não depende estritamente da independência, em qualquer grau, da autoridade monetária.[36] A credibilidade pode ser encarada como uma espécie de acumulação de reputação no combate a alguma variável-alvo, como a inflação ou o estoque de agregados monetários,[37] apresentando alguma defasagem temporal. Noutras palavras, a questão não é ter ou não reputação, como é evidenciado na maioria dos modelos, mas construir uma maior ou menor reputação, o que significa que o conceito de credibilidade é um tanto ou quanto subjetivo. Nas palavras de Goodhart (1995:67):

> O que se quer dizer é que um banco central independente só será capaz de manter sua credibilidade enquanto for capaz de manter uma coalizão política suficientemente ampla para apoiar a prioridade do uso da política monetária como um instrumento de controle da inflação a médio prazo, apesar dos efeitos dolorosos de curto prazo que essa política possa proporcionar de vez em quando.

[36] Como exemplo basta ver os casos do Banco da Alemanha, da Suíça e do Japão em Bernanke et al., 1999.

[37] Note-se que a credibilidade de um banco central não rui, necessariamente, quando este muda tanto a forma de condução da política monetária quanto seus objetivos.

A própria definição de credibilidade ainda não é um consenso entre os gestores e os economistas monetários, assim como seu grau de importância.[38] Ao questionar membros dos mais diversos bancos centrais do mundo e economistas monetários predominantemente norte-americanos, Blinder (2000) conclui que as principais causas da credibilidade são: a transparência nas atitudes do banco central, isto é, o banco central faz aquilo que diz que fará; a independência do banco central;[39] e a história de luta contra a inflação. Isso nos leva a crer que não existem caminhos fáceis para a conquista de credibilidade, pois:

> Em resumo, parece não existir um atalho para uma maior credibilidade. Os dirigentes de bancos centrais acreditam que estes adquirem credibilidade à moda antiga: eles a adquirem por meio de um histórico de honestidade e aversão à inflação (nessa ordem de importância), não por meio de medidas que limitem sua discricionariedade como tecnologias de comprometimento ou por aceitarem contratos que definam claramente os incentivos para a adoção de políticas anti-inflacionáras.[40]

A despeito da controvérsia acerca da credibilidade, a autonomia do banco central pode trazer ainda responsabilidade democrática[41] e melhor coordenação de políticas.

A responsabilidade democrática do banco central autônomo seria demonstrada através da transparência dos objetivos a serem perseguidos e da maneira de conduzir a política monetária. Informações sobre as ações tomadas pelo banco central são de fundamental importância para que o público entenda seu comportamento. Isso pode contribuir para que a política monetária definida seja mais eficiente, uma vez que o público detém informações suficientes para compreendê-la, o que reduz a variabilidade do produto e da inflação.[42]

---

[38] Blinder, 2000:1422. Blinder (2000:1424) afirma que: "Embora seja usualmente dito que os economistas pensam de maneira muito parecida, essa crítica aparentemente não se aplica aos economistas monetários!".

[39] "(...) Bancos centrais independentes que não tenham um histórico longo de anti-inflacionistas podem ter menos credibilidade do que bancos centrais não independentes que tenham um longo histórico de combate à inflação" (cf. Blinder, 2000:1428).

[40] Blinder, 2000:1431.

[41] Em inglês, *democratic accountability*.

[42] Isto porque, por exemplo, ao aumentar a taxa de juros com vistas a um cenário de futura aceleração inflacionária, o banco central pode não contar com a compreensão dos agentes que, por um motivo qualquer, sofram de algum tipo de miopia. Consequentemente, o banco central, para conter tal aceleração, precisará aumentar ainda mais os juros.

O problema de coordenação diz respeito a uma sobreposição entre uma política e outra. Por exemplo, nos anos 1950 e 1960, sob a influência do ideário keynesiano, a política fiscal tinha primazia sobre a monetária: primeiro, era decidido o montante do déficit fiscal; depois, a política monetária era ajustada de forma a fixar os níveis de taxas de juros condizentes com o déficit proposto.[43]

Para Goodhart (1995:69-70), ao tratar do caso da Inglaterra, o problema da coordenação seria eliminado quando da instituição de um banco central independente,[44] pois:

> De fato, uma das vantagens de um banco central independente é que, uma vez que os funcionários do Ministério da Fazenda e do Tesouro percam poder sobre as políticas monetárias de curto prazo, a política fiscal pode se tornar mais disciplinada. A questão da coordenação de políticas pode ser, portanto, um argumento a favor da independência do banco, em vez de ser um argumento contrário a esta.

O debate a respeito da independência do banco central e de sua relação com o sistema de metas de inflação chega apenas a um consenso: *a independência de instrumentos, ou autonomia, é superior à independência plena, de objetivos e de instrumentos*. A razão disso estaria ligada à superposição de instituições aos direitos constitucionais, pois:

> um banco central independente não subtrai a política monetária ao controle monetário, porque a instituição reportaria os resultados de suas políticas a algum corpo político como o Congresso, ou outro. Reportar resultados é algo completamente diverso de decidir caminhos: informar decisões e tomar decisões são opções de natureza totalmente diversa.[45]

Contudo, parece que a relação entre o sucesso do regime de metas de inflação e a autonomia, apesar de não estar consolidada,[46] indica que um ban-

---

[43] Goodhart, 1995:69.

[44] Sicsú (1996) argumenta que Goodhart (1995) desfigura o conceito de coordenação, na medida em que a interpreta como subordinação de políticas. Isso acarreta um balanceamento de políticas calcado numa política fiscal de orçamento equilibrado e política monetária com objetivos nominais, o que, em termos de eficiência de políticas, pode ser questionado.

[45] Carvalho, 1995:136.

[46] De fato, Paula (2003:3) afirma que "as evidências na relação entre grau de independência do Banco

co central autônomo goza de maior credibilidade ao se isolar de intempéries políticas, o que lhe dá maior grau de liberdade na condução de sua política monetária, trazendo uma maior eficiência em termos de volatilidade de produto, inflação e desemprego.[47] Em países como o Brasil, em que a reputação do Banco Central é baixa, torna-se importante que sua autonomia entre em vigor para suportar o regime de metas de inflação, a fim de proporcionar aos agentes econômicos alguma credibilidade na condução da política monetária.

Experiência recente e uma avaliação crítica da estrutura de governança da política monetária no Brasil

A mudança do regime cambial brasileiro, em janeiro de 1999, e a adoção do regime de metas de inflação, em meados desse mesmo ano, mudaram o *modus operandi* da política monetária brasileira. Se, durante o sistema de *bandas cambiais*, o controle da inflação era feito por intermédio da *política cambial*, cabendo à política monetária a tarefa de manter a taxa de câmbio sobre o controle das autoridades monetárias, a adoção do regime de *flutuação cambial* eliminou a possibilidade de se controlar a taxa de inflação por intermédio da administração da taxa de câmbio. A necessidade de uma *âncora nominal* para as expectativas de inflação dos agentes econômicos levou à adoção do sistema de *metas de inflação*, no qual a principal tarefa da política monetária é controlar a taxa de inflação.

O controle da inflação nesse novo regime de política monetária se dá fundamentalmente por meio da fixação do valor da taxa básica de juros — a Selic — num patamar compatível com a *meta inflacionária* definida pelo Conselho Monetário Nacional. Nesse regime de política monetária, o crescimento dos agregados monetários — M1, M2 ou M3 — não é uma variável sobre a qual o Banco Central tente exercer algum tipo de controle. Isso porque a evolução

Central e baixa inflação não são conclusivas: há países sem banco central independente, como o Japão, que historicamente têm mantido inflação baixa; por outro lado, (...) há outros países, como os EUA, que embora possuindo um Banco Central independente, este possui objetivos múltiplos. Que não somente o combate à inflação".

[47] Para um contraponto, ver Sturm e Haan (2001). Os autores concluem, em um estudo econométrico, que a relação (negativa) entre independência do Banco Central e inflação não é significante. Só o é quando são incluídos os períodos de países com experiência de alta inflação (não são filtrados os períodos de alta inflação).

da teoria e da prática da política monetária nos países desenvolvidos mostrou que a *instabilidade crescente da velocidade de circulação da moeda,* observada nesses países após a década de 1970, tornava extremamente fraca a relação entre a taxa de inflação e a taxa de crescimento do agregado monetário de referência.[48]

Esse fenômeno levou os economistas a desenvolver uma "nova" concepção sobre como manter a inflação sob controle. Em vez de controlar o crescimento da quantidade de moeda, o Banco Central deve focar sua atenção na relação entre a taxa de juros real efetiva e a taxa de juros real de equilíbrio.[49] Se a taxa de juros real efetiva — aproximadamente igual à diferença entre a taxa nominal de juros fixada pelo Banco Central e a taxa esperada de inflação — for maior do que a taxa de juros de equilíbrio, então o nível de atividade econômica irá se reduzir, fazendo com que a taxa de inflação também se reduza em função da existência do *trade-off* de curto prazo entre inflação e desemprego, expresso pela curva de Phillips. Por outro lado, se a taxa real efetiva for menor do que a taxa de juros de equilíbrio, então o nível de atividade econômica irá aumentar, o que induzirá um aumento da taxa de inflação.

Nesse contexto, para manter a inflação constante ao longo do tempo, o Banco Central deve manter o nível corrente da taxa real de juros em linha com o valor de equilíbrio da referida taxa, e o instrumento usado para esse fim é o controle da taxa nominal (básica) de juros. Isso significa que o Banco Central deve aumentar a taxa nominal de juros toda vez que houver um aumento das expectativas de inflação, e deve reduzir a taxa nominal de juros toda vez que houver uma redução da inflação esperada.

Com base na discussão feita nas seções anteriores, o adequado funcionamento do sistema de metas de inflação exige que as autoridades monetárias respondam a três questões fundamentais, a saber:

a) Que taxa de inflação o Banco Central deve perseguir como meta da política monetária? Será que o Banco Central deve perseguir uma meta de inflação zero no longo prazo? Se não, qual a *taxa ótima de inflação*? A responsabi-

[48] Blanchard, 2004:536.
[49] Blinder, 1998:29. A taxa real de juros de equilíbrio é definida como o nível da taxa real de juros que, se obtido, faz com que a economia opere com plena utilização dos recursos produtivos disponíveis (Blinder, 1998:32).

lidade pela fixação da meta de inflação deve caber ao Banco Central ou a alguma outra instituição, como, no caso brasileiro, o Conselho Monetário Nacional?

b) Que grau de autonomia o Banco Central deve ter na tarefa de fixação da taxa de juros? As decisões tomadas pelo Banco Central nesse quesito devem ser irreversíveis, ou reversíveis apenas em condições excepcionais? Se assim for, como deve ser o arcabouço institucional para que o Banco Central tenha esse nível de autonomia?

c) Qual é o intervalo de tempo necessário para que as expectativas de inflação se aproximem da meta estabelecida? De que forma os prazos para o atendimento das metas podem ser definidos de modo a tornar a transição para uma taxa menor de inflação exequível e menos custosa?

A resposta a essas questões define a assim chamada *estrutura de governança da política monetária*, ou seja, o arcabouço institucional no qual a política monetária é realizada. Esse arcabouço engloba não só o conjunto de instituições subjacente à operação da política monetária, como também os tipos de agentes envolvidos na elaboração e execução dessa política.[50]

Isto posto, acreditamos que a atual estrutura de *governança da política monetária brasileira não é a estrutura mais adequada para o funcionamento do sistema de metas de inflação*. Isso porque, na atual estrutura:

- não há uma clara separação entre a instituição responsável pela fixação das metas inflacionárias e a instituição responsável por sua obtenção. Isso ocorre porque o presidente do Banco Central do Brasil tem voz e voto no Conselho Monetário Nacional, que é a instituição responsável pela fixação das metas inflacionárias. Como, nas regras atuais, o Conselho Monetário Nacional é composto por apenas três membros — sendo os outros dois o ministro da Fazenda e o ministro do Planejamento —, segue-se que a capacidade do Banco Central de influenciar a fixação das metas inflacionárias é bastante elevada. Ao decidir os rumos da política monetária, um presidente de ban-

[50] Estamos tomando emprestada a definição de "governança" usada na teoria dos custos de transação, onde se define uma estrutura de governança como "o arcabouço institucional no qual a transação é realizada, isto é, o conjunto de instituições e tipos de agentes diretamente envolvidos na realização da transação e na garantia da sua execução" (Fiani, 2002:277).

co central estaria exercendo uma função que não a de gestor da política monetária, representando, portanto, um desbalanceamento da democracia, na medida em que as decisões sobre os alvos das políticas não emanam do Poder Executivo (e/ou Legislativo) eleito pelo voto popular;

- o processo de fixação das metas inflacionárias no âmbito do Conselho Monetário Nacional não obedece ao requisito de *representatividade das preferências sociais por inflação e desemprego* que se espera da instituição responsável pela fixação das metas da política monetária. A teoria da política econômica, tal como elaborada pioneiramente por Tinbergen (1952), prevê que os objetivos da política econômica sejam fixados como resultado de uma ampla discussão entre os segmentos representativos da sociedade. No caso específico da política monetária, os objetivos desta devem refletir um equilíbrio obtido por consenso entre o "grau de aversão social" à inflação e o "grau de aversão social" às perdas de produção e emprego decorrentes de toda a política de desinflação. Contudo, na estrutura atual, as metas inflacionárias não refletem um consenso social a respeito da "taxa ótima de inflação" a ser obtida no longo prazo[51] e, muito menos, a respeito da velocidade com a qual essa meta de longo prazo deve ser obtida;[52]
- a autoridade monetária tem acomodado de forma ineficiente os choques de oferta, levando a uma flutuação maior do produto. Tal como ressaltado por Bernanke e outros (1999:291), a condução da política monetária com base no sistema de metas de inflação não implica que as autoridades monetárias devam ignorar o objetivo tradicional da *estabilização do nível de produção e de emprego*. De fato, o regime de metas de inflação proporciona um "estabilizador automático" no caso de choques de demanda. Isso porque um aumento/redução não previsto(a) da demanda agregada irá se traduzir em pressões inflacionárias/deflacionárias — devido ao *trade-off* de curto prazo

[51] O Banco Central do Brasil explicitamente persegue uma meta de inflação de longo prazo de 4,5% ao ano. Entretanto, a fixação dessa meta de inflação de longo prazo não foi objeto de qualquer tipo de discussão fora do âmbito restrito do Copom ou do Conselho Monetário Nacional.

[52] A velocidade de convergência da meta de inflação de longo prazo é de fundamental importância para determinar a *taxa de sacrifício* (ou seja, a razão entre a taxa de inflação e a taxa de desemprego) da estratégia de desinflação. Quanto maior for a velocidade de convergência, maior tende a ser o aumento da taxa de desemprego resultante de uma política de desinflação. Sendo assim, a escolha da velocidade de convergência não pode ser uma questão a ser resolvida com base em argumentos puramente técnicos; ela envolve considerações de natureza política e, como tal, deve ser deliberada em círculos mais representativos da sociedade.

entre inflação e desemprego —, as quais levarão o Banco Central a aumentar/reduzir a taxa básica de juros. Esse estabilizador automático está ausente, contudo, no caso da ocorrência de choques de oferta.[53] Para acomodar a ocorrência de choques de oferta, alguns bancos centrais de países que adotaram o regime de metas de inflação optaram por "expurgar", do cálculo do índice de inflação de referência do sistema, a variação de preços dos bens e serviços mais diretamente afetados por esses choques. No caso brasileiro, o Banco Central utiliza o "índice cheio" do IPCA como referência para o sistema de metas de inflação. Dessa forma, toda ocorrência de choques de oferta gera uma pressão imediata para a elevação da taxa de juros por parte do Banco Central, quando a política recomendada nesse caso seria acomodar esses choques por intermédio de um aumento temporário da taxa de inflação, utilizando-se das bandas ou fazendo a inflação convergir para a meta em um horizonte mais longo;

- a ocorrência de choques externos e crises internas tem favorecido o descumprimento da meta e levado o Banco Central a usar o expediente da carta aberta ao ministro da Fazenda, além de revisar para cima as metas fixadas para anos posteriores. A definição de prazos curtos de atendimento das metas declinantes de inflação nesse ínterim, tem resultado em uma política monetária bastante apertada. Esses fatores demonstram a dificuldade que vem sendo alcançar a meta, e acabam minando a credibilidade do sistema, enquanto a definição de metas menos ambiciosas e/ou a serem atingidas em um horizonte mais longo poderia evitar a revisão constante da metas e reforçar a credibilidade da política monetária.

Essas características da atual estrutura de governança da política monetária no Brasil geram os seguintes problemas:

- o Banco Central do Brasil tem, na atual estrutura, *autonomia para fixar os objetivos da política monetária, e não apenas autonomia no uso dos instrumentos necessários à operacionalização dessa política.* Tal como afirma Blinder (1998:54), a decisão a respeito dos objetivos da política monetária deve

---

[53] Blanchard, 2004:540-541.

caber aos representantes democraticamente eleitos pelo povo. Se o Banco Central tem poder para decidir ou influenciar a determinação da taxa de inflação que ele deve obter por intermédio do uso dos instrumentos da política monetária, então o princípio fundamental da democracia está sendo violado, qual seja: "Todo o poder emana do povo e em seu nome deve ser exercido". As metas de inflação tendem a ser fixadas em "patamares irrealistas", ou seja, em níveis que não refletem adequadamente o grau de aversão social à inflação e o grau de aversão social ao *trade-off* de curto prazo entre inflação e desemprego. Esse fenômeno se observa nas frequentes declarações dos representantes da indústria e dos sindicatos em favor de uma "política mais realista de combate à inflação";

- a taxa real de juros efetiva tende a permanecer num patamar "excessivamente elevado" com respeito não só ao valor observado em outros países — de fato, o Brasil é o país com a mais alta taxa de juros real do mundo —, mas também a qualquer estimativa minimamente plausível do valor de equilíbrio da referida taxa. O "problema dos juros"[54] decorre da fixação de metas declinantes de inflação[55] — em função do objetivo de se obter uma taxa de inflação de 4% ao ano no longo prazo —, em conjunto com a ausência de qualquer tipo de mecanismo de "expurgo" dos efeitos sobre a inflação da ocorrência de choques de oferta. Além disso, há que se investigar com mais cuidado o peso do setor financeiro nas decisões de política monetária, na medida em que taxas de juros excessivamente elevadas têm apenas esse segmento como beneficiário. Em função das fortes evidências de comportamento oligopolista por parte dos bancos brasileiros,[56] a ocorrência de um "conluio" para forçar um aumento da taxa de juros não pode ser encarada, *a priori*, como uma simples "curiosidade teórica".[57]

---

[54] Por "problema dos juros" entendemos a manutenção da taxa real de juros no Brasil em patamares elevados do ponto de vista internacional. Conforme salientado por Bresser-Pereira e Nakano (2002), a economia brasileira apresenta taxas reais de juros muito mais altas do que países que possuem o mesmo *rating* de risco, tal como elaborado pelas agências internacionais de risco.

[55] Esse problema foi identificado por Oreiro (2004). O argumento é que, devido à *inércia inflacionária*, a obtenção de taxas de declinantes de inflação ao longo de uma sequência de períodos exige que a taxa real de juros seja mantida *acima* de seu valor de equilíbrio durante todo o intervalo de convergência com respeito à meta de inflação de longo prazo.

[56] Belaisch (2003).

[57] A respeito da influência do sistema financeiro brasileiro nas decisões de política monetária do Banco Central do Brasil, ver Weber e Lírio, 2003.

Uma proposta de mudança da estrutura de governança da política monetária no Brasil[58]

Tendo em vista o diagnóstico apresentado na seção anterior a respeito da estrutura de governança da política monetária brasileira, propomos o seguinte conjunto de mudanças nessa estrutura:

a) *Ampliação do número de membros do Conselho Monetário Nacional*, de forma a aumentar a representatividade deste, principalmente no que se refere à fixação das metas inflacionárias. Esse aumento de representatividade pode ser encarado como uma tentativa de aproximação dos valores de inflação a serem perseguidos pelo Banco Central que estejam em consonância com as preferências da sociedade.[59] Nesse contexto, o setor produtivo indicaria dois representantes da assessoria econômica das federações das indústrias, os sindicatos indicariam dois representantes também oriundos de suas assessorias econômicas, e o meio acadêmico de economia elegeria outros dois representantes, com titulação mínima de doutor em economia por instituição reconhecida pela Capes. Essa eleição seria realizada no âmbito do Conselho Deliberativo da Associação Nacional dos Centros de Pós-Graduação em Economia (Anpec), que tem membros de quase todos os estados do país. O presidente do Banco Central do Brasil teria voz, mas não teria direito a voto nas decisões tomadas pelo Conselho Monetário Nacional.

b) *Implementação do* core inflation *ou das médias aparadas,* ou seja, a remoção, da fórmula de cálculo do IPCA, dos componentes sujeitos a choques de oferta ou a diminuição da volatilidade do índice, eliminando-se as maiores variações positivas e negativas. O sistema de metas de inflação deve ser orientado para sua função original, ou seja, *o controle da inflação de demanda.*[60] Atualmente, em função da ausência de qualquer forma de expurgo, aumentos temporários de custos causam efeitos diretos na inflação e, por

---

[58] Essa proposta foi originariamente desenvolvida por um dos autores, em conjunto com Marcelo Curado e Marcelo Passos, do PPGDE/UFPR, num documento encaminhado pela Fiep à apreciação do Conselho de Desenvolvimento Econômico e Social (CDES).

[59] Em outras palavras, seria o mesmo que delegar à sociedade a melhor disposição entre inflação e desemprego no curto prazo. Note-se que, uma vez fixado o período de execução da meta, está implícita aqui a taxa de sacrifício. A tomada de decisões através de comitês pode desencadear uma nova geração de modelos, ainda pouco estudada na literatura acadêmica (Blinder, 1998:22).

[60] Para uma crítica ao uso da taxa de juros como instrumento de combate à inflação, ver Sicsú e Oliveira (2003).

consequência, nas expectativas inflacionárias dos agentes, levando o Banco Central a elevar a taxa de juros, o que eleva os custos financeiros do setor produtivo e o custo de rolagem da dívida mobiliária federal.

c) *Mudança na programação da política monetária.* A programação e a definição das metas e prazos têm sido ineficientes no que se refere à obtenção de seus objetivos: promover um cenário macroeconômico estável com baixa inflação. A proposta de mudança implica uma desinflação mais moderada e com prazos dilatados, permitindo que seja atingida a estabilidade macroeconômica, mesmo com a ocorrência de choques de oferta e/ou outros fatores de instabilidade, pois o Banco Central teria margem de manobra para acomodar esses efeitos sem comprometer o desempenho da economia, nem apelar para cláusulas de escape.

d) *Concessão de plena autonomia operacional ao Banco Central do Brasil.* O funcionamento adequado do regime de metas de inflação exige que as autoridades monetárias tenham total controle sobre os instrumentos de política monetária. Isso ainda não ocorre no Brasil. A autonomia operacional do Banco Central é mais resultado do comprometimento pessoal do presidente da República do que da existência de um arcabouço institucional que formalize essa autonomia. Entendemos que a autonomia operacional — *que não deve ser jamais confundida com autonomia de formulação das metas da política monetária* — é essencial para a preservação da estabilidade da taxa de inflação no Brasil, na medida em que sinaliza para os agentes econômicos o compromisso do governo brasileiro em não interferir no dia a dia da condução da política monetária.[61] Vale dizer que, em países com alta fragilidade financeira,[62] a autonomia do Banco Central pode elevar a credibilidade, por meio da maior eficácia da coordenação da política econômica, em que se elimina a possibilidade de dominância fiscal.[63] A responsabilidade pela

---

[61] O que elimina o assim chamado "problema da inconsistência dinâmica" da política monetária discricionária, apontado por Kydland e Prescott (1977).

[62] Isto é, com sistema financeiro relativamente pouco desenvolvido e de escala reduzida, o que impede o crescimento do mercado de câmbio. A autonomia obriga a um ajuste fiscal, podendo melhorar o perfil da dívida pública ou, pelo menos, a sua administração.

[63] Dominância fiscal é definida como a utilização da política monetária para sancionar as decisões de política fiscal. A autonomia operacional do Banco Central implica necessariamente um ajuste fiscal propício a um orçamento equilibrado. É importante observar que orçamento equilibrado não significa déficit fiscal zero (ou menor do que outro valor estabelecido) continuamente.

fixação das metas de inflação e da velocidade de convergência com relação à meta de inflação de longo prazo fica, no entanto, a cargo do Conselho Monetário Nacional, ampliado pela participação de representantes do setor produtivo, dos sindicatos e do meio acadêmico de economia.

Conclusão

Ao longo deste capítulo discutimos a teoria e a experiência brasileira e internacional do regime de metas de inflação. A partir dessa discussão, enumeramos os vários problemas da atual estrutura de governança da política monetária no Brasil, os quais estão fortemente relacionados com o "problema dos juros", ou seja, com a manutenção da taxa real de juros em patamares elevadíssimos. Apresentamos uma proposta de mudança da governança da política monetária, cujos elementos principais são: o fortalecimento e a ampliação do Conselho Monetário Nacional; a adoção do *core inflation* ou, alternativamente, das médias aparadas; e a mudança na estratégia de redução da inflação brasileira no longo prazo, aderindo a uma programação factível que não onere demasiadamente a produção e o emprego no curto prazo, garantindo o cumprimento das metas. Feitas essas mudanças na estrutura de governança da política monetária, deveria ser concedida autonomia operacional ao Banco Central, a qual passaria a ser encarada pelos agentes econômicos como a garantia institucional da estabilidade da taxa de inflação no Brasil.

Bibliografia

BARRO, R.; GORDON, D. A positive theory of monetary policy in a natural rate model. *Journal of Political Economy*, v. 91, n. 4, p. 589-610, 1983.

BELAISCH, A. *Does Brazilian banks compete?* Washington, DC: IMF, June 2003. (IMF Working Paper, 03/113).

BERNANKE, B. et al. *Inflation targeting: lessons from the international experience*. Princeton: Princeton University Press, 1999.

BLANCHARD, O. *Macroeconomia*. 3. ed. São Paulo: Prentice Hall, 2004.

BLINDER, A. *Central banking in theory and practice*. Cambridge, MA: MIT Press, 1998.

———. Central bank credibility: why do we care? How do we build it? *American Economic Review*, n. 90, p. 1421-1431, Dec. 2000.

BOGDANSKI, J.; TOMBINI, A. A.; WERLANG, S. R. C. *Implementing inflation targeting in Brazil*. Brasília: Banco Central do Brasil, jul. 2000. (Working Paper Series, 1).

BRESSER-PEREIRA, L. C.; NAKANO, Y. Uma estratégia de desenvolvimento com estabilidade. *Revista de Economia Política*, v. 22, n. 3, 2002.

CARNEIRO, D. *Inflation targeting in Brazil:* what difference does a year make? Rio de Janeiro: Departamento de Economia/PUC-Rio, ago. 2000. (Texto para Discussão, 429).

CARVALHO, F. J. C. A independência do Banco Central e a disciplina monetária: observações céticas. *Revista de Economia Política*, v. 15, n. 4, 1995.

CECCHETTI, Stephen G.; GROSHEN, Erica L. *Understanding inflation:* implications for monetary policy. Cambridge: NBER, Jan. 2000. (NBER Working Paper Series, 7.482).

CLARIDA, R.; GALÍ, J.; GERTLER, M. The science of monetary policy: a new Keynesian perspective. *Journal of Economic Literature*, v. 37, n. 4, p. 1661-1707, Dec. 1999.

FACHADA, P. *Inflation targeting in Brazil:* reviewing two years of monetary policy, 1999/2000. Brasília: Banco Central do Brasil, ago. 2001. (Working Paper Series, 25).

FIANI, R. A teoria dos custos de transação. In: KUPFER, D; HASENCLEVER, L. *Economia industrial:* fundamentos teóricos e práticas no Brasil. Rio de Janeiro: Campus, 2002.

FISCHER, S. *The role of macroeconomic factors in growth.* Cambridge: NBER, Dec. 1993. (NBER Working Paper Series, 4.565).

FREEDMAN, C. What operating procedures should be adopted to maintain price stability? Practical issues. In: Achieving price stability. *Prodeedings...* Jackson Hole: Federal Reserve Bank of Kansas City, Aug. 1996.

FREITAS, P.S.; MINELLA, A.; RIELLA, G. *Metodologia de cálculo da inércia inflacionária e dos efeitos do choque dos preços administrados*. Brasília: Banco Central do Brasil, jul. 2002. (Notas Técnicas, 22).

GOODHART, C. A. E. *The Central Bank and the financial system*. Cambridge: MIT Press, 1995.

KING, M. A. How should central banks reduce inflation? conceptual issues. In: ACHIEVING PRICE STABILITY. *Proceedings...* Jackson Hole: Federal Reserve Bank of Kansas City, Aug. 1996.

KYDLAND, F. E.; PRESCOTT, E. Rules rather than discretion: the inconsistency of optimal plans. *Journal of Political Economy,* v. 83, n. 1, p. 473-491, June 1977.

McCALLUM, B. T. Crucial issues concerning central bank independence. *Journal of Monetary Economics*, v. 39, p. 99-112, 1997.

MENDONÇA, H. F. A teoria da independência do banco central. *Estudos Econômicos*, São Paulo, v. 30, n. 1, p. 101-127, jan./mar. 2002.

MINELLA, A. et al. *Inflation targeting in Brazil: constructing credibility under exchange rate volatility.* Brasília: Banco Central do Brasil, jul. 2003. (Working Paper Series, 77).

MODIGLIANI, F.; FISCHER, S. *Towards an understanding of the real effects and costs of inflation*. Cambridge: NBER, Apr. 1980. (NBER Working Paper Series, 303).

MORANDÉ, Felipe G. *A decade of inflation targeting in Chile:* developments, lessons, and challenges. Santiago: Central Bank of Chile, Nov. 2001. (Central Bank of Chile Working Papers, 115).

MOREIRA, E. M. Política monetária no primeiro semestre de 2005: Copom mantém o ciclo de aumento da taxa básica de juros. *Indicadores Econômicos FEE*, v. 23, n. 2, p. 13-28.

OREIRO, J. L. Selic, inflação e crescimento. *Gazeta Mercantil*, 2 mar. 2004.

———; PAULA, L. F. *Strategy for economic growth in Brazil:* a post Keynesian approach. Curitiba: CMDE/UFPR, 2005. (Texto para Discussão, 23).

PAULA, L. F. A questão da autonomia do banco central: uma visão alternativa. 2003. Disponível em: <www.ie.ufrj.br/moeda/pdfs/ a_questao_da_autonomia_do_banco.pdf>. Acesso em: 17 fev. 2005.

ROGER, Scott; STONE, Mark. *On target? The international experience with achieving inflation targets*. Washington, DC: IMF, Sept. 2005. (IMF Working Paper, 163.)

ROGOFF, Kenneth. The optimal degree of commitment to an intermediate monetary target. *Quarterly Journal of Economics*, v. 4, n. 100, p. 1169-1190, Nov. 1985.

SAREL, M. Nonlinear effects of inflation on economic growth. *International Monetary Fund Staff Papers*, v. 43, n. 1, p. 199-215, 1996.

SICSÚ, J. Uma crítica à tese de independência do banco central. *Nova Economia*, v. 6, n. 2, p. 133-142, 1996.

———; OLIVEIRA, S. C. Taxa de juros e controle da inflação no Brasil. In: SICSÚ, J.; OREIRO, J. L.; PAULA, L. F. *Agenda Brasil: políticas econômicas para o crescimento com estabilidade de preços*. Barueri: Manole, 2003.

STURM, J. E.; HAAN, J. Inflation in developing countries: does central bank independence matter? New evidence based on a new data set. 2001. Disponível em: <www.ub.rug.nl/eldoc/ccso/ 200101/200101.pdf>. Acesso em: 21 mar. 2005.

SVENSSON, J. Optimal inflation targets, "conservative" central banks, and linear inflation contracts". *American Economic Review*, v. 87, n. 1, 1997.

TINBERGEN, J. *On the theory of economic policy*. Amsterdam: North Holland, 1952.

WALSH, Carl. Optimal contracts for central bankers. *American Economic Review*, n. 85, p. 150-167, Mar. 1995.

WEBER, L. A.; LIRIO, S. O BC e o jogo de espelhos. *Carta Capital*, n. 264, 29 out. 2003.

12

Flexibilização do regime de metas de inflação em países emergentes: uma abordagem pós-keynesiana

*Gabriel Coelho Squeff, José Luís da Costa Oreiro e Luiz Fernando de Paula**

Economistas pós-keynesianos argumentam que o regime de metas de inflação (doravante RMI), baseado no "novo consenso macroeconômico" e nas hipóteses neoclássicas, não é compatível com a teoria pós-keynesiana. Entretanto, alguns economistas pós-keynesianos defendem que o RMI pode ser compatível com a abordagem pós-keynesiana. Especificamente, estes últimos argumentam que o RMI pode ser compatível com o duplo mandato dos bancos centrais. Isso requer a discussão sobre que arranjo institucional do RMI é mais apropriado para o cumprimento dos objetivos de máximo crescimento econômico e, ao mesmo tempo, para a obtenção de uma taxa de inflação baixa e estável. Adicionalmente, é importante avaliar se o RMI é suficiente para a operacionalização de uma política monetária que visa estabilizar a economia.

Neste capítulo defendemos a ideia de que um arranjo mais flexível do RMI pode ser adotado pelos países emergentes com histórico recente de alta inflação. Essas economias devem adotar um regime mais flexível, que permita aos bancos centrais perseguir seu duplo mandato mediante a utilização de uma meta numérica de inflação mais elevada, núcleo de inflação, maior período de convergência etc. Entretanto, isso talvez não seja suficiente: podem ser usadas

* Os autores agradecem a Philip Arestis pelos pertinentes comentários sobre o texto. Obviamente, as ideias desenvolvidas e os erros remanescentes são de responsabilidade dos autores.

ferramentas complementares de política econômica. Por exemplo, em face dos problemas relacionados ao excessivo afluxo de capitais sobre a taxa de câmbio, pode-se adotar controles sobre a entrada de capitais; também podem ser usados "controles prudenciais de crédito" para controlar a demanda agregada quando a economia estiver superaquecida, a fim de evitar os nocivos efeitos do aumento da taxa de juros sobre as variáveis reais.

Este capítulo tem por objetivo: (a) discutir se o RMI é compatível com a abordagem pós-keynesiana e, especificamente, em que condições essa compatibilidade é possível; e, principalmente, (b) definir um arranjo institucional do RMI mais apropriado para as economias emergentes com histórico recente de alta inflação. Neste sentido, procuramos demonstrar como o RMI pode ser compatível com a perspectiva pós-keynesiana por meio da adoção de um regime mais flexível; um arranjo mais flexível pode ser necessário para que os países emergentes conciliem os objetivos de estabilidade de preços e crescimento econômico sustentável. Reconhecemos, entretanto, que o RMI não emerge da teoria pós-keynesiana; ao contrário, advém do "novo consenso macroeconômico". Mesmo assim, entendemos que o RMI, estruturado de forma mais flexível, pode ser compatível com os objetivos de uma política econômica keynesiana.[1]

O capítulo está organizado em seis seções, incluindo esta introdução. Na segunda seção analisaremos a compatibilidade teórica entre o RMI e a abordagem pós-keynesiana. Na terceira, discutiremos os principais componentes do arranjo institucional do RMI. A quarta seção será dedicada à análise macroeconômica dos países emergentes que adotaram o RMI. Na quinta, apresentaremos uma proposta pós-keynesiana de flexibilização do arranjo institucional do RMI para os países emergentes e, na sexta, exporemos nossas conclusões.

O regime de metas de inflação é compatível com a teoria pós-keynesiana?

O "novo consenso macroeconômico" estabelece que uma taxa de inflação baixa e estável é condição *sine qua non* para o crescimento de longo prazo[2] e

[1] O significado de políticas keynesianas adotado neste capítulo é o seguinte: "implicações de política surgem da percepção do papel da demanda agregada em estabelecer o nível da atividade econômica e [há] falta de forças automáticas que conduzam uma economia de mercado ao pleno emprego" (Arestis e Sawyer, 1998:181).

[2] Arestis e Sawyer, 2006b:5.

que não há *trade-off* no longo prazo entre inflação e desemprego.[3] Outra característica do novo consenso é que a discricionariedade na condução da política monetária deve ser limitada, de modo a assegurar uma baixa e estável taxa de inflação e minimizar a volatilidade do crescimento do produto. A despeito do fato de que a adoção de uma regra simples, do tipo crescimento de "*x*%" de um agregado monetário, como sugeriu Friedman (1968), pode ser uma política monetária não ótima em um ambiente de incerteza,[4] a literatura do *mainstream* argumenta que a discricionariedade dos bancos centrais deve ser institucionalmente restrita — por meio de um banco central independente —, visando reduzir o problema do *viés inflacionário* que advém quando a política monetária é conduzida dessa forma.

Transparência e disciplina na operação da política monetária requerem a utilização de uma âncora nominal. Nos anos 1990, um elevado número de países adotou o regime de metas de inflação. O RMI é um modelo de política monetária no qual: (a) uma meta numérica de inflação, ou um intervalo em torno dessa meta, é definida como o mais importante ou o único objetivo da política monetária; (b) a meta de inflação deve ser alcançada por meio de variações na taxa de juros de curto prazo determinada pelo banco central; (c) a política monetária deve ser conduzida por um banco central independente.[5] A ampla adoção do RMI decorreu parcialmente do insucesso de outras estratégias de âncoras nominais que visavam ao controle da taxa de inflação, como as metas de taxa de câmbio e as metas monetárias. Esta última deixou de ser utilizada em função das evidências empíricas de que a relação existente entre a inflação e os agregados monetários ficou extremamente frágil nos anos 1970, provavelmente em decorrência das inovações financeiras ocorridas a partir de então e que resultaram numa instabilidade da velocidade de circulação da moeda. Já o arranjo de metas de taxa de câmbio (também conhecido como "âncora cambial") foi, na maioria dos casos, abandonado nos anos 1990, após a ocorrência de um elevado número de crises cambiais, que acometeram diversos países (Argentina, Brasil, Rússia e países do Leste asiático), como

[3] Fontana e Palacio-Vera, 2005.
[4] Cf. Walsh, 1999:467-472.
[5] Sawyer, 2006.

resultado da combinação perversa de regimes de taxas de câmbio fixas e liberalização da conta de capitais.

Assim, o "novo consenso macroeconômico" determina que o RMI é um bom arranjo institucional para assegurar e manter baixas as taxas de inflação e minimizar as flutuações do produto.[6] A lógica por trás desse argumento é que o RMI teoricamente produz uma "discricionariedade restrita", que combina alguma flexibilidade com credibilidade de maneira ótima, permitindo ao banco central reagir a recessões não previstas mediante variações adequadas na taxa de juros de curto prazo, de modo a minimizar as flutuações do produto em torno de sua tendência de longo prazo.[7] Adicionalmente, o RMI reduz a liberdade do banco central para produzir surpresas inflacionárias que visem explorar o *trade-off* entre inflação e desemprego no curto prazo.

Esse otimismo acerca das virtudes do RMI não é compartilhado por economistas pós-keynesianos e outros economistas heterodoxos. Para a maioria dos pesquisadores desse primeiro grupo, o RMI não pode ser considerado um modelo apropriado de política monetária, pois:

- está baseado no axioma da neutralidade da moeda, na medida em que se assume a existência de uma taxa natural de desemprego, determinada pelo lado da oferta da economia e independentemente da política monetária;[8]
- assume-se que a inflação decorre, predominantemente, do excesso de demanda agregada, ou seja, é fruto de uma situação na qual a demanda agregada é superior ao produto de equilíbrio determinado pelo lado da oferta da economia.

A teoria pós-keynesiana, por sua vez, defende que a moeda não é neutra no curto e no longo prazos, o que significa que não existe equilíbrio no longo prazo, independentemente da política monetária;[9] ademais, a economia não pode ser avaliada negligenciando-se o nível da demanda agregada — que é importante não só na determinação do nível de atividade econômica, mas também por sua influência sobre a taxa de investimento.[10] Mais especificamente,

[6] Sobre esse consenso, ver, entre outros, Woodford (2003).
[7] Bernanke et al., 1999.
[8] Arestis e Sawyer, 2005; Palley, 2006a.
[9] Carvalho, 1992:38.
[10] Arestis e Sawyer, 2005:966.

a teoria pós-keynesiana considera que variáveis nominais afetam as variáveis reais no longo prazo porque mudanças na taxa de juros nominal de curto prazo têm efeitos permanentes sobre as decisões de investimento.[11] Mudanças no nível dos gastos com investimentos afetam tanto o nível de demanda agregada por meio do tradicional multiplicador de investimento keynesiano — e assim o nível corrente de desemprego —, quanto a taxa de desemprego de equilíbrio — ou seja, o nível de desemprego no qual a inflação é constante ao longo do tempo —, devido a seus efeitos sobre o nível de utilização da capacidade instalada e, por meio desta, sobre o nível do salário real que as firmas estão dispostas a pagar a seus empregados.

Uma redução nos gastos com investimento, decorrente de uma política monetária restritiva, resulta no aumento do desemprego corrente e na elevação do nível de desemprego no qual a inflação é constante ao longo do tempo.[12] Assim, a taxa de desemprego de equilíbrio depende do comportamento do desemprego corrente, tornando-se um equilíbrio *path-dependent*. Esse comportamento, por outro lado, é determinado pela dinâmica da demanda agregada, que é amplamente influenciada pela operacionalização da política monetária.[13] Portanto, a moeda não é neutra no equilíbrio de longo prazo do sistema.

Outro ponto de divergência dos economistas pós-keynesianos com relação ao RMI está relacionado à natureza do processo inflacionário. Para os pós-keynesianos, uma situação de excesso de demanda agregada só pode produzir uma pressão altista nos índices de preços no mercado à vista (*spot*).[14] Se os preços do mercado à vista são mais elevados do que os preços no mercado futuro (*forward*), ocorre um ajuste de quantidade, de modo a garantir a eliminação da inflação produzida pelo excesso de demanda. Os preços no mercado futuro,

---

[11] Arestis e Sawyer, 2006b:16.

[12] Rowthorn (1999) desenvolveu um modelo no qual a meta de salários reais desejados pelos sindicatos e a meta de margem de lucro por parte das empresas dependem da relação entre capital e trabalho efetivo. Isso significa que uma redução na taxa de acumulação de capital em relação à taxa natural de crescimento produz uma diminuição dessa proporção e uma mudança na taxa de desemprego na qual as metas de salários reais e a margem de lucro desejadas são compatíveis umas com as outras. Em termos dos parâmetros do modelo, mais especificamente, para uma elasticidade de substituição entre capital e trabalho inferior a um, uma redução na taxa de acumulação de capital será seguida por um aumento da taxa de equilíbrio de desemprego.

[13] Arestis e Sawyer, 2005:967.

[14] Davidson, 2006:693-694.

no entanto, não são influenciados pelas condições de demanda, mas determinados pelo fluxo de oferta de bens e serviços, que depende das margens de lucro desejadas pelos empresários e do salário real desejado pelos sindicatos. Isso significa que um aumento persistente do nível de preços só pode ocorrer como resultado de um conflito distributivo entre salários e lucros.[15]

Estas são as bases da chamada *visão estruturalista da inflação*,[16] que determina que a taxa de inflação resulta de um conflito entre trabalhadores e capitalistas acerca da distribuição da renda e dos custos de fatores como o preço de matérias-primas e do petróleo.[17] Nessa abordagem, se a meta de salário dos trabalhadores e a meta de *mark-up* das firmas forem exogenamente determinadas, a taxa de inflação será insensível a variações na taxa de juros de curto prazo determinadas pelos bancos centrais.[18] De modo geral, contudo, como a meta de salário e a meta da margem de lucro são sensíveis a variações na taxa de desemprego, uma política monetária restritiva pode induzir os sindicatos a aceitarem metas de salário mais baixas para os salários reais e/ou induzir os empresários a aceitarem uma margem de lucro menor, restabelecendo o equilíbrio da distribuição da renda e interrompendo o processo de aceleração da inflação. Os custos dessa política, todavia, são elevados: "a política monetária do banco central está implicitamente praticando uma política de renda baseada no 'medo' de perda de postos de trabalho e receitas de vendas das firmas que produzem bens e serviços domésticos".[19]

Para os economistas pós-keynesianos, uma política mais adequada de controle da inflação decorrente do conflito distributivo entre salários e lu-

---

[15] Davidson, 2006:697, 699.

[16] De acordo com Rowthorn (1999:3), um dos fundadores da visão estruturalista da inflação, essa teoria pode ser resumida da seguinte forma: "i) a inflação não antecipada é o resultado de demandas inconsistentes sobre a renda total da economia; ii) a inflação não antecipada não pode ser sustentada de forma permanente porque, se isso ocorrer, haverá uma aceleração explosiva da taxa de inflação; iii) para prevenir variações não antecipadas da taxa de inflação é necessário que as demandas *ex ante* pela renda total da economia sejam mutuamente consistentes e, ao serem adicionadas, sejam equivalentes à renda total. Essa consistência é obtida por intermédio de variações no nível da atividade econômica, particularmente por variações na taxa de desemprego e em sua influência sobre a determinação dos salários (e dos preços); iv) a taxa de desemprego para a qual a inflação permanece constante ao longo do tempo (a NAIRU) é a taxa de desemprego que elimina a inflação não antecipada".

[17] Arestis e Sawyer, 2005.

[18] Palley, 1996:182.

[19] Davidson, 2006:701.

cros deve ser a adoção de algum tipo de política de rendas que propicie a conciliação entre as demandas dos capitalistas e dos trabalhadores por outros meios que não resultem em um aumento na taxa de desemprego.[20] Embora se possa usar uma política monetária restritiva para reduzir a taxa de inflação numa situação em que as metas de salários reais e de *mark-up* são sensíveis a mudanças na taxa de desemprego, a redução da taxa de inflação deve ser acompanhada de uma política de renda que equalize ambos os objetivos a um baixo nível de desemprego.

Mais recentemente, alguns economistas pós-keynesianos começaram a reconsiderar a compatibilidade teórica entre o RMI e a abordagem pós-keynesiana. Um exemplo é Palley (2006a e 2006b). Segundo ele, o RMI pode fazer sentido para a teoria pós-keynesiana se admitirmos a existência de uma curva de Phillips no longo prazo do tipo *backward bending*. A lógica por trás dessa argumentação baseia-se na ideia de que, com níveis muito baixos de inflação, os trabalhadores têm uma espécie de "ilusão monetária", na medida em que a inflação pode ajudar a lubrificar as "engrenagens" do mercado de trabalho, facilitando o ajuste entre salários relativos e preços no setor com desemprego. Isso gera uma relação negativa entre inflação e desemprego ao longo de um intervalo restrito da curva de Phillips de longo prazo. Nesse intervalo, a política monetária deve ser conduzida de forma a atingir a taxa de inflação que minimiza a taxa de desemprego. Em outras palavras, a política monetária deve ser guiada pela MURI (em inglês, *minimum unemployment rate of inflation*, ou seja, a taxa de inflação em que o desemprego é mínimo), que representa o ponto em que o mercado de trabalho como um todo está lubrificado pela taxa de inflação ideal. Se a inflação subir acima do limite estabelecido nesse intervalo, os trabalhadores resistirão a uma redução nos salários reais, de modo que a inflação perderá seu efeito lubrificante do mercado de trabalho. Nessa abordagem, o regime de metas de inflação é um modelo de política monetária desejável para alcançar o nível mais baixo de desemprego compatível com uma taxa de inflação estável.[21]

---

[20] Davidson, 2006:700. Um exemplo de política de renda é a *taxes based income policy* (TIP), " política de rendas baseada em impostos", sugerida por Weintraub, 1958. A TIP determina a adoção de uma estrutura tributária sobre a renda que penalize as maiores empresas domésticas de um país se elas concordarem em aumentar a taxa de crescimento dos salários em excesso em relação a algum índice nacional de aumento da produtividade (Davidson, 2006:702).

[21] Palley, 2006a:248-249.

Outro exemplo dessa compatibilidade teórica encontra-se em Setterfield (2005). Esse autor elaborou um modelo macroeconômico, com características tipicamente pós-keynesianas, em que o produto é determinado pela demanda, a inflação resulta do conflito distributivo entre trabalhadores e empresários e o banco central tem uma meta explícita para a taxa de inflação, bem como uma meta para o produto real. Em outras palavras, seu modelo envolve decisões políticas em que se "(...) explicitamente reconhece a importância das condições de demanda agregada para a atividade econômica real e as reivindicações distributivas como base do processo inflacionário".[22]

O autor mostra em seu modelo que o equilíbrio de longo prazo do sistema é estável, o que demonstra uma possível adequação do RMI em uma economia com características pós-keynesianas. Essa abordagem implica que (a) a política monetária deve estar voltada para taxas de inflação relativamente elevadas (superior a 10% ou mais); e (b) o crescimento econômico deve ser tratado como prioridade pelas autoridades monetárias.

Em uma recente revisão da literatura empírica sobre a relação entre taxa de juros e inflação, Arestis e Sawyer (2006b) constataram que os modelos macroeconométricos para a zona do euro demonstravam um pequeno efeito das variações das taxas de juros sobre a taxa de inflação. Mais precisamente, eles detectaram que um aumento de 1% nas taxas de juros de curto prazo na zona do euro, durante dois anos, produziu uma redução máxima de 0,16 ponto percentual na taxa de inflação no segundo ano, de apenas 0,08 no quarto ano, e retornou ao nível de *benchmark* no quinto ano. No entanto, o impacto das variações das taxas de juros sobre os gastos com investimento é muito grande. Eles relatam que um aumento de 1% nas taxas de juros de curto prazo por dois anos reduz os gastos com investimento em 0,39 ponto percentual depois de cinco anos.

Essas evidências sugerem que variações nas taxas de juros podem ter efeitos duradouros sobre o investimento e o estoque de capital, o que demonstra a não neutralidade da política monetária no longo prazo.[23] Esses resultados mostram que a política monetária deve ser conduzida por meio de variações moderadas nas taxas de juros, a fim de evitar seus efeitos (negativos) sobre a

[22] Setterfield, 2005:15.
[23] Arestis e Sawyer, 2006b:16.

acumulação de capital e sobre a taxa de desemprego de equilíbrio.[24] A baixa elasticidade da inflação às taxas de juros também coloca a questão da possibilidade de controlar a taxa de inflação por outros meios além da política de juros. Em face dessas evidências empíricas, Arestis e Sawyer (2006a) sugerem que se adote algum tipo de controle prudencial do crédito em casos em que seja necessário limitar a taxa de expansão da demanda agregada.

Dada a magnitude dos efeitos de variações das taxas de juros sobre o produto e o investimento, um importante aspecto acerca da compatibilidade entre o RMI e a teoria pós-keynesiana é o desenho institucional do regime. Desse modo, existe um arranjo para o RMI que permite reduzir os custos associados às variações da taxa de juros e/ou mininizar a sua magnitude visando o cumprimento da meta de inflação? Mais especificamente, pode-se definir diferentes graus de flexibilidade institucional do RMI, de tal sorte que um RMI mais flexível possa, em princípio, ser compatível com um melhor desempenho econômico do que um RMI menos flexível? Uma resposta positiva a esses questionamentos pode estabelecer, antes de mais nada, alguma compatibilidade entre o RMI e a teoria pós-keynesiana.

Arranjo institucional do regime de metas de inflação

Existe uma grande variedade de aspectos institucionais que caracterizam o RMI. Esses aspectos, quando tratados como um todo, são denominados *arranjo institucional* do RMI, um grande número de características que englobam desde a definição numérica da meta até os princípios de prestação de contas (*accountability*) e transparência inerentes a esse regime de política monetária. No momento em que o RMI é adotado, os *policy makers* devem determinar uma ampla gama de aspectos operacionais: a utilização do índice cheio ou do núcleo da inflação (*core inflation*) para definir as metas; a determinação de uma meta pontual ou de intervalos de tolerância; o estabelecimento do período de convergência da inflação à meta etc.

A escolha de cada uma dessas opções pode dar aos bancos centrais uma roupagem específica. Por exemplo, elas podem ser restritivas, quando o RMI é

[24] Devido aos efeitos de longo prazo da acumulação de capital sobre a taxa de desemprego, são necessárias mudanças moderadas nas taxas de juros de curto prazo para que o banco central cumpra seu duplo mandato: manter a inflação baixa e estável e maximizar a taxa de crescimento econômico.

estabelecido com forte ênfase no cumprimento da meta, a despeito dos custos de convergência. Por outro lado, um RMI mais flexível está associado a um regime que leva em consideração os custos e o horizonte temporal necessários para o atingimento da meta. Isso significa que se pode definir, para o RMI, um intervalo de flexibilidade institucional, no qual um alto grau de flexibilidade é associado com uma política monetária mais expansionista, na qual os aumentos das taxas de juros são menores e menos frequentes. Esse comportamento das taxas de juros pode produzir uma trajetória menos volátil para o crescimento do produto e dos gastos com investimento.

De maneira geral, a literatura avalia o sucesso do RMI negligenciando o papel desenvolvido pelo arranjo institucional na obtenção de resultados satisfatórios sobre variáveis macroeconômicas como a inflação, o produto e o emprego, e focalizando majoritariamente aspectos técnicos relacionados à implementação da política monetária sob um ponto de vista empírico.[25] Nesse sentido, é necessário avaliar os impactos do arranjo institucional sobre outras variáveis, como emprego e crescimento, o que permite estimar *se* e *como* a adoção do RMI contribui (ou não) para a criação de um ambiente favorável ao crescimento econômico.

Os principais aspectos do arranjo institucional do RMI consistem na definição: (a) do objetivo do banco central; (b) do valor numérico da meta de inflação; (c) do índice de preços a ser usado, incluindo as cláusulas de escape; (d) do período de convergência da inflação corrente para a meta; (e) do *modus operandi* da determinação da taxa de juros — regras *versus* discricionariedade; (f) do grau de independência do banco central; (g) dos procedimentos de prestação de contas e de transparência adotados pela autoridade monetária; e (h) da necessidade de se adotar instrumentos complementares à política monetária visando controlar a inflação.[26]

Entretanto, alguns aspectos são práticas comuns, disseminadas entre os países que adotaram o RMI: a maioria dos bancos centrais tem pelo menos uma independência parcial, isto é, goza de autonomia operacional para cumprir a meta previamente definida (item f); todos os bancos centrais adotam procedimentos de transparência, como relatórios sobre a evolução dos índices

[25] Heenan, Marcel e Roger, 2006:3.
[26] Taludhar, 2005; e Palley, 2006b.

de preços no passado e no futuro, sobre os instrumentos de política monetária, entre outros (h). Adicionalmente, o fato de o banco central ter a estabilidade de preços como seu maior objetivo de maneira explícita (a) não representa um maior comprometimento deste *vis-à-vis* outros bancos centrais que têm como objetivo declarado, por exemplo, o controle inflacionário e a estabilidade financeira; na realidade, existem diversos bancos centrais fortemente comprometidos com o cumprimento da meta que não têm esse objetivo de forma explícita.

Desse modo, os itens (b), (c), (d), (e) e (h) são o núcleo do arranjo institucional do RMI, cujas características impactam diretamente o desempenho macroeconômico e a taxa de inflação. Assim, por meio da definição desses aspectos institucionais, entre todas as possíveis escolhas, pode-se determinar o grau de flexibilidade do arranjo escolhido, o que permite fazer inferências acerca do arcabouço institucional sobre outras variáveis além da inflação.

Com relação à definição da meta numérica da inflação (item b) os bancos centrais podem fixar uma meta pontual (ver, por exemplo, o caso da Turquia no quadro 1), fixar um intervalo de tolerância em torno de um ponto central (casos do Brasil e do Chile, entre outros) ou fixar somente um intervalo de tolerância, sem uma meta central (Tailândia). Nesse caso, uma meta pontual é menos flexível do que um intervalo com uma meta central, e a utilização de um intervalo para a meta de inflação é a escolha mais flexível entre as escolhas possíveis no item (b).

Os índices de preços ao consumidor (IPCs) são os mais usados pelos bancos centrais. Entretanto, a escolha da medida desse índice é um ponto de divergência entre os países que adotam o regime de metas de inflação. O histórico recente de alta inflação das economias em desenvolvimento fez com que muitos bancos centrais adotassem o índice de preços ao consumidor "cheio". Porém, alguns países excluem do índice cheio alguns itens considerados extremamente sensíveis a choques de oferta ou cujo comportamento está fora da alçada da política monetária, configurando o denominado núcleo de inflação.[27] Assim,

---

[27] Núcleo de inflação (*core inflation*) pode ser definido como uma medida da taxa de inflação que exclui alguns itens que apresentam elevada volatilidade de preços. Assim, eliminam-se os produtos suscetíveis a choques temporários de preços na medida em que estes choques divergem grandemente da tendência geral da inflação, dando uma falsa medida da inflação. Núcleo de inflação pode ser entendido como uma medida da inflação de longo prazo, e geralmente é considerado um indicador mais preciso das variações do índice de preços ao consumidor da economia como um todo.

analisando o quadro 1, pode-se ver que no grupo menos flexível (índice cheio) estão Brasil, Chile, Colômbia, México, Peru, Polônia, Coreia do Sul e Turquia; e no grupo mais flexível (núcleo de inflação) temos a África do Sul e a Tailândia.

Quadro 1

Arranjo institucional do regime de metas de inflação — países selecionados (2008)

País	Meta	Medida da inflação	Horizonte temporal
Brasil	4,5% +/-2%	IPC	Ano calendário
Chile	3% +/-1%	IPC	Ano calendário
Colômbia	3,5% - 4,5%	IPC	Ano calendário
México	3% +/-1%	IPC	Ano calendário
Peru	2% +/-1%	IPC	Inflação acumulada em 12 meses
Polônia	2,5% +/-1%	IPC	Inflação acumulada em 12 meses
África do Sul	3 a 6%	IPC (exceto despesas com hipoteca)	Inflação acumulada em 12 meses
Coreia do Sul	3% +/-0,5%	IPC	Média dos últimos três anos
Tailândia	0-3,5%	Núcleo do IPC (exceto alimentos e energia)	Média trimestral
Turquia	4%	IPC	Ano calendário

Fonte: Baseado em informações dos bancos centrais dos países.

A fixação do período de um ano para a convergência da inflação corrente para a meta é vista como o caso menos flexível; em contrapartida, a convergência a médio e longo prazos é vista como um processo mais flexível. A ideia por trás dessa análise é que choques não previsíveis têm efeitos defasados na economia, de modo que o cumprimento da meta em apenas um ano — se possível — é mais custosa em termos de crescimento do produto e do emprego. Para períodos mais longos, é possível atenuar esses efeitos, sem a necessidade de uma resposta mais abrupta da taxa de juros.

Com relação a esse aspecto, na direção do arranjo menos flexível para o mais flexível, é possível dividir os países do quadro 1 em quatro grupos: Peru, Polônia e África do Sul (inflação acumulada em 12 meses), Tailândia (média trimestral), Brasil, Chile, Colômbia, México e Turquia (ano calendário) e, com um período de convergência maior, Coreia do Sul (média dos últimos três anos). A *rationale* dessa classificação é a frequência na qual um banco central é avaliado quanto ao cumprimento da meta. No primeiro caso (Peru, Polônia e África do Sul), os bancos centrais são avaliados todos os meses, o que implica uma avaliação contínua da autoridade monetária *vis-à-vis* o último grupo, no qual o banco central é avaliado pela inflação média dos últimos 36 meses (um arranjo mais flexível).

Vale salientar que quase todos os países considerados utilizam um intervalo de tolerância para a meta de inflação (Brasil, Chile, México, Peru, Polônia e Coreia do Sul) ou simplesmente uma meta de inflação sem ponto central (Colômbia, África do Sul e Tailândia). Brasil, Colômbia, África do Sul e Turquia têm uma meta de inflação mais elevada do que os demais países. Evidentemente, em termos de definição da meta de inflação, deve-se levar em conta a tendência da taxa de inflação dos últimos anos.

De maneira geral, ao se avaliar todas essas características, parece sobressair um padrão no quadro 1: países com história recente de inflação elevada (Brasil, Chile, Colômbia, México, Peru, Polônia e Turquia) fazem uso de um RMI mais rígido, enquanto os outros países (Coreia do Sul, África do Sul e Tailândia) adotam um regime mais flexível. A discussão a respeito da adoção de regras para a condução da política monetária (item "e") remonta ao artigo de Taylor (1993). Nele, o autor determina que a taxa de juros deve reagir às variações no nível de preços e de renda de acordo com uma regra ótima de política monetária, visando o controle da inflação, o que ficou conhecido como regra de Taylor. Em oposição, a discricionariedade comprometeria o controle da inflação na medida em que um banco central que opere com "liberdade" para determinar a taxa de juros pode incorrer no chamado *viés inflacionário*. Desse modo, se o banco central conduzir a política monetária reagindo de modo próximo e automático ao que preconiza a regra de Taylor, teremos um arranjo mais rígido; em contraste, caso a autoridade monetária determine a taxa de juros com discricionariedade, o RMI será, *ceteris paribus*, mais flexível.

Finalmente, há o debate sobre a necessidade de implementar outras políticas econômicas além dos instrumentos comumente associados ao RMI. Pode-se adotar políticas adicionais visando alcançar melhores resultados sobre as taxas de crescimento do produto e do emprego, sem desconsiderar a inflação. Nesse sentido, a elevada volatilidade cambial dos países em desenvolvimento associada à elevada mobilidade dos fluxos de capitais têm severos impactos sobre a taxa de inflação e sobre o produto e o emprego,[28] e isso pode requerer a adoção de outros instrumentos pelas autoridades econômicas.

O desenho institucional do RMI exige também a definição dos instrumentos que o banco central tem a seu dispor para controlar a taxa de inflação. Na modelagem do "novo consenso macroeconômico", a taxa de juros nominal de curto prazo é o único instrumento de política monetária utilizado pelo banco central. A partir de uma perspectiva mais "flexível", no entanto, o banco central também pode usar algum tipo de "controle prudencial de crédito", a fim de limitar a taxa de expansão do crédito pelo sistema bancário. Isso contribui para reduzir a taxa de crescimento da demanda agregada, sem se recorrer a frequentes e/ou elevados aumentos nominais da taxa de juros de curto prazo, com efeitos negativos sobre a taxa de acumulação de capital.

Um desenho institucional de RMI flexível pode contemplar também a utilização de políticas de renda como um instrumento complementar para o controle da inflação. As experiências com políticas de renda em países emergentes, como um instrumento de redução do nível de inflação, mostra apenas alguns poucos casos de sucesso, sendo Israel e México praticamente as únicas experiências bem-sucedidas de combinação desse instrumento com âncora cambial.

A explicação teórica para o fracasso das políticas de renda reside no fato de que o sucesso de tais políticas requer acordos sobre a determinação de preços e salários entre um grande número de agentes, sindicatos e empresas, em escala nacional. A implementação de tais acordos poderia ser uma tarefa viável em economias com elevado nível de centralização de negociação salarial, como Suécia e Noruega.[29] Mas, em economias com médio ou baixo nível de centralização da negociação salarial, como Alemanha e França, e em quase todas as nações em desenvolvimento, a efetiva adoção de políticas de renda

[28] Na quarta seção há uma análise mais ampla sobre o desempenho econômico dos países emergentes que adotaram o RMI.

[29] Carlin e Soskice, 2006, cap. 4.

parece ser quase impossível. Isso significa que, para esses países, tais políticas só podem ter papel complementar no que diz respeito às políticas de demanda agregada e aos demais dispositivos de controle da inflação.

Assim, instrumentos adicionais, como controle de capitais, controle de crédito[30] e/ou políticas de renda, podem ser adotados para otimizar a utilização dos instrumentos de política econômica, minimizando os efeitos negativos sobre a taxa de crescimento do produto. De acordo com classificação desenvolvida, uma situação em que o RMI é "suficiente" é considerada menos flexível, enquanto um regime mais flexível ocorre quando o RMI é "não suficiente", o que requer a utilização de algumas das proposições feitas acima.

Em resumo, é possível determinar uma vasta gama de opções que caracterizam os principais arranjos institucionais do ITR. Por meio da sequência (b), (c), (d), (e) e (h), no lado menos flexível, temos: meta pontual/índice de preços ao consumidor cheio/um ano de convergência/regras/ITR suficiente. No lado oposto, o arranjo mais flexível é caracterizado por: intervalo mais amplo/núcleo de inflação/período de convergência de longo prazo/discricionariedade/ITR não suficiente. Obviamente, a maioria dos países em desenvolvimento se encontra numa situação intermediária, combinando instrumentos rígidos e flexíveis. O quadro 2 ilustra essa classificação.

Quadro 2
Intervalo de flexibilidade do arranjo institucional do RM

(b) Meta	Meta pontual	....	Amplo intervalo
(c) Índice de preços	Cheio	....	Núcleo
(d) Período de convergência	Um ano	....	Longo prazo
(e) Determinação da taxa de juros	Regras	....	Discricionariedade
(h) RMI é suficiente?	Sim	....	Não
	Arranjos menos flexíveis	**Arranjos intermediários**	**Arranjos mais flexíveis**

[30] Discutiremos esses instrumentos na quinta seção.

Assim, com base nessa taxonomia, pode-se perguntar qual seria o melhor arranjo institucional do RMI para os países emergentes. O arranjo mais flexível é melhor do que o menos flexível? Há alguma relação entre flexibilidade do RMI e o desempenho macroeconômico? Discutiremos essas questões na quinta seção. Primeiro, analisaremos algumas características macroeconômicas dos países emergentes que adotaram o RMI.

Contexto macroinstitucional do RMI em países emergentes

Nos mercados financeiros globais, os preços determinados — incluindo a taxa de câmbio — têm sido excessivamente voláteis. Os mercados de capitais dos países emergentes têm menor tamanho e segmentação do que os dos países desenvolvidos, sujeitos a choques que não guardam necessariamente conexão com as variáveis macroeconômicas. As economias emergentes tendem a ser relativamente mais vulneráveis aos efeitos de flutuações das taxas de câmbio do que as economias desenvolvidas. A volatilidade da taxa de câmbio é mais elevada nos países emergentes do que nos desenvolvidos, e os primeiros possuem mercados cambiais menores e menos líquidos, o que torna essas economias mais vulneráveis às expectativas unidirecionais dos investidores externos e ao "comportamento de manada". De fato, essas economias estão submetidas a problemas relacionados com a "integração financeira assimétrica", na medida em que têm um fluxo de capitais muito maior e mais volátil do que o tamanho de seus mercados financeiros.[31]

Em especial, as taxas de câmbio podem influenciar a inflação (repasse cambial) através dos preços dos bens finais comercializáveis e dos bens intermediários importados, e de seu impacto nas expectativas de inflação dos agentes. Ho e McCauley (2003:6) mostram evidências de que: (a) a renda é negativa e significativamente correlacionada com o repasse cambial (*pass-through),* e as economias de baixa renda têm maior parcela de mercadorias comercializáveis na cesta de consumo; e (b) "o repasse cambial tem sido maior na América Latina do que na Ásia, apesar de os países latino-americanos não serem necessariamente mais abertos do que os asiáticos".

[31] Greenville, 2000; Studart, 2002.

A explicação para essa diferença é que os países com histórico recente de inflação elevada — como é o caso de muitos países latino-americanos — são mais sensíveis às flutuações das taxas de câmbio, provavelmente devido à existência de uma memória inflacionária.[32] Grande parte das economias emergentes teve experiência de inflação elevada.[33] Em geral, foram países afetados pela crise da dívida externa de 1980, como as economias latino-americanas (Argentina, Brasil, Chile, Colômbia, México e Peru), ou que sofreram problemas relacionados com a transição para uma economia de mercado (Polônia e Rússia). Por outro lado, as economias emergentes da Ásia (Malásia, Coreia do Sul, Tailândia etc.) não têm histórico de inflação elevada. Na maioria dos casos, em ambos os grupos, porém, o RMI foi adotado após crises cambiais.

As implicações desses resultados para os países emergentes que adotaram o RMI evidenciam claramente os riscos que a volatilidade cambial representa para o cumprimento das metas de inflação. De fato, Ho e McCauley (2003:22) relatam que, dos 22 casos de descumprimento da meta de inflação dos países emergentes entre 1998 e 2002, 10 (45%) foram associados a variações de mais de 10% na taxa de câmbio, sendo seis casos de *overshooting* e quatro de *undershooting*. Alternativamente, os países desenvolvidos tiveram apenas dois casos em nove (22%) de descumprimento da meta de inflação associado a elevadas variações da taxa de câmbio.

Como já assinalado, em geral as economias que tiveram histórico recente de inflação elevada (Brasil, Chile, México e Turquia) usam um índice de inflação cheio como referência para o RMI, enquanto as demais economias emergentes que não tiveram essa experiência usam o núcleo da inflação (ver quadro 1). A explicação está relacionada com a necessidade dos países que tiveram experiências recentes de inflação crônica de adotar um RMI com maior

[32] Eichengreen, 2002. Choudhri e Hakura (2001) fizeram um estudo empírico do repasse cambial em 71 países, entre 1979 e 2000, para testar a hipótese de que um ambiente de inflação baixa leva a um baixo *pass-through* para os preços domésticos. Eles encontraram fortes evidências da existência de uma associação positiva e significativa entre o *pass-through* e a inflação média em diferentes países e períodos. Além disso, o efeito esperado depende do histórico de inflação. Em um ambiente de inflação elevada, os efeitos dos choques monetários tendem a ser mais persistentes e suscetíveis a bruscas elevações na taxa de câmbio.

[33] Segundo Carvalho (1992:193), regimes de inflação elevada decorrem de uma taxa elevada de inflação e "do contínuo desapontamento das expectativas, o que leva os agentes a questionarem as próprias regras do jogo" e, consequentemente, ao desenvolvimento de novas regras contratuais (indexação contratual, por exemplo).

credibilidade, isto é, um arranjo institucional mais rígido, que inclua um índice de inflação cheio, de mais fácil compreensão pela sociedade.

Uma tendência geral dos países emergentes que liberalizaram a conta de capital foi a sensível redução da capacidade da política monetária para conduzir a taxa de juros de curto prazo para fins domésticos e para resistir a movimentos na taxa de câmbio. Nesse contexto, Tobin (1978:154) afirmou que o principal problema relacionado com a integração macroeconômica dos mercados financeiros não é a escolha adequada do regime cambial, mas a excessiva mobilidade dos capitais de curto prazo, que reduz a autonomia dos governos nacionais para perseguir objetivos domésticos como emprego, produção e inflação:

> a mobilidade dos capitais financeiros limita a viabilidade de diferenças entre as taxas de juros nacionais e, portanto, restringe fortemente a habilidade dos bancos centrais e do governo de implementarem políticas monetária e fiscal apropriadas para suas economias internas.

Nessas condições, as autoridades têm que enfrentar alguns dilemas de política econômica. Um possível dilema é que a evolução da inflação e da taxa de câmbio pode ser de tal ordem que torne necessária a utilização da política monetária — por exemplo, usar a política monetária para conter os movimentos adversos na taxa de câmbio pode comprometer a meta de inflação, embora, muitas vezes, a meta de inflação nos países emergentes tenha respondido, na prática, com alguma flexibilidade em face dos desafios colocados por flutuações das taxas de câmbio, e isso não se utilizando apenas a política monetária.[34] Mohanty e Scatigna (2005) relatam que alguns países emergentes usaram a taxa de juros para conter a volatilidade cambial. A solução de alguns desses dilemas da política econômica para as economias emergentes podem ser "resolvidos" mediante a utilização de instrumentos não tradicionais de política econômica, tais como controles de crédito e controles de capitais, como veremos na próxima seção.

Em geral, a política de taxas de juros, quando utilizada para controlar a demanda agregada para fins de estabilização de preços, é menos eficaz em países emergentes do que nos países desenvolvidos. Existem duas razões para

[34] Ho e McCauley, 2003.

essa diferença. Primeiro, o mecanismo de transmissão da política monetária via crédito é menos eficaz nos países emergentes. A principal razão é a relação crédito ao setor privado/PIB ser mais elevada nos países desenvolvidos, o que significa que a política monetária é mais eficaz para afetar a demanda agregada nesses países. De fato, nos anos 1990, essa razão foi, em média, de 84% nos países desenvolvidos, *vis-à-vis* apenas 28% na América Latina, 26% no Leste europeu e na Ásia central, e 12% no Oriente Médio e Norte da África; os únicos países emergentes que apresentaram resultados próximos aos encontrados para os países desenvolvidos foram as economias da Leste asiático e do Pacífico — 72%.[35]

Segundo, devido ao baixo desenvolvimento do mercado de capitais na maior parte dos países emergentes, os gastos com consumo não são sensíveis ao efeito riqueza, como acontece nos Estados Unidos, de modo que a taxa de juros também tem baixo impacto sobre o consumo através desse canal.[36] Consequentemente, a política monetária em alguns países emergentes tem que ser mais rígida (com taxa de juros mais elevada) do que nas economias desenvolvidas, visando o controle da demanda agregada; como resultado, a taxa de sacrifício de uma política deflacionária é frequentemente maior nas economias emergentes do que nos países desenvolvidos.

Por último, é importante ressaltar que as economias emergentes em geral são mais vulneráveis a choques externos do que as desenvolvidas. Estudos empíricos mostram que o impacto dos choques externos sobre a inflação doméstica é mais intenso nas economias emergentes do que nas nações desenvolvidas. Mohanty e Klau (2001), analisando a experiência de 14 países emergentes durante os anos 1980 e 90, constataram que choques externos de oferta, em especial nos preços de alimentos e energia, são importantes determinantes da inflação doméstica. Os produtos primários têm importante participação no consumo agregado dos países emergentes, devido aos padrões de consumo associados à baixa renda. Esses preços são, ainda, particularmente voláteis às condições climáticas e, eventualmente, a fatores geopolíticos.

[35] IADB, 2005:5.

[36] Segundo o BID (IADB, 2005:5), a razão entre o volume de crédito mais capitalização do mercado de capitais/PIB durante os anos 1990 foi de 149% nos países desenvolvidos, 48% na América Latina, 38% no Leste europeu e na Ásia central, e 80% no Oriente Médio e Norte de África — mais uma vez, a única exceção foram os países emergentes do Leste asiático e do Pacífico, com 150%.

Concluímos esta seção extraindo duas lições para a nossa discussão. A primeira está relacionada com o fato de os países emergentes serem, em geral, mais vulneráveis a choques externos do que os países desenvolvidos. Como resultado, essas economias são mais propensas a enfrentar questões relacionadas com pressões de custo sobre a inflação. A segunda lição é que a taxa de câmbio desempenha um papel proeminente nos países emergentes, haja vista a influência da taxa de câmbio sobre a inflação doméstica nesses países. Consequentemente, oscilações nas taxas de câmbio representam alguns desafios para as autoridades monetárias das economias emergentes. A esse respeito, Goldstein (2002) sugere a adoção de uma mistura de políticas econômicas denominadas *managed floating plus*, em que a variação cambial deve ser administrada de forma a ser compatível com as metas de inflação.

Segundo Tobin (1972), quando há baixa rigidez nominal dos salários, a inflação pode ajudar a lubrificar as engrenagens do mercado de trabalho, facilitando o ajuste de preços relativos e salários em setores com desemprego. A esse respeito, uma taxa de inflação positiva e baixa pode ajudar o crescimento econômico e reduzir o desemprego, uma vez que funciona como mecanismo de acomodação dos desequilíbrios na economia real, em face de choques de oferta, negociação de contratos trabalhistas etc. Apesar de reconhecermos que esses processos podem ser mais facilmente implementados nos países emergentes, por estes terem um mercado de trabalho mais flexível (e até mesmo um maior "contingente de reserva de mão de obra") do que as economias desenvolvidas, pelo fato de estas terem sindicatos mais organizados, a maior vulnerabilidade a choques externos e as oscilações cambiais requerem uma maior flexibilidade do RMI no caso das economias emergentes. O RMI não é o único modelo de política econômica para fins de estabilização de preços, tal como mostrado por algumas economias emergentes — como China e Índia[37] —, mas é provavelmente um instrumento necessário para aquelas economias com histórico recente de alta inflação, a fim de demonstrar um claro empenho das autoridades econômicas com a estabilização dos preços.

Qual o RMI mais adequado para as economias emergentes com histórico recente de alta inflação? As economias emergentes devem ter metas de inflação

[37] Para uma análise do desempenho econômico de China e Índia, ver Paula (2008).

em níveis semelhantes aos das economias desenvolvidas ou devem ter metas de inflação maiores? Analisaremos essas questões na próxima seção.

Proposta de flexibilização do arranjo institucional do RMI nos países emergentes

Como vimos nas seções anteriores, economistas pós-keynesianos defendem que a utilização da taxa de juros para controlar a inflação e a demanda agregada tem efeitos nocivos sobre o investimento e, consequentemente, sobre a taxa de crescimento da capacidade produtiva. Além disso, vimos que o uso de instrumentos alternativos, como o controle da inflação via política de rendas, pode não cumprir essa tarefa na maioria dos países, principalmente no caso dos emergentes, devido ao seu baixo nível de centralização no que diz respeito à negociação salarial. Portanto, conciliar estabilidade de preços e crescimento econômico sustentável a longo prazo exige um uso moderado da política de taxa de juros no controle da inflação. Adicionalmente, devido ao pequeno efeito de variações nas taxas de juros sobre os gastos com consumo na maior parte dos países emergentes, pode ser necessária a utilização de instrumentos complementares para o controle da demanda, como controles de crédito. Por último, a fim de evitar os efeitos indesejáveis dos afluxos de capitais sobre as taxas de câmbio nominal e real, talvez também sejam necessários controles de capital.

A utilização moderada da política de taxa de juros para controlar a inflação requer a distinção entre choques de oferta e de demanda e situações de excesso de demanda temporária e permanente, a redução da volatilidade cambial, bem como o reconhecimento de que os países emergentes, por razões estruturais, têm que operar com taxas de inflação maiores do que as dos países desenvolvidos.

A política de taxa de juros é um instrumento eficaz para controlar a inflação de demanda, mas não é adequada para controlar a inflação causada por choques de oferta. Por isso, o banco central deve reagir com variações da taxa de juros unicamente no caso de pressões inflacionárias causadas por situações de excesso de demanda. Pode-se alcançar esse objetivo utilizando índices de inflação que excluam os produtos mais sensíveis a choques de oferta, como alimentos e energia. Isso significa a adoção do núcleo de inflação, em vez do índice de inflação cheio como medida da meta de inflação.

Além disso, o banco central só deve reagir a situações de excesso de demanda permanente. Um excesso de demanda temporário, devido a uma elevada taxa de crescimento da demanda efetiva que induz um aumento nos gastos com investimento, deve ser acomodado pelo banco central mediante uma política monetária passiva. Para que o banco central possa viabilizar o crescimento econômico, só devem ocorrer aumentos da taxa de juros em situações de excesso de demanda que não estiverem associadas a aumento da taxa de acumulação de capital. Portanto, se os gastos com investimento estiverem crescendo a taxas mais elevadas do que a demanda agregada global, *ceteris paribus*, a capacidade de crescimento do produto será cada vez maior no médio prazo, configurando o caráter temporário de uma situação de excesso de demanda. Nessas condições, é desejável um horizonte temporal de convergência maior (superior a um ano) para a meta de inflação, a fim de atenuar os efeitos dos choques de demanda temporários sobre a taxa de inflação.[38]

Em algumas situações de excesso de demanda permanente, deve-se utilizar outros instrumentos além da política de taxa de juros. Como já vimos, o canal de transmissão da política monetária via crédito é menos eficaz em países emergentes do que nos desenvolvidos, sobretudo pela baixa razão crédito ao setor privado/PIB dos países emergentes. Com relação a esse ponto, Arestis e Sawyer (2006a:858) sugerem que "formas apropriadas de controle de crédito podem ser focadas em setores onde haja 'grande exuberância', em vez de se fazer um uso abrupto do instrumento de mudanças nas taxas de juros, que afetam todos os setores da economia".[39]

Alguns estudos empíricos, como o de Sarel (1996), por exemplo, mostram a existência de uma taxa mínima de inflação abaixo da qual a taxa de crescimento do produto é reduzida. Isso, dada a rigidez nominal dos salários que

[38] Um horizonte de convergência mais amplo (superior a um ano) para o cumprimento da meta de inflação significa que uma medida mais adequada da inflação é a média de pelo menos 18 ou 24 meses. Essa ampliação do período de convergência produz uma maior suavização na série da taxa de inflação do que aquela produzida por períodos mais curtos.

[39] Exemplos de controles prudenciais de crédito podem ser encontrados no Reino Unido, no período 1945-1975: "intervenção através da persuasão moral dos bancos para discriminarem por tipo de tomador (constrangimento do lado da oferta); e através da especificação de períodos de depósitos mínimos e períodos de pagamento máximo de empréstimos ao consumidor (uma medida do lado da demanda)" (Arestis e Sawyer, 2006a:858). Podem ser adotadas várias formas de controles de crédito, como restrições de prazo de algumas operações de crédito (financiamento de automóveis, por exemplo).

prevalece no mercado de trabalho. Como já salientado, segundo Tobin (1972), quando há baixa rigidez nominal dos salários, a inflação pode ajudar a "lubrificar as engrenagens no mercado de trabalho", facilitando o ajuste de preços relativos e salários em setores com desemprego. Portanto, para um crescimento econômico robusto, necessita-se de uma taxa de inflação reduzida. Padilha (2007), utilizando uma amostra de 55 países emergentes e desenvolvidos no período 1990-2004, reproduziu a metodologia utilizada por Sarel (1996) e demonstrou que, para os países em desenvolvimento, a taxa mínima de inflação é de 5,1% ao ano e, para os países desenvolvidos, é de cerca de 2,1% ao ano. A diferença entre o nível mínimo de inflação dos países desenvolvidos e dos emergentes deve-se ao fato de que a taxa maior de crescimento do produto nos primeiros gera um aumento na taxa de crescimento dos preços dos bens não comercializáveis relativamente àquela observada nos países desenvolvidos.

Isso significa que, para que os países emergentes tenham a mesma taxa de inflação dos países desenvolvidos, a taxa de crescimento dos preços dos bens comercializáveis deve ser mais elevada neste último grupo de países. Isso requer uma taxa de câmbio nominal valorizada nos países emergentes, que pode ser obtida por meio de uma política monetária restritiva com efeitos deletérios sobre o investimento e o crescimento. Com base nesse raciocínio, podemos afirmar que a convergência dos países emergentes para os países desenvolvidos exige, entre outros fatores, diferentes níveis de metas inflação.

Como vimos na seção anterior, a desvalorização da taxa de câmbio é um dos principais canais de pressão de custo nos países emergentes. Trabalhos empíricos mostram que as taxas de juros têm sido um dos instrumentos mais utilizados para lidar com variações na taxa de câmbio, na medida em que afetam a conta de capital e, consequentemente, as taxas de câmbio real e nominal. Por isso, as autoridades econômicas deveriam se preocupar com o comportamento da taxa de câmbio, evitando sua volatilidade e procurando, de algum modo, afetar sua trajetória no longo prazo (por exemplo, evitando valorizações e desvalorizações excessivas).

Uma possibilidade são intervenções oficiais no mercado cambial, que influenciam diretamente a taxa de câmbio nominal, alterando a relação entre a oferta de moeda doméstica e a quantidade de moeda estrangeira. Por um lado, a capacidade dos países para resistir à depreciação da moeda é limitada por seu estoque de reservas cambiais e por seu acesso a linhas potenciais de crédito.

A acumulação de reservas pode ser vista tanto como um seguro contra choques negativos futuros quanto contra ataques especulativos à moeda doméstica, uma vez que as economias emergentes têm acesso limitado aos mercados de capitais internacionais. Por outro lado, a capacidade de evitar a apreciação da moeda pode exigir a utilização de intervenções esterilizadas. O aumento das reservas monetárias pode pressionar a taxa de juros de curto prazo no caso de intervenções não esterilizadas, de modo que o crédito bancário tenderia a se expandir, o que resultaria em pressões inflacionárias. No entanto, se os bancos centrais estabelecem uma meta para a taxa de juros de curto prazo, eles podem tentar neutralizar o aumento das reservas bancárias vendendo ativos domésticos ou emitindo seus próprios títulos de dívida, um procedimento conhecido como intervenção esterilizada.[40]

Outra possibilidade para ajudar a gestão do regime cambial nos países emergentes (que não exclui a intervenção no mercado de câmbio) é a adoção de "técnicas de gerenciamento dos fluxos de capitais", que incluem controles de capitais, isto é, normas de administração do volume, da composição e/ou da alocação dos fluxos internacionais de capitais privados. Adicionalmente, podem ser adotadas "regulações prudenciais financeiras domésticas", que incluem políticas de adequação do capital, requerimentos compulsórios, ou ainda restrições sobre a capacidade e as condições pelas quais as instituições financeiras nacionais podem conceder financiamento a determinados tipos de projetos.[41] Os controles prudenciais ainda podem incluir: (a) limitação das oportunidades dos residentes de contrair empréstimos em moeda estrangeira e de controlá-los quando o fazem; e (b) manutenção de fortes restrições à capacidade dos bancos de se exporem direta e indiretamente a movimentos da taxa de câmbio na concessão de empréstimos.

Nas economias que praticam taxas de juros domésticas superiores às taxas de juros do mercado externo, podem ser usados controles sobre a entrada de capitais como um instrumento complementar às políticas monetária e cambial.[42] Nos países em que as taxas de juros internas são inferiores

---

[40] Mohanty e Turner, 2006.

[41] Epstein, Grabel e Jomo, 2003:6-7.

[42] Pode-se utilizar controles de capitais com diferentes objetivos, muitas vezes relacionados, como: (a) reduzir a vulnerabilidade de um país a crises financeiras, incluindo saídas bruscas de capital durante crises cambiais; (b) permitir um diferencial de juros interno e externo, a fim de proporcionar às autoridades mo-

às taxas de juros externas, não há necessidade de se adotar controles sobre os fluxos de capitais, na medida em que não existem ganhos de arbitragem possíveis, como tem sido o caso de China, Malásia e Coreia do Sul desde o final da década de 1990.

Conclusão

Este capítulo objetivou discutir se o RMI é compatível com a abordagem pós-keynesiana e, principalmente, definir um arranjo institucional mais adequado do RMI para as economias emergentes com histórico de inflação elevada no longo prazo. Nosso ponto de vista é que o RMI pode ser compatível com a abordagem pós-keynesiana sob certas condições. Especificamente, é necessário um arranjo institucional flexível do RMI para que as economias emergentes conciliem os objetivos de estabilização dos preços e de crescimento econômico sustentável, na medida em que essas economias têm algumas peculiaridades, como problemas relacionados à "integração financeira assimétrica".

Como vimos, os economistas pós-keynesianos sustentam que a utilização excessiva da taxa de juros como política de estabilização de preços pode afetar a taxa de desemprego de equilíbrio (NAIRU) devido ao seu efeito sobre a acumulação de capital e sobre a capacidade produtiva. Por isso, a política monetária não é neutra no longo prazo. Nossa proposta para a flexibilização do RMI em economias emergentes parte justamente desse ponto. Para que os bancos centrais possam cumprir seu duplo mandato — estabilidade dos preços e crescimento econômico —, as variações na taxa de juros devem ser reduzidas ao mínimo necessário. Do ponto de vista da operacionalidade do RMI, o banco central atua num "fio de navalha": se adotar uma política monetária muito restritiva, corre o risco de induzir um aumento permanente na taxa de desemprego (devido ao efeito da taxa de juro sobre a acumulação de capital);

netárias alguma autonomia da política monetária, pelo menos no curto prazo; (c) manter alguma estabilidade, no curto prazo, da taxa de câmbio nominal e reduzir as pressões sobre a taxa de câmbio provenientes do excessivo afluxo de capitais. Para tais fins, podem ser usados controles de capitais para alterar a composição e a maturidade dos fluxos e reforçar a capacidade de intervenção das autoridades monetárias no mercado de câmbio. Apesar de muito controversas, algumas evidências sobre a eficácia dos controles de capital sugerem que os benefícios macroeconômicos das técnicas de gerenciamento dos fluxos de capitais superam os custos microeconômicos. Ver, nesse sentido, Magud e Reihart, 2006.

mas se não gerir a taxa de juros de modo a reduzir as pressões inflacionárias, o banco central pode fazer com que a inflação fique "fora de controle" (uma preocupação característica dos países com histórico de inflação elevada). Isso significa que um RMI flexível será aquele no qual o banco central não seguirá uma regra de mecânica, mas terá um considerável grau de discricionariedade sobre a determinação da taxa de juros de curto prazo, mais orientado pela "arte" do que pela "ciência" da política monetária.[43]

Bibliografia

ARESTIS, P.; SAWYER, M. Keynesian economic policies for the new millennium. *The Economic Journal*, v. 108, p. 181-195, 1998.

———; ———. Aggregate demand, conflict and capacity in the inflationary process. *Cambridge Journal of Economics*, v. 29, p. 959-974, 2005.

———; ———. The nature and role of monetary policy when money is endogenous. *Cambridge Journal of Economics*, v. 30, p. 847-860, 2006a.

———; ———. Interest rates and the real economy. In: GNOS, C.; ROCHON, L. P. (Eds.). *Post Keynesian principles of economic policy*. Aldershot: Edward Elgar, 2006b. p. 3-20.

BERNANKE, B. S. et al. *Inflation targeting: lessons from the international experience*. Princeton: Princeton University Press, 1999.

CARLIN, W.; SOSKICE, D. *Macroeconomics: imperfections, institutions, and policies*. Oxford: Oxford Press, 2006.

CARVALHO, F. C. *Mr Keynes and the post Keynesians*. Aldershot: Edward Elgar, 1992.

CHOUDHRI, E.; HAKURA, D. *Exchange rate pass-through to domestic prices:* does the

[43] Um RMI flexível tem diversas características comuns com a política monetária discricionária da era Greenspan no FED. Sobre a conveniência do poder discricionário na operação da política monetária, Greenspan (1997:1) afirma que: "Regras de política (...) antecipam que as conexões causais-chaves observadas no passado irão se manter fixas ao longo do tempo (...). Mas frequentemente [essas] regularidades históricas têm sido quebradas por mudanças não antecipadas (...). Padrões significam que o desempenho da economia sob qualquer regra, rigorosamente seguida ou não, desviaria as expectativas (...). Em um mundo sempre cambiante, algum elemento de discricionariedade parece ser um aspecto inevitável no processo decisório das políticas".

inflationary environment matter? Washington, DC: International Monetary Fund, 2001. (IMF Working Paper, 01/194).

DAVIDSON, P. Can, or should, a central bank inflation target? *Journal of Post Keynesian Economics*, v. 28, n. 4, p. 689-703, 2006.

EINCHENGREEN, B. *Can emerging markets float? Should they inflation target?* Brasília: Banco Central do Brasil, 2002. (Working Papers Series, 36).

EPSTEIN, G.; GRABEL, I.; JOMO, K. *Capital management techniques in developing countries*. Amherst: University of Massachusetts, 2003. (Political Economy Research Institute Working Paper Series, 56).

FONTANA, G.; PALACIO-VERA, A. Are long-run price stability and short-run output stabilization all that monetary policy can aim for? *Metroeconomica*, v. 58, n. 2, p. 269-298, 2005.

FRIEDMAN, M. The role of monetary policy. *American Economic Review*, v. 58, p. 1-17, 1968.

GOLDSTEIN, M. *Managed floating plus*. Washington, DC: Institute for International Economics, 2002. (Policy Analysis in International. Economics, 66).

GREENSPAN, A. Rules vs. discretion in monetary policy. *Speech at Stanford University*. Stanford: Center for Economic Policy Research, Sept. 5, 1997.

GRENVILLE, S. Exchange rate regime for emerging countries. *Reserve Bank of Australia Bulletin*, Nov. 2000.

HEENAN, G.; MARCEL, P.; ROGER, S. *Implementing inflation targeting: institutional arrangements, target design, and communications*. Washington, DC: International Monetary Fund, 2006. (IMF Working Paper, 06/278).

HO, C.; McCAULEY, R. *Living with flexible exchange rates:* issues and recent experience in inflation targeting emerging market economies. Basle: Bank for International Settlements, 2003. (BIS Working Paper, 130).

IADB (Inter-American Development Bank). *Unlocking credit:* the quest for deep and stable bank lending. Washington, DC: IADB, 2005.

MAGUD, N.; REINHART, C. *Capital controls:* an evaluation. Cambridge: NBER, Jan. 2006. (NBER Working Paper, 11.973).

MOHANTY, M.; KLAU, M. *What determines inflation in emerging market economies?* Basle: Bank for International Settlements, 2001. (BIS Papers, 8).

———; SCATIGNA, M. *Has globalization reduced monetary policy independence?* Basle: Bank for International Settlements, 2005. (BIS Papers, 23).

———; TURNER, P. Foreign exchange reserves in emerging countries. *BIS Quarterly Review*, v. 24, p. 39-42, 2006.

PADILHA, R. *Metas de inflação: experiência e questões para os países em desenvolvimento.* 2007. Dissertação (Mestrado em Desenvolvimento Econômico) — UFPR, Curitiba, 2007.

PALLEY, T. *Post Keynesian economics:* debt, distribution and the macroeconomy. New York: Palgrave, 1996.

———. Monetary policy in an endogenous money economy. In: ARESTIS, P.; SAWYER, M. (Eds.). *A handbook of alternative monetary economies*. Aldershot: Edward Elgar, 2006a. p. 242-256.

———. The economics of inflation targeting: negatively sloped, vertical, and backward-bending Philips curves. 2006b. ms.

PAULA, L. F. Financial liberalization, exchange rate regime and economic performance in the BRICs countries. In: ARESTIS, P.; PAULA, L. F. (Eds.). *Financial liberalization and economic performance in emerging countries*. Basingstoke: Palgrave, 2008. p. 52-94.

ROWTHORN, R. *Unemployment, capital-labor substitution and economic growth*. Washington, DC: International Monetary Fund, 1999. (IMF Working Paper, 99/43).

SAREL, M. Nonlinear effects of inflation on economic growth. *IMF Staff Papers,* v. 43, p. 199-215, 1996.

SAWYER, M. Inflation targeting and the central bank independence: we are all Keynesians now! Or are we? *Journal of Post Keynesian Economics*, v. 28, n. 4, p. 639-652, 2006.

SETTERFIELD, M. Is inflation targeting compatible with post Keynesian economics? 2005. ms.

STUDART, R. Financial integration, instability and macroeconomic performance in the 1990s. In: FENDT, R.; LINS, M. A. T. (Eds.). *Uneven architecture*. Rio de Janeiro: Konrad Adenauer Foundation, 2002. p. 121-147.

TAYLOR, J. B. Discretion versus policy rules in practice. *Carnegie-Rochester Conference Series on Public Policy*, n. 39, 1993.

TOBIN, J. Inflation and unemployment. *American Economic Review*, v. 62, p. 1-18, 1972.

———. A proposal for international monetary reform. *Eastern Economic Journal*, v. 4, p. 153-159, 1978.

WALSH, C. *Monetary theory and policy.* Cambridge: MIT Press, 1999.

WEINTRAUB, S. *An approach to the theory of income distribution*. Philadelphia: Clinton, 1958.

WOODFORD, M. *Interest and prices:* foundations of a theory of monetary policy. Princeton: Princeton University Press, 2003.

13

Política de metas de inflação: análise retrospectiva e desafios para o futuro*

Rubens Penha Cysne

Este capítulo provê uma análise retrospectiva dos nove anos do programa de metas de inflação no Brasil, concentrando-se depois nos desafios para os próximos anos. Aborda-se a questão da consistência fiscal, bem como particularidades brasileiras que dificultam a condução da política monetária no país.

Análise retrospectiva

A ideia de se instituir no Brasil um sistema de metas de inflação, a despeito do ceticismo gerado em alguns setores quando de seu início, em 1999, tem-se mostrado positiva como mecanismo de política monetária e controle da inflação. Foi capaz, por exemplo, de reverter com sucesso a aceleração inflacionária de 2002, ano em que o IGP-DI da Fundação Getulio Vargas apresentou variação anual de 26,41%.

Claro é que utilizá-lo sem levar em conta a necessária consistência fiscal pode ser bom para conter a inflação e, ao mesmo tempo, nocivo à economia como um todo. Sobre tal questão nos deteremos nas demais seções deste capítulo.

* Agradeço a Rogério Sobreira, professor da Ebape/FGV, pela leitura de uma versão prévia deste texto. Guilherme Augusto B. Torres (FGV) proveu assistência de pesquisa.

O gráfico 1 mostra as metas de inflação, as margens de variação fixadas para estas (área sombreada), bem como a inflação efetivamente observada. Esta última se apresenta em função não só do índice oficial usado nas avaliações das metas, o IPCA-IBGE, mas também de dois índices adicionais ao consumidor, o IPC-Fipe e o IPC-FGV. Nos anos de 2003 e 2004 há uma repetição para caracterizar o fato de que a meta foi modificada. Em 2008 e 2009 apenas as metas e os intervalos são apresentados.

Gráfico 1
Metas de inflação e inflação efetiva

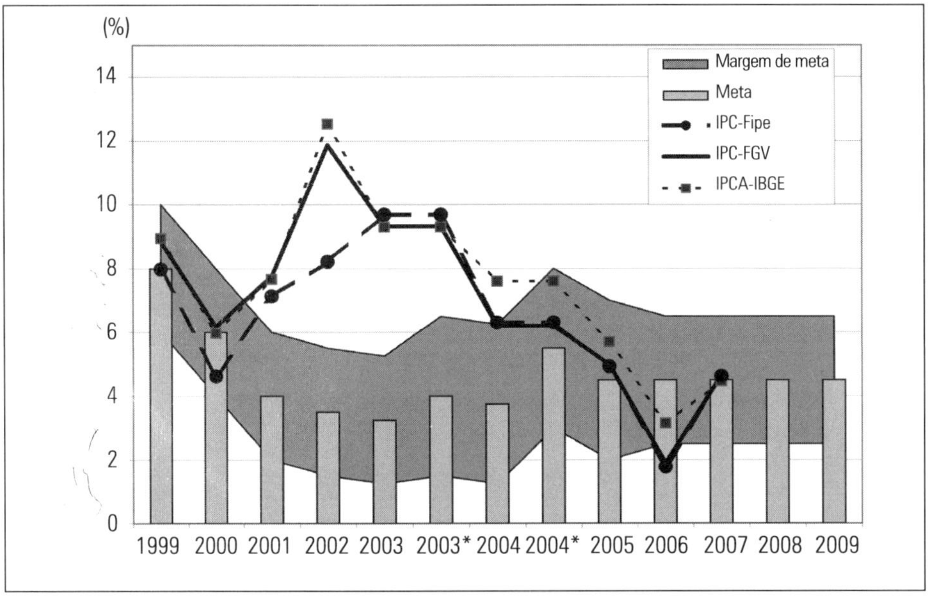

Observa-se claramente que, a despeito das dificuldades iniciais para se obter uma inflação dentro das metas estendidas (definidas aqui como aquelas que incluem as margens de variação permitidas em lei) no período 2001-2004, a consecução da meta estendida nos demais anos da amostra foi bem-sucedida. Isso ocorre independentemente do índice adotado, contanto que só sejam utilizados índices ao consumidor.[1]

[1] Quando se toma o IGPM, por exemplo, apenas em 2006 a inflação se situou na meta estendida, tendo ficado abaixo do limite inferior em 2005.

Parte relevante do sucesso na consecução das metas desde 2005, entretanto, se deve ao processo de valorização cambial que se iniciou no final de 2002. O gráfico 2 mostra a correlação entre inflação e preço nominal do dólar (associando queda da inflação com valorização cambial, como tenderia a prever um modelo com *tradables* e *nontradables*). Na coordenada do lado esquerdo lê-se a inflação anual média de dezembro a dezembro. Na coordenada do lado direito, a taxa cambial média do mês de dezembro de cada ano.

Gráfico 2
Inflação e preço do dólar

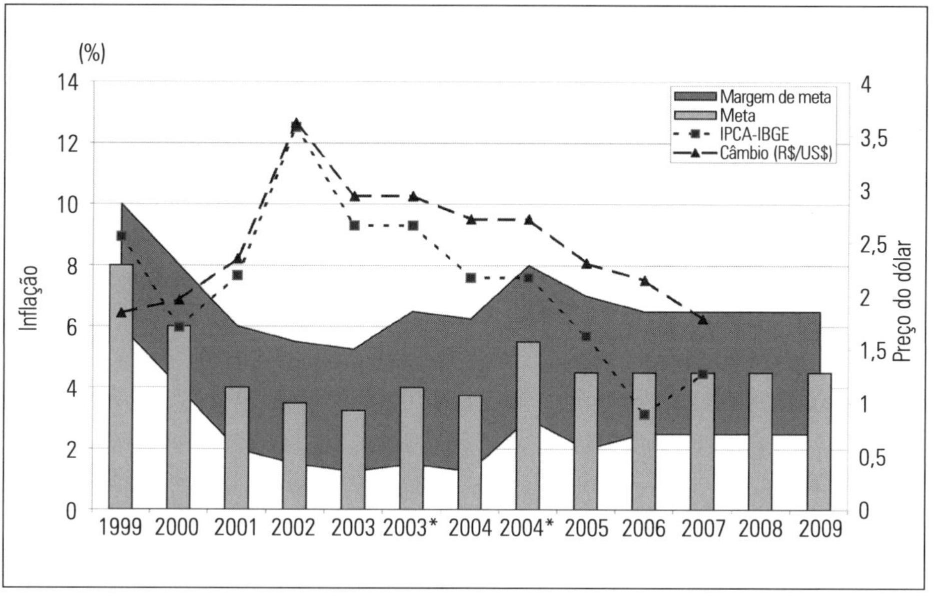

O gráfico mostra também uma reversão da inflação em 2007, a despeito de o câmbio nominal continuar em trajetória de queda. Preocupa, nesse contexto, o fato de o déficit em transações correntes do balanço de pagamentos previsto para 2008 já ser bastante elevado, sugerindo-se um limite próximo para o processo de valorização da moeda nacional. Quando se iniciar a reversão desse processo (reduzindo-se, dessa forma, a captação de poupança externa), o mesmo gráfico 2 sugere que será muito mais difícil manter a inflação nos limites atuais.

Custos da inflação e imposto inflacionário

Por um lado, o rígido acompanhamento das metas de inflação em ambiente de frouxidão fiscal pode penalizar os investimentos privados e as exportações líquidas. Isso ocorre em função da valorização cambial que advém de taxas de juros elevadas (as taxas de juros são elevadas para conter a inflação em ambiente de expansão fiscal). Todo esse processo é custoso para a economia, em particular para o crescimento, porque investimentos e exportações líquidas costumam se correlacionar positivamente com este.

Por outro lado, cabe notar que qualquer leniência com a inflação seria hoje muito mais nociva do que no tempo de indexação generalizada.

Para se ter uma ideia dos benefícios de uma inflação nos limites atuais, cabe uma digressão em torno do passado não tão distante da evolução dos preços no Brasil.

Lucas Jr. (2000) e Cysne (2003) são exemplos da literatura que provê teoria a respeito dos custos de bem-estar da inflação, o segundo trabalho citado dando ênfase a particularidades do caso brasileiro. Estimativas empíricas sobre tais custos são providas por Simonsen e Cysne (2008, cap. 10). Tais estimativas, por exemplo, revelam um custo de bem-estar de aproximadamente 3% do PIB, decorrente da média histórica de 85,8% ao ano de inflação ocorrida entre 1947 e 2003.

Há, ademais, efeitos nocivos da inflação sobre a concentração de renda,[2] bem como transferências arbitrárias de renda para o sistema bancário, incluindo o Banco Central.[3] Às transferências compulsórias de renda para o Banco Central decorrentes do fato de a moeda pagar juros reais negativos sempre que a inflação é positiva dá-se o nome de imposto inflacionário. Quando tais transferências se dão a favor do sistema bancário comercial (instituições autorizadas a receber depósitos à vista), usa-se a denominação transferências inflacionárias. Neste último caso, trata-se dos juros reais negativos pagos pelo saldo dos depósitos à vista sobre o total das reservas bancárias.

Simonsen e Cysne (2008, cap. 3) proporcionam ao leitor uma dimensão de tais transferências de renda nos períodos pregressos de alta inflação no

[2] Cysne, Maldonado e Monteiro, 2005.
[3] Cysne e Lisboa, 2004, 2007.

Brasil. Computando-se tanto o imposto quanto as transferências inflacionárias chega-se, por exemplo, a uma média de 3,59% do PIB entre 1947 e 1993.

Todos esses custos e transferências são substancialmente mais reduzidos hoje; daí a importância de se manter a inflação nos níveis atuais.

Dominância fiscal, balanço de pagamentos e fortalecimento da instituição orçamentária

O objetivo desta seção é alertar o leitor sobre os perigos para qualquer economia, em particular aquelas que operam com câmbio flexível e mobilidade de capitais, de seguir um sistema de metas de inflação fundamentado apenas no controle dos juros, sem o necessário acompanhamento da devida consistência fiscal.

Mishkin (2004:3) enumera cinco características que podem tornar o sistema de metas de inflação particularmente difícil para economias emergentes. Destas, aquela que se aplica ao Brasil com maior clareza é a fraqueza das instituições fiscais.

Na ausência de controles fiscais efetivos, com ou sem política de metas de inflação, a política macroeconômica pode passar a uma situação de dominância fiscal. Isso ocorre quando a possibilidade de inadimplência do setor público, seja de moratória declarada, seja de um processo inflacionário, gera indisponibilidade de compradores para títulos da dívida pública, ainda que a curtíssimo prazo. A fase anterior usualmente se faz acompanhar de queda dos investimentos privados, valorização cambial e elevação do desemprego; a posterior, de desvalorizações da moeda doméstica. A pressão política dominante, nesse contexto, é para que a autoridade monetária gere uma inflação que, ao mesmo tempo, monetize parte da dívida e reduza o valor real das despesas públicas.

É claro que em determinadas economias tal tipo de *default* inflacionário parcial pode também ter reflexos diretos sobre o valor dos ativos do sistema financeiro, majorando situações de crise, inclusive através de possíveis corridas bancárias. Tome-se, por exemplo, o caso da Argentina em 2001. Passivos públicos atrelados à taxa de mercado, dos quais são exemplos os títulos públicos atrelados à Selic no Brasil, reduzem o risco de tal tipo de contaminação do sistema financeiro.

Quando se instala a dominância fiscal, qualquer mecanismo de metas de inflação torna-se anódino, inoperante, não restando ao banco central do país outra opção senão aceitar o fato de que a evolução da dívida líquida se encontra em uma trajetória incompatível com novas elevações de juros.

Se uma situação limítrofe como esta tem chances de ocorrer no Brasil é uma questão em aberto. Por enquanto, o problema é de outra ordem, bem mais ameno, mas cuja nocividade não deve ser desprezada. Trata-se do deslocamento dos investimentos e das exportações líquidas (exportações menos importações), ditado pela conjugação de mobilidade de capitais, câmbio flexível e aumento de transferências e do consumo do governo. Sobre tal ponto nos deteremos no restante desta seção.

A queda do custo de informação, ditada pelas inovações tecnológicas na área da informática, tem levado diferentes economias a ficarem cada vez mais próximas de um sistema de perfeita mobilidade de capitais. Nesse sistema, há duas lições fundamentais a serem aprendidas, em particular por uma economia pequena no cenário internacional: se o câmbio for fixo, o país perde a controlabilidade monetária; por outro lado, se o câmbio for flutuante, perde-se a liberdade fiscal. A contrapartida de leniência com gastos públicos passa a ser a ameaça a vários setores produtivos da economia geradores de inovações. É fundamental para o Brasil entender e digerir bem esse segundo ponto, sob pena de condenar o país a repetir, no século XXI, a perda relativa de crescimento que teve no século XIX.

O primeiro aprendizado, relativo às restrições impostas à liberdade monetária em um ambiente de câmbio fixo, custou caro a várias economias no último quarto do século XX. Os anos 1990 foram prolíficos em exemplos desse tipo. O sistema monetário europeu entrou em crise no terceiro trimestre de 1992, quando a Itália e o Reino Unido desvalorizaram suas moedas e deixaram o "mecanismo de taxa de câmbio", que caracterizava a União Monetária Europeia. O México, que em 1982 já havia dado início a uma crise cambial que afetou também o Brasil, passou por outra crise cambial em 1994/1995. Em 1997 foi a vez da Ásia (em processo que se iniciou pela Tailândia); em 1998, da Rússia; em 1999, novamente do Brasil. Nesse ano teve fim o regime de câmbio nominal fixo vigente desde a implantação do real, em 1994. Mais recentemente, a Argentina passou por grave crise cambial em 2001/2002.

Quando se fixa o preço da divisa estrangeira de referência, elevações do crédito doméstico feitas pelo banco central, seja para o governo, seja para o setor privado, têm como contrapartida uma queda de montante semelhante das reservas internacionais. Isto posto, quando se postergam desvalorizações, de forma a evitar seu custo político (dado que implicam queda de salários reais e maior inflação), corre-se o risco de o mercado perceber antecipadamente que o banco central não será capaz de manter o preço irreal da divisa estrangeira. Isso gera uma corrida contra a moeda nacional e a sua consequente desvalorização, muitas vezes de forma abrupta e altamente nociva ao bom andamento da economia local.

Há hoje um outro aprendizado a ser feito, mais sutil, mas talvez ainda mais importante: enquanto no câmbio fixo o preço da expansão artificial do crédito interno líquido são as crises monetárias (como as já citadas), no câmbio flexível o preço da elevação contínua das despesas públicas, ainda que com contrapartida tributária, pode ser o atraso relativo e o baixo crescimento. A lição monetária com câmbio fixo está bem aprendida, ainda que a custos bastante elevados para várias economias. A lição fiscal com câmbio flexível ainda não.

Como as consequências de política fiscal são de mais longo prazo, e não tão evidentes como uma crise monetária, não se percebe ainda com clareza em várias economias que a recente elevação da mobilidade de capitais reduziu sobremaneira o espaço para erros de política fiscal. O século XX, da livre flutuação da libra esterlina, no começo da I Guerra, até a introdução do euro, em 1999, passando pelo acordo de Bretton Woods, em 1944, destacou-se pelas tentativas de coordenação monetária mundial. O dever de casa do século XXI, a se manterem os regimes de flutuação cambial, deverá ser no campo da coordenação global de políticas fiscais.

O argumento de que um câmbio determinado pelas livres forças de mercado traduz um equilíbrio defensável economicamente é (também economicamente) pueril. Trata-se de fato de um equilíbrio, mas de um equilíbrio ruim, nocivo, no qual a composição de demanda modifica-se contra as exportações líquidas e a favor da absorção doméstica, em detrimento de pesquisas e inovações tecnológicas que caracterizam o setor exportador e o setor de substituição de importações. Em particular, porque uma fração muito diminuta do total dos gastos públicos costuma dirigir-se à formação de capital.

No Brasil ainda não se percebeu claramente esse fato em função de dois fatores adicionais. Primeiro, porque nos últimos cinco anos o aumento do tamanho do governo (hoje determinando diretamente gastos da ordem de 40% do PIB) tem-se dado juntamente com uma melhora dos termos de troca (preço das exportações em relação ao preço das importações). Segundo, porque a instituição orçamentária nacional dá as costas aos ensinamentos que garantiram a Haavelmo o Prêmio Nobel de Economia: elevar despesas com déficit público constante eleva a demanda agregada.

Iniciemos pelo primeiro ponto, relativo à bonança externa transitória. A melhora dos termos de troca tem o poder de mascarar miopias na condução da política econômica. Isto porque, em última instância, ela significa que o país como um todo ficou mais rico. A elevação dos salários reais daí decorrente materializa-se através de uma valorização da moeda nacional, o que tem acontecido há algum tempo. O sentimento geral de várias camadas da população passa a ser de aprovação política. O processo é corroborado pela ajuda que a valorização cambial dá à estabilidade de preços. A sensação temporária de aumento de felicidade mascara os problemas do porvir e reduz o suporte político necessário às iniciativas que os minimizariam. Modifica-se potencialmente a trajetória da economia, a favor do presente e com viés contra o futuro. Perde o crescimento.

O alarme das reduções contínuas de competitividade internacional dos setores intensivos em mão de obra costuma soar na arena política trazido pelos *lobbies* em defesa daqueles que competem com produtos importados e daqueles que exportam. Mas, infelizmente, não costuma encontrar eco: na direita, em geral, por incompetência técnica; na esquerda, via de regra, por complacência.

Em vez de observar diretamente o saldo da conta corrente do balanço de pagamentos, a ortodoxia de direita perde tempo discutindo critérios distintos de cálculos de paridade de poder de compra. Bastaria observar que o Brasil, com um elevado déficit em conta corrente previsto para 2008, tem aproveitado bem menos a bonança externa transitória na construção para o futuro (leia-se elevação de ativos externos líquidos) do que outros países (a China, por exemplo, tem poupado para o resto do mundo parcela da ordem de 5% do seu PIB).

Passemos agora ao segundo motivo redutor da percepção, no Brasil, da ameaça que a leniência fiscal implica, relativamente ao crescimento de longo prazo, quando o câmbio é flexível. Trata-se da não inclusão do aprendizado, na redação das leis que compõem a instituição orçamentária nacional, da lição de Haavelmo e da lição dada pela assimétrica evolução de diferentes economias após a II Guerra: aumento de gastos com déficit constante não é neutro nem do ponto de vista macroeconômico nem (muito menos) do ponto de vista microeconômico. É preciso modificar a percepção atual, nociva ao suporte político requerido por reformas estruturais, que supõe as contas públicas em bom estado uma vez que o objetivo de superávit primário seja alcançado.

Percebe-se claramente esse tipo de filosofia — "aumento de despesa com contrapartida em impostos não é problema" — no modelo orçamentário gerado pela Constituição de 1988. Tal modelo, composto pelo Plano Plurianual (PPA), pela Lei de Diretrizes Orçamentárias (LDO), pela Lei do Orçamento Anual (LOA) e pela subsequente Lei Complementar de Responsabilidade Fiscal (LRF), de maio de 2000, tem sido eficiente em conter os déficits, mas não em conter os gastos públicos e os impostos. Não há mecanismo de defesa para o contribuinte na instituição orçamentária atual.

Em vários pontos da atual legislação observa-se a ideia subliminar de que a despesa pública é permissível, desde que coberta por receitas tributárias. Para começar, esse é o caso de todas as despesas vinculadas, que podem ter qualquer montante, contanto que proporcionais às respectivas receitas. Segundo exemplo: o §3º do artigo 166 da Constituição permite emendas parlamentares que onerem a despesa, desde que fique comprovado que houve erro (para menos) na previsão de receitas. Terceiro exemplo: na LRF, exceto nos controles relativos a anos de eleição, há sempre limites para endividamentos ou déficits, mas não para despesas. Quarto: também na LRF, os limites estipulados para a contratação de pessoal baseiam-se apenas nas receitas líquidas. Quinto: na limitação orçamentária da LOA estipulada pela LDO, controla-se o déficit primário, o que evidentemente também permite o aumento de despesas quando se elevam as receitas (mesmo após a aprovação do orçamento, mediante envio ao Congresso de pedido de crédito suplementar). É extensa a lista de exemplos possíveis.

Macroeconomicamente, aumentos de gastos públicos com orçamento equilibrado elevam a demanda e exigem juros mais elevados. Microeconomicamente, a diferença na alocação de recursos gerada por um setor privado bem regulado e pelo setor público é também bastante marcante. A observação da trajetória econômica seguida por algumas economias após a II Guerra ajuda nessa percepção.

O país encontra-se em uma armadilha fiscal: há um controle fiscal aparente, quando se observa publicamente a consecução da meta de déficit primário fixado pela LDO. Mas, como atestam a elevação da carga tributária e o pequeno crescimento ocorrido desde 1988, bem como o elevado déficit na conta corrente do balanço de pagamentos previstos para 2008, tal controle tem sido míope e parcial.

A consequência de não se ter, no conjunto orçamentário atual, freios automáticos para aumentos de despesas fica claramente patente nos números de longo prazo da economia. O consumo do governo como percentual do PIB, medido pelas contas nacionais, que na década de 1980 situava-se em torno de 10%, situa-se hoje em cerca de 20%. No mesmo período, a arrecadação tributária subiu de 23% para 38% do PIB. Não há dúvidas de que o "tamanho do governo" aumentou. Um fato mais atual: a despesa com o INSS (7,8% do PIB) e com inativos do setor público monta a algo em torno de 11,8% do PIB. Por outro lado, o pagamento de juros reais sobre a dívida do setor público em anos recentes chegou a 5,7% do PIB. Conclui-se que apenas esses dois itens — juros reais e previdência — são responsáveis pelo comprometimento de quase metade (0,46 = 175/380) da receita bruta do governo.

Para entender como a questão fiscal afeta atualmente a economia brasileira é preciso entender essa sua interação com o setor externo no ambiente de câmbio flexível. Quando a despesa pública sobe ou a arrecadação tributária se reduz, ou mesmo quando a despesa aumenta *pari passu* com a arrecadação tributária, elevam-se os juros (em função do efeito renda sobre a demanda por moeda) e, em função da entrada de divisas que isso provoca, valoriza-se a moeda doméstica em relação ao dólar.

Observe-se que o processo não é determinado diretamente a partir do nível de despesa ou de déficit, mas do aumento de despesas. O resultado é a queda do fluxo de exportações e o aumento do fluxo de importações, processo que perdura enquanto permanece a pressão altista sobre a demanda agregada. O resultado final é uma troca da composição de despesas no PIB: saem as despesas que implicam pesquisa, investimentos em tecnologia e em capital humano (exportações) e entram as despesas de custeio do setor público, que muito pouco acrescentam diretamente à capacidade futura de elevar a produção nacional de bens e serviços. A taxa de crescimento, evidentemente, se reduz.

O problema não é apenas do Brasil, mas de qualquer país que eleve gastos fiscais em ambiente de câmbio flexível. Mesmo os países de maior projeção no cenário internacional estão sujeitos a tal mecanismo, ainda que em proporção menor do que as economias pequenas. Em meados dos anos 1980, podem-se citar os elevados déficits do balanço de pagamentos em conta corrente provocados pela conjunção, no governo Reagan, de maiores gastos militares e redução das alíquotas de taxação (esta, com a esperança de estimular os negócios e elevar a arrecadação, o que não se materializou). Processo semelhante repete-se hoje em dia nos Estados Unidos.

Desafios para o futuro

A política monetária brasileira opera hoje, majoritariamente, em função do contexto definido pelo Decreto-Lei nº 3.088, de junho de 1999, que deu origem ao "método dos dois alvos".

O primeiro alvo consiste na meta de inflação, fixada em meados de cada ano pelo Conselho Monetário Nacional, por proposta do ministro da Fazenda. O segundo alvo, estabelecido pelo Comitê de Política Monetária do Banco Central (Copom), é a taxa de juros do mercado interbancário. Operacionalmente, controla-se a oferta de reservas bancárias de forma que a taxa de juros de empréstimos no mercado interbancário se situe ligeiramente acima daquela que seria determinada pelo nível de inflação esperada. Cabe observar que, sob a denominação ou não de "sistema de metas de inflação", tal metodologia de concentração sobre os juros, e não mais sobre os agregados monetários, é a predominante hoje, sendo dela exemplo a sistemática seguida pelos Estados Unidos e pela União Europeia.

No Brasil, a política está incompleta. Para haver maior crescimento é preciso reduzir o viés atualmente existente contra os investimentos (em decorrência dos juros elevados, do deslocamento do setor privado pelo setor público e de várias ordens de insegurança) e contra as exportações líquidas (em função da valorização cambial decorrente da elevação das despesas do setor público em ambiente de câmbio que se quer flexível).

Do ponto de vista da economia política do problema, há necessidade de mais conflitos públicos decisórios. No contexto monetário, o conflito público construtivo deveria se dar entre o Banco Central e o Ministério da Fazenda. O primeiro (Banco Central) não deveria participar da decisão sobre as metas.[4] As metas deveriam ser fixadas unicamente pela Fazenda. Nesse contexto ideal, o Banco Central, ao receber as metas, deveria ser capaz de exigir publicamente da Fazenda, a exemplo do que ocorre em outros países, uma evolução da política fiscal condizente com as metas e com a saúde dos investimentos e das exportações líquidas.

O segundo conflito que deveria ser exacerbado na esfera pública, mas não existe (nem nunca existiu) a contento no Brasil, contraporia efetivamente o Legislativo ao Executivo na discussão do orçamento público. Tal orçamento deveria estar em linha com a decisão tomada no primeiro conflito construtivo (entre o Banco Central e a Fazenda), detalhada acima. O orçamento deveria ser a peça-chave a gerir a política fiscal, de forma a possibilitar que as metas de inflação não implicassem, como hoje o fazem, uma nociva troca de demanda externa por demanda interna na composição do PIB.

Das duas metas pertinentes ao "método dos dois alvos", apenas a primeira, relativa a que inflação escolher para cada ano ou biênio à frente, embute uma escolha social. Uma vez fixada a meta de inflação, as decisões do Banco Central são técnicas, em função de um objetivo a ser cumprido. Isso implica, obviamente, que a discussão pública sobre as metas de inflação deveria centrar-se majoritariamente quando da divulgação das metas (alvo 1), daí surgindo as metas fiscais consistentes. E não, como tem ocorrido desde o início do sistema de metas, quando da divulgação das taxas do Copom (alvo 2).

Ao contrário do que usualmente se comenta, a elevação das taxas do Copom pelo Banco Central, quando em dissonância com a Fazenda, não constitui uma demonstração efetiva de independência do primeiro. Esta se caracterizaria, a valer, se houvesse da parte do banco um questionamento público sobre a consistência da política fiscal subjacente às metas de inflação. Isso está longe de ocorrer no arcabouço institucional brasileiro.

---

[4] No Brasil, as metas são fixadas pelo Conselho Monetário Nacional, que inclui o presidente do Banco Central.

Particularidades brasileiras

O conhecimento exato dos efeitos da política econômica, da monetária em particular, é especialmente mais complicado no caso brasileiro do que em outras economias, industrializadas ou mesmo algumas ainda emergentes, por vários motivos.

Primeiro, há o histórico passado de moratórias parciais ou totais, de planos mirabolantes e de elevados níveis de inflação que moldaram, de forma muito particular, a reação de agentes econômicos residentes no Brasil a quaisquer medidas de política econômica.

Segundo, há a incerteza política inerente a uma economia cujo sistema de representação democrática deixa ainda muito a desejar, em particular na identidade partidária, que não é clara nem consolidada; no número muito elevado de partidos, o que aumenta o custo de coalizões executivas; e no sistemático desrespeito ao eleitor, caracterizado pela junção de votação proporcional com migração partidária.

Terceiro, há a histórica fraqueza da instituição orçamentária brasileira, ponto ao qual já nos referimos.

Quarto, há a enorme dificuldade político-fiscal gerada pela elevada dissociação, existente particularmente no Brasil (em função do elevado peso do setor informal), entre o universo de eleitores e o universo de contribuintes. Trata-se de um tema sobre o qual pouco ou nada se discute na mídia, mas fundamental para o entendimento da evolução política e econômica do país. Tal dissociação adiciona ao desenrolar dos fatos domésticos um malefício muito observado na sociedade brasileira: a socialmente perigosíssima dissociação entre a conduta e o benefício.

Quinto, há a incerteza associada à fraqueza de outras instituições, que, ao contrário da formação bruta de capital (leia-se, investimentos), só podem ser providas pelo setor público. Incluem-se aí as agências reguladoras, a provisão de justiça, de segurança (pessoal, tributária e patrimonial), de saneamento, de educação universal e, de modo mais abrangente, de igualdade de oportunidades.

Sexto, há inúmeros fatores de ordem técnica, cada um deles com uma série de consequências distintas e complicadas sobre o elo entre a política monetária e a evolução dos preços. Sem ordenamento por grau de relevância e numa redação simplesmente itemista pode-se citar: parcela substancial dos preços é determinada através de controles; parcela superior a 35% da dívida pública está ainda atrelada à Selic, dessa forma não reduzindo a riqueza dos detentores de títulos públicos quando a taxa de juros se eleva, como ocorreria se os juros de tal dívida fossem prefixados; os investimentos são, em grande parte, direta ou indiretamente ditados pela iniciativa do setor público; o elevado *spread* bancário dissocia totalmente a taxa de captação da economia, aquela que o Banco Central tenta afetar quando fixa a Selic, da taxa paga pela parte majoritária dos mutuantes do sistema financeiro.

São todas estas, de peculiaridades nacionais que dificultam a vida de qualquer formulador de política econômica no Brasil. Não são obra do governo A ou do governo B, mas de um passado histórico que remonta pelo menos ao mês de fevereiro de 1986, quando se iniciou uma sequência de planos de combate à inflação malsucedidos (contando-se, em particular, em 1990, com um formidável salto no escuro, que fez do brasileiro um eterno desconfiado da intermediação financeira verde e amarela). Mas não devem também ser desprezadas, no que diz respeito a esse contexto, as dificuldades determinadas pela Constituição de 1988, de olhos fortemente reativos ao passado, mas fracamente ativos na construção do futuro.

Conclusão

Parte relevante do sucesso na consecução das metas inflacionárias no Brasil tem-se dado num contexto de melhora dos termos de troca, valorização cambial e automático aumento dos bens e serviços líquidos providos por não residentes. Isso fica claro observando-se o gráfico 2. O mesmo gráfico sugere, entretanto, que findo o processo de valorização cambial, será muito mais difícil manter a inflação nos níveis atuais. Em função do elevado déficit no balanço de pagamentos previsto para 2008, a economia deverá estar caminhando em breve para essa nova fase.

Como manter a inflação sob controle com saldo positivo (e possivelmente crescente) na conta corrente do balanço de pagamentos (como requer a teoria de otimização intertemporal do consumo em períodos de choques positivos nos termos de troca), e não com o elevado déficit previsto para 2008, eis o desafio para os próximos anos.

Bibliografia

CYSNE, Rubens Penha. Divisa index, inflation and welfare. *Journal of Money, Credit and Banking*, Ohio State University, v. 35, n. 2, p. 221-238, 2003.

———; LISBOA, Paulo César Coimbra. Imposto inflacionário e transferências inflacionárias no Brasil: 1947-2003. *Revista de Economia Política*, São Paulo, v. 24, n. 4, p. 620-624, 2004.

———; ———. Imposto inflacionário e transferências inflacionárias no Mercosul e nos Estados Unidos. *Estudos Econômicos*, São Paulo, Instituto de Pesquisas Econômicas, v. 37, n. 2, p. 275-291, 2007.

———; MALDONADO, Wilfredo; MONTEIRO, Paulo Klinger. Inflation and income inequality: a shopping-time aproach. *Journal of Development Economics*, v. 78, n. 2, p. 516-528, 2005.

LUCAS, R. E., Jr. Inflation and welfare. *Econometrica*, v. 68, n. 62, p. 247-274, Mar. 2000.

MISHKIN, F. *Can inflation targeting work in emerging market countries?* Cambridge: NBER, 2004. (NBER Working Paper, 10.646). Disponível em: <www.nber.org/papers/w10646>.

SIMONSEN, Mario Henrique; CYSNE, Rubens Penha. *Welfare costs of inflation and interest-bearing deposits*. Rio de Janeiro: EPGE, 1994. (Ensaio Econômico.)

———; ———. Welfare costs of inflation and interest-bearing deposits. *Journal of Money, Credit and Banking*, Ohio State University, v. 33, n. 1, p. 90-101, 2001.

———; ———. 3. ed. *Macroeconomia*. Rio de Janeiro: Ao Livro Técnico, 2008.

14

Autonomia do banco central: estabilidade de preços ou estabilidade macroeconômica?*

Luiz Fernando de Paula

Este capítulo objetiva discutir a proposta de autonomia do banco central, a partir de uma visão crítica sobre o assunto, no contexto de uma perspectiva pós-keynesiana, assim como apresentar uma alternativa de política econômica para o Brasil. As questões fundamentais a serem discutidas são as seguintes: o banco central deve buscar exclusivamente uma meta quantitativa de inflação ou deve também tomar decisões balizadas pela necessidade de reduzir a taxa de desemprego? É desejável adotar a autonomia do Banco Central no Brasil? Há uma política econômica alternativa que compatibilize crescimento econômico com estabilidade de preços?

A primeira seção deste capítulo analisa brevemente os fundamentos da proposta de autonomia do banco central. A segunda apresenta os fundamentos de uma proposta alternativa de política econômica, baseada no conceito de estabilidade macroeconômica, em vez de estabilidade de preços. A proposta de autonomia do banco central no contexto de países emergentes e do Brasil é avaliada na terceira seção. Na quarta é destacada uma alternativa de política econômica para o Brasil que busca compatibilizar equilíbrio externo com equilíbrio interno, no contexto de uma política que visa a estabilidade macroeconômica. A última seção conclui o capítulo.

* Este capítulo é uma versão ampliada e revista de Paula, 2004.

Os fundamentos da proposta de autonomia do banco central

Qual o significado da autonomia do banco central? A autonomia ou independência do banco central significa o compromisso da política econômica com um único objetivo: a estabilidade de preços. Pressupõe-se que o crescimento econômico não é influenciado por variáveis monetárias e, sim, por variáveis reais, como a disponibilidade dos fatores de produção (mão de obra, capital e tecnologia). Em uma economia de *laissez-faire* a taxa de crescimento do produto deve ser igual àquela correspondente à plena utilização dos recursos disponíveis. Não deve haver ociosidade na utilização desses fatores, a não ser transitoriamente.

A proposta tem como pressuposto teórico contribuições da economia novo-clássica. A hipótese subjacente é de que os agentes têm expectativas racionais: os indivíduos utilizam todas as informações disponíveis, bem como seu entendimento de como funciona a economia, quando formam suas expectativas. Por exemplo, se tiverem a informação de que a oferta de moeda aumentará, os empresários reajustam suas expectativas de preços para cima e elevam seus preços. Assim, qualquer medida de política econômica pode ser perfeitamente antecipada por todos os agentes da economia. Em outras palavras, se os agentes supõem conhecer a regra de política que vem sendo seguida pela autoridade monetária, essa própria regra afetará suas expectativas. Consequentemente, uma política monetária expansionista, com agentes com expectativas racionais, não terá efeito sobre as variáveis reais — produto e emprego —, mas apenas sobre as variáveis nominais, como o nível de preços.[1]

O problema — de acordo com essa visão — é que os formuladores de política econômica (*policy-makers*) são contaminados pelo viés inflacionário, ou seja, eles têm propensão a gerar inflação com o objetivo de reduzir o desemprego corrente em relação à "taxa natural de desemprego", mesmo sabendo que isso será transitório. Isso porque eles podem, circunstancialmente, avaliar que resultados imediatos e passageiros sobre o nível de produto e emprego são mais valiosos do que a credibilidade nas regras de política monetária. Ou seja, por interesses eleitorais, podem adotar políticas discricionárias expansionistas.

[1] Para uma análise ampla da perspectiva novo-clássica, ver Hoover (1988).

Para coibir esse viés inflacionário das autoridades monetárias, os economistas novo-clássicos defendem a imposição de "compromissos institucionais" que o inibam, de modo a fortalecer a credibilidade das regras monetárias adotadas e, com isso, garantir que o objetivo da política seja a estabilidade de preços, mesmo que ao custo de sacrificar outros objetivos. É nesse sentido que se insere a proposta de independência do banco central, ao garantir a autonomia operacional dos gestores e amarrar as mãos das autoridades monetárias ao objetivo único da estabilidade de preços.

No caso do Brasil, que desde 1999 vem adotando um regime de metas de inflação conjugado a um regime de taxa de câmbio flexível, a proposta de autonomia do Banco Central visa completar o arcabouço institucional, reafirmando o compromisso da política econômica com a estabilidade de preços, entendida como precondição para o crescimento econômico. A proposta veiculada no Brasil tem inspiração no modelo do Banco Central da Inglaterra, em que o Executivo define a meta de inflação a ser alcançada e o Banco Central utiliza livremente os instrumentos da política monetária para alcançar a taxa de inflação preestabelecida. No caso do modelo norte-americano, o Federal Reserve (banco central) tem liberdade tanto para estabelecer sua meta quantitativa de inflação quanto para escolher os instrumentos de política monetária. Contudo, o Federal Reserve, diferentemente do Banco Central da Inglaterra, não tem um compromisso formal com uma meta de inflação; além disso, são dois os seus objetivos explícitos: controlar a inflação e buscar o pleno emprego.

Por fim, cabe notar que as evidências na relação entre grau de independência do banco central e baixa inflação não são conclusivas: há países sem banco central independente, como o Japão, que historicamente tem mantido inflação baixa; por outro lado, como já destacado, outros países, como os EUA, embora possuam um banco central independente, este tem objetivos múltiplos, que não se restringem apenas ao combate da inflação.

Uma proposta alternativa: estabilidade macroeconômica em vez de estabilidade de preços

A escola pós-keynesiana, assim como Keynes, defende um papel permanente para o governo na economia, não se confundindo com a simples substituição dos mercados privados pela ação do Estado na determinação do investimento. As ações de política econômica devem ser complementares às decisões privadas e, não, concorrentes da iniciativa privada.

Ao contrário da visão novo-clássica, os economistas pós-keynesianos trabalham com a hipótese de formação de expectativas sob incerteza não probabilística, o que significa a impossibilidade de determinação *a priori* do quadro relevante de influências que atuarão entre a decisão de implementar determinado plano e a obtenção de resultados. Sob incerteza, reter moeda como um ativo pode ser um ato racional, pois a moeda, por seu atributo de liquidez absoluta, fornece flexibilidade na composição do portfólio dos agentes. Desse modo, a moeda não é neutra na economia, pois afeta os motivos e as decisões dos agentes: sob incerteza, os agentes podem preferir demandar moeda em vez de gastar.[2]

A política econômica, para os pós-keynesianos, relaciona-se à adoção de medidas econômicas dirigidas ao aumento do nível de demanda agregada, de modo a criar um ambiente estável, que estimule os empresários a realizar novos investimentos, uma vez que os níveis de emprego e a utilização da capacidade produtiva dependem dos determinantes da demanda agregada, principalmente da decisão de investimento dos empresários. Em outras palavras, a política econômica deve procurar afetar o investimento privado global, criando um ambiente seguro que estimule escolhas mais arriscadas — mas que rendam lucros e gerem empregos — em vez de acumular ativos líquidos.[3] Ou seja, boa política é aquela que induz os empresários a investir em ativos de capital (investimento novo).

Políticas que buscam reduzir a demanda agregada ao nível da oferta potencial oferecem ao empresariado investidor a perspectiva de estagnação, não o estímulo ao crescimento econômico. A expansão da economia ocorre quando os empresários são levados a acreditar que a demanda de seus produtos se sustentará em níveis elevados, uma vez que é a expectativa de um nível de procura superior à capacidade produtiva que estimula os empresários a investir em nova capacidade. O desafio dos *policy-makers*, nesse particular, é evitar o conservadorismo excessivo: o crescimento limitado pelo produto potencial

[2] Ver, entre outros, Davidson (1994).
[3] Carvalho, 1999.

presente e, por outro lado, a irresponsabilidade do estímulo ilimitado à demanda agregada, que pode gerar o risco de uma inflação descontrolada.

Portanto, o objetivo de política econômica deve ser a *estabilidade macroeconômica*, um conceito mais amplo do que o da estabilidade de preços, ou seja, reduzir as incertezas inerentes aos negócios na economia. Estabilidade de preços e aumento do produto e do emprego podem ser compatíveis nessa visão e, para tanto, o governo deve fazer uso de um instrumental de política econômica mais amplo do que o da política monetária. Nessa perspectiva, sustenta-se que, para atingir os objetivos múltiplos de política — como crescimento econômico e estabilidade de preços — é necessária uma maior coordenação de políticas (fiscal, monetária, cambial e salarial), ou seja, devem-se avaliar os impactos conjuntos da adoção das políticas sobre a totalidade dos objetivos. Assim, a coordenação de políticas é fundamental para se atingir a almejada estabilidade macroeconômica.

Por essa visão, a utilização de "compromissos institucionais", como a independência do banco central, pode acabar gerando problemas de descoordenação de políticas econômicas. Uma elevação brusca na taxa de juros, por exemplo, pode acarretar tanto uma elevação no custo financeiro da dívida pública, ocasionando custos fiscais, quanto um aumento generalizado no grau de inadimplência nas operações de crédito, fragilizando o sistema bancário como um todo.

A proposta de autonomia do banco central no contexto dos países emergentes e do Brasil

O consenso a respeito da adoção de uma (presumidamente) "saudável" política econômica — tal como defendido por alguns organismos multilaterais, como o FMI, e repetido por vários economistas do chamado *mainstream* — tem se apoiado nos "bons" fundamentos da política econômica: responsabilidade fiscal, busca permanente da estabilidade de preços e adoção de um regime de câmbio flutuante com livre conversibilidade da conta de capital do balanço de pagamentos, que garantiria, em tese, que um país ficasse incólume a crises cambiais e ataques especulativos.

Infelizmente, o mundo real não funciona da forma descrita pelos manuais de economia. James Tobin (1978:153), Prêmio Nobel de Economia, já preocupado com os efeitos da instabilidade dos fluxos de capitais, colocou bem a questão: "Eu acredito que o problema básico hoje não é o regime cambial, fixo ou flutuante. O debate sobre regimes obscurece o problema essencial, que é a excessiva mobilidade internacional (...) do capital financeiro privado".

No caso dos países emergentes, o problema é maior, devido ao reduzido tamanho dos mercados financeiros desses países com relação aos fluxos de capitais de curto prazo que neles ingressam.[4] Tal fato faz com que, nos países emergentes, a volatilidade cambial seja bem maior do que nos países desenvolvidos, possuidores de moedas fortes e conversíveis. Esses países enfrentam ainda problemas derivados de uma apreciação acelerada da taxa de câmbio real, que pode resultar de fluxos excessivos de capitais externos. Adicionalmente, a volatilidade da taxa de câmbio em países emergentes resulta também dos problemas associados ao financiamento de elevados déficits em conta corrente no balanço de pagamentos de um país, que pode levar uma crescente demanda por *hedge* cambial em momentos de maior incerteza no cenário nacional e/ou internacional.[5]

Nessas condições, os problemas macroeconômicos — déficit público elevado, inflação, crescimento econômico baixo — são gerados endogenamente pela política econômica dita "saudável". A experiência brasileira recente expressa claramente esse ponto: no período 1994-1998, com câmbio semifixo,

[4] Greenville (2000) assinala que a experiência geral com regimes de taxa de câmbio flutuante mostra que a substituição de regimes de câmbio fixo por flutuante tem produzido maior variabilidade, e que os ditos fundamentos econômicos não podem explicar o comportamento da taxa de câmbio no horizonte de curto e médio prazos. Segundo ele, os problemas de volatilidade cambial são mais sérios nos países emergentes, uma vez que: (a) não têm uma experiência histórica de taxas de câmbio determinadas pelo mercado; (b) há poucos especuladores estabilizadores *a la* Friedman atuando no mercado de câmbio, ou seja, há uma ausência de *players* desejosos de atuar em posições cambiais contrárias à da média do mercado, além de esses mercados serem propensos a exibir uma mentalidade de manada (*herd behavior*); e (c) apresentam fluxos de capitais muito maiores e mais voláteis em relação ao tamanho dos mercados de capitais domésticos.

[5] Os efeitos negativos da volatilidade cambial sobre o crescimento econômico têm sido objeto de vários estudos acadêmicos. Tomando como base a literatura relativa à teoria do investimento sob incerteza e uma análise de painel em que procuram avaliar o impacto da volatilidade da taxa de câmbio sobre o investimento em 15 países da União Europeia, Guérin e Lahrèche-Révil (2003) concluem que uma incerteza elevada tem, na maioria dos casos, um impacto negativo sobre as variáveis macroeconômicas, entre as quais o investimento (doméstico ou externo) e o crescimento. Esse impacto negativo advém do fato de que parte do custo ou do preço dos bens produzidos é denominada em moeda estrangeira. Ou seja, ele depende da exposição externa da firma e do grau de abertura do país, incluindo não só o comércio internacional, como também a sua integração (e grau de abertura) ao mercado financeiro internacional. Em particular, os autores encontram evidências de que *a volatilidade da taxa de câmbio tem significativo impacto sobre o investimento* e, por conseguinte, sobre o crescimento, dependendo do grau e da natureza da exposição externa de um país. E concluem que países emergentes que se defrontam com a escolha entre regimes de câmbio fixo ou perfeitamente flexível devem dar atenção às consequências reais de suas estratégias cambiais.

o governo respondia aos movimentos de saída de capitais induzidos por mudanças nos humores dos investidores elevando a taxa de juros; com a adoção de um regime de câmbio flutuante e um regime de metas de inflação, em 1999, tais movimentos passaram a se refletir sobre o próprio comportamento da taxa de câmbio. O câmbio desvalorizado, por sua vez, acaba por se refletir nos preços dos produtos domésticos (os chamados bens comercializáveis). As autoridades monetárias, para procurar manter a meta de inflação de acordo com o estabelecido previamente, são então obrigadas a elevar a taxa de juros, o que acaba tendo efeitos negativos sobre o comportamento tanto do PIB quanto da dívida pública.

O alto grau de abertura da conta de capitais no Brasil é um dos fatores que colocam a taxa de juros entre as mais altas do mundo, ao torná-la bastante influenciada tanto pelo risco-país quanto pela expectativa da taxa de câmbio.[6] Adiciona-se a esses fatores o conservadorismo excessivo das autoridades monetárias, o qual faz com que o Banco Central eleve a taxa de juros sempre que há qualquer ameaça de uma possível elevação nos preços, independentemente da causa. No atual regime de política econômica, observa-se uma dominância da política monetária sobre a política fiscal: dado o compromisso do governo com a solvência fiscal, quando o Banco Central, por algum motivo, eleva a taxa de juros básica, o Tesouro é obrigado a se ajustar, elevando ainda mais o superávit primário fiscal.

No Brasil, em contexto de operação de um regime de metas de inflação acoplado a um regime de flutuação cambial "puro", há uma forte relação entre a política monetária e a política cambial: a volatilidade excessiva da taxa de câmbio (gráfico 1) gera problemas de gerenciamento da política macroeconômica, além de afetar negativamente as decisões empresariais de investimento. De modo geral, a política monetária praticada no Brasil tem sido endógena: o Banco Central eleva a taxa de juros para mitigar os efeitos da volatilidade da taxa de câmbio, embora recentemente a venha elevando de forma mais autônoma, o que tem resultado em uma apreciação da taxa de câmbio e em queda da inflação.[7]

---

[6] A taxa Selic média em 1999-2005 foi de 19,7%.

[7] Cf. Carvalho, Sicsú e e Paula, 2005, seção 2.

Gráfico 1

Volatilidade da taxa de câmbio no Brasil — 1999-2004

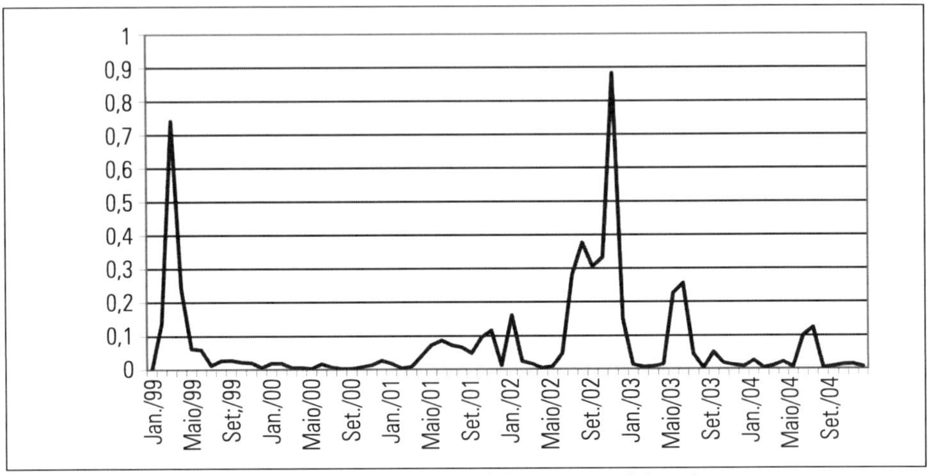

Fonte: Com base em dados do Banco Central do Brasil, disponíveis em: <www.bcb.gov.br>.

Nota: A volatilidade da taxa de câmbio é calculada usando-se um modelo Garch (*generalised autoregressive conditional heteroskedastic*), um modelo não linear usado para calcular a volatilidade de séries temporais.

Considerando o comportamento da economia nos últimos anos, observa-se que a desvalorização cambial, combinada com crescimento econômico baixo, acaba tendo um efeito positivo sobre a balança comercial, sobretudo através da contração das importações, diminuindo assim fortemente o déficit em conta corrente. Mas, passado o momento de instabilidade, os juros internos começam a baixar, permitindo uma gradual retomada do crescimento econômico (estimulado pelo aumento dos gastos), e, ao mesmo tempo, o fluxo de capitais retorna, gerando uma apreciação cambial. A combinação desses dois fatores — crescimento econômico e apreciação cambial — faz com que o saldo comercial encolha e a necessidade de financiamento externo aumente. Então, em algum momento, quando houver uma mudança no mercado financeiro internacional que resulte em nova reversão nos fluxos de capitais, o câmbio subirá de novo, a inflação se acelerará, os juros se elevarão, gerando assim um ciclo vicioso.

Existe alternativa?

A independência (ou autonomia) do banco central, além de indesejável, não resolve os problemas de gerenciamento macroeconômico de um país emergente que tenha passado por um processo de liberalização financeira e de instabilidade macroeconômica, como é o caso do Brasil. Existe alternativa? A seguir esboçarei o que talvez seja uma alternativa possível.

Uma estratégia alternativa para o crescimento sustentado e financeiramente estável da economia brasileira passa, principalmente, por um esforço sistemático e planejado de diminuição da vulnerabilidade externa e da dependência em relação a capitais estrangeiros. Uma *estratégia de crescimento com estabilidade para a economia brasileira* que vise estabelecer uma alternativa que permita um *crescimento econômico sustentável* deve procurar compatibilizar equilíbrio interno com equilíbrio externo, de modo a superar o comportamento de *stop-and-go* e a tendência à semiestagnação que tem caracterizado a economia brasileira nos últimos anos.[8] O objetivo da política econômica deve ser a estabilidade macroeconômica, em vez da mera estabilidade de preços.

Por *equilíbrio interno* entende-se a *manutenção da inflação sob controle*, sem a adoção de políticas contracionistas de demanda agregada, bem como o *estabelecimento de condições para um gerenciamento da dívida pública*, entendido como fundamental para a retomada da capacidade do governo de realizar políticas fiscais contracíclicas.

Quanto ao primeiro aspecto, faz-se necessário adotar uma política pragmática de combate à inflação, considerando que a inflação brasileira no período recente foi predominantemente uma *inflação de custos e inercial,* causada principalmente pelo efeito da grande desvalorização da taxa nominal de câmbio ocorrida no segundo semestre de 2002, a qual foi repassada para os preços domésticos por intermédio do chamado efeito *pass-through*, processo que acabou sendo propagado pelos mecanismos de indexação dos preços administrados (energia elétrica, telefonia etc.). Em outras palavras, o Brasil teve uma combinação de inflação importada[9] com inflação de preços administrados. Nessas condições, a utilização de uma política de elevação de juros provocou um resfriamento geral da economia, atingindo *todos* os setores, o que resultou em altas taxas de desemprego e baixas taxas de investimento.

Como mostra o gráfico 2, os índices de preços no Brasil acompanham, com alguma defasagem, o movimento da taxa de câmbio. Em outras palavras,

---

[8] A taxa de crescimento médio do PIB real em 1994-2004 foi de 2,4%.

[9] Inflação importada é aquela importada do exterior, ou seja, cuja influência sobre a trajetória dos preços domésticos depende da variação do nível de preços internacionais e da variação do valor da taxa de câmbio. Quanto maior o grau de abertura da economia, maior a inflação importada potencial.

a elevação ou diminuição da inflação no Brasil resulta, em boa medida, da depreciação ou apreciação cambial. Portanto, a taxa de câmbio é uma variável-chave para entender o movimento da inflação no Brasil. Em particular, em momentos de saídas mais significativas de capitais do país, o Banco Central é obrigado a responder à maior depreciação cambial elevando a taxa de juros para evitar o aumento da inflação. No caso do IGP-DI, dada sua maior sensibilidade à taxa de câmbio (já que é composto em 60% pelo índice de preços no atacado), a influência do câmbio é ainda mais marcante do que no IPCA. Já este último — o IPCA é o índice oficial da inflação —, é direta e indiretamente influenciado pela taxa de câmbio: diretamente, pelo efeito causado pela apreciação ou depreciação cambial sobre os custos de produção das empresas (em função do barateamento ou encarecimento dos bens importados); e indiretamente via IGP, já que esse índice é usado como referência para reajustar alguns preços administrados, como eletricidade.

Gráfico 2
Desvio da taxa de câmbio e índice de preços

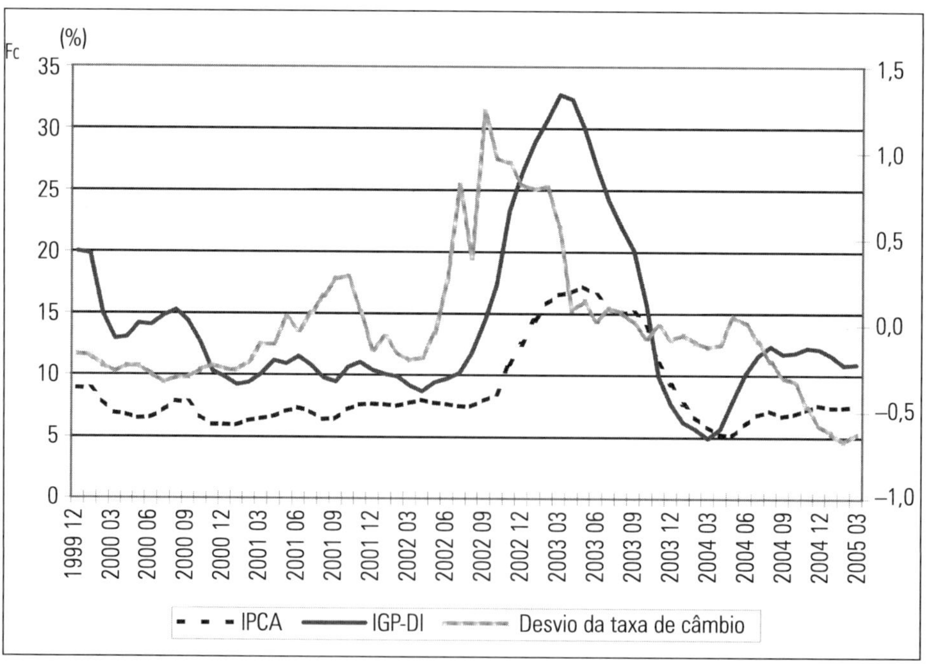

Nota: Desvio da taxa de câmbio calculado como a diferença entre a taxa de câmbio nominal e sua linha de tendência.

Nesse contexto, defende-se a adoção de uma política anti-inflacionária pragmática para o Brasil, em que se busque utilizar um instrumento específico para cada causa inflacionária, de modo a evitar os efeitos deletérios e frequentemente exagerados da política de juros elevados. Ou seja, deve-se atacar a causa do problema e, não, tentar sufocar o aparecimento dos sintomas, que é a elevação de preços. Por exemplo, no caso brasileiro, deve-se procurar fazer uma revisão nos contratos relativos a serviços de utilidade pública, de modo a diminuir a propagação dos choques inflacionários. Concomitantemente, deve-se procurar separar a formação da taxa de juros no mercado de reservas bancárias do mercado de títulos públicos, já que a taxa Selic, determinada pelo Banco Central, é utilizada tanto para fazer política monetária no mercado aberto quanto para remunerar diariamente os títulos públicos pós-fixados (LFTs), o que acaba não permitindo que as condições do mercado de dívida pública (por exemplo, a absorção de uma queda do risco-país) reflitam em suas próprias taxas de juros. Ademais, a indexação de boa parte dos títulos públicos à taxa Selic cria um sistema monetário perverso, no qual se reduz o efeito das elevações da taxa real de juros sobre a demanda agregada, em função da existência do "efeito riqueza" sobre a riqueza financeira, gerado pelos efeitos das elevações na taxa Selic sobre os títulos públicos indexados que servem de lastro para os fundos de investimento.[10] Acrescente-se, ainda, que uma política econômica que evite a volatilidade da taxa de câmbio nominal pode também contribuir para evitar pressões sobre os preços domésticos derivadas do movimento da taxa de câmbio, como assinalado anteriormente.

Quanto ao segundo aspecto, *faz-se necessária uma mudança na combinação superávit primário/taxa real de juros/crescimento econômico* para estabilizar a dívida pública como proporção do PIB. A sustentabilidade da dívida pública é fundamental para assegurar condições de equilíbrio fiscal no longo prazo, que, por sua vez, é condição necessária para a adoção de políticas fiscais anticíclicas. O comportamento da dívida pública interna depende, basicamente, da taxa real de juros, da taxa de crescimento do PIB real e do superávit primário como proporção do PIB.[11] Para tanto, seria possível uma redução da taxa

---

[10] Ver, a respeito, Nakano, 2005; Oreiro e Amaral (2005).

[11] Meus cálculos tomam por base a fórmula $s^* = [(r - g)/(1 + g)]b$, em que r é a taxa real de juros, g é a taxa de crescimento do PIB real, e b é o superávit primário como proporção do PIB.

de juros de curto prazo caso se adotasse um conjunto de medidas: (a) desmantelamento dos mecanismos de indexação da economia ainda existentes; (b) combinação de uma política de formação de reservas cambiais com uma regulamentação dos fluxos de capitais, o que permitiria uma maior estabilidade da taxa de câmbio nominal; (c) adoção de restrições aos fluxos de capitais, o que permitiria um maior grau de autonomia da política monetária; (d) melhoria na situação fiscal, proporcionada por esforço moderado de geração de superávits fiscais, combinado com juros mais baixos e maior crescimento econômico.[12]

Uma alternativa para compatibilizar um equilíbrio fiscal de longo prazo — digamos, num horizonte de 10 anos — com um aumento do investimento público seria dividir o orçamento fiscal em duas partes: (a) *orçamento ordinário*, relacionado com as despesas correntes, ou seja, às funções da administração pública; e (b) *orçamento de capital*, relacionado com as despesas de capital. O orçamento ordinário deveria estar, *ceteris paribus*, equilibrado o tempo todo, ou mesmo superavitário (podendo ser transferido ao orçamento de capital), enquanto o orçamento de capital poderia estar transitoriamente em desequilíbrio, devendo ser ajustado em função das flutuações do nível de demanda agregada, evitando flutuações maiores nos investimentos privados. Déficits públicos, em momentos de desaceleração econômica (que normalmente vêm acompanhados de queda na arrecadação de tributos e aumento na demanda por gastos sociais), seriam compensados no momento seguinte, quando a economia crescesse, por um superávit fiscal maior, de modo a permitir que o orçamento público tendesse ao equilíbrio num horizonte temporal mais dilatado. A trajetória dos investimentos públicos, portanto, deveria ser estabelecida de acordo com a necessidade de sustentar a demanda agregada, servindo para compensar mudanças cíclicas nos gastos com investimento.

Como já assinalado, torna-se necessário compatibilizar a sustentabilidade da dívida pública — fundamental no caso do Brasil, para reduzir o déficit fiscal e melhorar o risco-país —, com o crescimento dos investimentos públicos, algo imprescindível para que o crescimento da taxa de investimento seja

[12] Note-se que, para o objetivo de equilíbrio fiscal de longo prazo, a variável-chave é o saldo fiscal operacional e, não, o saldo primário. Este último pode se manter inicialmente em patamares elevados (em torno de 4% do PIB, por exemplo), mas com tendência de queda a médio/longo prazo em função da melhoria do quadro fiscal causada pela queda da taxa de juros real e o maior crescimento do produto.

compatível com um crescimento econômico mais elevado. A *combinação de redução da taxa de juros real com maior crescimento econômico*, mesmo com uma redução no atual nível do superávit fiscal primário (por exemplo, de 4,5% do PIB para 3%, em média, em oito anos), permitiria uma redução substantiva na relação dívida pública/PIB (gráfico 3). Uma simples simulação numérica ilustra a questão. Considerando que a sustentabilidade da dívida pública depende basicamente do comportamento da relação dívida pública/PIB no momento anterior (b_{t-1}), do crescimento do PIB real (g), do nível da taxa de juros reais (r) e do superávit primário (s),[13] pode-se estimar que, para b_{t-1} = 52%, g = 5%, r = 6% e s = 3%, a relação dívida pública/PIB cairia de 52% em 2008 para 32% em 2016, se tudo o mais se mantivesse constante. Evidentemente, este é um simples exercício de projeção numérica, que depende do comportamento de variáveis que não podem ser totalmente controladas (o PIB, por exemplo), mas que serve para ilustrar que, de acordo com o comportamento do PIB e da taxa de juros, pode-se alcançar uma relação dívida pública/PIB cadente, mesmo com uma redução nos patamares atuais do superávit primário.

Gráfico 3
Dinâmica da dívida pública como razão do PIB

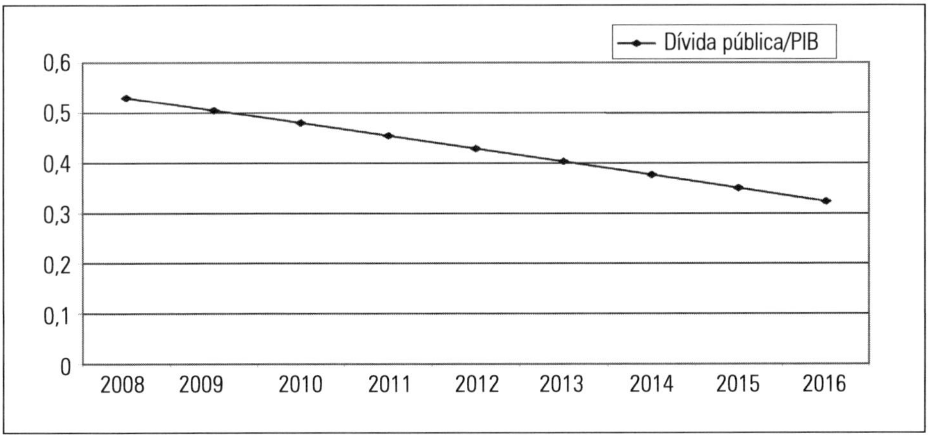

Fonte: Com base em Oreiro e Paula, 2007.

[13] A simulação numérica é feita a partir da equação $b_t = \left[\frac{1+r}{1+g}\right] b_{t-1} - s_t$. Para maiores detalhes, ver Oreiro e Paula, 2007.

Uma redução no superávit primário a médio/longo prazo (de 1,5% do PIB, em média, no exemplo acima) deveria ser usada para aumentar o investimento público, em particular em infraestrutura econômica (eletricidade, rodovias, ferrovias etc.) e social (educação, saúde, saneamento e habitação). O aumento no investimento público gera externalidades positivas para o setor privado, uma vez que acarreta um aumento nos lucros do setor privado, o que, por sua vez, acaba por estimular uma elevação nos gastos de investimento das empresas. Ao mesmo tempo, gera um aumento na demanda agregada que resulta do conhecido "multiplicador de gasto do governo". Assim, o governo, ao realizar investimentos, estimula a demanda agregada, reduz as incertezas de realização de lucros empresariais e anima as expectativas do setor privado empreendedor.

Por *equilíbrio externo*, entende-se a manutenção de superávits ou déficits em conta corrente em níveis relativamente baixos e financiados predominantemente com capitais de longo prazo, e, ao mesmo tempo, uma estabilidade no mercado cambial. O uso da poupança externa como suporte de uma estratégia de crescimento deve ser limitado, uma vez que as evidências recentes de países emergentes mostram que, a longo prazo, não há uma correlação clara entre poupança externa e aumento na taxa de investimento, já que a maior parte da poupança externa é canalizada para o consumo, não resultando num aumento da capacidade produtiva em setores *tradables*. Como resultado, os países emergentes passam a enfrentar uma restrição externa ao crescimento, como atesta, por exemplo, uma elevada relação exportações/dívida externa e dívida externa/PIB, o que resulta na manutenção de um ambiente de instabilidade macroeconômica derivada da fragilidade financeira do setor externo. Portanto, no longo termo, os saldos em conta corrente devem estar em equilíbrio, uma vez que um país não pode tomar empréstimos indefinidamente, dada a restrição de insolvência.[14]

O equilíbrio no balanço de pagamentos requer a manutenção de um superávit significativo na balança comercial, para o que é necessária a manutenção de uma taxa de câmbio subvalorizada, isto é, orientada, sempre que possível, para o ajustamento da conta corrente e para a diminuição da depen-

[14] Bresser-Pereira e Nakano, 2004.

dência dos capitais externos, acompanhada por políticas industriais ativas, voltadas para o estímulo das exportações e a substituição de importações de insumos que tenham peso na pauta de importações do país, de modo a reduzir os efeitos do câmbio sobre o nível dos preços domésticos.[15] Tais políticas são particularmente importantes em função da necessidade de se realizar uma mudança estrutural na base produtiva do país, com vistas a alterar a pauta das exportações brasileiras na direção de produtos de maior elasticidade-renda.[16] Por sua vez, a substituição de importações torna-se necessária devido à alta elasticidade-renda das importações do país, o que faz com que estas cresçam significativamente em períodos de crescimento econômico continuado.[17]

No que se refere ao regime cambial, considera-se o mais adequado para as condições da economia brasileira o regime de zonas-alvo, que permite à autoridade monetária flexibilidade para decidir o momento de suas intervenções, uma vez que não há compromisso formal com pisos e tetos de câmbio. Portanto, nesse regime, ao mesmo tempo que se preserva a flexibilidade de ajuste do câmbio a choques, permite-se a orientação da trajetória temporal da taxa de câmbio.

Por fim, para evitar um afluxo significativo de capitais para o Brasil, em particular de capitais voláteis de curto prazo, que advêm de conjunturas expansionistas e de uma maior estabilidade no cenário internacional, pode ser necessária a adoção de regulamentação sobre os fluxos de capitais, de natu-

[15] Uma discussão mais detalhada sobre política industrial extrapola os objetivos deste capítulo.

[16] A necessidade de incluir cada vez mais produtos exportados de alta elasticidade-renda é explicada na literatura pelo que ficou conhecido como a lei de Thirlwall, que estabelece uma relação entre a taxa de crescimento dos países e a razão entre as elasticidades-renda de suas importações e exportações. A baixa elasticidade-renda dos produtos de menor valor agregado exportados por países em desenvolvimento, comparada com a maior elasticidade-renda das importações produzidas pelos países desenvolvidos, gera déficits de caráter estrutural no balanço de pagamentos dos primeiros, o que acaba resultando numa restrição ao crescimento econômico dos países em desenvolvimento. Desse modo, em uma economia aberta, o maior constrangimento ao crescimento da demanda (e portanto ao desempenho econômico) é, normalmente, o seu balanço de pagamentos (ver, entre outros, Thirlwall, 2002). Campos e Arentis (2002), ao estimarem as elasticidades-renda das exportações e importações brasileiras nos anos 1990, mostraram que, em termos gerais, as elasticidades-renda das importações foram maiores do que as elasticidades-renda das exportações, o que significa dizer que cada vez que as rendas interna e externa crescem, na mesma proporção, ocorre um aumento relativamente maior nas importações do que nas exportações, gerando um estrangulamento na balança comercial.

[17] Holland e Canuto (2001) estimaram, no período 1950-2000, para as 10 maiores economias da América Latina, que, para cada 1% de crescimento do PIB, as importações crescem entre 2% e 4,5%, indicando uma forte restrição externa ao crescimento dessas economias.

reza preventiva, e que atenue o afluxo de capital e, ao mesmo tempo, atraia capitais de maturidade mais longa. A adoção de regulamentação para o fluxo de capitais deve ser vista como um instrumento que viabiliza políticas econômicas mais autônomas e a criação de um ambiente macroeconômico mais estável, que favoreça a retomada dos investimentos produtivos no Brasil.[18] Em particular, sua adoção poderia ajudar a: (a) reduzir a vulnerabilidade externa da economia brasileira, através do controle da entrada de capitais externos em excesso no país, em termos normais de afluxo de capitais externos, de modo a evitar uma sobrevalorização excessiva da moeda nacional que possa inviabilizar o equilíbrio externo da economia; (b) selecionar os fluxos de capital que se deseja absorver, de modo a diminuir a participação de capitais especulativos na composição do total de capitais externos no Brasil, confinando-os a volumes administráveis; (c) isolar, em algum grau, a economia do contexto internacional circundante, permitindo que a taxa de juros fique em patamares mais baixos do que aqueles impostos pelo *coupon* cambial, podendo, assim, cair a um nível que estimule os gastos dos agentes e, ao mesmo tempo, torne sustentável a administração da dívida pública.

Entre as medidas a serem adotadas — sem ferir compromissos internacionais do país — poderiam figurar a instituição de um compulsório não remunerado proporcional às entradas de capitais de não residentes de qualquer natureza, a ser depositado no Banco Central por um período de um ano — conhecido como "controles à chilena", visando desencorajar a entrada de capitais de curta duração —, limitações ao endividamento de empresas privadas de operação doméstica, limitações à exposição dos bancos ao risco cambial, obrigando-os a estabelecer uma determinada relação capital próprio/posições de carteira em dólar (ativo dos bancos), sendo essa relação calibrada pelo Banco Central em função do próprio comportamento dos fluxos de capitais externos para o país etc.[19]

---

[18] Segundo Johnston e Tamirisa (1998:13-14, grifos meus), a regulamentação dos fluxos de capitais pode ser usada como um dos instrumentos para viabilizar políticas econômicas que procurem compatibilizar equilíbrio interno com equilíbrio externo: "na essência, controles de capitais são usados na tentativa de conciliar o uso de taxas de juros e taxas de câmbio para *perseguir simultaneamente objetivos, ao menos parcialmente inconsistentes, de equilíbrio interno e externo*".

[19] Ver, a respeito, Paula, Oreiro e Silva, 2003.

Conclusão

Partindo do pressuposto de que o crescimento do produto e do emprego depende, em boa medida, da demanda efetiva da economia, torna-se necessário um mix de políticas macroeconômicas que crie o ambiente de estabilidade econômica necessário para estimular as decisões de investimentos dos empresários, como visto anteriormente. A estratégia aqui esboçada permitiria uma maior coordenação das políticas macroeconômicas, uma vez que proporcionaria maiores graus de liberdade para a política monetária, abrindo espaço para o estabelecimento de taxas de juros reais mais compatíveis com a retomada sustentada do crescimento econômico, em conjunto com uma política fiscal mais relaxada a longo prazo.

Entendo que as escolhas de política econômica se dão em termos de *trade-offs*. Com efeito, a estratégia que tem sido adotada pelo governo Lula — de manutenção do sistema de metas de inflação (que impõe a utilização da taxa de juros como instrumento básico de combate à inflação) e de um regime de taxas de câmbio flutuantes com conta de capital aberta, em um contexto de elevada dívida interna e externa — não é isenta de custos e riscos. Nesse contexto, torna-se necessário intensificar o debate acerca de alternativas de política econômica para o Brasil. Este capítulo é uma tentativa de contribuir para esse debate.

Bibliografia

BRESSER-PEREIRA, L. C.; NAKANO, Y. Crescimento econômico com poupança externa? In: FERRARI FILHO, F.; PAULA, L. F. (Orgs.). *Globalização financeira: ensaios de macroeconomia aberta*. Petrópolis: Vozes, 2004.

CAMPOS, A. C.; ARENTIS, P. F. F. A importância das elasticidades-renda das importações e das exportações para o crescimento econômico: uma aplicação do modelo de Thrilwall ao caso brasileiro. *Ensaios FEE*, v. 23, n. 2, p. 787-804, 2002.

CARVALHO, F. Políticas econômicas para economias monetárias. In: LIMA, G. T.; SICSÚ, J.; PAULA, L. F. (Orgs.). *Macroeconomia moderna:* Keynes e a economia contemporânea. Rio de Janeiro: Campus, 1999.

———; SICSÚ, J.; PAULA, L. F. *Regime de câmbio e financiamento do crescimento econômico*. Rio de Janeiro: IE/UFRJ, 2005. (Relatório de Pesquisa BNDES).

DAVIDSON, P. *Post Keynesian macroeconomic theory*. Cheltenham: Edward Elgar, 1994.

GREENVILLE, S. Exchange rate regimes for emerging markets. *Reserve Bank of Australia Bulletin*, Nov. 2000. p. 53-63.

GUÉRIN, J.-L.; LAHRÈCHE-RÉVIL, A. Exchange rate volatility and investment. 2003. mimeog.

HOLLAND, M.; CANUTO, O. Macroeconomic interdependence and exchange rates in Latin America. In: INTERNATIONAL CONFERENCE ON INTERNATIONAL FINANCIAL ARCHITECTURE. *Anais*... Rio de Janeiro, jul. 2001.

HOOVER, K. *The new classical macroeconomics*. Oxford: Blackwell, 1988.

JOHNSTON, R.; TAMIRISA, N. *Why do countries use capital controls?* Washington, DC: IMF, 1998. (IMF Working Paper WP/98/181).

KREGEL, J. The viability of economic policy and the priorities of economic policy. *Journal of Post Keynesian Economics*, v. 17, n. 2, p. 261-277, 1994/1995.

NAKANO, Y. O regime monetário, a dívida pública e a alta taxa de juros. *Conjuntura Econômica*, v. 59, n. 11, p. 10-12, nov. 2005.

OREIRO, J. L.; AMARAL, R. Armadilha do regime monetário brasileiro: a existência de equilíbrios múltiplos. 2005. ms.

———; PAULA, L. F. Strategy for economic growth in Brazil: a Post Keynesian approach. In: ARESTIS, P.; BADDELEY, M.; McCOMBIE, J. (Eds.). *Economic growth:* new directions in theory and policy. Cheltenham: Edward Elgar, 2007.

PAULA, L. F. A questão da autonomia do Banco Central: uma visão alternativa. *Indicadores FEE*, v. 32, n. 2, p. 253-264, 2004.

———; OREIRO, J. L.; SILVA, G. J. Costa da. Fluxos e controle de capitais no Brasil: avaliação e proposta de política. In: SICSÚ, J.; OREIRO, J. L.; PAULA, L. F. (Orgs.). *Agenda Brasil:* políticas econômicas para o crescimento com estabilidade de preços. São Paulo: Manole, 2003.

THIRLWALL, A. P. *The nature of economic growth*. Cheltenham, UK: Edward Elgar, 2002.

TOBIN, J. A proposal for international monetary reform. *Eastern Economic Journal*, v. 4, p. 153, 1978.

Sobre os autores

Breno Pascualote Lemos é professor assistente do Departamento de Economia da Pontifícia Universidade Católica do Paraná (PUC-PR) e professor substituto do Departamento de Economia da Universidade Federal do Paraná (UFPR). Tem graduação em economia pela Unicamp e mestrado em desenvolvimento econômico pela UFPR. Possui artigos publicados em várias revistas científicas nacionais, como *Economia*, da Associação Nacional de Pós-Graduação em Economia (Anpec), *Economia e Sociedade* e *Revista de Economia*, da UFPR.

Carmem Aparecida Feijó é professora associada da Universidade Federal Fluminense e pesquisadora nível 1 do CNPq. Atualmente, é secretária-executiva da Anpec. Graduou-se em economia pela UFRJ (1974), tem mestrado pela Coppe/UFRJ (1980) e doutorado pelo Universtity College of London (1991). Já publicou artigos em periódicos nacionais e internacionais, capítulos de livros, e organizou um livro didático sobre contas nacionais, além de ter participado de congressos no Brasil e no exterior. Entre suas áreas de interesse estão temas sobre macroeconomia pós-keynesiana, teorias keynesianas de crescimento, análises sobre o comportamento de firmas industriais, organização industrial e metodologia das contas nacionais.

Cleomar Gomes da Silva é bacharel em economia pela Universidade Federal de Minas Gerais, mestre em economia pela Universidade Federal de Uberlândia e doutor em economia pela Escola de Economia de São Paulo da Fundação Getulio Vargas, com doutorado sanduíche na New York University (2006). Atualmente é professor da Eesp e da Eaesp, ambas da FGV, e também economista da Fiesp. Tem experiência na área de economia, atuando principalmente nos seguintes temas: macroeconomia, política monetária, desemprego e desenvolvimento econômico.

Fernando Cardim de Carvalho é professor titular do Instituto de Economia da UFRJ. Bacharel em economia pela FEA/USP, mestre pela Unicamp e PhD pela Rutgers University, dos Estados Unidos. Foi secretário executivo da Associação Nacional de Escolas de Pós-Graduação em Economia, membro do Comitê Assessor de Economia do CNPq, consultor da Andima, do BNDES, da Cepal, da Action Aid USA, entre outras instituições, e é consultor do Ibase desde sua fundação. É autor e coautor de diversos livros e de vários artigos publicados em revistas especializadas em economia no Brasil e no exterior, além de ter contribuído com capítulos em coletâneas também publicadas no país e no exterior. Foi coordenador do projeto Eficiência do Sistema Financeiro Brasileiro, apoiado pelo Pronex (MCT-Faperj).

Fernando de Holanda Barbosa é professor da EPGE/FGV e do Departamento de Engenharia de Produção da Universidade Federal Fluminense. Foi secretário de Política Econômica do governo Itamar Franco. É engenheiro eletricista, economista e possui doutorado em economia pela Universidade de Chicago. Foi pesquisador associado do Center for Operations Research and Econometrics da Universidade Católica de Louvain, Bélgica. Foi editor da *Revista de Econometria* de 1985 a 1988. Publicou vários artigos em revistas especializadas e três livros: *A inflação brasileira no pós-guerra: monetarismo x estruturalismo*, *Microeconomia: teoria, modelos econométricos e aplicações à economia brasileira*, *Ensaios sobre inflação e indexação*.

Gabriel Caldas Montes possui graduação em ciências econômicas pela Universidade Candido Mendes (Ucam), mestrado em economia pela Ucam e doutorado em economia pela Universidade Federal Fluminense. Atualmente é professor dos cursos de política monetária e fiscal, e de economia brasileira do Mestrado em Economia Empresarial da Ucam. Suas atividades de pesquisa se concentram nos seguintes temas: bancos centrais, políticas fiscais e monetárias, reputação, credibilidade, transparência, inflação e crescimento. Possui artigos em revistas acadêmicas, como *Economia e Sociedade*, *Revista de Economia Política* e *Investigación Económica*.

Gabriel Coelho Squeff é economista pela Pontifícia Universidade Católica de São Paulo (PUC-SP) e mestrando em ciências econômicas pela Uerj. Foi professor substituto do Departamento de Economia da Uerj, e atualmente é analista da Financiadora de Estudos e Pesquisas (Finep). Suas áreas de pesquisa são macroeconomia, política monetária e política cambial.

Helder Ferreira de Mendonça é professor titular do Departamento de Economia da UFF e pesquisador do CNPq. Concentra suas atividades de pesquisa nos seguintes temas: política monetária, inflação, taxa de juros, credibilidade, transparência e dívida pública. Já teve diversos artigos publicados em revistas nacionais e internacionais, como *Journal of Economic Studies*, *Applied Economics*, *Applied Economics Letters*, *Cepal Review*, *Estudos Econômicos*, *Revista de Economia Política*, *Revista Brasileira de Economia*, *Economia e Sociedade*, *Revista de Economia Aplicada*, *Revista de Economia* (Anpec), *Nova Economia*, *Análise Econômica* etc.). Possui diversas premiações: Prêmio BNDES (1997), Prêmio Tesouro Nacional (2000 e 2003), Prêmio Brasil de Economia (1999, 2002, 2004 e 2006).

Joaquim Pinto de Andrade tem graduação em economia pela Universidade Federal do Rio Grande do Sul (UFRGS), mestrado e doutorado pela Universidade de Harvard e pós-doutorado pela Universidade de Stanford (1994) e pela Universidade de Harvard (1995). Foi secretário executivo da Anpec, sendo atualmente editor da revista *Economia*. É professor titular da Universidade de Brasília e pesquisador nível 1 do CNPq. Desenvolve suas pesquisas na área de teoria econômica.

José Luís da Costa Oreiro tem graduação em ciências econômicas pela Universidade Federal do Rio de Janeiro (1992), mestrado em economia pela Pontifícia Universidade Católica do Rio de Janeiro (1996) e doutorado em economia pela Universidade Federal do Rio de Janeiro (2000). Atualmente é professor adjunto da Universidade de Brasília e pesquisador nível 1 do CNPq. Tem experiência na área de economia, com ênfase em dinâmica macroeconômica, atuando principalmente nos seguintes temas: acumulação de capital, crescimento econômico, autonomia de política monetária, taxa de juros e dinâmica não linear. Publicou mais de 50 artigos em revistas científicas no Brasil e no exterior, como, por exemplo, o *Journal of Post Keynesian Economics*, *Investigación Económica*, *Revista Brasileira de Economia*, *Revista de Economia Política* e *Estudos Econômicos*. É coorganizador dos livros *Agenda Brasil* (Manole, 2003) e *Sistema financeiro* (Campus/Elsevier, 2007).

Lucas Lautert Dezordi é professor adjunto do Centro Universitário Franciscano do Paraná (Unifae), mestre e doutorando em desenvolvimento econômico pela Universidade Federal do Paraná (UFPR), coordenador da área de atividade econômica e política monetária do *Boletim de Economia & Tecnologia* da UFPR, professor de macroeconomia dos cursos preparatórios para a Anpec (Corecon-PR) e para concursos públicos do CEC, bem como consultor associado da SG Consultoria e diretor da Viva Consultoria. É coautor dos livros: *Tecnologias de gestão em sistemas produtivos* (Vozes) e *Economia empresarial* (FAE/Gazeta do Povo).

Luciano Luiz Manarin D'Agostini é economista e doutor em desenvolvimento econômico, ambos pela UFPR. Atualmente é professor do Instituto Brasileiro de Pós-Graduação e Extensão (IBPEX), onde leciona as disciplinas política monetária, mercado financeiro internacional e câmbio nos cursos de MBA em Gestão Empresarial e MBA em Engenharia Econômica.

Luiz Carlos Bresser-Pereira é professor da Eesp/FGV e editor da *Revista de Economia Política*. Foi professor visitante da Universidade de São Paulo, da Universidade de Paris 1 e da Universidade de Oxford (Nuffield e St. Anthony's Colleges). Atualmente ministra um curso de um mês ao ano na École d'Hautes Études en Sciences Sociales (Paris). Foi ministro da Fazenda (1987), da Administração Federal e Reforma do Estado (1995-1998) e da Ciência e Tecnologia (1999). É autor, entre outros livros, de *As revoluções utópicas dos anos 60* (1972),

O colapso de uma aliança de classes (1978), *Sociedade estatal e a tecnoburocracia* (1980), *Inflação e recessão*, com Yoshiaki Nakano (1984), *Lucro, acumulação e crise* (1986), *A crise do Estado* (1992), *Reforma do Estado para a cidadania* (1998), *Desenvolvimento e crise no Brasil* (5. ed., 2003) e *Democracy and public management reform* (2004). Mantém o site <www.bresserpereira.org.br>.

Luiz Fernando de Paula é professor adjunto da Faculdade de Ciências Econômicas da Universidade do Estado do Rio de Janeiro (FCE/Uerj) e pesquisador nível 1 do CNPq. É doutor em economia pela Unicamp, com pós-doutoramento no St. Antony's College da Universidade de Oxford. Tem publicado amplamente em diversas revistas nacionais e internacionais, entre as quais *Cambridge Journal of Economics*, *Journal of Post Keynesian Economics* e *Revista de la Cepal*. É autor do livro *The recent wave of European banks in Brazil* (Banco Santos/Centre for Brazilian Studies), coautor de *Economia monetária e financeira* (Campus), e coeditor de vários livros, entre os quais, *Agenda Brasil* (Manole, 2003), *Globalização financeira* (Vozes), *Novo-desenvolvimentismo* (Manole, 2005), *Sistema financeiro* (Campus/Elsevier, 2007) e *Financial liberalization and economic performance in emerging countries* (Palgrave Macmillan, 2008).

Manoel Carlos de Castro Pires é técnico de planejamento e pesquisa do Ipea, mestre pelo Instituto de Economia da UFRJ e doutor em economia pela Universidade de Brasília. Concentra suas pesquisas nas áreas de macroeconomia do setor público, transmissão de política monetária e coordenação entre as políticas monetária e fiscal com aplicações ao caso brasileiro. Possui artigos científicos publicados em revistas nacionais e internacionais, como *Applied Economic Letters*, *Estudos Econômicos*, *Economia Aplicada*, *Revista de Economia Política* etc. Ganhou o Prêmio do Tesouro Nacional em 2007 com o tema "Ajuste fiscal e dívida pública".

Marcelo Luiz Curado tem graduação em ciências econômicas pela Universidade Estadual Paulista Júlio de Mesquita Filho (1994), mestrado em desenvolvimento econômico pela Universidade Federal do Paraná (1997) e doutorado em ciência econômica pela Universidade Estadual de Campinas (2001). É professor da Universidade Federal do Paraná. Tem experiência na área de economia, dedicando-se principalmente aos seguintes temas: macroeconomia, crises cambiais e financeiras.

Marcelo de Oliveira Passos é mestre e doutorando do Programa de Pós-Graduação em Desenvolvimento Econômico da UFPR (PPGDE-UFPR), analista econômico de projetos do Banco Regional de Desenvolvimento do Extremo Sul (BRDE), especialista em economia de empresas pela FAE Business School (Curitiba, PR), professor adjunto do Departamento de Economia da Universidade Tuiuti do Paraná (UTP) e ex-professor assistente do Departamento Econômico da UFPR.

Marcos Wagner da Fonseca é graduado em economia pela FEA-USP, mestre em teoria econômica pela Universidade Estadual de Maringá e doutorando em desenvolvimento econômico pela Universidade Federal do Paraná (UFPR). É professor da Universidade Estadual do Oeste do Paraná (Unioeste) e coordenador do curso de economia do Campus de Cascavel.

Maurício Vaz Lobo Bittencourt tem graduação em agronomia pela Universidade Federal do Paraná (1991), mestrado em economia agrária pela Esalq/USP (1995), mestrado em economia e doutorado em desenvolvimento econômico e comércio internacional pela The Ohio State University (2004). É professor adjunto do Departamento de Economia da UFPR, onde leciona no curso de graduação em ciências econômicas e na pós-graduação em desenvolvimento econômico. Tem experiência na área de economia aplicada, com ênfase em métodos e modelos matemáticos, econométricos e estatísticos, dedicando-se principalmente aos seguintes temas: formação de preços, teoria do comércio internacional, modelos de equilíbrio geral computáveis, desigualdade de renda e pobreza.

Rafael Quevedo do Amaral é mestre em desenvolvimento econômico pela UFPR e economista do Departamento Nacional de Produção Mineral, do Ministério de Minas e Energia. Sua linha de pesquisa está direcionada à economia monetária e à macroeconomia, com ênfase na economia brasileira. Desde sua dissertação de mestrado tem estudado a condução do regime de metas de inflação no Brasil e as possíveis fontes de perda de eficácia da política monetária no país.

Rodrigo Ayres Padilha é economista formado pela Universidade Santa Úrsula-RJ (2003) e mestrando em desenvolvimento econômico pela UFPR. Foi estagiário e assistente de pesquisa no Instituto de Pesquisas Econômicas Aplicadas (Ipea-RJ) e é atualmente professor de macroeconomia e microeconomia das Faculdades Integradas Santa Cruz, de Curitiba. Suas áreas de pesquisas são macroeconomia e economia monetária, tendo trabalhos aceitos em congressos da Anpec, Sepe, e pela *Revista de Economia*, da UFPR.

Rogério Sobreira é professor adjunto de economia e finanças na Ebape/FGV e doutor em economia pelo Instituto de Economia da UFRJ. Já organizou vários livros, entre os quais, *Regulação financeira e bancária* (Atlas), *Desenvolvimento e construção nacional: política econômica* (FGV) e *Desenvolvimento e construção nacional: políticas públicas* (FGV). É coautor do livro *Ajustes fiscais: experiências recentes de países selecionados* (FGV) e autor de vários artigos relacionados a macroeconomia, finanças e bancos, publicados em revistas acadêmicas nacionais e internacionais.

Rubens Penha Cysne é professor da EPGE/FGV, coordenador da FGV Projetos na área de economia e diretor do Instituto Superior de Economia e Finanças (Isef). É doutor em economia pela EPGE, com pós-doutorado na Universidade de Chicago (1993/1994), onde também esteve como *visiting scholar* de 2000 a 2004. Vencedor do Prêmio Losango de Melhor Tese de Doutorado (1984) e do Prêmio Haralambos Simeonidis da Anpec pelo Melhor Artigo de Economia (em coautoria — 1986), foi criador e ex-diretor do Centro de Estudos de Reforma do Estado e do Centro de Estudos de Defesa da Concorrência, da FGV. Ex-diretor de Pesquisas da EPGE, foi pesquisador convidado da WirtschaftUniversitaet Wien, consultor da Câmara de Comércio Norte-Americana (Amcham) e da Associação Promotora de Estudos em Economia (Apec).

Impressão e Acabamento
Imprinta Express Gráfica e Editora Ltda.
Tel – 021 3977-2666
e-mail.: comercial@imprintaexpress.com.br
Rio de Janeiro – Brasil

monografia - 16/03/16

- Estimar o modelo geral e no período
- passagem da curva de Phillips - p/ a Regra de Taylor
- Revisão da Literatura
- Após a introdução contexto do cenário econô-
mico = 2002
- metodologia iniciar c/ a base de dados
- 185 p. Pastore